中央部门预算编制指南

（2020 年）

财政部预算司　编

中国财经出版传媒集团
中国财政经济出版社

图书在版编目（CIP）数据

中央部门预算编制指南. 2020年 / 财政部预算司编. —北京：中国财政经济出版社，2019. 7

ISBN 978 - 7 - 5095 - 9101 - 7

Ⅰ. ①中…　Ⅱ. ①财…　Ⅲ. ①国家预算 - 预算编制 - 中国 - 2020 - 指南
Ⅳ. ①F812. 3 - 62

中国版本图书馆CIP数据核字（2019）第132912号

责任编辑：吕小军　李筱文　　　责任校对：张　凡
封面设计：思梵星尚

中国财政经济出版社出版

URL：http：//www. cfeph. cn

E - mail：cfeph @ cfeph. cn

社址：北京市海淀区阜成路甲28号　邮政编码：100142

营销中心电话：88190406　北京财经书店电话：64033436　84041336

北京时捷印刷有限公司印刷　各地新华书店经销

710 × 1000 毫米　16开　26. 25印张　400 000字

2019年7月第1版　2019年7月北京第1次印刷

定价：78. 00元

ISBN 978 - 7 - 5095 - 9101 - 7

（图书出现印装问题，本社负责调换）

本社质量投诉电话：010 - 88190744

打击盗版举报热线：010 - 88190414　QQ：447268889

提高政治站位　统一思想认识
扎实做好 2020 年中央部门预算编制工作

——在 2020 年中央部门预算编制工作动员会上的讲话

许宏才

（2019 年 6 月 19 日）

（代序言）

同志们：

大家下午好！今天我们召开 2020 年中央部门预算编制工作动员会，主要任务是以习近平新时代中国特色社会主义思想为指导，深入贯彻党的十九大和十九届二中、三中全会及中央经济工作会议精神，总结一年来部门预算管理和改革进展情况，明确近期重点工作任务，部署 2020 年部门预算编制。需要特别强调的是，按照党中央有关部署，从今年 6 月开始，在全党开展“不忘初心、牢记使命”主题教育。我们要深刻领会开展主题教育的重大意义，牢记全心全意为人民服务的根本宗旨，切实贯彻落实“守初心、担使命，找差距、抓落实”的总要求，把主题教育同 2020 年部门预算编制等各项重点工作结合起来，确保主题教育取得实实在在的效果。下面，我讲几点意见。

一、齐心协力、锐意进取，一年来部门预算管理和改革取得显著成效

2018 年以来，在以习近平同志为核心的党中央坚强领导下，各部门、各单位深入学习贯彻习近平新时代中国特色社会主义思想，认真落实党中央、国务院决策部署，履职尽责、扎实工作，不断深化预算改革，不断规范预算管理，推动部门预算各项工作迈出了新步伐，取得了新成效。主要体现在以下几个方面：

（一）有力支持国家重大战略、重点领域和重要改革

一是在收支平衡压力突出的情况下，深度调整优化财政支出结构，保障党中央、国务院重大决策部署落实落地，2019 年进一步加大对国防和军队现代化建设、实施创新驱动发展战略等重点领域的投入，着力保障中央部门机构正常运转、组织实施重大改革和重要政策所需经费。二是全力服务党和国家机构改革。及时下达退役军人事务部等新组建部门开办和筹建经费，依法依规办理部门预算划转、资金支付和政府采购等事宜。以改革后的机构职责、人员编制等情况为基础，组织做好 2019 年部门预算编报，确保预算安排不重不漏，切实保障部门履职需要。认真落实《国税地税征管体制改革方案》，研究起草并按程序报批后印发《税务系统经费保障实施办法》，明确中央和地方经费保障划分原则和具体范围，扎实做好预算基数划转等工作，保障改革顺利推进。

（二）不折不扣落实过紧日子有关要求

一是中央部门带头严格支出管理，大力压减一般性支出。2019 年除刚性和重点项目外，其他项目支出平均压减幅度达到 10%。同时，部门公用经费标准原则上按零增长核定，适当降低机动经费计提比例。二是持续强化“三公”经费管理。按照“有保有压”的原则安排中央本级“三公”经费预算，2019 年预算总规模比上年同口径下降 3.8%，同时，进一步优化支出结构，重点保障实施中国特色大国外交等国家重大战略和新组建部门履职所需经费。硬化“三公”经费预算约束，年初预算一经确定，执行中不再追加。三是制定印发《关于贯彻落实过“紧日子”要求　进一步加强和规范中央部门预算管理的通知》和《中央行政事业单位国有资产配置管理办法》等文件，在严格部门预算编制、规范部门预算执行、加强部门资产管理、推进预决算信息公开和严肃财经纪律等方面作出具体规定。

（三）不断完善基本支出预算管理

一是进一步扩大定员定额管理范围。将 48 家行政单位、107 家公益一类事业单位新增纳入定额管理。二是完善事业单位财政保障政策。印发《关于承担行政职能的事业单位改革相关财政政策的通知》，明确了预算保障、财务管理、资产管理等有关要求。根据事业单位分类改革、绩效工资政策实施等情况，适当提高公益一类事业单位财政保障水平。三是做好在京中央单位养老保险制度改革经费保障。审核下达近 1700 家单位 2019 年养老保险缴费补助经费；印发《在京中央国家机关事业单位养老保险制度改革实施准备期财政补助暂行办法》，组织审核实施准备期职业年金缴费补助经费，为开展投资运营打好基础。四是加强属地中央单位预算监管，进一步摸清底数、夯实基础。2018 年对 99 家中央部门所属 1.37 万个单位的基础数据进行审核，核减实有人数 5.47 万人、津贴补贴经费需求 7.22 亿元。

（四）着力强化项目支出预算管理

一是加快推进支出标准体系建设。研究制定了《关于进一步做好中央本级支出标准体系建设工作的通知》，明确了总体思路、基本原则、重点工作和有关要求。制定印发了《重大公益性演出项目支出预算方案编制规范和预算编制标准试行办法》《国家图书馆主要流通阅览设备资产配置标准》，为预算编制提供基础性支撑。二是不断加强项目预算评审。2018 年部门评审项目覆盖比例提高到 80% 以上；财政评审项目 225 个，涉及资金超过 1200 亿元，平均审减率约 40%。三是强化评审结果运用。一方面，将评审结果作为预算安排的上限；另一方面，对财政预算评审平均审减率较高的部门，适当压减部门 2019 年项目支出预算，推进解决预算申报不实的问题。四是继续实施重大项目评估清理。2018 年评估重大项目涉及资金 400 多亿元，推动部门调整完善支出政策，改变项目支出只增不减的固化格局。

（五）持之以恒抓好预算执行

一是硬化刚化预算约束，严控执行中出台新的增支政策，严格按照规定程序办理代编预算下达等事宜，部门预算追加事项明显减少。二是强化预算执行与预算安排挂钩机制，对 2018 年预算执行进度较慢的部门，适当减少 2019 年预算安排。继续做好中央本级支出执行分析，加大对重点部门、重点项目的预算执行督查力度。三是加强预算执行动态监控，印发《关于加强对公款违规购买名贵特产资金支付行为监控有关事项的通知》，有效发挥规范纠偏、警示威慑作用。四是严控年初代编预算范围和规模，提前做好 2019 年预算批复准备工作，在全国人大审查通过中央预算草案当天基本完成部门预算批复，为预算执行打下良好基础。

（六）全面推进预算绩效管理

一是加强顶层设计和制度建设。报请中共中央、国务院印发了《关于全面实施预算绩效管理的意见》，并对中央部门贯彻落实文件精神提出了具体要求。二是扩大绩效目标管理范围。2019 年批复预算时，将绩效目标管理范围扩展至全部中央预算单位，强化资金使用单位的绩效责任。三是组织做好部门绩效执行监控和绩效自评，并会同审计部门对绩效自评结果进行抽查。四是进一步强化重点绩效评价。在加强评价结果应用的基础上，2019 年选择 31 个重点民生政策和重大项目开展绩效评价、4 家中央部门开展部门整体支出绩效评价试点。五是将 265 个项目绩效自评结果和 20 份重点绩效评价报告提交全国人大常委会，稳步推动绩效信息向社会公开。

（七）主动自觉接受各方监督

一是落实《关于人大预算审查监督重点向支出预算和政策拓展的指导意见》，不断完善部门预决算草案。2019 年预算草案增加了部门重点任务和支出政策、新增资产配置等情况说明；报送预算的部门数量达到 104 家，比上年增加 19 家；列入草案的项目达到 50 个，比上年增加 14 个。2018 年部门决算草案增加了部门审计查出问题整改等情况。二是主动配合审计开展工作。一方面，认真落实审计意见，加大审计查出问题整改力度，坚持即知即改、立行立改，逐项整改到位；另一方面，积极拓展整改问题的范围，全面开展审计查出问题内控审核，修订完善配合审计工作制度，取得了良好的效果。三是积极推进部门预算公开。2019 年公开预算的部门数量达到 102 家，比上年增加 13 家，公开时间提前 11 天。进一步细化公开内容、创新宣传方式，指导部门做好对压减一般性支出等重点事项的说明。

（八）大幅提升信息化支撑水平

一是 2018 年正式启用新版部门预算编报软件。从实际运行情况看，新旧系统实现顺利过渡、平稳衔接，软件性能和运行速度大幅改善，初步解决了多年来困扰部门预算编制的基础性问题，有力保障了 2019 年预算编报工作顺利开展。二是不断完善部门预算指标系统。进一步梳理工作流程，优化系统性能，完善系统设置，增加批量调剂等辅助功能，为落实党和国家机构改革有关要求，办理 2018 年部门预算和国库集中支付结余等划转事宜提供技术支撑。

同志们，一年来部门预算管理和改革取得的成绩来之不易，特别是在相当一部分部门涉及机构改革和职能变动的情况下，圆满完成了 2018 年预算执行和 2019 年预算编制等各项工作任务，这是党中央和国务院坚强领导、科学决策的结果，是各部门密切配合、共同努力的结果，是从事部门预算工作的干部职工真抓实干、攻坚克难的结果。在此，我代表财政部，向中央部门的同志们，向长期关心支持部门预算工作的全国人大常委会预算工委和审计署的同志们，致以崇高的敬意和衷心的感谢！

近年来，我们每年组织开展中央部门预算管理工作考核评比，有效促进了部门不断提升预算管理水平。去年 10 月，中央办公厅印发了《关于统筹规范督查检查考核工作的通知》，根据通知有关精神，同时，考虑到机构改革涉及部门预算管理实际情况，今年我们不再组织开展考核评比。下一步，我们将研究采取适当方式，对部门好的经验做法、存在的突出问题在一定范围内予以通报。

二、突出重点、狠抓落实，推动部门预算管理和改革再上新台阶

在去年的工作动员会上，我们明确了贯彻落实党的十九大精神、进一

步深化部门预算改革的总体思路，当前相关工作正在稳步推进，这里强调一下近期的几项重点任务：

（一）着力夯实部门预算管理制度基础

一是抓紧修订中央本级基本支出和项目支出预算管理办法。在全面总结近年改革成果、吸收地方管理经验基础上，针对部门预算管理中亟待解决的突出问题，研究从制度层面予以规范。二是进一步完善部门预算管理有关规程。严格和规范部门预算调剂事宜，切实增强预算约束力。着力强化部门事业收入、事业单位经营收入等各项收入管理，对于未列入年初预算的，部门要采取有效措施，执行中严格控制使用。三是及时修订内控制度。目前，财政部正在修订预算编制和预算执行风险专项内控办法，部门也要做好内控制度建设，有效防控业务和管理风险。四是不断改进财政预算评审工作，修订完善预算评审工作流程，推动实现预算评审和结果应用闭环管理，更好发挥评审作用。

（二）进一步强化基本支出预算管理

一是着力完善基本支出预算编报，研究将基本支出参照项目模式管理，提高预算编报的规范性和精准性。二是不断健全完善基本支出标准体系。按照“横向到边、纵向到底”的原则，逐步将住房改革支出、社会保险缴费等全部事项纳入标准体系建设范畴，分类研究明确财政保障政策，并根据国家工资津补贴政策实施、经济社会发展水平、财力等情况，适时对相关标准予以调整。三是扩大定额管理单位范围，逐步将全部行政和参公单位、大部分公益一类事业单位纳入定额管理。四是尽快研究明确京外中央单位养老保险改革财政补助政策，组织做好经费测算审核，推进改革顺利实施。

（三）加快推进项目支出标准体系建设

一是强化顶层设计，研究明确支出标准体系建设框架和总体规划，同时，拟订分年建设计划，明确责任分工，以钉钉子的精神抓好落实。二是突出建设重点，针对涉及面广、资金量大、实施期限长、适合标准化管理的项目，分门别类提出标准制定思路和方式。其中，部门延续性重大项目以及与履职关系紧密的专项业务费项目，要规范项目文本、制定支出标准，作为部门内部预算编报和审核的依据。三是改进制定方法，积极发挥各方力量，有效利用预算评审、部门决算、绩效管理等各方面信息资料，提高标准制定的科学性。四是加强对已有标准的应用，及时把相对成熟的部门标准按程序上升为财政部标准。

（四）扎实做好部门预算绩效管理

一是对于尚未制定贯彻落实中央文件精神具体方案的部门，今年要尽快研究制定；已经出台文件的部门，要充实绩效管理人员力量，进一步抓好贯彻落实。二是深入推进预算和绩效管理一体化，优化完善业务流程，将绩效管理的各项任务、各个环节和各方面规定深度嵌入部门预算管理工作中，实现有机融合，推动预算绩效管理常态化、制度化、规范化。三是抓紧建立健全定量和定性相结合的共性绩效指标框架，加快构建分行业、分领域、分层次的核心绩效指标和标准体系。四是各部门要进一步完善绩效自评工作机制，实事求是开展绩效自评，客观反映绩效情况，不断提高绩效自评质量。

（五）积极推进财政核心业务一体化系统建设

一是研究制定全国统一的财政核心业务管理规范和技术标准，推动建立覆盖各级财政的核心业务一体化系统。总体目标是：业务涵盖预算编制、预算执行、决算和财务报告管理、资产管理、债务管理五个环节，主体包括政府预算、部门预算、单位预算及支付对象，能够实现互联互通、动态反映、有效控制和及时预警。二是按照集中化建设有关要求，全面梳理财政部涉及部门预算管理的现有软件，原则上全部纳入预算管理一体化系统管理，同时，紧扣实际业务需求，着力完善应用功能，为各项业务工作有机衔接提供基础支撑。

（六）更好发挥预算管理各方职能作用

一是切实落实部门在预算编制、预算执行、绩效管理和部门项目库管理等各项业务工作中的主体责任，部门的财务司局要着力增强统筹平衡配置资源的能力。二是进一步强化财政部政策制定、预算总量平衡和审核把关职责。在财政部内部，预算司侧重于政策制度和规程制定、总预算平衡等；部门司承担对口联系部门的预算编制、预算执行、绩效管理和财政项目库管理等各项业务的审核把关主体责任；主体司负责归口管理经费的财政补助政策和支出标准制定、拟订资金分配方案等；资产管理司负责组织编制新增资产配置相关预算；各地监管局负责属地中央单位预算监管；预算评审中心具体承担预算评审、标准制定、绩效评价等工作；信息中心负责部门预算管理信息化支撑。

需要说明的是，按照党和国家机构改革有关精神，经中央编办批复，财政部驻各地专员办更名为财政部各地监管局，并将属地中央单位预算监管作为各地监管局的法定职责，包括对预决算编制情况的审核、预算执行监控及分析、资产管理等事项。各地监管局要进一步转变思想观念，强化服务意识，完善工作方式，认真履行预算监管职责。财政部部内相关司局、中央部门财务司局及所属预算单位也要积极支持和配合各地监管局的工作。

（七）认真整改审计查出的问题

从 2018 年中央预算执行审计情况看，部门预算管理还存在一些亟待解决的问题，所属单位违反财经纪律、管理不规范等方面的问题仍很突出。各部门要全面梳理审计查出的问题，建立台账，逐一整改，同时，切实承担起对所属单位预算管理的审核把关和监督责任，建立预算管理全流程内控机制，将各个环节的责任明确到人、落实到位。财政部相关司局也要认真梳理审计查出的问题，一方面，要督促指导部门做好具体问题的整改工作；另一方面，要深刻剖析产生问题的原因，从体制、机制上提出整改措施，在管理源头和制度层面解决问题。大家在开展整改工作时，不仅要整改已发现的局部问题，更要举一反三，从全局考虑，采取能够彻底解决问题的办法，实现标本兼治。

这里，着重讲几个屡查屡犯的具体问题，涉及的部门一定要下功夫认真整改，未涉及的部门也要引以为戒，防范未然。一是未将上年结转资金列入部门年初预算问题。部门在编报“二上”预算时，全年的执行情况已基本清晰，因此这个问题归根到底是预算编报责任心不强造成的。各部门要高度重视，特别是财务司局要督促所属单位“二上”时尽可能准确填报结转资金规模，对填报不准的要及时调整，务必与实际结转资金规模大体一致。二是预算安排未充分考虑结转资金问题。相关部门要逐项梳理审计查出问题涉及项目的执行情况，对预计今年年底前难以支出的，原则上予以调减或交回财政。编报2020年预算时，各部门要密切关注预算执行情况，充分预计年底结转资金规模，对结转规模较大的支出，要减少2020年预算安排。三是在部门预算中安排补助地方支出问题。对地方的补助支出应全部列入转移支付，不得在部门预算中安排；通过转移支付上划中央本级安排的支出，也不得用于部门日常履职经费。请各部门全面梳理2019年预算，其中涉及补助地方支出的，要及时提出调减预算的申请，并严格按规定编报2020年预算。四是预算编制不够细化问题。对2019年尚未落实到具体单位和项目的支出，相关部门要尽快提出细化预算的申请。编报2020年预算时，部门要提前做好相关支出分解细化工作，不得再采取年初代编、执行中细化的方式。部门年初未细化分解的支出，原则上全部调减收回财政。五是执行中预算下达时间较晚问题。各部门司特别是主体司务必提前做好预算下达准备工作，尽可能提前预算下达时间。今年要严格预算下达时限，除据实结算支出外，9月30日以后不再下达其他预算指标。

三、提高站位、统一思想，全力以赴做好2020年部门预算编制工作

（一）认真学习贯彻落实习近平总书记关于“艰苦奋斗、勤俭节约”的重要讲话精神

习近平总书记强调，“过去我们党靠艰苦奋斗、勤俭节约不断成就伟业，现在我们仍然要用这样的思想来指导工作”，“党和政府带头过紧日子，目的是为老百姓过好日子，这是我们党的宗旨和性质所决定的”，“不论我们国家发展到什么水平，不论人民生活改善到什么地步，艰苦奋斗、

勤俭节约的思想永远不能丢。艰苦奋斗、勤俭节约，不仅是我们一路走来、发展壮大的重要保证，也是我们继往开来、再创辉煌的重要保证”。

我们要深刻领会习近平总书记关于“艰苦奋斗、勤俭节约”讲话精神的丰富内涵。艰苦奋斗、勤俭节约，是中华民族的传统美德，也是我们党的优良传统和作风，是我们党保持同人民群众血肉联系的重要法宝。只有坚持艰苦奋斗、勤俭节约，始终同人民群众同呼吸、共命运、心连心，才能更好地履行全心全意为人民服务的宗旨。习近平总书记的讲话，既是对我们党在长期革命和建设中形成的艰苦奋斗、勤俭节约精神的重申，也为新时代弘扬艰苦奋斗、勤俭节约精神指明了方向，明确了要求，提供了遵循。我们要从政治和全局高度，不断提高政治站位，把习近平总书记关于“艰苦奋斗、勤俭节约”和“过紧日子”的要求不折不扣贯彻落实到财政财务工作的全过程和各方面，贯穿于部门预算管理工作始终，开源节流、精打细算，行简约、倡简朴、戒奢华，把钱花在刀刃上。

（二）扎实做好 2020 年部门预算编制

2020 年是“十三五”规划的收官之年，也是全面建成小康社会的决胜之年，编制好 2020 年部门预算，意义重大、责任重大。要以习近平新时代中国特色社会主义思想为指导，全面深入贯彻党的十九大和十九届二中、三中全会及中央经济工作会议精神，坚持稳中求进工作总基调，坚持新发展理念，坚持推动高质量发展。要牢固树立艰苦奋斗、勤俭节约的思想，不折不扣落实过紧日子的要求，大力压减一般性支出，继续严控“三公”经费。要坚持统筹兼顾、突出重点，优化支出结构，全力支持国家重大发展战略和重点领域改革。要加大各类资金统筹力度，有效盘活存量资金。要不断完善预算支出标准体系，提高预算编制的科学性。要进一步做实项目库，严格项目入库管理。要全面实施预算绩效管理，推进预算和绩效管理一体化，提升财政资源配置效率和使用效益。要进一步加大预算公开力度，着力构建全面规范透明、标准科学、约束有力的部门预算管理制度。

会上发放的部门预算编制通知，对 2020 年部门预算编制工作作了详细布置，在北京国家会计学院举办的培训班，对部门预算编制的具体工作进行了讲解。这里我再强调几点：

一是坚决落实过紧日子的要求。坚持勤俭办一切事业，坚持按照精打细算、勤俭节约的原则编制预算。2020年，除国防外交、教育科技、债务付息、粮棉油储备等据实结算支出外，其他项目按10%的幅度压减。持续强化和规范“三公”经费管理，“三公”经费预算再压减3%左右，加强对相关支出事项必要性、合理性的审核，无实质内容的公务活动一律不得安排，不得以任何方式隐匿“三公”经费支出。对不该安排的支出和可干可不干的项目，一律不得列入预算。严格新增资产配置管理，在充分考虑和盘活存量资产的基础上，对已有资产配置标准的，严格按照标准配置；对没有资产配置标准的，应当充分论证、从严控制。

二是切实保障好刚性和重点支出。预算安排要对标对表党的十九大和十九届二中、三中全会及中央经济工作会议精神，积极支持推进供给侧结构性改革和打好三大攻坚战，全力保障国防、科技等重点领域支出需求以及债务付息等刚性支出。加强一般公共预算和政府性基金预算、国有资本经营预算的有机衔接，有效统筹部门事业收入、其他收入等各项收入和以前年度结转资金。要大力调整优化部门支出结构，加大各类资金统筹力度，现有存量资金要优先保障重大战略、重要改革和重点任务。通过存量资金确实难以解决的，可以适当安排增量，但增量资金必须突出重点，确保预算安排的精准性和有效性。

三是着力规范项目支出预算编制。按照改革后的部门职责和机构设置，全面优化项目设置，规范分级分类管理，加大项目精简整合力度，加强项目与支出政策的衔接匹配，更加集中、直观反映部门主要职能和工作任务。严格部门项目管理，规范入库程序，加强入库审核，新增项目必须具有明确的政策依据、经过规范的决策和立项程序才能入库。要准确使用政府收支分类科目，严格控制使用款级、项级科目中的其他支出科目，不断提升经济分类预算编制的准确性和规范性。进一步扩大项目评审范围，2019年起部门项目预算评审实现全覆盖，新增重大项目原则上都要纳入财政评审范围。

四是不断强化预算安排约束机制。硬化三年支出规划约束，新增支出需求原则上通过调整支出结构解决，因党中央和国务院新批准重大政策、重大改革等确需调整规划的，要在报送预算的来函中做出详细说明。继续实施部门当年预算执行和下年预算安排挂钩机制，对 2019 年预算执行较慢的部门，适当减少 2020 年预算。加强预算评审结果应用，财政预算评审平均审减率较高的部门，按规定压减下年项目支出预算。建立审计查出的问题与预算安排挂钩机制，尤其是对于屡查屡犯的事项，要采取惩戒措施，比如，对部门列入 2019 年预算的上年结转资金与实际结转资金规模差异较大的，将核减 2020 年预算；如果 2020 年预算编报再次出现类似问题，将大幅提高惩戒力度。

五是进一步加强预算绩效管理。严格绩效目标审核，切实提升绩效目标的科学性、合理性和规范性，未按要求设定绩效目标或审核未通过的，不得安排预算。结合预算评审对新出台政策、重大项目开展事前绩效评估，重点论证立项必要性、投入经济性、绩效目标合理性、实施方案可行性等。加强绩效评价结果应用，部门要将绩效执行监控、绩效自评和重点绩效评价结果与 2020 年预算编制挂钩，同时，积极组织做好问题整改，提高预算管理水平，提升政策实施效果；财政部也将根据重点绩效评价结果，研究调整 2020 年预算安排。

此外，需要强调的是，一是根据正在起草的预算法实施条例修订草案，各部门所属单位的预算、决算及报表，应当在部门批复后 20 日内由单位向社会公开。另外，今后也会进一步加大项目支出预算公开力度。各部门在编制 2020 年预算时，要按照上述要求提前做好准备工作。二是按照《国务院关于改进加强中央财政科研项目和资金管理的若干意见》有关要求，各部门要督促指导所属高校、科研院所完善内部管理制度，优化服务方式、简化预算编制，切实将赋予科研机构和人员自主权的相关政策落实到位。三是积极推动提高科研仪器设备利用效率。各部门要督促科研机构科研基础设施和科研仪器开放共享，并根据科研仪器设备利用情况，对低效运转的仪器设备资产在单位之间进行调剂，盘活存量科技资源。同时，对于科研项目所需仪器设备，鼓励采取租用、升级改造等方式配置，相关经费可按规定通过科研项目中的设备费安排。

部门预算编制涉及面广、政策性强，是一项复杂的系统工程，必须在工作的组织实施上下更大功夫。第一，要强化组织领导。请大家及时将会议精神向部门领导报告，向业务司局通报，进一步统一思想，凝聚共识。同时，尽早布置所属预算单位启动编制工作，分解工作目标，细化工作措施，确保责任到位、措施到位、落实到位。第二，要加强沟通协调。财政部有关司局要积极主动与部门财务司局、各地监管局沟通，加强业务指导；涉及财政部部内机构改革的司局，特别是对口联系部门发生变化的司局，划出司局和划入司局要做好交接，确保工作平稳过渡、无缝衔接；各地监管局要加强与部内相关司局、属地中央单位的沟通，认真做好预算监管和审核。部门也应加强与财政部的沟通交流，并督促属地中央单位积极配合各地监管局做好审核工作。第三，要严守时限要求。为确保中央预算草案报送全国人大审议工作顺利开展，部门要按时保质报送预算并提供相关材料。部门司要在规定时间完成预算审核测算，密切跟踪部门工作进展，做好督促指导。有预算分配权的主管部门和主体司，要及时提出横向资金的分配方案。从近年编报情况看，横向资金的下达是制约编报进度的瓶颈，各主体司要将落实时限要求作为重中之重，尤其是涉及面广的横向资金，包括归口管理的教育和科技支出、离退休经费、基本建设支出、住房改革支出、国际组织捐赠、办公用房大中修经费等，可按上年规模提前准备分配方案，预算司按程序下达分司局“一下”控制数后再进行必要调整，确保在规定时间内划转列入部门“一下”控制数。资产管理司要组织做好新增资产配置相关预算审核工作，及时下达“一下”控制数。评审中心和各地监管局要按时完成预算评审和审核。预算司要统筹做好工作安排，建立预算编报工作台账，全面记录各单位工作任务完成时间，对影响预算编报进展的单位予以通报，并按有关内控规定处理。

最后，借此机会，就 2019 年部门预算执行提几点要求。预算执行关系到党中央、国务院决策部署的贯彻落实，关系到财政资金在稳增长、促改革、调结构、惠民生、防风险、保稳定等方面重要作用的发挥。大家务必要把预算执行摆在更加突出的位置，常抓不懈，抓出实效。一要硬化部门预算约束。除年初预算已做考虑的事项外，今年执行中不再增加安排部门支出。部门新增的临时性、应急性支出，全部通过现有预算调剂解决。执行中原则上不再出台增加当年支出的政策，必须出台的政策在执行时间上要合理把握，原则上通过以后年度预算安排解决。二要加快部门预算执行。对年初尚未落实到部门的代编预算，部门司要尽快按程序报批后下达。各部门要密切关注执行进度，层层传导压力，抓紧组织实施，及时办理请拨款手续，使资金尽早发挥效益。三要做好绩效执行监控。对预算绩效目标实现程度和预算执行进度实行“双监控”，发现问题及时纠正，确保绩效目标如期保质保量实现。四要及时交回沉淀资金。严格按照规定清理确认结余资金，并在 6 月底前交回财政。对预计年底前难以支出的当年预算或以前年度结转资金，也要及时申请调减或交回财政，确需调剂用于其他急需支出的，按规定程序办理。五要严格遵守财经纪律。要深入贯彻中央八项规定及实施细则精神，严禁铺张浪费和大手大脚花钱，严格执行各项财政财务管理制度规定和内控要求，发现问题严肃追责问责。

同志们，让我们更加紧密地团结在以习近平同志为核心的党中央周围，以习近平新时代中国特色社会主义思想为指导，增强“四个意识”，坚定“四个自信”，做到“两个维护”，不忘初心、牢记使命，扎实做好 2020 年部门预算编制各项工作，以优异成绩迎接新中国成立 70 周年，为决胜全面建成小康社会、实现中华民族伟大复兴的中国梦做出新的更大贡献！

目　录

第一章　中央部门预算改革综述

第一节　中央部门预算改革的背景

部门预算是各部门依据国家有关法律法规及其承担的职能，所编制的反映部门所有收入和支出情况的综合财政计划，是政府各部门履行职能和事业发展的物质基础。实行部门预算改革，是我国加强财政支出管理的一项重大改革，对加强财政预算管理、提高财政资金的使用效率和效益、从源头预防腐败等，具有深远而重大的影响。

一、部门预算改革是市场经济体制和公共财政制度的内在要求

作为国家治理的基础和重要支撑，财政预算制度必须服从于和服务于国家的政治经济制度。国家政治经济制度的变革必然要求财政预算制度进行相应调整。

改革开放初期，我国采用的预算编制方法是按照计划经济体制建立起来的，财政统收统支，资金按功能切块分配，带有明显的计划分配的痕迹，属于建设型财政的范畴。随着社会主义市场经济的建立和完善，政府的职能和活动范围逐步向提供公共服务、调节收入分配、促进经济增长等方面转变。财政作为政府履行职能的物质基础、体制保障、政策工具和监管手段，亟须按照社会主义市场经济的要求，建立与之相适应的公共财政体系。

1994 年实施的分税制财政体制改革，从收入方面初步理顺了中央与地方间的分配关系，增强了中央财政的宏观调控能力，但是，财政支出方面的改革相对滞后，仍然采用与计划经济体制相适应的传统功能预算，已不能适应公共财政改革的要求。预算的编制方法、管理模式、运行机制和职责配置等都需要根据新的要求进行系统变革，逐步建立与市场经济体制和公共财政制度相适应的预算管理体系。

二、部门预算改革是消除传统功能预算种种弊端的必然选择

在计划经济体制下，传统功能预算适应于特定的历史需求，充分发挥集中力量办大事的制度优势，为国家重大战略和政策的实施提供了充足的财力保障。但是，随着社会主义市场经济的逐步建立，传统功能预算与市场经济和公共财政不相适应的地方日益显现和增多，影响了预算管理的健康发展。

（一）预算编制范围窄，涵盖不完整

部门预算改革前，我国的财政资金包括预算内资金、预算外资金、政府性基金、其他资金等，但预算编制范围仅限于预算内资金，各类预算外资金、政府性基金等基本上由各部门自行安排使用。由于缺乏有效监管，预算外资金等部门自行控制的资金在分配和使用方面随意性很大，既影响了资金配置的效率，又容易使这部分资金成为单位发放福利的“小金库”，助长腐败滋生。

（二）预算编制较简单，方法不科学

部门预算改革前，预算分配基本采用“基数加增长”的方法。这种预算编制方法虽然简单易操作，但由于财政部门没能根据部门实际需求动态分配预算，很容易形成“马太效应”。随着时间的推移，既有的分配格局不断强化，部门之间的分配失衡不断加大，使预算安排的公正性和合理性被大幅削弱。

（三）预算编制时间短，程序不规范

部门预算改革前，整个预算编制过程仅有四五个月。由于时间仓促，预算编制的许多基础性工作很难完成，预算收支也缺乏详细的调查研究，数据的准确性难以保障。同时，预算单位和财政部门为按时提交预算草案，往往采取层层代编的方式编制预算，加剧了预算编制的混乱局面，导致预算编制和预算执行严重脱节。

（四）预算支出安排粗放，管理不到位

在传统功能预算模式下，由于各种因素影响，大量资金没有细化到具体单位，需要执行中再行细化下达，影响了预算资金的时效性和使用效益。即使下达到预算单位的支出，有些也没有明确到具体用途，预算单位可以进行“二次分配”，不利于财政资金监督，容易发生资金挤占、挪用等现象，影响了财政资金使用的安全性和有效性。

（五）预算管理主体较多，财权不统一

在传统的预算模式下，一方面，中央部门内部没有统一的预算管理单位，各业务司局直接向财政部申请预算，而财政部内部各业务司局对预算也是切块管理，再加上预算编制不完整，导致财政部和各部门均难以掌握部门年度预算安排情况。另一方面，除财政部外，一些经费的使用安排是由国家计委、国家经贸委、国管局等部门负责安排下达。由于分工把口、各管一摊，预算资金管理分散、混乱，造成资金间统筹使用的难度加大，重复建设和投入的问题比较严重。

上述问题不但影响了预算管理的科学化和规范化，而且在一定程度上弱化了财政职能。要消除传统功能预算的种种弊端，就要紧密结合我国特殊的历史背景和现实国情，对我国的预算管理模式进行全面思考和大胆创新，推动建立新型的预算管理制度。

三、部门预算改革是全国人大和审计署推动的直接结果

传统功能预算暴露的种种问题引起了全国人大和审计署的高度重视。

1999 年 6 月，全国人大和审计署均提出要改进和规范中央预算编制工作“要严格执行预算法，及时批复预算”“要细化报送全国人大审查批准的预算草案内容，增加透明度”“报送内容应增加对中央各部门支出、中央补助各地方的支出和重点项目的支出等”。全国人大预算工作委员会要求财政部 2000 年向全国人大提交中央预算草案时，要提供中央各部门的预算收支等资料，要报送部门预算。为贯彻落实全国人大的要求，推进依法行政、依法理财，财政部向国务院报送了《关于落实全国人大常委会意见改进和规范预算管理工作的请示》，提出了细化政府预算编制，实施部门预算改革的初步构想。经国务院批准，财政部印发了《关于改进 2000 年中央预算编制的意见》，正式拉开部门预算改革的序幕。

第二节　中央部门预算改革的主要内容

近年来，在党中央、国务院的正确领导下，在财政部和中央各部门的共同努力下，遵循“循序渐进、先易后难、逐步完善”的总体思路，先搭框架、再磨细节、稳步推进，通过推进综合预算、优化支出结构、完善分配机制、改进项目管理、理顺编制权责、实行中期规划、强化预算执行、加强绩效管理、推进预算公开等一系列改革，提高了预算管理的完整性、规范性、科学性、有效性和透明度，更加有效地发挥了财政职能作用。

一、推进综合预算管理

规范部门预算编报范围，将预算单位符合规定的各项资金全部纳入部门预算管理，一个部门一本预算。自 2011 年起，全部预算外收入纳入预算管理。加强对中央部门非本级财政拨款等其他收入的管理，规范中央部门会计核算和决算口径，不允许无预算列收列支非本级财政拨款，进一步提高部门预算编制的完整性和财政资金的统筹能力。增强各类预算之间的统筹协调，加大政府性基金预算、国有资本经营预算与一般公共预算的统筹力度。规范部门预算编报口径，2015 年起将部门预算划分为部门财政拨款收支预算和部门收支预算两个层次。其中，部门财政拨款收支预算与一般公共预算和政府性基金预算衔接，部门收支预算全面反映包括财政拨款收支、事业收支、事业单位经营收支和其他收支等在内的部门收支预算情况。

二、优化财政支出结构

结合国家战略部署、政府施政目标和宏观调控要求，调整和优化支出结构，加大对重大改革、重要政策和重点项目，以及深化供给侧结构性改革、打好三大攻坚战、促进教育文化卫生事业发展方面的支持力度，更好地服务经济社会发展。不折不扣落实过紧日子有关要求，中央部门大力压减一般性支出。2019 年除刚性和重点项目外，其他项目支出平均压减幅度达到 10%。按照“有保有压”的原则安排中央本级“三公”经费预算，2019 年预算总规模比上年同口径下降 3.8%。同时，进一步优化支出结构，重点保障实施中国特色大国外交等国家重大战略和新组建部门履职所需经费。持续推进厉行节约制度体系建设，2019 年制定印发《关于贯彻落实过“紧日子”要求　进一步加强和规范中央部门预算管理的通知》和《中央行政事业单位国有资产配置管理办法》等文件。

三、完善预算分配机制

推进预算支出标准体系建设。逐步扩大基本支出定员定额管理范围，初步构建起覆盖绝大多数行政单位、参公单位和部分公益性较强事业单位的分类分档定额标准体系。进一步改进定员定额管理，将中央部门本级部分维持机构基本运转支出从项目支出转列公用经费，增强部门财务统筹能力。适当提高垂管部门公用经费标准，更好地满足部门履职需要。全面推进实物费用定额试点，范围扩大到所有中央部门本级，按照人员定额和实物定额相结合的方式核定试点单位公用经费规模。2009 年全面启动中央本级项目支出定额标准体系建设，按照先易后难、重点突破、逐步深入、梯次推进的原则，加强支出标准编制，积极推进项目支出定额标准体系建设和项目标准化管理，强化支出标准应用，发挥标准在预算编制和管理中的支撑作用，2019 年印发了《关于进一步做好中央本级支出标准体系建设工作的通知》。

四、改进项目支出管理

完善项目管理层次，将项目分为一级和二级项目，按新的分类加强项目整合，清晰反映项目与部门职能、任务之间的结构关系。加强政策研究和项目论证，加大项目精简整合力度，完善项目决策机制，提高项目质量。所有项目纳入项目库管理，年度预算安排项目从项目库中择优选取。规范项目入库管理，建立重大项目动态评估清理机制。不断扩大项目评审范围，部门评审项目覆盖应评审项目的比例已达到 80% 以上。强化评审结果应用，一方面将评审结果作为预算安排的上限；另一方面，对平均审减率超过容忍度的部门，适当压减部门项目支出预算。

五、理顺预算编制权责

进一步理顺预算管理关系，更好地发挥部门在预算编制、执行中的主体地位和责任，按照“放管服”改革要求，一方面，赋予部门更多的预算管理权限，部门具体项目的立项和经费安排等原则上由部门负责，强化部门主体责任；另一方面，减少财政部对预算编制微观事项的介入，重点做好总量平衡和宏观管理，更加注重管理制度和规程制定。2015 年起，将预算评审中心和专员办实质性嵌入预算编制流程，健全预算审核程序，充分地发挥预算审核和监管作用。2019 年财政部预算评审中心评审的中央部门项目数量达到 225 个，涉及资金超过 1200 亿元，平均调减率约 40%。2019 年财政部各地专员办正式更名为财政部各地监管局，对属地中央二级及二级以下预算单位的人员、资产、津贴补贴等基础数据开展审核工作，共涉及 99 个中央部门所属 1.37 万个属地预算单位。

六、实行中期规划管理

根据中期财政规划和部门改革发展需求，合理确定规划期内中央部门的支出总量和结构。从编制 2016 年预算起，对纳入中央部门预算的一般公共预算和政府性基金预算拨款收支实行中期财政规划管理。实行逐年滚动管理，突出政策与预算相结合，增强预算约束力，各部门年度预算安排不得突破中期财政规划确定的对应年度部门中期财政规划。按照“先定政策，再排支出”的思路，加强政策、业务和预算的有机结合，实现总量控制与结构优化的衔接统一。

七、强化预算执行管理

增强预算约束刚性，从严控制追加预算，执行中除救灾等应急支出外，一般不出台增加当年支出的政策，必须出台的政策纳入以后年度预算安排；必须追加当年预算的，首先通过调整部门当年支出结构解决。严格控制代编预算范围和规模，逐步提高年初预算到位率。对于年度执行中新增的临时性、应急性等支出，要求通过机动经费或部门预算调剂等渠道解决。规范代编预算使用程序，执行中需要动用代编预算的，须报国务院批准后下达。对预计年底剩余的项目资金，部门可按程序调剂用于符合政策规定的基本支出缺口以及急需的项目支出。按照国务院部署，组织中央部门全面清理存量资金，收回后统筹用于经济社会发展急需资金的领域。同时，建立盘活存量资金长效机制，完善结转结余资金管理，将部门结余资金全面收回财政，加大存量资金消化力度，提高财政资金使用效率。

八、加强预算绩效管理

强化中央部门预算绩效管理，实现项目绩效目标、绩效执行监控、绩效自评、绩效责任四个全覆盖。推进绩效管理与预算管理紧密结合，实行预算编制、执行、监督全过程的绩效管理工作机制。报请中共中央、国务院印发了《关于全面实施预算绩效管理的意见》，并对中央部门贯彻落实文件精神提出了具体要求。2019 年批复预算时，将绩效目标管理范围扩展至全部中央预算单位。进一步强化重点绩效评价，并将部分项目绩效自评结果和重点绩效评价报告提交全国人大常委会，稳步推动绩效信息向社会公开。

九、推进部门预算公开

主动接受人大审计监督，逐步细化报送全国人大审议的中央部门预算内容。强化部门主体责任，提高部门预算公开的主动性和积极性。加强部门预算公开力度，2019 年公开部门预算的部门为 102 个，公开部门数比 2018 年增加了 13 家，集中公开时间比 2018 年提前了 11 天。同时，有 47 个部门公开了 50 个重点项目的文本和绩效情况，有 88 个部门在公开预算时专门说明了非重点、非刚性支出压减情况。拓宽部门预算公开形式，大力推进“互联网 + 政务服务”，除在部门网站公开外，还在财政部门户网站建立的专门平台和中国政府网设置的专门栏目上集中公开中央部门预算，方便社会公众监督。

第三节　中央部门预算改革的主要成效

19 年来，中央部门预算改革不断向前推进，预算编制更加全面规范，预算管理更加公开透明，管理措施更加丰富完善，运行机制更加顺畅高效，为中央履行职能和事业发展提供了可靠的财力保障。

党的十八大以来，在以习近平同志为核心的党中央坚强领导下，各部门齐心协力、密切配合，认真贯彻落实党中央和国务院决策部署，通过推行中期财政规划、重塑预算编制链条、做实项目库、强化预算绩效管理、理顺各方权责关系、推进预决算信息公开，基本构建起层次清晰、运转顺畅的部门预算管理新框架。

一、进一步提升了部门履职保障能力

部门预算改革以后，实行“一个部门一本预算”，部门预算管理的完整性得到了提高。在新的情况下，中央部门在编制年度预算时就要对本部门年度预算进行总体规划，结合本部门职能和年度工作安排统筹考虑并申报预算，促使部门将预算编制与部门职能和事业发展紧密联系在一起。同时，财政部门在编制年度预算时，根据国家战略需要以及党中央国务院具体要求，研究提出具体预算编报要求，为部门编制年度预算提供指引。这种新型的预算分配机制，确保了国家重大政策得到贯彻落实，也更符合部门履行职能的实际需要。

二、进一步增强了部门预算的严肃性

部门预算改革以后，一方面改变了过去层层留机动的做法，预算全部批复到具体项目和具体单位，减少了资金在中间环节的滞留，提高了预算的年初到位率，为各预算单位严格按照预算执行创造了条件；另一方面改变了预算外资金、各种政府性基金由单位自行安排的做法，按照综合预算的要求，将预算外资金和部门其他财政性资金全面纳入预算管理或实行收支脱钩管理，部门预算的完整性得到提高，预算管理的随意性得到了控制。同时，财政部积极加强预算执行管理，严格预算执行约束，如有调整必须按程序报财政部门审批，提高了部门预算管理的严肃性。

三、进一步提高了预算编制的科学性

部门预算改革以后，预算编制时间逐步延长，为部门全面、准确、科学、细化地编报预算提供了充足的时间保障。预算编制方法也逐步从传统的“基数加增长”过渡到按基本支出和项目支出分别测算，基本支出实行定员定额管理，项目支出立足项目库实行滚动管理，在编制程序上坚持从基层预算单位编起，逐级汇总，预算批复到基层单位和具体项目，大大提高了预算编制的科学化水平。

四、进一步明确了预算编制的权责

部门预算改革以后，在制度设置上不断强化中央各部门主体地位，强调中央部门既是预算编制的主体，也是预算执行和绩效评价的主体；既是权利主体，同时也是责任主体。中央部门也切实改变了以往粗放的预算编报方式，充分履行预算编报的主体责任。逐步形成了中央部门为主、财政部门总体平衡的预算管理格局，部门预算理念不断增强，预算管理上下一盘棋的局面初步建立。

五、进一步增强了部门预算的透明度

部门预算改革以后，全国人大监督的广度和深度不断延伸。报送全国人大审议的部门预算数量逐年增加，现已基本涵盖所有非涉密的中央部门；报送的重点项目数量 2019 年达到 50 个，比上年增加 14 个；报送的预算信息不断细化，全部支出已细化到项级科目。积极推动部门预算公开，2019 年公开预算的部门数量达到 102 家，公开时间提前 11 天。进一步细化公开内容、创新宣传方式，指导部门做好对压减一般性支出等重点事项的说明。

六、进一步提高了财政资金使用效益

部门预算改革以后，财政部着力扭转以往“重分轻管”的局面，不断提高加强和完善财政资金管理措施，让有限的财政资金发挥出最大的使用效益。一方面，全面实施绩效管理，确立起绩效目标与部门预算同步申报、同步审核、同步批复机制，推进部门预算安排与绩效评价的结合，推动中央部门树立绩效观念，主动提高财政资金使用效益。另一方面，加强预算执行管理和财政拨款结转结余管理，建立健全预算执行监测分析制度，严格控制预算调整事项和调整时限，建立部门结余资金全面收回财政的制度，不断提高财政资金的使用效率和效益。

在看到成绩的同时，也应当清醒地认识到部门预算管理中存在的一些问题，包括：部门预算编制方法有待改进，基本支出定额管理有待完善，与部门公共资源占有的结合力度有待增强，定额标准的科学性有待提高；项目支出预算管理有待加强，项目库管理不到位，支撑作用尚未有效发挥，项目支出标准体系建设滞后，标准尚未与预算编制和管理有机融合；预算公开力度仍需加大，预算透明度还有较大提升空间等。党的十九大提出要建立全面规范透明、标准科学、约束有力的预算制度，全面实施绩效管理，这是《国务院关于深化预算管理制度改革的决定》的延续，更是深化、拓展和升华。推进预算科学精准编制，增强预算执行刚性约束，提升财政资源配置效果，助力全面提高政府效能，都需要在部门预算编制和管理过程中加以体现和落实，这就要求财政部门要站在更高的层面，以更高的眼光，以更大的改革勇气，深刻总结前期经验和不足，着力构建全面规范透明、标准科学、约束有力的预算制度，全面深入贯彻党的十九大和十九届二中、三中全会精神，全面解决部门预算管理中存在的问题，全力以赴做好部门预算编制各项工作，为决胜全面建成小康社会、实现中华民族伟大复兴做出新的更大贡献！

第二章　中央部门预算编制程序及要求

第一节　总体职责分工

中央部门预算管理涉及全国人大、国务院、财政部、中央部门等不同主体，根据《中华人民共和国预算法》和《中华人民共和国预算法实施条例》（国务院令第186号），按照《国务院关于深化预算管理制度改革的决定》（国发〔2014〕45号）和《国务院关于实行中期财政规划管理的意见》（国发〔2015〕3号）等文件精神，在中期财政规划和年度预算编制这一框架中，各方的职责分工大致如下：

全国人民代表大会：审查中央预算草案及中央预算执行情况的报告；批准中央预算和中央预算执行情况的报告；改变或者撤销全国人民代表大会常务委员会关于预算、决算的不适当的决议。

全国人民代表大会常务委员会：监督中央预算的执行；审查和批准中央预算的调整方案；审查和批准中央决算；撤销国务院制定的同宪法、法律相抵触的关于预算、决算的行政法规、决定和命令。

国务院：编制中央预算、决算草案；向全国人民代表大会作关于中央和地方预算草案的报告；组织中央预算的执行；决定中央预算预备费的动用；编制中央预算调整方案；监督中央各部门的预算执行；改变或者撤销中央各部门关于预算、决算的不适当的决定、命令；向全国人民代表大会、全国人民代表大会常务委员会报告中央预算的执行情况。

财政部：具体编制中期财政规划和中央预算、决算草案；具体组织中央预算的执行；提出中央预算预备费动用方案；具体编制中央预算的调整方案；定期向国务院报告中央预算的执行情况。

中央部门：编制本部门中期财政规划和预算、决算草案；组织和监督本部门预算的执行；定期向财政部报告预算的执行情况。

第二节　编制基本流程

中央部门预算按照“二上二下”的流程编制，具体如下：

“一上”阶段。主要是布置中央部门年度预算编制工作，下发《政府收支分类科目》和预算编制软件，指导中央部门编制并及时报送“一上”部门预算。中央部门根据本部门发展规划、年度工作目标和重点等，从基层预算单位开始编制年度预算建议，逐级审核汇总，由部门编制年度预算建议方案报送财政部，同时报送人员、资产等基础数据和项目库。

“一下”阶段。财政部对中央部门报送的年度预算建议进行审核，综合考虑财力可能，研究提出中央部门预算安排总体建议方案，按程序报批后下达中央部门年度预算控制数。

“二上”阶段。中央部门根据财政部下达的“一下”预算控制数细化编制部门“二上”预算。中央部门在财政部下达的控制数以内，按规定的预算科目、报表格式等汇总编制本部门年度预算草案，在规定时间内报送财政部。财政部对部门报送的“二上”预算进行审核，汇编中央部门预算草案。

“二下”阶段。在全国人民代表大会批准中央预算草案后，财政部批复各中央部门预算，中央部门根据财政部批复的部门预算，逐级批复所属单位预算。

第三节　预算编制准备

一、项目清理

主要是调整优化一级项目设置。一级项目包括通用一级项目和专用一级项目。一级项目要有明确的名称、实施内容、支出范围和总体绩效目标，项目数量要严格控制，项目名称、实施内容和支出范围等在年度间要保持相对稳定。

二、预算单位信息变更

根据本部门机构调整变化情况，以正式文件向财政部提出预算单位信息变更申请。部门申请变更时，应提供中央机构编制管理部门的批复文件、社会信用代码证书、事业单位法人证书、营业执照等相关证明材料，并通过预算编报软件提供申请变更的电子数据。各部门最迟应在“二上”预算之前向财政部提出对下年度预算单位信息变更的申请。

第四节 部门 2020—2022 年支出规划编制

一、编制范围和流程

编制部门预算的中央部门，对一般公共预算和政府性基金预算拨款收支均应编制 2020—2022 年支出规划，按照“二上二下”程序，与 2020 年部门预算编制同步进行。

二、基本支出规划编制

“一上”时，中央部门不编报基本支出规划。因机构编制、人员等变化需调整支出规划的，应单独反映。“二上”时，部门根据财政部下达的 2020—2022 年基本支出规划控制数，编制相应年度基本支出规划。

三、项目支出规划编制

（一）做好项目储备

部门要尽早布置、组织所属各单位开展以后年度预算项目储备工作，提前启动项目研究论证、编制立项、审核评审等工作。

（二）完善项目填报

所有项目统一按照“项目—活动—子活动—分项支出—标准（价格）—支出计划”的层次编报，清晰反映项目内容、具体活动和支出需求，不得在项目中编报应当纳入基本支出安排的相关支出。加强一般公共预算、政府性基金预算和国有资本经营预算的统筹衔接，避免项目交叉重复。所有入库项目都要设置绩效目标，并细化、量化为具体的绩效指标。准确使用政府收支分类科目，严格控制使用款级、项级科目中的其他支出科目。

（三）加强项目评审

按规定应评审的项目要全部评审，结合评审做好事前绩效评估。评审要对立项依据、实施方案、支出内容、预算需求、分年计划、绩效目标等提出具体意见。评审要注重结合存量资产情况审核安排新增资产。

（四）科学合理测算

根据轻重缓急，对备选项目进行排序，拟新增的项目支出全部通过调整支出结构解决。“一上”时编制的2020—2021年项目支出规划需求应当控制在财政部上年下达的相应年度控制数规模之内，2022年不超上年规模。对于因党中央、国务院新批准重要改革、重大政策等确需增加支出规划的，应当单独反映，并提供文件依据和详细说明。相关业务主管部门管理的项目支出（如发展改革委、国防科工局安排的基本建设支出等），由主管部门负责编制支出规划。

四、规划报送

部门报送“一上”支出规划时，一级项目规划数较上年有调整的，应当做出说明，同时将新增和调整的二级项目一并报财政部。财政部对项目进行审核，通过审核的，纳入财政部项目库；需要调整的，由部门调整后重新上报；不符合政策规定的，不得列入规划和预算。除另有规定外，部门在“一上”之后新增项目申请纳入财政部项目库的，须正式来函；11 月 20 日之后报送的，原则上不再接收。

五、财政部审核控制数

财政部综合平衡后，核定下达部门 2020—2022 年支出规划控制数，明确一级项目和部分重点二级项目的分年控制数。

六、部门调整规划

部门根据财政部下达的控制数调整编制 2020—2022 年支出规划报财政部，各年度支出总额不得调整。在一级项目控制数规模内，部门可调整二级项目支出计划或增减替换二级项目，增加的项目应当是已纳入财政部项目库的项目。部门如需在一级项目之间进行调整，或对控制数中已明确的二级项目进行调整，应当报财政部批准。

第五节　部门 2020 年度预算编制

一、编制“一上”预算

（一）基本支出预算编制

部门按要求填报基础信息数据库，对人员编制、实有人数、机构设置等情况较上年发生变化的，要说明原因并提供证明文件。所属事业单位编制内增人的，要提供增人依据、理由、经费需求情况。需要填报规范津贴补贴经费测算数据的单位范围为执行规范津贴补贴政策的行政单位和参公单位，人员范围为京外单位在职人员、离退休人员和在京单位离退休管理机构工作人员、离休人员。按照中央行政事业单位住房改革支出预算编制要求，如实填报住房改革支出预算，并优先消化财政拨款结转资金，动用公房出售收入和其他资金。

（二）项目支出预算编制

除相关业务主管部门管理的项目外，2020 年项目支出预算规模和结构应与部门 2020 年支出规划一致。机动经费项目暂按上年数编报。

（三）项目绩效目标编制

部门要填报一级项目、二级项目的中期和年度绩效目标及相应绩效指标，选择部分单位填报整体支出绩效目标，随“一上”预算一并报送财政部。有重点、有针对、有选择地确定部分重大支出项目开展绩效评价，并结合实际，选择部分下属单位开展整体支出、政府性基金预算项目绩效评价试点。

（四）新增资产配置相关预算编制

中央行政事业单位所有使用财政性资金及其他资金购置车辆，租用土地、办公用房、业务用房，以及购置单价 50 万元以上的通用设备和单价 100 万元以上的专用设备的，要编制新增资产配置相关预算。单位报送的租用土地、办公用房、业务用房申请应当是按规定报经机关事务主管部门或有关主管部门审核同意的项目。单位报送的新增资产配置相关预算，有规定配备标准的应当按照标准进行配备；没有规定配备标准的应当结合单位履职需要和事业发展需求，从严控制，合理配备。

（五）部门要积极支持并督促属地中央预算单位配合财政部各地监管局开展部门预算监管工作

纳入监管局监管范围的中央二级及以下预算单位，应按要求和规定时限将 2020 年“一上”预算申报材料逐级汇总后报送当地监管局备查，并提供预算编制有关政策依据、证明文件等。

（六）部门要认真填报部门职能、机构设置、资产配置、人员编制等情况及说明，其中，项目支出规划编制说明应按照规定格式编写，一并说明绩效自评和重点绩效评价结果运用、项目支出标准建设及标准应用情况。严格按照保密规定标注文件和数据的密级。

二、核定“一下”预算控制数

财政部综合平衡后，核定下达部门 2020 年财政拨款预算控制数。其中，基本支出控制数明确到功能分类项级科目，项目支出控制数明确到一级项目和部分重点二级项目。

三、编报“二上”预算

（一）部门要充分、合理预计事业收入、事业单位经营收入等各项收入，按规定全部纳入预算安排使用，未纳入年初预算的，部门要采取有效措施，执行中严格控制使用。纳入部门整体支出绩效目标管理试点的部门，要按要求填报部门整体绩效目标。

（二）部门要严格按照财政部下达的“一下”控制数，编制包含财政拨款和非财政拨款在内的全口径支出预算，相关支出要全部分解细化到具体单位和项目。基本支出和项目支出预算按照全口径编制到经济分类款级科目，合理确定各项支出经济分类情况，严格控制使用其他支出科目。要根据项目支出预算等情况进一步调整完善绩效目标。

（三）部门要充分预计和反映基本支出和项目支出结转资金，按规定列入“二上”预算，并结转下年按原用途继续使用。对结转资金较多的项目，应当调减预算安排，将调减下来的指标调整用于其他重点项目。

（四）部门要认真编报年度“三公”经费预算，严格按照有关规定和支出经济分类科目说明的口径编列，继续从严控制各项支出规模。

（五）根据政府集中采购目录及限额标准确定政府采购预算编制的范

围，纳入部门预算管理的资金支出凡涉及政府采购的，都要编制政府采购预算，根据市场调查情况和资产配置等标准，并参考以前年度采购结果，列明货物、工程和服务采购金额。部门要按照财政部对“二上”预算中政府采购预算的审核意见，及时进行调整。

（六）部门申报政府购买服务项目，应当填报政府购买服务支出表，其中列入政府集中采购目录及限额标准以上的政府购买服务项目，应当同时编报政府采购预算，并按照政府采购规定组织实施。政府购买服务所需资金列入部门预算，从既有预算中统筹安排。

（七）发展改革委等有预算分配职能的部门要及时研究提出有关归口管理经费分配方案，明确项目单位、项目名称、密级、功能分类科目、金额等信息，于11月20日前反馈财政部审核。要切实提高年初预算到位率，年初预算原则上全部细化到具体单位和项目。

第六节　部门支出规划及预算报表说明

部门支出规划及预算报表通过规范、统一的数据表形式，全面、完整反映中央部门综合收支计划信息，是部门预算信息的主要形式载体，也是部门预算管理制度化、规范化、标准化的体现。一套口径完整、重点突出、结构合理、逻辑清晰的报表，能够保证部门预算全面、真实、完整，有助于部门前瞻性、有计划地开展工作、履行职能，以及加强预算编制、执行和监督有着十分重要的意义。

一、报表构成及使用要求

中央部门预算信息主要通过报表形式采集，报表分为“录入表”和“生成表”。“录入表”主要用于部门填报明细数据信息。“生成表”主要用于查询、分析、报出数据信息。总的来看，中央部门支出规划及预算报表包含四部分：一是中央部门三年支出规划表（录入表）；二是年度预算录入表（录入表）；三是中央部门预算表（生成表）；四是中央部门预算附表（生成表）。部门使用部门三年支出规划表填报部门三年支出规划；使用年度预算录入表填报年度收支预算等信息，并根据录入表中数据生成预算表和预算附表报财政部。报表具体构成如下：

（一）年度预算录入表 10 张

录入表 1：一般公共预算基本支出录入表

录入表 2：一般公共预算项目支出录入表

录入表 3：政府性基金预算基本支出录入表

录入表 4：政府性基金预算项目支出录入表

录入表 5：收入录入表

录入表 6：中央行政事业单位住房改革支出录入表

录入表 7：中央行政事业单位新增资产配置录入表

录入表 8：经营及往来支出录入表

录入表 9：政府采购支出录入表

录入表 10：政府购买服务支出录入表

（二）三年支出规划表 2 张

规划表 1：一般公共预算三年支出规划表

规划表 2：政府性基金预算三年支出规划表

（三）中央部门预算表 6 张

预算表 1：财政拨款收支预算总表

预算表 2：一般公共预算财政拨款支出表

预算表 3：政府性基金预算财政拨款支出表

预算表 4：财务收支预算总表

预算表 5：财务收入预算表

预算表 6：财务支出预算表

（四）中央部门预算附表 14 张

预算附表 1：一般公共预算基本支出表

预算附表2：一般公共预算项目支出表

预算附表3：一般公共预算经济分类支出表（部门预算支出经济分类）

预算附表4：一般公共预算经济分类支出表（政府预算支出经济分类）

预算附表5：一般公共预算“三公”经费和会议费支出表

预算附表6：中央行政事业单位住房改革支出表

预算附表7：政府性基金预算基本支出表

预算附表8：政府性基金预算项目支出表

预算附表9：政府性基金预算经济分类支出表（部门预算支出经济分类）

预算附表10：政府性基金预算经济分类支出表（政府预算支出经济分类）

预算附表11：中央行政事业单位新增资产配置表

预算附表12：政府采购支出表

预算附表13：政府购买服务支出表

预算附表14：经营及往来支出表

二、报表中有关基础信息填报要求

（一）单位类型

行政单位：包括国务院所属行政部门、全国人大、全国政协、最高人民法院、最高人民检察院、中国共产党、各民主党派、工商联，以及全国总工会、共青团中央、全国妇联等中央级社会团体。

参照公务员法管理的事业单位（简称参公单位）：指经人力资源社会保障部或中央组织部批准为参照公务员法管理的事业单位。

事业单位：指除参公单位外的其他中央级事业单位。

企业：主要是中央管理企业、有关金融机构等。

其他：指除行政单位、事业单位和企业之外的单位。

（二）预算编报的收支范围

行政单位：全部收支列入部门预算。

参公单位和事业单位：除开展独立核算经营活动发生的收支以外，其他的收支全部列入部门预算。

军队武警：全部收支列入部门预算。

社会团体：一般公共预算财政拨款、政府性基金财政拨款等收支列入部门预算。

企业：一般公共预算财政拨款、政府性基金财政拨款等收支列入部门预算。

（三）单位名称和代码

1. 预算单位编制预算时所用的单位名称和代码。预算单位代码按照统一制定的编码规则确定。

2. 编制预算时，单位名称和代码信息由财政部随预算编制软件下发，部门不能自行修改。

3. 部门因机构调整等原因需要变更单位名称或代码的，应正式向财政部提出申请，经财政部核准后，重新下发相关信息。

4. 为避免影响预算编制工作，部门应于每年度预算编制开始前将变更单位名称或代码的申请报财政部，如确有特殊情况的，在预算编审过程中也可提出调整预算单位信息的申请。部门预算“二上”之后，财政部将不再受理涉及下年度预算编制的有关单位名称和代码等变更申请。

（四）科目名称和编码

1. 部门编制年度预算时使用的科目名称及科目编码，统一按照下发的年度政府收支分类科目执行。

2. 部门编制预算时填列的支出功能分类科目和经济分类科目均须填列到最底级的明细科目。

（五）冲抵行

由于部门下属各单位预算自求平衡，各单位预算汇总后，单位之间的往来收支会造成重复计算，虚增部门总收支。为解决此问题，在编制系统中录入收入预算、经营及往来支出预算表时，可选择“是否冲抵行”选项，对“是否冲抵行”为“是”的数据录入行，允许填列负数，以对部门内部往来收支进行冲抵，避免重复汇总虚增收支。

需要注意的是：部门预算录入数据时，除了冲抵行外，其他数据行中均不允许填列负数。

三、录入表填报要求

（一）录入表1：一般公共预算基本支出录入表

该表反映部门（单位）通过一般公共预算财政拨款、一般公共预算财政拨款结转资金、教育收费、其他资金等安排的，具体到单位，且明细到功能分类和经济分类明细科目的基本支出情况。

1. 支出类别：填列人员经费或公用经费。

（1）人员经费。反映单位工资福利支出、对个人和家庭的补助支出情况。

（2）公用经费。反映单位购买商品和服务的支出。需要说明的是，各部门在财政部下达的基本支出预算控制数及财政拨款补助数额内，根据单位实际情况和国家有关政策、制度规定的开支范围及开支标准，在人员经费和公用经费各自的支出经济分类科目之间，自主调整编制本部门的基本支出预算。人员经费与公用经费之间不得自行调剂，且人员经费的调整必须符合国家有关政策规定，不得自行扩大和提高人员工资发放标准，不得留下基本支出硬缺口。在财政部正式批复部门预算后，各部门、各单位要严格按批复的预算执行，不得随意调整变更。

2. 密级：对应每一录入行填列，反映分单位分功能科目基本支出人员经费或公用经费的密级。

3. 本年支出：通过各项资金来源安排的人员经费和公用经费情况。其中：

（1）小计：反映支出预算的各资金来源总额。

（2）财政拨款：填列用当年一般公共预算财政拨款资金安排的基本支出预算数。

（3）结转资金：填列使用以前年度一般公共预算财政拨款基本支出结转资金安排的基本支出预算数。

（4）教育收费安排支出：填列用财政专户核拨的教育收费收入安排的基本支出预算数。

（5）其他资金：填列除上述来源之外的其他资金安排的基本支出预算数，其中含行政事业单位动用公有住房出售收入安排的住房改革支出数。

（二）录入表2：一般公共预算项目支出录入表

该表反映部门（单位）主要通过一般公共预算财政拨款、一般公共预算财政拨款结转资金、教育收费、其他资金等安排，具体到单位和二级项目，明细到功能分类和经济分类明细科目的项目支出情况。

该表中有关二级项目的信息主要从项目库的一般公共预算二级项目、非财政拨款项目中提取。如项目完全通过一般公共预算财政拨款安排，或完全通过教育收费和其他资金安排的，相关信息全部直接从项目库提取。对项目同时通过一般公共预算财政拨款和教育收费、其他资金安排支出的，项目信息从项目库的一般公共预算二级项目提取，相关项目涉及的教育收费、其他资金支出，由部门（单位）在表中填列，并在表中直接填列相应的经济分类支出明细。

1. 项目：反映二级项目名称。二级项目名称应真实、全面地反映项目主要信息，原则上应包含项目涉及的主要工作或事项（如涉及的相关工作或事项有规范名称的应使用该规范名称或简称）以及项目的主要支出内容等信息。用词要精练简洁，避免使用字母及英文缩写，如确需使用的，应括注规范汉语译名。项目名称中应尽量不再体现项目单位的名称信息。

2. 项目代码：每个项目对应一个项目代码，项目代码具有唯一性。二级项目代码为18位数字，由“3位部门预算代码+3位二级预算单位代码+3位三级预算单位代码（或000）+3位四级预算单位代码（或000）+2位项目编制年份码+4位顺序码”组成。

3. 项目分类：二级项目划分为重大改革发展项目、专项业务费项目和其他项目三类。

重大改革发展项目，指党中央、国务院文件明确规定中央财政给予支持的改革发展项目，以及其他必须由中央财政保障的重大支出项目等。

专项业务费项目，指中央部门为履行职能，开展专项业务而持续、长期发生的支出项目，如：大型设施、大型设备运行费，执法办案费，经常性监管、监测、审查经费，以及国际组织会费等。

其他项目，指除上述两类项目之外，中央部门为完成特定任务需安排的支出项目。基本建设项目统一列为其他项目。

4. 项目密级：填列根据保密管理相关规定确定的项目密级和保密期限。

5. 是否基建：项目是否按照基本建设财务管理办法执行。按管理主体，基建项目分为国家发展改革委安排的基建项目、中央财政安排的基建项目和其他主管部门安排的基建项目。

6. 是否开展绩效评价：部门是否建议作为绩效评价试点项目。

7. 本年支出：通过各项来源资金安排的项目支出情况。其中：

（1）小计：反映支出预算的各资金来源总额。

（2）财政拨款：填列用当年一般公共预算财政拨款资金安排的项目支出预算数。

（3）结转资金：填列使用以前年度一般公共预算财政拨款项目支出结转资金安排的项目支出预算数。

（4）教育收费安排支出：填列用财政专户核拨的教育收费收入安排的项目支出预算数。

（5）其他资金：填列除上述来源之外的其他资金安排的项目支出预算数。

（三）录入表3：政府性基金预算基本支出录入表

该表反映部门（单位）通过政府性基金预算财政拨款和政府性基金预算财政拨款结转资金安排，具体到单位，明细到功能分类和经济分类明细科目的基本支出情况。

1. 支出类别：填列人员经费或公用经费。

2. 密级：对应每一录入行填列，反映分单位分功能科目基本支出人员经费或公用经费的密级。

3. 本年支出：通过各项来源资金安排的人员经费和公用经费情况。其中：

（1）小计：反映支出预算的各资金来源总额。

（2）财政拨款：填列用当年政府性基金预算财政拨款资金安排的基本支出预算数。

（3）结转资金：填列使用以前年度政府性基金预算财政拨款基本支出结转资金安排的基本支出预算数。

（四）录入表4：政府性基金预算项目支出录入表

该表反映部门（单位）主要通过政府性基金预算财政拨款和结转资金安排，具体到单位和项目，明细到功能分类和经济分类明细科目的项目支出情况。

该表中有关项目的信息直接从项目库的政府性基金预算项目中提取。

1. 项目：反映项目名称。项目名称填报要求参照一般公共预算二级项目名称。

2. 项目代码：每个项目对应一个项目代码，项目代码具有唯一性。项目代码为18位数字，由"3位部门预算代码+3位二级预算单位代码+3位三级预算单位代码（或000）+3位四级预算单位代码（或000）+2位项目编制年份码+字母J+3位顺序码"组成。

3. 项目密级：填列根据保密管理规定确定的项目密级和保密期限。

4. 是否基建：项目是否按照基本建设财务管理办法执行。

5. 是否开展绩效评价：部门是否建议作为绩效评价试点项目。

6. 本年支出：通过各项来源资金安排的项目支出情况。其中：

（1）小计：反映支出预算的各资金来源总额。

（2）财政拨款：填列用当年政府性基金预算财政拨款资金安排的项目支出预算数。

（3）结转资金：填列使用以前年度政府性基金预算财政拨款项目支出结转资金安排的项目支出预算数。

（五）录入表5：收入录入表

该表反映部门（单位）各项收入的分科目明细情况。

1. 上年结转：填列预计结转到预算年度使用的一般公共预算财政拨款结转资金、政府性基金预算财政拨款结转资金、教育收费和其他资金情况。其中：

（1）一般公共预算财政拨款结转资金：填列预计结转到预算年度安排使用的一般公共预算财政拨款结转资金数。

一般公共预算财政拨款结转资金中，基本支出结转资金应用于安排基本支出，项目支出结转资金应安排用于原项目，部门（单位）不得调剂使用结转资金，即A项目的结转资金不得调整用于B项目。

“收入录入表”中“一般公共预算财政拨款结转资金”数，应等于“一般公共预算基本支出录入表”和“一般公共预算项目支出录入表”中使用以前年度一般公共预算财政拨款结转资金安排的支出数之和。

（2）政府性基金预算财政拨款结转资金：填列预计结转到预算年度安排使用的政府性基金预算财政拨款结转资金数。

政府性基金预算财政拨款结转资金中，基本支出结转资金应用于安排基本支出，项目支出结转资金应安排用于原项目，部门（单位）不得调剂使用结转资金。

“收入录入表”中“政府性基金预算财政拨款结转资金”数，应等于“政府性基金预算基本支出录入表”和“政府性基金预算项目支出录入表”中使用以前年度政府性基金预算财政拨款结转资金安排的支出数之和。

（3）教育收费：填列预计结转至预算年度安排使用的教育收费收入。

（4）其他资金：填列除一般公共预算财政拨款结转资金、政府性基金预算财政拨款结转资金以及教育收费以外，其他预计结转到预算年度安排使用的资金。

需要注意的问题：动用事业基金弥补收支差额应填在表中“用事业基金弥补收支差额”列，不能作为上年结转的其他资金填列。

2. 本年收入：填列预算年度的一般公共预算财政拨款收入、政府性基金预算财政拨款收入、事业收入、事业单位经营收入、往来收入、其他收入和用事业基金弥补的收支差额。

（1）一般公共预算财政拨款收入：填列预算年度申请安排的一般公共预算财政拨款数。应等于“一般公共预算基本支出录入表”和“一般公共预算项目支出录入表”中本年财政拨款支出数之和。

（2）政府性基金预算财政拨款收入：填列预算年度申请安排的政府性基金预算财政拨款数。应等于“政府性基金预算基本支出录入表”和“政府性基金预算项目支出录入表”中本年财政拨款支出数之和。

（3）事业收入：填列事业单位开展专业业务活动及辅助活动取得的收入。其中：

教育收费收入：填列部门上缴财政后，由财政专户核拨给部门的教育收费收入。

（4）事业单位经营收入：填列事业单位在专业业务活动及辅助活动之外开展非独立核算经营活动取得的收入。事业单位的经营收入必须具备以下两个特征：一是经营活动取得的收入，而不是专业业务活动及其辅助活动取得的收入；二是取得的经营收入是非独立核算的。

（5）往来收入：填列部门内部有关单位之间资金往来发生的收入。其中：

上级补助收入：填列单位从主管部门或上级单位取得的非财政拨款补助收入。

下级单位上缴收入：填列本单位所属下级单位（包含独立核算和非独立核算的，相关支出纳入和未纳入部门预算的下级单位）上缴给本单位的全部收入（包括下级事业单位上缴的事业收入、其他收入和下级企业单位上缴的利润等）。

需要注意的是：如不存在预算编制范围之外的单位给予补助的情况，经对内部往来收支进行冲抵以后，按部门整体的往来收入汇总数原则上应为零。

（6）其他收入：填列除上述收入以外的各项收入等。

（7）用事业基金弥补收支差额：填列预计用事业基金弥补预算收支差额的数额。事业单位预计收入小于支出时，方可用事业基金弥补收支差额。

（六）录入表6：中央行政事业单位住房改革支出录入表

该表按照《财政部关于编制2020年住房改革支出预算的通知》中要求的相关口径填列。

（七）录入表7：中央行政事业单位新增资产配置录入表

该表反映中央行政事业单位申请在预算年度通过一般公共预算财政拨款、政府性基金预算财政拨款和其他资金（含事业单位经营收入）购置车辆，租用土地、办公用房、业务用房，以及购置单价50万元以上的通用设备和单价100万元以上的专用设备数量、金额情况。

1. 单位分类：根据行政事业资产管理的实际需要，单位分类分为中央和国家机关本级、部门所属各类行政单位、执行行政单位财务会计制度的参公单位、执行事业单位财务会计制度的参公单位、其他事业单位等5类。其中，执行行政单位财务会计制度的参公单位，属于中央和国家机关本级的，在单位分类中，应选填“中央和国家机关本级”。

2. 资产类型：分为部级领导干部用车、机要通信用车、应急保障用车、执法执勤用车、特种专业技术用车、其他用车、土地、办公用房、业务用房、单价50万元以上的通用设备、单价100万元以上的专用设备等11类。

机要通信用车是指用于传递、运送机要文件和涉密载体的机动车辆。应急保障用车是指用于处理突发事件、抢险救灾或者其他紧急公务的机动车辆。执法执勤用车是指中央批准的执法执勤部门（系统）用于一线执法执勤公务的机动车辆。特种专业技术用车是指固定搭载专业技术设备、用于执行特殊工作任务的机动车辆。其他用车是指除部级领导干部用车、机要通信用车、应急保障用车、执法执勤用车和特种专业技术用车之外，用于定向保障公务活动的机动车辆，包括中管干部用车、离退休干部用车等。

办公用房包括行政事业单位办公室用房、公共服务用房、设备用房和附属用房。业务用房包括行政事业单位为开展各类业务设置的特殊技术业务场所。

通用设备填写行政事业单位计算机设备及软件、办公设备、图书档案设备、机械设备、电器设备、雷达无线电和卫星导航设备、通信设备、广播电视电影设备、仪器仪表、电子和通信测量仪器、计量标准器具及量具衡器等。

专用设备填写行政事业单位探矿采矿选矿和造块设备、石油天然气开采专用设备、石油和化学工业专用设备、炼焦和金属冶炼轧制设备、电力工业专用设备、非金属矿物制品工业专用设备、核工业专用设备、航空航天工业专用设备、工程机械、农业和林业机械、木材采集和加工设备、食品加工专用设备、饮料加工设备、烟草加工设备、粮油作物和饲料加工设备、纺织设备、缝纫服饰制革和毛皮加工设备、造纸和印刷机械、化学药品和中药专用设备、医疗设备、电工电子专用生产设备、安全生产设备、邮政专用设备、环境污染防治设备、公安专用设备、水工机械、殡葬设备及用品、铁路运输设备、水上交通运输设备、航空器及其配套设备、专用仪器仪表、文艺设备、体育设备、娱乐设备等。

3. 截至 2019 年 7 月底资产存量情况：填列分单位截止到 2019 年 7 月底的车辆编制数、车辆（分为轿车、越野车、小型载客汽车、大中型载客汽车、其他车型 5 类）实有数、土地面积（分出租用土地面积）、自有房屋和租用房屋（分为办公用房和业务用房）面积、单价 50 万元以上的通用设备实有数、单价 100 万元以上的专用设备实有数。

4. 2020 年计划处置数量：填列 2020 年计划处置的车辆（分为轿车、越野车、小型载客汽车、大中型载客汽车、其他车型 5 类）数、土地面积、房屋（分为办公用房和业务用房）面积、单价 50 万元以上的通用设备数、单价 100 万元以上的专用设备数。

5. 2020 年新增资产数：填列 2020 年申请购置的车辆（分为轿车、越野车、小型载客汽车、大中型载客汽车、其他车型 5 类）数、租用土地面积、租用房屋（分为办公用房和业务用房）面积、购置单价 50 万元以上的通用设备数、购置 100 万元以上的专用设备数。

新增车辆申请应当符合《党政机关公务用车管理办法》（中办发〔2017〕71 号）、《党政机关公务用车预算决算管理办法》（财行〔2011〕

9号)、《党政机关执法执勤用车配备使用管理办法》(财行〔2011〕180号)等规定。

新增房屋为单位租用的办公用房和业务用房情况，包含新租和续租。行政单位报送的租用办公用房申请应当是按规定报经机关事务主管部门或有关主管部门审核同意的项目。新增租用土地包含新租和续租，续租房屋和土地且需要在本年支付当年费用的，属于新增资产填报范围。

(八) 录入表8：经营及往来支出录入表

该表反映部门(单位)的事业单位经营支出及内部往来的支出情况。

1. 上缴上级支出：填列事业单位按照财政部门和主管部门的规定上缴上级单位的支出。

2. 对下级单位补助支出：填列用一般公共财政预算财政拨款和政府性基金预算财政拨款收入之外的收入对所属下级单位(包含独立核算和非独立核算的，相关支出纳入和未纳入部门预算的下级单位)补助发生的支出。

3. 事业单位经营支出：填列事业单位在专业业务活动及其辅助活动之外开展非独立核算经营活动发生的支出。事业单位在开展非独立核算经营活动中，应当正确归集实际发生的各项费用数；不能归集的，应当按照规定的比例合理分摊。经营支出应当与经营收入配比。

(九) 录入表9：政府采购支出录入表

该表反映部门(单位)年度预算中各种性质、不同来源的资金中拟实行政府采购的支出情况。

1. 该表中所涉及的基本支出、项目支出，均从“一般公共预算基本支出录入表”“一般公共预算项目支出录入表”“政府性基金预算基本支出录入表”“政府性基金预算项目支出录入表”中选取。该表中涉及的经营及往来支出则应与“经营及往来支出录入表”中相关科目支出保持合理勾稽关系。

2. 资金性质：填列一般公共预算、政府性基金预算或经营及往来支出预算。

3. 政府采购金额：对应不同资金来源，按照采购内容分货物、工程、服务三类填列采购金额。

（十）录入表 10：政府购买服务支出录入表

该表反映部门（单位）年度预算中通过基本支出和项目安排的用于政府购买服务的支出情况。

1. 为了完整的反映基本支出和项目支出用于政府购买服务的明细情况，本表中同一科目的基本支出和同一项目，可以重复录入多行。

2. 资金性质：填列一般公共预算或政府性基金预算。

3. 购买服务内容：以文字形式对购买的服务内容进行描述，真实、准确、直观反映出购买的服务内容。购买服务内容应符合《国务院办公厅关于政府向社会力量购买服务的指导意见》（国办发〔2013〕96 号）的相关要求。

4. 购买服务金额：对应各资金来源，填列预计通过不同资金来源安排的用于购买服务的支出数额。

第三章　2020 年中央部门收入预算编制

中央部门预算收入，是中央部门编制年度预算时，预计在预算编制周期内从各种渠道依法取得的各类收入的总称，是中央部门履行职能、完成各项工作任务的财力保障。中央部门要充分、合理预计部门各项收入，依法、准确、真实、完整地编制收入预算。

第一节　中央部门收入预算编制概述

中央部门的收入主要包括一般公共预算财政拨款收入、政府性基金预算拨款收入、事业收入、事业单位经营收入、其他收入等。政府的收入应全部纳入预算管理。按照《国务院办公厅转发财政部〈关于深化收支两条线改革，进一步加强财政管理意见〉的通知》（国办发〔2001〕93 号）和实行综合预算管理的要求，对预算外资金等非税收入的监管力度不断加大，一是推进收支两条线改革，将非税收入逐步纳入预算管理，直至全面取消预算外资金；二是推进非税收入收缴改革，避免坐收坐支。

一、推进收支两条线改革

按照国办发〔2001〕93 号“对中央部门区分不同情况，分别采取将预算外资金纳入预算管理或实行收支脱钩管理等办法”的要求，2002 年，一是将公安部等 5 个行政执法部门按规定收取的所有预算外收入（不含所属院校的收费）全部纳入预算，全额上缴中央国库；其支出由财政部按部门履行职能的需要核定，确保经费供给。二是对原国家质检总局等 28 个中央部门的预算外资金（不含所属院校的收费）实行收支脱钩管理，其预算外收入缴入财政专户，财政部按核定的综合定额标准，统筹安排年度财政支出，编制综合财政预算。三是改变国税系统、海关系统按收入比例提取经费的办法，实行“预算制”，按照部门预算的统一要求核定经费支出。自 2002 年 7 月起，将政府性基金全部纳入预算管理。2003 年，印发了《财政部　中国人民银行关于将部分行政事业性收费纳入预算管理的通知》，将经贸、外贸等部门和单位的 118 项行政事业性收费纳入财政预算管理。2004 年，进一步扩大了试点范围，增加了司法部、原信息产业部等 7 个部门进行预算外资金“收支脱钩”改革试点，使试点部门达到 40 个，基本实现了对预算外资金的规范管理。2005 年，将广电总局集中的广告收入等预算外收入逐步纳入预算管理。2006 年，广电总局集中的中央电视台广告收入全部纳入预算管理，支出由财政部根据广电事业发展的需要在部门预算中统筹考虑。2007 年，将土地出让收支全额纳入政府性基金预算管理。2008 年，将彩票公益金纳入政府性基金预算管理；印发《中央级事业单位国有资产处置管理暂行办法》，明确中央事业单位资产处置收入上缴中央国库，实行“收支两条线”管理。2009 年，印发《中央行政单位国有资产处置收入和出租出借收入管理暂行办法》，明确将中央行政单位国有资产处置收入和出租出借收入分别上缴中央国库和中央财政专户；印发《财政部关于将按预算外资金管理的全国性及中央部门和单位行政事业性收费纳入预算管理的通知》，明确自 2010 年 1 月 1 日起，将司法部等部门 35 项收费（含以前年度欠缴及未缴财政专户的资金和财政专户结余资金）全额上缴国库，支出通过一般公共预算或政府性基金预算安排，不再作为预算外资金管理。2010 年，印发《财政部关于将按预算外资金管理的收入纳入预算管理的通知》，明确自 2011 年 1 月 1 日起，中央部门的教育收费收入作为本部门的事业收入，纳入财政专户管理，其余中央部门预算外收入全部上缴中央国库，支出通过一般公共预算或政府性基金预算安排。中央部门收取的主管部门集中收入、国有资产出租出借收入、广告收入、捐赠收入、回收资金、利息收入等预算外收入纳入一般预算管理，使用时用于收入上缴部门的相关支出，专款专用。从此，预算外资金正式退出历史舞台。

二、建立非税收入收缴分离制度

从 2002 年开始，按照国库管理制度改革方案的要求，逐步建立非税收入“单位开票、银行代收、财政统管”的非税收入收缴制度。一是财政部门设立预算外资金财政专户，取消主管部门和执收单位设立的收入过渡户，对预算外资金汇缴专户实行零余额管理。二是取消原对一些预算外资金按一定比例留用的政策，预算外资金收支统一由财政专户反映。三是中央部门非税收入收缴改革范围不断扩大。四是对国有资本、国有资源、国有资产收入实施国库集中收缴管理，进一步扩大改革的资金范围。五是完善全国非税收入执收项目库，研究提出了推进中央地方分成收入、高等院校收费收入改革的措施。六是将国库集中支付改革的范围从一般公共预算资金扩大到政府性基金。

第二节　2020 年中央部门收入预算编制

一、中央部门收入预算的构成

2020 年中央部门收入预算来源主要包括上年结转、财政拨款收入、上级补助收入、事业收入、事业单位经营收入、下级单位上缴收入、其他收入、用事业基金弥补收支差额等。主要涉及的预算表有：“财政拨款收支预算总表”“财务收支预算总表”“财务收入预算表”等。

1. 上年结转。指以前年度安排、预计结转到本年度使用的资金，包括财政拨款结转资金、教育收费和其他资金的结转资金情况。

2. 财政拨款收入。指由中央财政拨款形成的部门收入，不包括非本级财政拨款收入以及预计年度执行中从其他中央部门接收到的财政拨款收入。按现行管理制度，中央部门预算中反映的财政拨款仅包括一般公共预算财政拨款收入和政府性基金预算财政拨款收入。

3. 上级补助收入。指预算单位从主管部门或上级单位取得的非财政拨款补助收入。

4. 事业收入。指事业单位开展专业业务活动及辅助活动取得的收入，包括教育收费收入等。

5. 事业单位经营收入。指事业单位在专业业务活动及辅助活动之外开展非独立核算经营活动取得的收入。事业单位的经营收入必须具备以下两个特征：一是经营活动取得的收入，而不是专业业务活动及其辅助活动取得的收入；二是取得的经营收入是非独立核算的。

6. 下级单位上缴收入。指本单位所属下级单位（包含独立核算和非独立核算的，相关支出纳入和未纳入部门预算的下级单位）上缴给本单位的全部收入（包括下级事业单位上缴的事业收入、其他收入和下级企业单位上缴的利润等）。

7. 其他收入。填列除上述收入以外的各项收入，主要包括非本级财政拨款、事业单位的投资收益等收入。

8. 用事业基金弥补收支差额。指预计用事业基金弥补本年度收支差额的数额。只有事业单位预计收入小于支出时，才可以用事业基金弥补收支差额。

二、中央部门收入预算编制的总体要求

中央部门在预测收入预算时，应本着科学、合理的原则，遵循项目合法合规、内容全面完整、数字真实准确的总体要求。

（一）项目合法合规

部门填列的各项收入，必须是预计依法取得的各项收入。自2011年起，除学费收入纳入财政专户实行专项管理以外，交通运输主管部门集中收入纳入政府性基金预算管理，其余中央预算外资金全部取消，纳入一般公共预算管理。各部门必须严格执行国家政策规定，认真做好以下几类收入编报工作。

1. 主管部门集中收入。主管部门集中收入主要指国家机关、实行公务

员管理的事业单位及其他组织集中所属事业单位的收入。按照规定，主管部门集中收入应上缴国库、纳入一般公共预算管理，各部门不得作为本单位收入。

2. 以政府名义接受的捐赠收入。以政府名义接受的捐赠收入是指以各级政府、国家机关、实行公务员管理的事业单位以及其他组织名义接受的非定向捐赠货币收入，不包括定向捐赠货币收入、实物捐赠收入以及以不实行公务员管理的事业单位、企业、个人或者其他民间组织名义接受的捐赠收入。以政府名义接受的捐赠收入，必须坚持自愿原则，不得强行摊派，不得将以政府名义接受的捐赠收入转交不实行公务员管理的事业单位、企业、个人或者其他民间组织管理。按照规定，捐赠收入应上缴国库、纳入一般公共预算管理，不得作为本单位“其他收入”反映。

3. 政府财政资金产生的利息收入。政府财政资金产生的利息收入是指税收和非税收入产生的利息收入，按照中国人民银行规定计息，统一纳入政府非税收入管理范围。按照规定，利息收入应上缴国库、纳入一般公共预算管理，不得作为本单位“其他收入”反映。

（二）内容全面完整

中央部门收入预算的收入项目较多，资金来源各有不同，中央部门在填报预算时应做到全面反映、完整填报，对单位预计取得的各项收入进行全面反映，不应在部门预算之外保留其他收入项目。从近几年决算与预算的对比情况看，特别要处理好两类收入的编报工作：一类是事业收入；另一类是其他收入，包括非本级财政拨款收入和二次分配财政拨款收入等。

（三）数字真实准确

部门预算收入的预测必须以国家社会经济发展计划和履行部门职能的需要为依据，同时结合近几年实际取得的收入并考虑增收减收因素测算，不能随意夸大或隐瞒收入，力求各项收入项目预算数据真实准确。

三、中央部门收入预算测算依据

部门收入是各部门切实履行其职能的财力保证。根据部门的发展规划、行使职能的需要对年度部门收入进行测算、分析，是部门预算编制工作的重要内容。中央部门在编制部门收入预算时，应对各项需求和资金来源进行认真测算、分析。

1. 明确预算目标。各部门要依据国家的中长期发展计划和本部门的职能，提出工作重点、任务，列出部门需要安排的重要事项，建立起各部门的年度预算目标。

2. 收集相关资料。部门财政拨款收入的测算要在占有大量信息的基础上进行，部门应全面收集与部门预算编制相关的信息资料，如：部门资产数量和分布状况，部门财务状况，财政货币政策，经济增长速度，中央财政对部门财政拨款需求的满足程度等等。

3. 分析、归集部门预算需求。一方面，要对收集的有关部门预算的各类资料进行深入分析，确保数据、信息的真实准确；另一方面，要对收集的信息、资料进行归类汇总，形成部门完整的决策信息。

四、需要说明的问题

（一）关于非本级财政拨款收入管理问题

为统一规范管理，中央部门非本级财政拨款收入纳入“其他收入”中反映。中央部门要科学、合理地编制综合预算，如实反映非本级财政拨款收入情况，规范会计核算，准确填列预算报表，不得隐瞒不报，也不允许无预算列收列支非本级财政拨款。

（二）关于部门预算中财政拨款收入的范围

按照现行部门预算管理规定，部门预算中仅需反映一般公共预算财政拨款收入、政府性基金预算财政拨款收入。国有资本经营预算财政拨款收入暂不纳入部门预算管理。

第四章 中央部门基本支出预算编制

第一节 基本支出改革总体情况

一、基本支出改革的背景和历程

基本支出预算是部门预算的组成部分，是中央部门为保障其机构正常运转、完成日常工作任务而编制的年度基本支出计划。

部门预算改革前，基本支出采取基数加增长的方法核定。财政部每年在核定部门基本支出预算时，是以上年度基数为基础，考虑下一年度财政收入状况和各项增支因素，对不同的支出确定一个增长比例和规模，从而确定一个新的基数。由于这种分配方式的主观随意性较强，且每年确定支出增长比例和规模时不可能全面考虑各种影响支出的因素，年复一年，基数往往脱离了部门经费开支水平的实际情况，导致部门间经费保障苦乐不均现象较为严重。

2001 年，财政部开始对基本支出试点“定员定额”管理方式，选择了农业部等 10 个试点部门，根据各单位履行职能的需要和财力可能等因素，制定了中央部门的人均基本支出标准。2002 年，财政部颁布《中央本级基本支出预算管理办法（试行）》，在中央部门全面推开基本支出定员定额试点，并对基本支出的内涵作了新的界定。2007 年，财政部修订印发《中央本级基本支出预算管理办法》，明确了定额标准制定的原则与方法，以及基本支出预算的编制、管理与监督等内容，进一步规范和加强了中央部门基本支出预算管理，保障了中央部门正常运转所需资金。

经过十多年的完善，定员定额管理范围不断扩大，管理方式不断改进，基本支出定员定额已基本实现了与中央部门性质、职能、业务范围和工作任务相适应，与中央部门机构正常运转和日常工作任务的合理需要相适应，与国家当年财政收入情况相适应的良好局面，既提高了基本支出安排的公正性和合理性，也提高了行政事业单位基本支出的保障水平。

二、基本支出改革的主要内容

（一）完善制度体系，提高基本支出的规范性

在深入调查研究的基础上，2001 年财政部制定了《中央部门基本支出预算管理试行办法》，确立了基本支出实行定员定额管理的新模式，明确了基本支出实行定员定额管理的具体思路。2002 年，结合 2001 年定员定额试点情况，修订印发《中央本级基本支出预算管理办法（试行）》，以更好地规范基本支出管理。2007 年，结合基本支出改革工作和管理需要，财政部重新修订印发了《中央本级基本支出预算管理办法》（以下简称《办法》）。在做好修订完善基本支出管理办法的同时，结合形势发展和管理需要，进一步完善基本支出财政拨款结转和结余资金管理规定、基本支出预算编制管理规程等。

（二）扩大管理范围，提高定员定额管理的覆盖面

按照积极稳妥，逐步推进的原则，2001 年率先选择 10 个部门进行了定员定额试点。2002 年将试点范围从行政管理经费、公检法司支出扩大到包括气象事业费、地震事业费、供销社事业费、交通事业费、高校经费和离退休管理机构经费的范围。此后，试点范围逐年扩大，试点单位也逐步由单一的行政单位扩展到参公单位和公益性事业单位。编制 2018 年、2019 年预算时，将符合条件的公益一类事业单位纳入定员定额管理范围，明确了财政补助范围和标准。目前，绝大多数行政单位、参公单位和公益一类

事业单位已纳入基本支出定员定额管理范围。

（三）创新管理方法，提高定额标准的科学性

结合经济发展、物价变动、工资政策调整等因素，及时调整基本支出定额标准，积极研究建立定额标准的动态调整机制。在此基础上，实行了行政单位实物费用定额试点工作，推进资产管理与预算管理相结合。从编制 2012 年预算开始，将实物费用定额试点扩大到所有中央部门本级，初步建立了人员定额和实物费用定额相结合的基本支出标准体系，基本支出预算分配的科学性、合理性进一步提高。

（四）夯实管理基础，建立基础信息数据库

本着积极稳妥，循序渐进和充分整合利用现有资源等原则，2009 年财政部启动了中央部门基础信息数据库建设工作，以全面掌握当前中央部门编制、人员、工资、津补贴等情况。2015 年基础信息数据库增加了规范津贴补贴经费申报模块，实现了规范津贴补贴经费测算的自动化。目前，中央部门基础信息数据库基本上覆盖了所有由公共财政预算拨款安排支出的单位，所含信息既包括了在职人员，也包括了离休退休人员；既包括了编制、人员情况，也包含了部门本级的办公用房、公务用车等资产信息，进一步夯实了基本支出管理基础，提高了基本支出预算的科学化、精细化。

第二节　基本支出预算管理

一、基本支出预算的基本概念

（一）基本支出预算的含义

基本支出预算主要是保障单位机构正常运转、完成日常工作任务而编制的年度支出计划，包括人员经费和公用经费两部分。人员经费主要是指

维持机构正常运转且可归集到个人的各项支出。公用经费主要是指维持机构正常运转但不能归集到个人的各项支出。

（二）基本支出预算编制的原则

1．综合预算的原则。在编制基本支出预算时，各部门要对当年财政拨款和以前年度结转和结余资金、其他资金，包括单位财政补助收入、非税收入和其他收入等，统筹考虑、合理安排。

2．优先保障的原则。部门预算的编制要根据财力可能，结合单位的行政事业工作任务需要，合理安排各项资金。预算资金的安排，要首先用于基本支出的合理需要，保障中央部门的正常运转，履行基本职能。

3．定额管理的原则。基本支出预算实行以定员定额为主的管理方式，同时结合部门资产占有情况，通过建立实物费用定额标准，实现资产管理与定额管理相结合。对于基本支出中没有财政拨款的事业单位，其基本支出预算可以按照国家财务规章制度和部门预算管理有关要求，结合单位的收支情况，采取其他方式合理安排。

需要特别强调的是：基本支出预算实行以定员定额为主的管理方式，这一“定额”指的是预算分配定额，它用于公开、透明、规范地分配预算，而不是预算执行定额。另外，目前下达给部门的定员定额是综合定额，而不是单项定额，但在具体定额标准制定过程中是按照单项定额分项目测算的。

（三）基本支出定额项目

基本支出定额项目主要包括人员经费和公用经费两部分。人员经费主要包含基本工资、津补贴及奖金、社会保障缴费、离退休费、助学金、医疗费、住房补贴等。公用经费主要包含办公及印刷费、办公用房水电费、邮电费、办公用房取暖费、办公用房物业管理费、公务用车运行维护费、差旅费、会议费、福利费、日常维修费、专用材料及一般设备购置费、公务交通补贴等。在进行具体测算和分配时，根据实际情况设定人员经费和公用经费下的具体定额项目，以更好推动部门加强资金统筹使用、体现综合定额管理有关要求。

二、基本支出定员定额标准

（一）制定定员定额标准的依据

制定定员定额标准既要依据国家方针政策和财务制度的有关规定，又要考虑实际支出因素的变化。人员经费的定额标准，严格按照国家的工资制度和有关政策规定的开支范围、开支标准核定；公用经费定额标准的核定，相关支出开支标准有文件规定的，一般以文件规定为基础核定；没有文件规定的，按照《办法》的有关规定参照相关因素进行核定。

（二）制定定员定额标准的程序和方法

在制定定员定额标准时，必须贯彻执行国家有关方针、政策，做好深入细致的调查研究工作。根据公平和效率的原则，制定的定额标准既要体现公平性，又要照顾到不同类型单位的需要。按照《办法》的规定，制定定额标准一般应从以下4个方面进行：

1. 明确定额的计算对象。基本支出是与人、物或工作任务紧密相关的，因此，定额的计算对象必然是人、物或工作任务。人员经费定额中的各项内容一般以人作为计算对象，公用经费定额项目中的各项内容的计算一般也以人为主，辅之以定量的物或工作任务，即物化指标。如办公用房水电费、取暖费和物业管理费按面积，公务用车运行维护费按车辆台数、剧团按演出场次等。也就是说，定额的制定是根据支出的具体情况来确定具体计算对象的。

2. 收集基础数据。一般以单位各年度财务决算数据、预算数据和通过专项调查收集的有关数据资料为依据。其中，专项调查数据资料包括两部分：一是单位收支数据。如单位组织收入及支出的明细数据；二是人员、资产、工作任务、业务性质等基础数据。收集数据的范围视测算的需要而定。

3. 分析整理数据。剔除不合理因素，确保数据准确性及测算口径的可比性。长期以来，在基本支出经费的使用和管理过程中，一方面存在着经费供需矛盾突出，用项目经费弥补基本支出经费的情况，但同时也存在着一些不应在基本支出中列支的内容而列支基本支出的情况。因此，在制定基本支出定员定额标准的过程中，要对现有基本支出的开支内容进行彻底清理，对基本支出的开支范围进行准确界定，确保基础数据真实、可靠，定额标准的确定合理、规范。

4. 核定各项综合定额标准。定额标准是根据财力可能，结合部门的工作量、占有的资源、实际支出状况及部门分类，以人或实物资产为计算对象制定的，在兼顾公平和现状的基础上，确定同类部门的各单项定额标准。各个单项定额标准的总和，构成单位基本支出的综合定额。

根据上述方法初步测算确定出定额标准以后，还要进行复盘试算。除进一步分析各单位支出的历史演变过程和未来发展趋势外，还要看目前制定的各单位的定额标准是否符合国家的方针政策和各单位对资金的客观需求。最终，根据财力情况，经过反复比较测算以后，才能确定定额标准。

（三）定员定额管理单位范围

部门预算改革以来，随着基本支出改革的不断深化，基本支出定员定额管理的实施范围逐步扩大。结合部门预算管理有关要求，逐步建立了较为完善的分类分档定员定额管理单位体系，提高了基本支出预算分配的科学性和合理性。

1. 行政单位。根据各部门在党政序列中的位置及其职能等因素，将中央部门分为 3 大类，即党政领导机关、党务政务部门、其他部门和机构。

2. 参公单位。自 2006 年起，财政部开始研究参公单位纳入定员定额试点工作。经过几年的努力，参公单位定员定额试点工作在规范预算管理、保障单位运行等方面取得了初步成效，摸清了参公单位基本情况，规范了基本支出预算管理，提高了定额标准的科学性、准确性，保障了参公单位的正常运转。

3. 事业单位。自 2008 年开始，在对中央部门所属事业单位的基本情况、人员情况、收支情况等进行摸底和分析的基础上，结合分类推进事业单位改革工作，逐步将符合条件的公益一类事业单位纳入定员定额管理范围。

（四）定额标准的调整

随着时间推移、政策的变化、业务特点和单位职责的变动、物价水平和经济发展状况等实际情况的变化，定额标准要作适当的调整。《办法》中对定额标准的调整作了以下规定：定额标准的执行期限与预算年度一致；定额标准的调整在预算年度开始前进行；定额标准一经下达，在年度预算执行中不作调整；影响预算执行的有关因素，在确定下一年度定额标准时，由财政部统一考虑。

三、基本支出预算编制及调剂

（一）基本支出预算编制流程

1. 编报基础资料。中央部门根据财政部编制年度部门预算的要求，在规定时间内，组织编制本部门申报基本支出预算的基础数据和相关资料，按照规定格式报送财政部。

2. 制定定额标准。财政部根据前述的规范程序和方法，分别制定出行政、参公和事业单位基本支出定额标准。

3. 审核基础数据。财政部对各单位报送的人员基本情况进行整理，提取并审核测算基本支出所需的人员、资产等基础数据。编制数的审核应主要以中央编办关于各单位编制数的正式文件为依据，实有人数为截至7月底实际人数。

4. 测算基本支出预算控制数。财政部根据制定的定额标准和核实的单位人员、资产情况，测算形成各部门的基本支出预算控制数或财政拨款补助数。其中，人员经费根据编制内实有人数与各项定额标准核定；公用经费以人员为计算对象的部分，行政单位根据编制数与各项定额标准核定，参公单位和事业单位根据编制内实有人数（空编按一半计算）与各项定额标准核定；以资产情况为计算对象的部分，根据单位实物配置标准与实物费用定额核定。

5. 下达基本支出预算控制数。财政部按照预算编制规程，在规定的时间内，将定额标准和按定额标准计算形成的基本支出预算控制数或财政拨款补助数下达给中央部门或单位。

6. 细化编制基本支出预算。中央部门在财政部下达的基本支出预算控制数额及财政拨款补助数额内，根据本部门的实际情况和国家有关政策、制度规定的开支范围及开支标准，在人员经费和公用经费各自的支出经济分类款级科目之间，自主调整编制本部门的基本支出预算，在规定的时间内报送财政部。需要强调的是，在编制基本支出预算时，基本支出自主调整的范围仅限于人员经费支出经济分类“款”级科目之间或公用经费支出经济分类“款”级科目之间的必要调剂，人员经费和公用经费之间不允许自主调整。

（二）基本支出预算的调剂

中央部门要严格按照批复的基本支出预算执行，严格控制基本支出预算调剂。执行中确需调剂基本支出预算的，由中央部门向财政部提出申请，财政部按程序审核办理。执行中因编制内增人、增编等产生的增支需求，中央部门应通过申请动用机动经费解决。

第五章　中央部门项目支出预算管理

第一节　项目支出预算概述

一、项目支出预算的内涵和特征

项目支出预算是部门支出预算的组成部分，是中央部门为完成其特定的行政工作任务或事业发展目标，在基本支出预算之外编制的年度项目支出计划，包括基本建设、专项业务费、大型修缮、大型购置、大型会议等项目支出。

项目支出预算是围绕“项目”编制的支出计划，项目支出预算具有三方面特征：一是专项性，预算围绕项目，项目围绕特定的业务目标，预算是为完成特定业务目标而编制的经费支出计划，针对不同目标应分别设立项目。二是独立性，每个项目支出预算应有其支出的明确范围，项目之间支出不能交叉，项目支出与基本支出之间也不能交叉，如果出现交叉则说明项目的目标或任务有重叠，项目边界不清，设置不尽合理。三是完整性，项目支出预算应包括完成特定业务目标所涉及的全部经费支出，应避免将为一个目标而发生的支出拆解分散到多个项目支出中去。

二、项目支出预算改革回顾

（一）部门预算改革前

中央部门预算改革以前，部门的项目预算是先有经费预算指标，然后再落实到具体项目，基本上是财政先“切块”分配资金，再由管理这些资金的部门将其分配到项目和各执行单位。预算编制随意，内容粗放、不具体；项目预算与部门职能业务脱节，无法体现预算政策；项目一年一定，缺乏稳定性和长期性；没有科学的项目决策程序，也没有完整的项目预算编审机制；项目执行过程中，缺乏有效监控，也没有追踪问效的制度；项目预算的约束力较差，资金使用的随意性较大，监督也比较薄弱；项目完成后也没有进行规范的成果、效益评价。以上这些都严重制约了预算编制质量的提高，阻碍了预算资金使用效率和效益的提高，以及财政支出结构的优化，不利于发挥预算的宏观政策工具作用。

（二）部门预算改革后

2000 年中央部门预算改革后，财政部将部门预算支出划分为基本支出和项目支出两部分，并分别按照不同模式管理。为规范新模式下的项目支出预算管理，财政部 2001 年颁布了《中央部门项目支出预算管理试行办法》，经多次修订完善，于 2007 年印发了《中央本级项目支出预算管理办法》。经过努力，中央部门项目支出预算管理日趋规范，结构不断优化，绩效逐年提高，有力地保障了国家重大方针政策的贯彻落实和中央部门履行职能的需要，部门预算管理水平不断提高。

（三）项目支出预算管理中存在的问题

总体而言，2014 年以前的中央部门项目支出预算管理仍属于“条目预算”模式，所有项目支出按照类型和用途分类罗列，每一支出项目设置上限，执行中通过各项内外部措施确保支出按规定用途使用，且不超出上限。这些做法体现了预算的“控制导向”，其关注的焦点在于资源投入以及分配的过程，强调的是预算的保障功能和对资金使用过程的合规性约束，而不是使用公共资源所产生的效果。这一模式的优点是管理相对简便、易于控制，不足之处是管理维度单一，缺乏管理的层次性和总分结构，对政府较低层次和例行性事务关注度较多，对政府宏观政策目标、政策目标与预算之间的联系，以及支出的绩效等问题关注不够。此外，囿于年度预算框架，项目“一事一议”“一年一编”的情况较多，项目管理片段化，难以形成长期、连贯和稳定的政策思路，降低了预算的前瞻性、整体性和有效性。

面对全面深化改革的新形势、新要求，当前的项目支出预算管理已呈现出一些不相适应的地方，同时，随着预算管理外部环境的变化，一些深层次矛盾也逐步显现，主要有以下五方面：一是预算项目缺乏科学合理的立项和分类标准，导致项目“小、散、碎”，数量繁多，重点不明。二是基本支出和项目支出界限模糊，既存在基本支出项目化的倾向，也存在项目支出基本化的问题。三是项目定额标准体系建设面临着较大困难和挑战，总体进展缓慢。四是项目库建设不够完善，入库项目缺乏认真的政策研究基础和严肃的评估评审，项目储备不足，项目库的基础性作用没有得到充分发挥。五是项目预算安排的随意性问题没有完全得到解决，绩效管理未有效发挥对预算安排的优化作用。

第二节　加强和改进项目预算管理的主要内容

按照财税体制改革的总体方案，以及深化预算管理制度改革的有关部署，为从根本上解决项目支出预算管理中存在的问题，2015 年财政部启动了关于加强和改进项目支出预算管理的改革工作，相继印发了《财政部关于加强和改进中央部门项目支出预算管理的通知》（财预〔2015〕82 号）、《财政部关于进一步做实中央部门预算项目库的意见》（财预〔2016〕54 号）、《财政部关于进一步完善中央部门项目支出预算管理的通知》（财预〔2017〕96 号）等文件。

一、项目的分级管理

中央部门预算项目实行分级管理，分为一级项目和二级项目两个层次。

一级项目明细到支出功能分类的款级科目，按照部门主要职责设立并由部门作为项目实施主体，每个一级项目包含若干二级项目。一级项目要有明确的名称、实施内容、支出范围和总体绩效目标，项目数量要严格控制，项目名称、实施内容和支出范围等在年度间要保持相对稳定。

二级项目包括在现有项目基础上规范整合而成的项目和新设立的项目，立项单位为项目实施主体。二级项目的设立，要与对应的一级项目相匹配，有充分的立项依据、具体的支出内容、明确合理的绩效目标。二级项目明细到支出功能分类的项级科目，年初部门预算按二级项目批复。

二、一级项目的管理

（一）一级项目的设立

一级项目在年度预算编制的前期准备阶段进行设置或调整。通用项目由财政部制定，并统一下发给部门。部门专用项目，由各部门提出设置建议，经财政部审核后下发给部门，作为部门编制二级项目的基础。

（二）一级项目的设立要求

设置一级项目的基础是部门职责。以国家战略发展规划、宏观调控政策为导向，以相关行业、领域中长期发展规划为依据，结合部门事业发展需要，根据职责分工设置一级项目。

一级项目主要体现中央本级支出责任，聚焦重大改革、重要政策和重点项目。一级项目应有指向明确、合理的绩效目标，并围绕绩效目标来设计项目实施方案，保证绩效目标具有可行性。

一级项目的设置与部门职责紧密衔接，数量严格加以控制。一级项目一经设立，年度间应保持连续性、稳定性，一次性项目或短期工作任务原则上不设为专门的一级项目。

一级项目的名称应表意清晰、文字简练，准确反映项目的主要内容和范围等，避免与支出功能分类科目名称重复。一级项目应有独立、完整的支出内容，清晰、明确的实施范围，科学、合理的总体绩效目标。

一级项目的范围和规模应合理适度，避免规模过大或过小，要防止一级项目之间交叉、重叠。部门单项职责涉及支出规模较小的，应将多项职责合并设置一级项目；单项职责涉及支出规模较大的，应对职责适当细化后设置一级项目。

一、二级项目之间应相互衔接，一级项目要集中体现所属二级项目的主要内容和绩效目标，二级项目要与对应的一级项目相匹配。

（三）一级项目的分类

按照使用范围，部门一级项目分为通用项目和专用项目。

通用项目，指根据部门的共性项目设立并由各部门共同使用的一级项目。通用项目由财政部根据管理需要统一设立，主要包括有预算分配权部门管理的项目和归口管理的项目等。

专用项目，指部门根据履行职能的需要自行设立和使用的一级项目。专用项目由中央部门提出建议，报财政部核准后设立。对于相关支出事项，财政部已统一设置通用一级项目的，部门不应再重复设置类似的专用一级项目。

部门使用的每一个支出功能分类款级科目，原则上都应设置一个其他项目，归集该款级科目下部门专用项目未能涵盖的二级项目。

（四）一级项目的代码

为保证项目信息的完整、连续、可识别，对项目实行代码化管理。一级项目代码为8位数字，其中：部门通用项目代码为“999＋5位顺序码”。部门专用项目代码为“3位部门代码＋5位顺序码（范围为30001—40000）”。部门专用其他项目代码为“3位部门代码＋3位功能分类类级科目码＋2位功能分类款级科目码”。

（五）一级项目的内容

一级项目的内容应包括实施内容、支出范围和总体绩效目标。实施内容主要包括立项依据、涉及的工作任务、计划开展的活动等。支出范围指的是根据工作任务或开展的活动，计划发生的主要支出的范围。总体绩效目标指的是一级项目在预算年度内和三年内预期达到的产出和效果。

“一上”时，根据部门申报的预算和规划情况，对一级项目的上述内容要进行完整的、更为详细的填报，而且相关内容中应分别描述与年度预算和三年规划对应的情况。“一下”后，根据财政部下达的控制数，在“二上”时，要对上述内容进行调整和修改。

三、二级项目的管理

（一）二级项目的设立

二级项目由具体预算单位，根据项目支出预算管理的相关规定和部门的有关要求，自主设立。按照部门规定的程序和时间要求逐级上报部门。

（二）二级项目的设立要求

项目内容要反映政府施政目标、部门主要职责和发展规划，并避免与公用经费及其他项目交叉重复。项目要在深入的政策研究和充分论证的基础上设立，并具备可执行性，预算批复后即可实施。二级项目包括在现有项目基础上规范整合而成的项目和新设立的项目，项目单位为实施主体。支出性质相同的预算事项原则上不按照司（局）、处（室）分别编报二级项目，应进行归并整合后合并编制，具体支出事项作为项目的子活动进行管理，避免对同类支出的管理碎片化。

（三）二级项目的分类

二级项目按照项目的重要性，划分为重大改革发展项目、专项业务费项目和其他项目。

重大改革发展项目，指党中央、国务院文件明确规定中央财政给予支持的改革发展项目，以及其他必须由中央财政保障的重大支出项目等。

专项业务费项目，指中央部门为履行职能，开展专项业务而持续、长期发生的支出项目，如：大型设施、大型设备运行费，执法办案费，经常性监管、监测、审查经费，以及国际组织会费、捐款支出等。

其他项目，除上述两类项目外，中央部门为完成特定任务需安排的支出项目。

基本建设项目统一列为其他项目，并按管理主体分为国家发展改革委安排的基建项目、中央财政安排的基建项目和其他主管部门安排的基建项目。

（四）二级项目的周期

二级项目要有明确的实施周期。项目实施周期应与国民经济社会发展规划、部门或行业发展规划的期限相适应，与中期财政规划相衔接。

除业务主管部门已明确批复实施周期外，项目实施周期一般不超过5年，项目到期后需继续安排的，应按程序重新立项。

专项业务费项目到期后，可补充编制后续年度的支出计划，实施周期相应顺延。

其他项目周期一经确定，原则上不得调整；确需调整的，按程序报批。

项目执行周期确实需要超过5年的，采取到期后重新立项的办法处理。

（五）二级项目的代码

二级项目代码为18位数字，由“3位部门预算代码+3位二级预算单位代码+3位三级预算单位代码（或000）+3位四级预算单位代码（或000）+2位项目编制年份码+4位顺序码”组成。部门根据管理需要，可以对单位使用的4位顺序码，单独制定使用规则。

（六）二级项目的内容

二级项目要与对应的一级项目相匹配，有充分的立项依据、详细的实施方案、明确的支出内容、具体的支出计划、合理的绩效目标。二级项目编制要统一按照“项目—活动—子活动—分项支出—标准（价格）—支出计划”的层次加以细化，清晰反映项目内容、具体活动和支出需求。对重大的经常性、专项性项目，要制定统一的项目立项指南、实施方案编写规范和支出计划填报模板，推进立项依据政策化、实施方案合理化、绩效目标科学化、项目活动清单化、支出内容选项化、经费开支定额化，建立健全项目编制的规范体系。

二级项目的立项依据一般包括：法律法规规定的政府义务、国民经济社会发展五年规划、国务院政策文件、部门（单位）的职责等。无前述立项依据的项目，应对项目立项的意义和必要性进行全面阐述和论证，并对开展相关任务的决策过程进行描述。立项依据中应论述的内容包括：

1. 项目（及其政策）是否有利于发挥市场配置资源的基础性作用和更好地发挥政府作用；

2. 项目是否属于中央本级事权，与地方政府的职责关系；

3. 项目对国家安全、政治、经济、外交、文化，以及社会结构等方面的意义和影响；

4. 项目是否有利于促进社会公平正义，是否有利于降低社会成本、提高效率；

5. 项目对于部门（单位）履行职能，完成工作任务的必要性，及推动作用；

6. 项目是否属于本部门（单位）职能范围，其他部门（单位）是否开展类似项目，与本项目之间如何区分或衔接，其他部门（单位）已有类似项目的情况下，本部门（单位）相关项目立项是否必要等。

项目的实施方案，要力求选择实现绩效目标的最优路径，降低成本消耗，提高产出绩效。实施方案应一般应包括以下内容：

（1）项目的主要目标、总体思路、实施方式、步骤和计划、开展的主要活动；

（2）项目实施与实现项目目标之间的关联性；

（3）项目实施方案的路径选择是否最优的说明（是否有其他替代方案，为何选择本方案）；

(4) 与本部门(单位)其他项目的关系(是否与其他项目交叉或互补)。

除上述内容外，二级项目还应填报与年度预算有关的相关管理信息，如：项目的密级和期限、是否纳入绩效评价等。

四、项目的审核及申报

(一) 部门审核和评审

部门内部的项目审核和评审程序，由部门自行确定。部门应结合部门内部的业务管理流程及预算分配机制，设计审核和评审程序。预算审核可以采取逐级审核、分级审核或部门集中审核等方式。部门审核和评审的内容主要包括完整性、必要性、可行性和合理性等方面。项目评审的结果是项目审核信息的必要组成部分。

部门内部审核和评审过程中，如需调整的，可以由下级单位调整后重新上报，也可以由上级单位直接进行调整。项目的相关信息，最终以部门审核同意为准。部门要对一级项目下的二级项目进行优先排序，并作为预算和规划安排的重要参考因素。

(二) 项目申报

按照财政部要求的分年度项目支出控制规模，部门根据项目的优先排序情况，将项目列入预算和规划中，向财政部申报项目支出预算。同时，根据项目的优先排序情况，向财政部申报项目库。项目库的申报与项目支出预算的申报同步进行。申报的项目库中包含已列入预算和规划的全部项目，其他未列入预算和规划的项目，根据优先排序情况选择申报。

(三) 财政部审核

财政部主要审核项目的几个方面：一是项目内容的完整性，即项目应填报的相关内容是否完整；二是项目履行程序的合规性，即属于评审范围的项目是否经过评审等必经程序；三是项目立项的政策性，即项目立项是否符合党中央、国务院有关要求，以及国家有关法律法规和政策。

五、项目预算评审

（一）预算评审职责

中央部门（即直接向财政部报送部门预算的一级预算单位）和财政部按照部门预算管理权限，分别组织开展预算评审工作。财政部负责制定预算评审的管理制度，对各部门评审工作进行指导，对纳入财政部项目库的项目组织评审，运用评审结果。

中央部门预算评审工作应由部门内部负责预算管理的内设机构组织，主要职责是制定评审制度，选择中介机构和专家，监督评审过程，运用评审结果，安排评审经费等。接受委托的中介机构和专家独立开展评审工作，对出具的评审报告负责。

（二）预算评审范围

1. 部门评审范围。拟纳入中央部门项目库的项目原则上都要进行预算评审。为保证经济性和避免重复评审，以下项目可不纳入部门评审范围：已确定立项且按规定的支出标准和要求测算的项目，按规定由项目主管部门（指负责专项资金管理并审核相关部门申报项目的部门）评审的项目，绝密级项目（另有规定的除外），总支出规模在 100 万元以下的项目，其他按规定不予评审的项目。预算执行中拟申请追加预算的项目，以及项目内容、绩效目标或支出总规模等发生调整的项目，原则上也要履行部门评审程序。

2. 财政评审范围。部门申报的项目中拟纳入预算安排的重大项目、财政专项安排的基本建设项目、专业性强或技术复杂的项目优先纳入财政部评审范围。预算执行中拟追加预算的项目，财政部也要有选择地进行评审。

（三）预算评审内容

预算评审的内容主要包括完整性、必要性、可行性和合理性等方面。

完整性主要是项目申报程序是否合规，项目申报内容填写是否全面，项目申报所需资料是否齐全等。必要性主要是项目立项依据是否充分，与部门职责和宏观政策衔接是否紧密，与其他项目是否存在交叉重复等。可行性主要是项目立项实施方案设计是否可行，是否具备执行条件等。合理性主要是项目支出内容是否真实、合规，预算需求和绩效目标设置是否科学合理等。

（四）预算评审方式

根据预算管理级次的不同，部门可实行集中评审或分级评审，具体形式由部门自行确定。根据不同类型项目的特点，可采取由部门所属评审机构、委托有相应资质的社会中介机构或组织专家组评审等方式开展预算评审。对技术性、专业性较强的项目，原则上应委托专业评审机构评审。委托社会中介机构评审的，要根据政府购买服务的要求，按照政府采购法规定的方式确定承接主体，签订委托合同。组织专家组评审的，原则上应设立专家库并从中随机抽取符合相关专业要求的专家。财政部的评审工作主要由预算评审中心承担。根据部门的需要，财政部预算评审中心可提供业务指导和技术支持。

（五）评审结果运用

部门要在提高评审质量的基础上，强化预算评审结果的运用，将评审结果作为项目入库、申报和调整的重要依据。要把预算评审的总体情况作为确定所属单位预算规模的参考因素之一，引导各单位如实申报项目和预算。

财政部将评审结果作为预算安排的重要依据，同时建立激励约束机制，按10%设置预算评审容忍度，财政部开展的项目预算评审，凡整体审减率超出容忍度的部门，压减部门下一年度预算，并扣减三年支出规划数。

六、关于项目的调整及控制

（一）财政部对项目的调整与控制

1. 项目的处理与调整。根据审核和评审情况，财政部对项目有三种处理方式：一是审核通过，纳入财政部项目库；二是审核未通过，且项目立项属于不符合国家有关政策的，财政部对相关项目明确标识“不予安排”；三是审核未通过，但不违反国家有关政策的项目，财政部通知部门进行调整后重新申报。对明确标识“不予安排”的项目，将随“一下”控制数一并反馈进入部门项目库，相关项目“二上”时不得再纳入预算或规划中安排。

2. 核定下达控制数。财政部根据全国中期财政规划、财政政策、部门需求等情况，综合平衡后，核定并下达部门三年项目支出控制数。控制数中明确一级项目和部分重点二级项目的具体分年控制数。财政部项目库随控制数一并下发给部门，相关信息反馈纳入部门项目库。

3. 项目动态评估清理。财政部每年选择部分中长期支出政策或重大项目进行滚动评估，评估结果作为安排预算和调整支出政策的重要依据。

（二）部门对项目的调整

1. 项目调整的控制规则。财政部控制数下达后，三年及分年支出总额不得调整。在一级项目的支出控制数规模内，部门可增减或替换二级项目，增加的二级项目必须是已申报纳入财政部项目库，且财政部未明确不予安排的项目。部门如需在一级项目之间进行调整，或对控制数中已明确的二级项目进行调整的，应报财政部批准。

2. 新增项目的调整程序。在“一下”与“二上”之间，部门如有新项目需要纳入预算或规划中安排的，应单独报财政部，由财政部履行相关审核程序并纳入财政部项目库后下发给部门。部门再将相关项目纳入预算或规划中予以安排。

3. 已入财政项目库的项目的调整程序。对已经纳入财政部项目库的项目，部门如需调整，应通过项目调整功能，将项目调整为新状态，单独报财政部，由财政部履行相关审核程序并纳入财政部项目库后下发给部门。部门再将相关项目纳入预算或规划中予以安排。

4. 项目动态评估清理。部门应建立项目评估清理机制，取消政策目标已实现或不再具备实施条件的项目；调整条件形势变化、未达到预期效果或支出标准不可持续的项目；整合投向趋同、交叉或政策碎片化的项目。

七、项目支出预算的批复和调剂

（一）项目支出预算的批复

全国人民代表大会批准中央预算后，财政部以“一级项目 + 二级项目”的形式批复各中央部门的年度项目支出预算。

（二）项目支出预算的调剂

硬化预算约束，年度预算执行中除救灾等应急支出和少量年初未确定事项外，一般不追加当年项目预算支出，必须出台的政策通过以后年度预算安排。确需增加安排的，部门应首先在已批复的预算额度内，通过调整当年支出结构解决并按程序报批。

项目的调剂必须全部通过项目库完成。财政部审核同意的调剂，通过项目库将相关调整信息反馈进入部门项目库。对仅涉及对项目后两个年度支出计划调整的，原则上预算执行中不做调整，在编制下一年度预算时统一调整。

第三节　项目支出标准体系建设

一、积极推进项目支出标准体系建设的必要性

十九大报告提出了“建立全面规范透明、标准科学、约束有力的预算

制度”，而制定内容完整、结构优化、定额科学、程序规范、修订及时的项目支出标准体系，是实施全面规范、公开透明预算制度一项重要基础工程。项目支出标准体系是由通用、专用和部门内部标准组成的相互联系、相互补充的有机整体，是申请、审核和安排预算资金的基本依据，在加强项目支出管理、促进预算管理规范化、科学化，以及深化部门预算改革等方面发挥着重要作用。积极推进标准体系建设有利于提高财政资金分配效率，规范资金使用行为，有利于建立现代财政制度，夯实全面深化财税体制改革的制度基础，有利于更好地发挥财政在国家治理中的支柱作用。

二、近年来项目支出标准建设情况

2009 年，财政部正式启动中央本级项目支出标准体系建设工作，成立了项目支出定额标准体系建设领导小组，出台了一系列规章制度，强化组织保障。加大标准建设力度，在对项目支出定额标准进行清理的基础上，着力推进通用和专用定额标准建设，并要求中央部门积极开展内部标准建设工作。2015 年，印发《关于充分发挥预算评审中心作用　切实加强预算管理的通知》，推动预算评审中心积极参与标准制定。强化标准应用，将适宜公开的通用和专用定额标准汇总编入《中央部门预算编制指南》，敦促部门形成“定标准用标准”的观念和依据标准测算支出的基本理念，将标准有机融入预算管理全过程，充分发挥标准在项目支出预算管理中的基础性作用。

三、加快推进标准体系建设的总体考虑

（一）总体思路

全面贯彻落实党的十九大精神，遵循财政预算编制的基本规律，着力转变观念、拓宽思路、突出重点、理顺关系，进一步提高中央本级标准体系建设的规范性、合理性和实效性，逐步完善基本支出标准体系，切实推进项目支出标准体系建设，力争到 2023 年建成规范、科学、合理的基本

支出标准体系和涵盖财政重点支出领域、部门主要共性项目和重大延续性项目的数量适度、结构合理、科学规范的项目支出标准体系，更好发挥标准在预算管理中的基础性作用。

（二）基本原则

统筹谋划，改革创新。立足中央部门预算管理全局科学谋划，合理把握工作的力度和节奏。以改革创新精神引领标准体系建设，强化顶层设计和规划引导，进一步丰富标准的内容和形式，实现各类标准的有效衔接。

突出重点，完善机制。坚持有所为有所不为，聚焦重点支出领域、共性项目、重大延续性项目开展标准制定工作，提高标准体系建设效率。进一步明确各方职责，着力完善标准体系建设管理体制和运行机制，加快形成工作合力，充分调动各方积极性。

科学合理，讲求实效。紧密结合预算管理实际，遵循客观规律，运用科学的方法开展标准制定工作，增强标准的科学性、规范性和可靠性，合理保障机构正常运转、基本履职和重点工作需要。健全标准应用机制，推进标准管理与预算管理、资产管理有机融合，实现标准应用的常态化、制度化。

（三）重点工作

1. 拓宽建设思路。从项目文本和支出标准两方面推进标准化建设，新制定的标准一般包含两部分：一是规范的项目文本。逐步实现同类型项目的项目文本在框架结构、支出内容、文本格式等方面的统一，并按规范的文本编报和审核预算，实现同类项目预算可比较可分析。二是量化的支出标准。对项目支出中适合制定开支标准的部分，综合运用多种方法，制定符合实际的支出标准作为预算审核依据，并根据经济社会发展和财力状况适时调整。

2. 丰富标准形式。适当扩充标准外延，支出标准不再拘泥于定额标准一种形式，将财政资金分配规范等纳入支出标准范畴。支出标准包含以下形式：一是安排教育、科学等财政支出重点领域预算规模及其结构的基本规范，进一步优化财政资源配置效率；二是分配专项资金的规范方法，运用这些方法能够有效地规范专项资金的分配，相对合理地确定具体项目的预算额度；三是确定项目整体或某项支出内容预算额度的测算标准，根据各项支出的特点和实际需要，合理运用绝对标准（如支出定额）和相对标准（如计提比例）、综合标准和分项标准等多种形式。

3. 突出建设重点。重点针对部门普遍使用、资金量大、实施期限长、适合标准化管理的项目制定标准：一是对中央本级支出的重点领域，如教育、科学等，综合考虑各方面因素，研究相关领域预算安排的基本规范；二是对中央本级的共性项目，分期分批制定通用的项目文本和支出标准。对暂时无法制定量化支出标准的，也要首先从项目文本上加以规范；三是对部门延续性重大项目及专项业务项目，制定项目文本和支出标准，作为部门内部预算编报和审核的依据。对一次性项目，考虑到项目数量众多，制定标准既无法满足时效性的要求，也不经济，主要通过预算评审确定支出范围和预算额度。

4. 明确各方分工。充分调动各方积极性，建立边界清晰、相互衔接的分工协作体系，形成工作合力。基本支出标准体系建设由财政部负责，用于基本支出预算的测算和分配；项目支出标准体系建设主要采取“财政部牵头组织，中央部门具体落实”的管理模式，其中：适用于中央本级共性项目的通用标准，由预算评审中心牵头研究制定；适用于特定部门、专项资金或专项业务项目的专用标准，由预算评审中心会同部门研究制定；部门内部标准由部门研究制定。

5. 与预算评审相结合。推进预算评审与标准建设的深度结合：一是强化标准在预算评审中的应用，把支出标准作为预算评审的重要依据，同时，根据评审情况提出对现有标准进行调整的意见建议。二是强化预算评审在标准制定工作的作用，把标准建设纳入预算评审工作流程，充分利用评审结果，对所评项目的特点和规律进行深入分析，并对项目内容和支出需求进行梳理，形成标准的初步方案，按程序批准后成为正式标准，加快形成评审一类项目、出台一个标准、规范一个领域的工作机制。

四、工作要求

（一）加快标准建设进程

各部门要把思想认识统一到党的十九大精神上来，进一步抓实抓好标准建设工作。一方面，做好现有标准的收集整理，财政部研究将相对成熟的部门标准按程序上升为财政部标准。另一方面，按照先易后难、逐步完善的原则，明确分年度标准制定计划。

（二）规范标准编制机制

标准制定工作可由部门自行承担，也可按规定委托第三方机构承担并加强指导。制定的标准应符合实际、切实可行，项目文本要做到内容完整、格式规范、结构合理，标准制定要反映现阶段的合理需求和财力状况，防止以标准制定倒逼财政增支。标准制定过程中，要充分利用预算评审、决算、绩效管理等各方面的信息资料，不断改进标准制定方法，提高标准建设的科学性、合理性。

（三）完善标准应用机制

牢固树立“有标准就要用”的理念，从编制2020年预算起，部门“一上”要对本部门项目支出标准建设情况进行说明，项目文本中详细说明测算所使用的标准，各项支出原则上不得突破已有标准。要结合社会经济发展、物价水平、财力状况等，对标准进行适时修订。

（四）强化标准建设保障

各部门要进一步加强对标准建设工作的领导，明确负责机构，落实精干人员，所需经费原则上通过本部门公用经费解决，任务较重的部门可通过项目支出安排，确保标准建设工作需要。

第六章　财政预算监管

财政预算监管是以预算编制、预算执行、决算管理为基础，依据国家有关法律法规和财政预算管理制度规定，实施财政预算监督管理的一系列管理活动。

第一节　财政部各地监管局的主要职责

根据《中共中央关于深化党和国家机构改革的决定》《深化党和国家机构改革方案》《国务院机构改革方案》以及《财政部职能配置、内设机构和人员编制的规定》，3 月 25 日中央编办印发了《关于财政部派出机构设置有关事项的通知》（中央编办发〔2019〕33 号），明确财政部各地专员办正式更名为财政部各地监管局，35 个监管局行政编制共 1008 名。财政部各地监管局的主要职责是：

一、贯彻落实党中央关于财经工作的方针政策和决策部署，在履行职责过程中坚持和加强党对财政工作的集中统一领导，履行全面从严治党责任。

二、调查研究属地经济发展形势和财政运行状况。根据财政部授权管理属地中央各项财政收支，承担财税法规和政策在属地的执行情况、预算管理有关监督工作，向财政部提出相关政策建议。

三、对属地中央预算单位预决算编制情况进行评估并向财政部提出审核意见。根据财政部授权对属地中央预算单位预算执行情况进行监控及分析预测。组织对中央重大财税政策和专项转移支付在属地的执行情况进行绩效评价，提出相关改进措施建议并跟踪落实。

四、根据财政部授权对地方政府债务实施监控，严控法定限额内债务风险，防控隐性债务风险，发现风险隐患及时提出改进和处理意见并向财政部、地方人民政府反映报告。

五、按规定权限审核审批属地中央行政事业单位国有资产配置、处置等事项。根据财政部授权监管属地中央金融企业执行财务制度等情况。

六、根据财政部统一部署，承担有关会计信息质量、注册会计师行业执业质量、资产评估行业执业质量监督检查工作，参与跨境会计监管合作。

七、完成财政部交办的其他任务。

更名设立财政部各地监管局，在财政部派出机构发展历史上具有划时代意义，是进一步加强党对财政工作全面领导的必然要求，是更好发挥财政职能作用的客观需要，是提升财政治理能力和治理水平的重要举措。

第二节　监管局职责转变要求及职责边界

一、财政部各地监管局职责转变要求

《中央编办关于财政部派出机构设置有关事项的通知》中明确提出财政部各地监管局的职能转变：

第一，进一步转变管理方式，实现由原来的以监督检查业务为主向日常管理和服务为主转变、以事后检查为主向事前事中管理为主转变，寓监督于管理中，推动中央重大财税政策的贯彻落实。

第二，深入推进简政放权，进一步减少微观管理事务和具体审批事项。对于确需保留的事项，充分发挥各地监管局贴近地方、便于熟悉情况的优势，就近就地办理相关审批审核事项，提升效率效能。

第三，充分发挥各地监管局的职能作用，建立健全相关制度，明确和强化责任落实，更加注重其工作成果的运用，作为完善财税政策、预算管

理的重要支撑。

财政部各地监管局的职能转变，既充分凸显了财政部门的业务特征，又切实强化了派出机构的属地特征，明确将财政部各地监管局职能全面融入财政主体业务工作，深入推进简政放权，充分发挥属地优势，为完善财税政策、加强预算管理提供重要支撑。

二、财政部各地监管局职责边界

“三定”规定赋予财政部各地监管局的职责具有法定的严肃性。财政部各地监管局的工作职责，主要依据预算法和财政部“三定”规定赋予财政部的法定职责，同时充分考虑中央与地方收入划分、中央与地方财政事权与支出责任划分等文件精神，并紧密结合派出机构的驻地优势和工作特征，按照协同优化高效原则统筹确定的。

各地监管局要严格遵循“三定”规定，牢固树立依法行政理念，坚持有所为、有所不为，切实厘清与其他部门的职责边界，不超越职权开展工作，避免与其他中央部门的职责交叉，避免同地方财政部门的职能错配。

（一）严格执行与审计的业务分工

按照党和国家机构改革方案，财政部的中央预算执行情况和其他财政收支情况监督检查职责划归审计署。今后，除党中央、国务院交办的特殊事项外，各地监管局不得另行开展属于审计部门职责范畴的监督检查工作，更不得变相开展相关检查工作。

（二）准确把握同中央部门驻所在地监管部门的工作关系

各地银保监局、证监局等监管部门，都是中央部门驻在当地的监管机构，都在各自职责范围内行使监管职责。对属于中央驻所在地其他监管部门职责范围内的监管事项，各地监管局将积极配合相关监管部门开展工作，加强沟通协调，彼此信息共享，形成工作合力，不越俎代庖，坚决杜绝超越职权甚至替代其他监管部门行使职能。

（三）切实厘清同地方财政部门的职责定位

按照预算法和现行财政体制，地方财政部门对地方财政收支和管理情况负责，并承担相应的主体责任；各地监管局作为财政部的派出机构，对地方财政收支和管理情况进行监督，承担相应的监督责任。各地监管局从监督视角出发履行好相应的工作职责，不干预地方财政部门正常业务，尤其不越权直接处理应由地方财政部门处理的业务。以后财政部将结合工作情况研究制定监管局工作职责负面清单，划定履职“红线”，进一步约束和规范监管局的履职行为。

第三节 财政预算监管工作主要进展情况

一、预算监管制度建设进一步完善

近几年来，财政部先后印发了《财政部关于专员办加强财政预算监管工作的通知》（财预〔2014〕352 号）、《关于印发〈财政预算监管工作规范（试行）〉的通知》（财预〔2015〕96 号）、《关于专员办进一步加强财政预算监管工作的意见》（财预〔2016〕38 号）、《专员办开展中央对地方专项转移支付监管暂行办法》（财预〔2016〕136 号）和《专员办开展国库业务监管工作》（财库〔2016〕47 号）、《专员办内部控制办法》《专员办工作成果应用暂行办法》（财办预〔2018〕286 号）等文件，相关司局结合工作职责制定了工作规程或具体监管办法、实施方案、审核操作指南等，各地监管局出台了实施细则，基本实现了业务工作的制度规范全覆盖。不仅监管制度办法不断完善，还将风险防控措施嵌入各项业务监管的流程中。此外，还制定了业务工作考核办法。财政预算监管各项制度建设不断完善，为监管局规范、有序、高效开展工作提供了制度保障。随着监管局法定职责的确定，下一步将修订专员办转型期出台的制度办法，紧扣监管局职责任务，进一步完善各项监管制度建设。

二、多方联动机制基本建立

统分结合机制。预算司归口管理各地监管局总体业务、相关司局扁平化具体指导、各地监管局负责具体实施，各负其责开展工作；同时，成立了财政预算监管工作协调小组，建立了以联络员为主的工作协调机制，定期召开会议通报情况、研究问题、部署工作；上下联动机制。在财政部和监管局之间，通过财政预算监管信息交流平台、工作简报、调研、座谈等方式，梳理各地监管局工作中反映的问题，全面掌握监管局工作情况，“下情上传”；将政策制度、工作要求、问题答复等及时反馈监管局，并加强业务培训，“上情下达”；横向联动机制。在地方财政部门和监管局之间，通过联席会议、定期协商、信息共享等，在财政预算监管中各履其职、分工协作、各负其责；联合监管机制。在各地监管局和监管对象及地方财政部门之间，建立了联席会议制度，定期沟通情况、日常相互联系、传达政策、通报问题，密切工作关系，并逐步推进信息共享，形成监管合力。

三、预算监管工作成效显著

（一）不断巩固属地中央部门预算监管成果

目前，监管局在部门预算管理方面，已嵌入属地中央单位预算管理的各个环节实施监管，实现了“预算审核—执行监控—决算审核”完整的闭环监管模式，工作成果不断巩固，工作成效不断提升。同时，监管局服务意识、服务质量不断提高。

1. 进一步做深做实属地中央单位预算编制审核。按财政部统一要求，各地监管局依托“预算管理一体化”系统对 2019 年属地中央二级及二级以下预算单位（军队、武警、国防军工、国家安全、驻外单位、绝密及个别敏感单位除外）的人员、资产、津贴补贴等基础数据开展审核工作，共涉及 99 个中央部门所属 1.37 万个属地预算单位（不含人民银行和新疆兵团、不含自收自支单位和企业化管理单位)。在“预算管理一体化”系统之外，还对新疆兵团的预算进行了审核。与以前年度相比，审核工作有以下特点：一是审核方式更加规范，审核尺度统一，且更加标准化，工作效率大幅提高；二是发现问题的总量和涉及面开始大幅下降，申报和审核结果一致率大大提升；三是监管局在审核的同时，加强了对疑点问题的分析，针对发现的问题提出了意见及整改建议，相关建议被有关单位采纳和吸收，一些违规行为得到及时纠正；四是监管局审核结果基本被部门司采纳，成为预算编制的主要依据。总体来看，监管局嵌入中央部门预算编制审核起到了实质性的把关作用，夯实了属地中央预算单位人员、资产、津贴补贴等基础数据，提高了相关司局部门预算编制的准确性和真实性、提升了相关司局的审核效率，为中央财政合理保障属地中央预算单位基本支出、规范津贴补贴资金、新增资产配置等做了大量的基础性工作，也节约了大量财政资金，强化了中央部门预算管理，有利于推进现代预算管理制度的建立，可以说成效显著。

2. 进一步加强预算执行分析和动态监控工作。随着工作推进，监管局逐步将部门预算监管工作重心转移到属地中央单位预算执行分析和监控上来。各局依托“国库授权支付动态监控系统”开展预算执行日常监控，较好完成了排查系统预警疑点、核实违规疑点事项、查处违规行为等工作。对发现的问题，及时纠偏，督促预算单位整改，也得到了属地预算单位上级主管部门的支持和肯定，对属地中央预算单位来讲，动态监控的规范、纠偏、警示、威慑作用得到有效体现。对财政部来讲，监管局执行分析和动态监控反映的问题，多数得到部内相关司局的有效利用，为部门司抓好预算执行提供了有效抓手。授权支付动态监控，在保障财政资金安全、增强预算执行刚性约束、严肃财经纪律等方面发挥了重要作用。

此外，监管局还认真做好涉及预算的物资储备审核、医保缴费审核、属地公车改革审核、专项建设基金债券利息审核等专项审核以及非税收入征收、银行账户管理等监管工作。

(二) 扎实推进中央对地方转移支付监管

监管局把中央对地方转移支付监管作为工作重点，并结合自身优势，把预算执行和绩效作为监管的主要环节和内容，扎实工作，取得积极成效。

1. 严格把关，做好转移支付预算事前审核。监管局与地方财政部门联动，通过大数据对比核实、重点事项现场审核等，对部分转移支付进行申报审核，有效剔除了虚报瞒报、申报不合要求等情况，为中央财政资金分配提供了依据。相关司局还根据监管局审核结果，整理形成了专题材料上报国办，得到国务院领导的肯定。

2. 加强预算执行监控，逐步补齐管理短板。监管局利用贴近基层的特点，加强了对中央转移支付执行环节的监控，补齐补强财政部部内司局在执行监管中“鞭长莫及”的短板。通过执行重点监控，发现了工程进展缓慢、违规扩大开支范围、财政资金支付滞后、预算执行率偏低等问题，及时向当地财政部门提出整改建议，并将相关情况报告部内相关司局。部分监管局开发应用转移支付动态监控系统，实现了资金实时监控，切实传导了中央财政管理压力，发挥了执行过程监控和威慑作用，初步改变了中央财政资金在基层管理的薄弱状态，促使违规问题得到及时纠正，取得明显成效。

（三）强化绩效理念，推进全面实施预算绩效管理

深入贯彻落实《关于全面实施财政预算绩效管理的意见》精神，各地监管局积极推进预算绩效评价工作，促进提高财政资源配置效率，提升财政资金使用效益。

1. 进一步拓展绩效评价广度和深度。纳入监管局重点绩效评价范围的中央对地方专项转移支付资金，涵盖“三农”、教育、社保、医疗、就业等主要民生领域，已累计覆盖近一半的专项转移支付资金项目，绩效评价的范围和影响不断扩大，相关评价结果成为年度安排预算和分配转移支付资金的重要参考和依据。部分重点绩效评价报告，随同中央决算报告提交全国人大常委会参阅，得到全国人大的充分肯定。

2. 不断提升绩效评价质量和成效。监管局在绩效评价过程中集中发现了一些问题：一是部分政策不注重结果导向，对实际情况考虑不足，导致效益偏低。二是资金管理和配套措施不到位，约束乏力。三是部分资金结

余金额大，执行率低。四是部分绩效指标设计不够合理，存在绩效评价指标与实际工作契合度不紧密，存在分值设置不够科学、评分标准不够细化、评价尺度不统一等问题。针对监管局反映的问题，部内相关司局司提出了改进工作建议。

3. 积极创新绩效评价方式和方法。各地监管局结合地方实际，不断创新工作方式，为加强预算绩效管理作出有效探索。如，部分监管局针对有的地方绩效管理意识还比较单薄，对绩效管理工作重视不够等问题，积极宣讲全面实施绩效管理要求，解答相关疑问，促进地方全面实施预算绩效管理；部分监管局主动介入地方财政对中央专项转移支付开展的绩效目标自评工作，对地方自评结果进行抽查和分析，及时反馈发现的问题和建议，助力地方提高绩效管理水平。

（四）坚持底线思维，支持打好防范化解风险攻坚战

坚决落实党中央关于防范化解重大风险的决策部署，各地监管局从债务和金融两方开展穿透式监管，全面加强地方政府债务和隐性债务监督，坚决守住不发生系统性金融风险底线。

1. 组织开展置换债券和新增债券资金使用情况专项核查。各地监管局按计划对置换债券资金使用和管理情况开展了专项核查，及时发现改变资金用途、虚列偿债支出、资金结余沉淀等违规问题。财政部按要求致函相关省级政府，要求各地对照整改和依法问责处理。监管局还对新增地方政府债券管理情况开展核查工作，坚持“以核查促整改”，对发现债券资金违规使用等问题，及时向地方财政部门反馈并督促其整改落实，有效促进了债券资金的规范管理使用。

2. 坚决查处地方政府违法违规举债乱象。依据各方移交和发现的线索，组织监管局对有关省份部分市县违法违规举债问题进行核查，根据核查结果函请相关省级政府和监管部门依法依规问责到人，并在财政部官方网站公开通报部分地区违法违规举债行为处理结果，专门印发《地方政府监督要情》向相关部门和省级政府通报，持续加强监管局核查结果运用，发挥典型案例警示教育作用。同时，监管局从融资行为供给端、实施主体出发，对金融机构、融资平台公司、PPP 方式等违法违规融资行为进行调

研，及时发现风险苗头，财政部将关情况上报中办、国办。

3. 探索开展防范金融风险监管。落实中央金融工作会议精神，各地监管局将金融监管和地方政府债务监督统筹起来，从供需两端入手开展“穿透式”防风险监管。一是建立金融监管工作机制。二是开展金融机构有关情况摸底核查。三是认真做好相关专项工作。

（五）认真贯彻中央决策部署，积极推动中央重大政策落实

各地监管局积极参与财税体制改革，助力推动中央重大政策落实。

1. 积极推进税收制度改革。按照财政部有关要求，各地监管局积极参加相关税制改革调研评估工作。一是开展到期税收优惠政策评估。深入部门、企业开展调研，总结政策成效，分析存在问题，提出意见建议。财政部以此为基础，研究形成到期税收优惠政策的后续措施。二是开展营改增试点跟踪调研。各地监管局按要求开展了期末留抵税额相关情况专项调研，重点了解企业留抵税额的变化趋势，着重分析营改增试点对企业的影响，为财政部下一步完善相关税收政策提供给了重要依据。三是开展个人所得税专项附加扣除调研。相关监管局充分发挥驻地优势，广泛征求社会对此项改革的意见，向财政部提供了第一手资料，成为完善个人所得税专项附加扣除政策的重要参考。

2. 密切关注国家重大区域政策实施。监管局结合属地区域特点，重点围绕“三大战略”“四大板块”等区域政策追踪调研，动态了解各项政策的落实进展情况。一是全力支持雄安新区建设。河北监管局在雄安新区专门设立办公区，加强所属三县财政运行和债务监控，及时反映雄安新区财政运行状况，为财政部研究财政支持政策提供了有价值的参考。二是服务津冀协同发展。北京、天津、河北三地监管局围绕疏解北京非首都功能、跨区域生态补偿等问题，紧扣“财政支持视角、政策落实瓶颈、资金支持情况”进行了调研，部内相关司局汇总形成了《关于财政支持京津冀协同发展战略实施情况的报告》。三是助力“一带一路”建设，组织黑龙江、吉林、青岛等监管局开展中欧班列财政补贴执行核查，为财政部开展政策评估提供重要参考。四是支持海南自贸区（港）建设。海南监管局持续跟踪“离岛免税”购物政策的实施情况，提出完善政策的建议，为促进地方

落实中央对海南自贸区（港）建设部署“问诊把脉”。

3. 积极推动有关重大财税政策落实。以维护中央政令畅通作为出发点和落脚点，组织监管局围绕中央重大财税政策落实开展调研核查工作，取得积极成效。一是围绕推动供给侧结构性改革和培育经济发展新动能主题主线，组织监管局对钢铁煤炭行业、互联网行业的部分龙头企业开展核查，发现部分企业跨境转移利润、逃避缴纳税收等突出问题，专题上报国务院，得到充分肯定。二是为确保中央支持新疆、西藏发展特殊财税政策得到有效落实，组织有关监管局赴藏开展所得税收入和金融机构利差补贴等政策执行情况核查，布置新疆监管局开展南疆地区农村少数民族计划生育家庭奖励补助政策执行情况核查，为完善相关政策提供了重要参考。三是为有效发挥财政资金引导作用，组织监管局开展集成电路基金专项核查，提出了完善政府投资基金监管的相关政策措施，促进发挥好财政资金引导作用。

（六）聚焦精准扶贫，支持打好脱贫攻坚战

各地监管局以扶贫资金专项巡视为契机，多方着手，全力出击，为支持打赢脱贫攻坚战提供有力保障。

1. 聚焦“三区三州”开展专项核查。贯彻落实习近平总书记在深度贫困地区脱贫攻坚座谈会上的重要讲话精神，聚焦“三区三州”深度贫困地区，组织监管局开展财政支持专项脱贫攻坚政策落实情况专项核查，重点关注财政支持产业扶贫、异地扶贫搬迁、就业扶贫、危房改造、教育扶贫、健康扶贫、生态扶贫、基本医疗、社会救助、农村基础设施等各级财政支持项目政策落实和资金管理使用情况。有关核查结果作为财政部下一步支持“三区三州”精准脱贫的重要参考依据。

2. 切实加强扶贫资金日常监管。各地监管局按照《财政部关于全面加强脱贫攻坚期内各类各级扶贫资金管理的意见》精神，动态掌握扶贫资金的预算安排及使用情况。一是加强扶贫资金日常监管。发现问题，及时督促有关部门整改。二是密切关注贫困县涉农资金整合。对监管工作中发现的超范围整合、权限下放不到位等问题，提出合理工作建议，确保试点政策落地见效。三是深入开展扶贫政策落实调研。各地监管局重点选取深度

贫困地区开展深入调研，并督促地方及时整改发现的问题，成效显著。

3. 认真做好定点帮扶相关工作。监管局根据地方党委统一安排，精心选派得力干部赴贫困地区农村担任第一书记，并通过结对帮扶等方式，投入一线脱贫攻坚战。

（七）坚持绿色发展，支持打好污染防治攻坚战

全面落实《中共中央　国务院关于全面加强生态环境保护坚决打好污染防治攻坚战的意见》精神，各地监管局立足属地实际，积极加强对节能环保类财政资金监管，推动绿色发展理念在地方得到有效落实。

1. 开展祁连山重点生态功能区转移支付专项核查。为切实落实中央领导指示精神，推进生态文明建设，组织相关监管局对祁连山地区重点生态功能区转移支付资金的管理使用情况开展专项核查，深入分析了解两省利用财政资金加强生态环境保护和妥善处理自然保护区内矿业权退出补偿情况，分析存在的问题，提出完善建议。

2. 加强生态环保类专项转移支付日常监管。各地监管局结合属地实际，一是加强生态环保类资金审核，为科学分配转移支付资金夯实基础。二是加强重点资金执行情况监控。紧盯环保资金绩效目标实现程度和预算执行进度双监控，督促收回结余资金，促进提升资金使用效益；会同地方有关部门建立水污染防治专项资金预算执行联合监管机制，共同加强对资金执行督导，提升资金使用绩效。

3. 探索建立生态环保类财政资金长效监管机制。各地监管局结合本地实际，主动作为，通过信息化手段、建立联合监管机制等方式，切实强化污染防治重点领域财政资金监管。

（八）确保可持续发展，密切关注地方财政经济运行

各地监管局积极利用就地就近工作优势，动态掌握了解属地经济热点、难点问题，及时反映基层财政运行状况，确保地方财政可持续发展和基层财政运行基本稳定。

1. 动态监测报告地方财政经济运行。各地监管局按照财政部要求，以“解剖麻雀”的方式密切关注地方财政经济运行变化情况。一是加强地方

经济形势和财政运行情况分析工作。相关司局及时将监管局报送的情况整理归纳，将有关观点和建议反映在宏观调控会商材料和上报国务院、全国人大的季度形势分析报告中，得到中央有关部门认可；二是积极参与财政部每季度召开的经济形势座谈会，参会监管局均提供了质量较好的会议材料，相关司局形成专题材料，被中办、国办《专报》采用。

2. 督导地方政府兜住“三保”底线。各地监管局把县级基本财力保障机制奖补资金及阶段性财力补助政策落实作为重要着力点，动态监控本地相关信息，督促地方切实兜住“保工资、保运转、保基本民生”的底线。按照国务院领导要求，财政部组织监管局对拖欠公务人员工资问题进行了专项核查，根据监管局核查情况，财政部印发了《关于进一步做好工资津贴补贴保障工作的通知》，督促地方采取有力措施，确保国家统一的工资按时足额发放。

3. 密切关注地方财政收入质量。各地监管局积极发挥主观能动性，通过建立横向联动机制、开发相关信息系统等方式，及时掌握、动态跟踪监控属地财政收入总体规模、收入构成、地区和级次分布等情况，分析税收走势和增减原因，并对主体税种进行重点关注研究，及时上报有关情况供财政部决策参考。

（九）提高政治站位，做实做细服务“两会”代表委员工作

按照财政部党组部署和部领导指示要求，各地监管局切实增强服务意识，不断创新方法，围绕服务全国“两会”代表委员履职，扎实推进相关工作，取得明显成效。

1. 参与做好“两会”财政解释说明工作。各地监管局积极发挥对属地代表团情况了解优势，积极做好重点代表委员的政策宣传和引导工作，提高财政解说服务工作的精准性。“两会”前，开展前置解说工作；“两会”期间，认真记录代表意见建议，协助答复代表委员提出的意见，赢得代表委员对财政工作的理解和支持，圆满完成工作任务。

2. 协助做好建议提案办理沟通工作。财政部是承办“两会”代表委员提出的建议和提案工作的第一大户。部内司局具体承担办理任务，时间紧、任务重、要求高，各地监管局积极补台，协助司局承担了大量与代表

委员沟通工作，为顺利完成办理工作打好基础。

3. 切实做好“两会”代表委员的沟通联络。在落实财政部关于加强与代表委员日常沟通联络工作中，各地监管局不仅注重沟通联络数量，通过上门拜访、集中座谈等方式，努力完成对绝大多数属地代表委员沟通任务；更注重沟通联络工作质量，根据每位代表委员所处行业、区域特点，分析研判可能关注的财政问题，积极回应其关切，促进提升沟通效果。

（十）严肃财经纪律，扎实开展财政执法检查工作

在财政部统一安排下，各地监管局精准开展财政执法检查工作，进一步严肃财经纪律。

1. 扎实推进预决算公开工作。按照财政部统一部署，各地监管局认真开展了地方预决算公开情况专项检查工作，并形成了地方预决算公开度排行榜、未公开预决算部门和单位名单，上报国务院批准后，由财政部统一对社会公开发布。从检查结果看，全国未公开预决算的单位持续下降，部门预决算公开率达 100%，预决算公开的完整性、规范性和及时性等指标达标率超过 90%，公开成效得到进一步提升。

2. 切实规范税收优惠政策。为严肃财经纪律，针对有关地方在税收政策执行中存在的乱象，及时组织监管局进行了调研核查，促进有关违规问题得到及时纠正。有关情况引起党中央、国务院领导同志高度重视。

3. 切实履行会计和资产评估监督职责。依据有关法律法规要求：一是强化注册会计师和资产评估行业监督检查。二是严肃追究存在重大执业质量问题的机构和人员责任。三是组织监管局与审计署建立了会计监管合作机制，针对审计署移交的会计师事务所在中央企业审计中存在的违规问题，组织监管局进行了专项核查，并向审计署通报处理结果，得到审计署的高度评价。四是推动跨境合作。为促进大陆香港两地会计行业健康发展起到了重要作用。

（十一）瞄准热点焦点，大兴调查研究之风

按照开展大兴调查研究之风的有关要求，各地监管局立足当地实际，瞄准当前经济民生中热点、焦点、难点问题，积极开展调查研究，为财政

部科学研判财政经济形势出谋划策。

1. 认真落实习近平总书记重要讲话精神。各地监管局认真学习习近平总书记讲话精神，开展重点课题调研，为财政部研究制定相关财税支持政策提供了有力参考。

2. 聚焦当前经济发展中难点问题。一是紧盯中美贸易摩擦，有关监管局，跟踪了解当地进出口企业在中美贸易摩擦中遇到的主要问题，提出了政策建议。二是聚焦加强金融风险防范，对金融领域出现的苗头性问题开展深入调研，相关信息，被中办《每日汇报》、国办《专报信息》采用。三是关注小微企业发展，进行专题调研，发现了问题，并提出解决建议，积极推进相关问题解决。

3. 紧盯社会公众关注社会民生领域。一是开展民生领域财政支出可持续调研。如，针对地方民生领域财政支出政策提标扩面等现象进行了调研分析。二是针对医疗、养老等重点民生政策开展调研，结合日常监管中发现的问题，提出了相关完善建议。

4. 密切关注社会舆情问题。一是密切关注军转干部问题。二是密切关注拖欠教师工资问题。为促进地方化解矛盾和问题，起到积极作用。

此外，其他各类监管工作有序开展。如：全力完成各项督导核查工作；及时完成收入收缴和审核清算工作；认真做好银行账户管理；做好属地中央三级预算单位公车改革审核等工作。

第四节　下一步财政预算监管重点工作

下一阶段，财政部各地监管局将深刻把握“三定”规定明确的职能内涵，坚决贯彻党中央、国务院的决策部署，落实好财政部党组的工作要求，切实转变工作重心，充分发挥职能作用，在大局下谋划、在大势中推进、在大事上作为。

一、旗帜鲜明讲政治，坚决推动党中央方针政策和决策部署在属地贯彻落实

财政部各地监管局要把贯彻落实党中央关于财经工作的方针政策和决策部署作为首要政治任务。要密切关注和监督财税法规和政策的出台和执行情况，跟踪调研财税政策实施，客观反映实施效果，深入分析存在的重点难点问题，研究提出对策建议，推动政策落地见效。当前，重点是做好减税降费政策、财政支持脱贫攻坚政策、国家重大区域政策、中央和地方财政事权和支出责任划分改革等的落实监督工作。

二、坚持问题导向，加强属地经济发展形势和财政运行状况研究

受国内经济下行压力加大、财政支出刚性增长等因素影响，特别是2万亿元减税降费政策的出台，今年基层财政将面临较大减收增支压力和预算平衡困难。各地监管局要充分发挥就地就近优势，加强对属地经济发展形势和地方财政运行状况的调查研究，分析国际国内形势、减税降费政策对属地财政收支情况的影响，为科学研判全国财政经济形势提供重要参考和有力支撑。要把地方财政可持续发展作为关注重点，及时了解属地财政和预算编制工作是否全面贯彻党中央决策部署，是否着力于推动高质量发展和保障改善民生，是否体现艰苦奋斗和“过紧日子”思想，是否体现“量力而行”原则，防止出现“过度保障”和“福利陷阱”。要密切关注基层财政运行状况，尤其是“保工资、保运转、保基本民生”落实情况，对发现基层财政拖欠工资等问题要及时报告，督促地方财政部门集中财力保基本、兜底线，确保基层财政稳定运行。

三、强化预算绩效评价，提升财政资源配置效率和财政资金使用效益

全面实施绩效管理是党的十九大报告提出的明确要求，尤其在当前经

济形势下，贯彻落实全面实施预算绩效管理要求，进一步强化绩效评价，有利于调整优化支出结构，提高财政资金使用效益，提升公共服务质量，推动经济高质量发展。各地监管局要把绩效评价作为促进建立现代财政制度、提升工作实效的重要内容和抓手，扎实开展重大政策、重要项目的绩效评价，把一些无效、低效资金找出来，及时反映财政资金管理使用中的问题，向财政部提出建设性意见，为政策调整、资金分配提供重要依据，进一步提升财政资源配置效率和财政资金使用效益。

四、着力防控风险，切实加强地方政府债务监督

各地监管局要把监控地方政府债务作为一项重要政治任务抓紧抓实抓好，持续加强对地方政府债务限额管理、预算管理、风险预警、应急处置等情况的监督，及时发现风险隐患和问题，及时提出处理意见并向部里和地方政府反映报告。当前，要密切跟踪隐性债务存量化解进展，对化解不力的市县及时提醒，重大问题及时报告；要重点关注地方遏制隐性债务增量情况，督促地方严格落实国务院关于做好专项债券发行使用管理的要求，确保专项债券不发生任何风险。

五、履行好各项日常监管职责

加强属地中央预算单位预决算编制情况评估审核、预算执行情况监控及分析预测，强化属地中央行政事业单位国有资产管理，做好属地中央金融企业执行财务制度等情况的监管，开展会计信息质量监督检查等工作，同时继续做好服务全国“两会”代表委员履职工作。

第七章　预算绩效管理

预算绩效管理是政府绩效管理的重要组成部分，是一种“注重结果导向、强调成本效益、硬化责任约束”的现代预算管理模式。它强化为民服务的理念，突出责任和效率，注重成本和质量，关注支出结果和政策目标实现程度，强调预算决策民主和信息公开，要求政府部门节约公共支出成本，不断提升公共服务质量和水平，使政府行为更加务实、高效。

第一节　全面实施预算绩效管理的重要意义

党中央、全国人大、国务院高度重视预算绩效管理工作。党的十九大报告强调，要加快建立现代财政制度，建立全面规范透明、标准科学、约束有力的预算制度，全面实施绩效管理。2014 年修订的《中华人民共和国预算法》要求，各级预算遵循“讲求绩效”原则，并对绩效目标管理、绩效评价、绩效结果应用等做出明确规定。2018 年中共中央办公厅印发的《关于人大预算审查监督重点向支出预算和政策拓展的指导意见》提出，人大预算审查监督重点向支出预算和政策实施效果拓展。

按照党的十九大关于加快建立现代财政制度和全面实施绩效管理的决策部署，2018 年 9 月，《中共中央　国务院关于全面实施预算绩效管理的意见》正式印发（以下简称《意见》），提出力争用 3—5 年时间基本建成“全方位、全过程、全覆盖”的预算绩效管理体系，标志着我国历经十几年的探索，以结果为导向的预算绩效管理模式正式确立。

《意见》明确指出，全面实施预算绩效管理是推进国家治理体系和治理能力现代化的内在要求，是深化财税体制改革、建立现代财政制度的重要内容，是优化财政资源配置、提升公共服务质量的关键举措。适应我国社会主要矛盾变化，在预算管理各环节全面树立绩效意识、体现绩效要求，切实将管理方式从“重投入”向“重绩效”转变，有利于更加科学合理配置财政资源，缓解财政收支矛盾，提高资金使用效益；有利于促进各级政府、各部门各单位认真履职尽责，提高行政效能，实现少花钱、多办事、办好事，增强政府公信力和执行力；有利于全面提高公共服务质量和水平，使人民获得感、幸福感、安全感更加充实、更有保障、更可持续。

第二节　国际绩效预算改革经验借鉴

20 世纪 80 年代，在经济、财政和政府信任危机的背景下，绩效预算在西方国家应运而生，此后逐渐成为世界性的财政改革潮流。目前 OECD 成员国中 80% 以上的国家实行绩效预算，世界上有 50 多个国家不同程度地采取绩效预算管理模式。经过近 40 年的不断完善和创新，绩效预算已经成为当代主要市场经济国家政府治理最有效的工具之一。

一、改革背景

（一）经济压力下的财政收支矛盾是直接原因

实施绩效预算的最直接原因是经济压力造成的财政困难。20 世纪 70 年代，西方各国面临经济衰退、财源枯竭，而“二战”之后普遍实行的福利主义政策和政府职能的不断膨胀，导致政府支出持续增长，日益陷入入不敷出的财政困境。为有效缓解财政收支矛盾，各国纷纷寻求以提高效率和效益为中心的预算管理制度，政府预算管理加快向重视绩效转型。

（二）政府信任危机和来自公众的压力是主要推动力

20 世纪七八十年代，长期持续的经济不景气使公众对政府的关注度不断提高，公众对庞大、浪费的政府非常不满，对政府控制财政赤字的决心和增进社会福利的能力产生了怀疑，政府逐渐陷入了信任危机。在经济和政治的双重矛盾下，改革政府职能，建设节俭、高效政府的呼声越来越高，促使政府被迫进行预算改革。

（三）经济全球化和信息技术的发展创造了条件

随着经济全球化程度的不断提高，国家间的竞争日趋白热化，传统意义上的商品竞争转变为国家间实力的竞争。西方各国政府纷纷转向建设“服务型政府”，着力提高政府行政效率。信息技术的发展为建立灵活、高效、透明的政府提供了可能性和物质基础，政府开始对其机构及运作做出相应的变革和调整，从传统的公共预算模式向以“绩效”为核心的预算管理模式转变。

（四）“新公共管理”理论的兴起提供了重要理论基础

20 世纪 70 年代末，“新公共管理”理论在英国、美国、澳大利亚和新西兰兴起，并迅速扩展到其他国家，由此引发了世界范围内的旨在提高政府绩效的改革浪潮。一些国家尝试将“新公共管理”的理念引入到政府部门的管理实践中，借用私营部门的管理模式、原则和技术方法，推行目标和绩效管理，利用社会和市场力量实现公共服务社会化，在追求效率的同时更关注质量。

二、改革的主要特征

绩效预算伴随着政府行政改革和政府支出绩效评价而产生，对传统的预算管理模式带来很大冲击，呈现出鲜明的特征。

（一）建立全过程绩效预算管理体系

绩效预算模式将市场机制和竞争机制引入到部门预算管理，使部门从定计划、定任务，到预算的编制、执行、结果都紧紧围绕绩效展开。很多国家建立了全过程绩效预算管理体系，一般包括制订年度绩效计划、提交季度绩效报告、开展绩效评价、反馈评价结果等环节。编制年度预算时部门要根据战略目标制订年度绩效计划，详细阐述在特定年度内拟提供的公共服务数量和水平，并提交内阁或国会通过，执行过程中部门要跟踪年度绩效计划的执行情况，定期或者不定期提交绩效报告，反馈绩效目标及指标的完成程度并向公众公开。

（二）创新绩效预算管理技术方法

绩效信息是绩效预算的基础和依据，科学有效的分析技术，能够充分挖掘数据的潜在价值，为全面分析绩效预算的开展情况、科学衡量绩效预算的利弊得失、整体设计绩效预算的推进重点和实施步骤提供有益参考。绩效评价方法是技术层面的核心，如美国开发了平衡计分卡、PART（Program As-sessment Rating Tool，项目评级工具）、红绿灯评价系统等，为提高绩效评价的科学性和准确性提供了重要技术支撑。此外，各国注重建立完善的信息系统，以保障绩效信息来源的科学性、合理性与及时性。

（三）在政府会计与预算领域引入权责发生制

权责发生制的引入，有利于正确计量各种政府活动的真实成本，适应了绩效预算测量产出效益和结果质量的要求，对于确定合理的预算拨款规模，制订科学的绩效计划，调整未来绩效目标等具有不可替代的基础性作用。新西兰、英国、澳大利亚等众多发达国家越来越重视权责发生制在预算管理中的作用。

（四）创造绩效预算基础制度和条件

一是构建良好的中期支出框架（MTEF）。MTEF 是绩效预算过程的第一阶段，有利于确保财政支出分配与国家中期战略规划、政策优先事项相衔接。目前 88% 的 OECD 国家采用了中期支出框架，保证了绩效预算能够持续稳定发挥作用。二是完善公共资产管理制度。美国制定了统一的公共资产预算管理制度和法规，对公共资产进行严格的预算控制和绩效考核，并设立相对独立的专门机构，负责管理具体事务。三是实行国库集中收付制度。澳大利亚在财政部设立财务管理办公室，专门负责国债和国库资金的管理。四是健全政府采购制度。英国充分利用互联网发布政府采购信息，推进政府公共管理改革、提高政府效率和透明度。

三、国际经验总结

纵观英国、加拿大、澳大利亚等国绩效预算改革历程，虽然采取的管理模式存在一定差异，但也呈现出一些共同特点，如关注产出和效果、强调成本效益分析，对管理过程的放权和授权，建立正向激励和无效问责机制，推动绩效信息公开透明等。

（一）高层推动，各方配合

绩效预算是一场从管理理念到管理方式的深刻变革，涉及面广、难度大，各国改革的成功离不开历届首相、总统或总理等国家高层领导的高度重视和持续支持。同时，绩效预算改革是一项长期性、系统性工程，涉及政府管理的方方面面，需要政府各部门和社会各界从多方面支持。在法律保障方面，需要立法机构的介入；在保证绩效信息准确、完整方面，需要审计部门的监督；在提高绩效管理的客观性、专业性方面，需要财务和技术专家、第三方机构、社会公众等各方力量的广泛参与。

（二）完善立法，健全机构

为减少改革阻力和成本，大部分国家出台绩效预算相关法律，为建立绩效预算制度提供了强有力的法理支持。美国《项目评估与结果法案》《政府绩效与成果现代化法案》，韩国《政府绩效评价框架法》和瑞典《预算法案》等，都为其各自绩效预算制度的建立提供了法律遵循。同时，大部分国家设立专职机构，负责绩效预算改革整体设计和统筹推进。多数国家在财政部内，一些国家在总统或总理办公室，有的在中央政府层面成立专门机构从事绩效预算指导和推动工作。

（三）放权和问责相结合

为调动部门积极性，多数国家在支出限额内适当加大部门人事和预算资金使用的自主权，允许部门按照更为合理的方式优化资源配置。同时，按照“权力与责任相对等”的原则，明确各部门部长对预算产出和效果的责任。

第三节　近年来预算绩效管理工作进展情况

党的十八大以来，按照党中央、国务院有关部署和预算法规定，财政部深入推进预算绩效管理改革，大力推动各项管理制度和改革措施扎实落地，取得了较大进展。2016 年以来，中央财政已经初步构建起以项目支出为主的全过程预算绩效管理体系，部分地方财政也结合自身实际加快预算绩效管理改革步伐，对优化财政资源配置、节约公共支出成本、提高资金使用效益发挥了积极作用。

一、绩效目标管理基本实现全覆盖

绩效目标是全过程预算绩效管理的基础。目前，绩效目标管理已经覆盖所有中央部门的所有本级项目、中央与地方共同财政事权转移支付、中央对地方专项转移支付，并拓展到中央政府性基金和国有资本经营预算项目，绩效目标与预算同步申报、同步审核、同步批复机制基本建立。为提高绩效目标质量，2016 年，财政部组织对中央部门 2024 个一级项目和 93 项中央对地方专项转移支付绩效目标进行“面对面”逐一审核并修改完善，初步建立了比较全面规范的绩效指标体系，为开展绩效监控和绩效评价奠定了良好基础。

二、全面实施绩效监控和绩效自评

绩效监控是全过程预算绩效管理的必要环节，是保障绩效目标实现的机制性安排。2018 年起组织中央部门对所有本级项目支出开展绩效运行监控，对预算执行情况和绩效目标实现程度实施“双监控”，及时弥补管理中的“漏洞”，纠正绩效目标执行中的偏差。绩效自评是资金使用单位对预算执行和绩效目标完成情况的信息反馈，相当于对国家战略目标和政策落实情况进行“自我体检”，有利于强化部门的绩效主体责任，促使预算资金使用结果从“报账单”向“成绩单”转变。目前，绩效自评已经覆盖所有中央部门的本级项目和中央对地方专项转移支付。

三、抓好重点绩效评价和结果应用

2016 年以来，财政部建立重点绩效评价常态机制，每年选择党中央和国务院重视、社会关注度高、资金规模大、政策持续时间长的重点民生政策和重大专项支出，由财政部预算评审中心、财政部各地监管局组织第三方机构开展绩效评价。截至目前已经组织对 130 多个重点项目和政策开展了绩效评价，涵盖教育、科技、文化、经济建设、环境保护、农林水、社会保障等领域。同时，及时将绩效评价结果反馈有关部门和单位，督促其对发现的问题进行整改，部分绩效评价结果已应用于预算安排和政策调整。

四、绩效信息向人大报告并向社会公开

推动预算绩效信息公开，有助于及时回应社会关切，更好满足人民群众的知情权、参与权和监督权。2016 年以来，逐步建立绩效信息随同预决算向全国人大报告制度，加大向社会公开力度。截至目前，已经累计将 96 个中央本级重点项目绩效目标、558 个重点项目绩效自评结果、50 个重点民生政策和重大项目绩效评价报告提交全国人大常委会审议或参阅，上述绝大多数绩效信息随同预决算向社会公开。

第四节　全面实施预算绩效管理的路径

尽管当前我国预算绩效管理取得了一定成效，但现行预算绩效管理仍

然存在一些突出问题，主要是：一些中央部门和地方“重投入、轻管理，重支出、轻绩效”的意识尚未根本改变，预算绩效管理的广度和深度不足，尚未覆盖所有财政资金，一些领域财政资金低效无效、闲置沉淀、损失浪费的问题较为突出，绩效激励约束作用不强，绩效结果与预算安排和政策调整的挂钩机制尚未建立。当前，我国经济已由高速增长阶段转向高质量发展阶段，客观上要求财政管理也要向高质量发展方向转变。下一步，要深入贯彻落实《意见》要求，加快构建全方位、全过程、全覆盖的预算绩效管理体系，实现预算和绩效管理一体化，着力提高财政资源配置效率和使用效益。

一、构建全方位预算绩效管理格局

将预算绩效管理实施对象从项目为主向政策、部门和单位整体拓展，从转移支付为主向政府财政运行拓展，形成政府预算、部门和单位预算、政策和项目预算等全方位绩效管理格局。各级政府收支预算全面实施绩效管理，预算收入要实事求是、积极稳妥、讲求质量；预算支出要统筹兼顾、突出重点、量力而行，确保财政资源高效配置，增强财政可持续性。实施部门和单位预算绩效管理，赋予部门和资金使用单位更多的管理自主权，推动提高整体绩效水平。深化政策和项目预算绩效管理，对重大政策和项目实行全周期跟踪问效，建立动态评价调整和清理退出机制。

二、建立全过程预算绩效管理链条

将绩效理念和方法深度融入预算编制、执行、监督全过程，构建事前事中事后预算绩效管理闭环系统。一是建立事前绩效评估机制。结合预算评审、项目审批等，对新出台重大政策、项目开展事前绩效评估，重点论证立项必要性、投入经济性、绩效目标合理性、实施方案可行性、筹资合规性等。二是强化绩效目标管理。提高绩效目标编制质量，加强绩效目标审核，将绩效目标与预算同步批复下达。三是做好绩效运行监控。对绩效目标实现程度和预算执行进度实行“双监控”，发现问题及时纠正，确保绩效目标如期保质保量实现。四是加强绩效评价和结果应用。提高绩效自评质量，完善重大政策、项目预算绩效评价常态机制，健全绩效评价结果反馈制度和绩效问题整改责任制，加强绩效评价结果应用。

三、完善全覆盖预算绩效管理体系

推动各级政府和各部门各单位全面实施预算绩效管理，将绩效管理责任层层传导和落实到基层政府及部门，延伸至资金使用终端，确保覆盖所有财政资金。将一般公共预算、政府性基金预算、国有资本经营预算、社会保险基金预算全部纳入绩效管理范围，积极开展政府投资基金、主权财富基金、政府和社会资本合作（PPP）、政府采购、政府购买服务、政府债务项目绩效管理。

四、加强预算绩效管理制度建设

完善涵盖绩效目标管理、绩效运行监控、绩效评价管理、评价结果应用等各环节管理流程，制定预算绩效管理制度和实施细则。建立专家咨询机制，引导和规范第三方机构参与预算绩效管理，严格执业质量监督管理。健全绩效指标和标准体系，实现科学合理、细化量化、可比可测、动态调整、共建共享。创新绩效评估评价方法，提高绩效评价结果的客观性和准确性。

五、硬化预算绩效管理约束

压实绩效管理责任，强化各部门各单位的预算绩效管理主体责任，切实做到花钱必问效、无效必问责。实施绩效管理激励约束，建立绩效评价结果与预算安排和政策调整挂钩机制。加强绩效管理监督问责，充分发挥人大、审计等的职能作用，对预算绩效管理情况进行监督。推进绩效信息公开，重要绩效目标、绩效评价结果要与预决算草案同步报送同级人大、同步向社会主动公开，促使部门和单位从“要我有绩效”转变为“我要有绩效”。

第八章　部门预算管理重点工作

第一节　中期财政规划管理

2013 年，党的十八届三中全会《中共中央关于全面深化改革若干重大问题的决定》中明确提出“建立跨年度预算平衡机制”。2014 年，《国务院关于深化预算管理制度改革的决定》（国发〔2014〕45 号）明确提出“改进预算管理和控制，建立跨年度预算平衡机制”，其中主要措施包括实行中期财政规划管理、改进年度预算控制方式、建立跨年度预算平衡机制等。为落实改革决定，国务院印发了《国务院关于实行中期财政规划管理的意见》（国发〔2015〕3 号），对实行中期财政规划管理提出了具体意见，包括总体要求、主要内容、编制主体和程序、组织实施等。《国务院关于实行中期财政规划管理的意见》的印发，标志着财政预算由年度管理转向中期管理的改革进入到实质性阶段。

一、中期预算的概念和实践

20 世纪 60 年代以来，许多国家日益关注于对财政政策中长期变化趋势的掌控，一些国家开始突破传统财政预算方式的年度限制，建立多年期的财政计划或规划，也称中期预算，并采用滚动方式编制和管理。

（一）中期预算的概念

中期预算通常指的并不是法律上的多年拨款，而是一种多年度的滚动计划或者政府对其支出的预算。世界银行多采用“中期支出框架”的概念，重点强调财政支出。世界银行的研究成果认为中期支出框架由三个阶段序列组成，分别是：中期财政框架、中期预算框架和中期绩效框架。其中，中期财政框架侧重于强调中期的收支总量平衡，自上而下的制定宏观经济和财政中期目标；中期预算框架在中期财政框架的基础上，结合国家和部门中期发展战略制定中期预算，设定中期支出上限，侧重于支出的战略性优先配置；而中期绩效框架侧重于通过预算分配鼓励产生更好的绩效表现。

（二）中期预算的时间

一般 1 年以上 10 年以下的时间称为中期，10 年以上称为长期，但由于编制 10 年以上的预算技术难度较大，不确定性很多，对现实的约束性或指导作用很小，因此，实践中多采用 3—5 年期的中期预算。

（三）中期预算的内容和要点

根据世界银行和国际货币基金组织等机构的研究，编制中期预算的关键内容和要点包括：一是中期预算应根据中期宏观经济框架、财政（与经济）政策目标报告书以及正式的财政约束（如赤字率、负债率）编制；二是包含一份财政、经济政策报告；三是包含一份中期宏观经济和财政预测；四是包含支出部门和机构在下一个预算年度以后 2—4 年的支出估计数，并需要按照功能和经济性质分类；五是中期预算的准备过程与年度预算准备过程相对应，特别是需要根据年度支出限额加以构造；六是中期预算由政府整体层面编制，但所有政府部门都应遵循中期预算为各部门确立的支出限额。

（四）中期预算的目标和功能

从理论上说，政府预算管理一般有三大目标：财政纪律、资源优先性配置以及执行绩效。其中执行绩效主要通过下放预算管理权和实行绩效预算的方式获得改善，而前两个目标则是预算管理中处于宏观或者中观层面的目标，需要实现政策目标和预算之间的激励相容，使预算能够自觉以政策目标为导向。而中期预算的基本作用目标正是基于政府预算管理的上述两个目标。中期预算要求在预算周期内明确规定财政支出限额，摒弃以收定支的预算方式，合理控制财政支出总额，强化财政纪律。

世界银行对“中期支出框架”的目标定位包括几个方面：一是通过建立一个在时间上连贯的资源规划框架，促进宏观经济平衡；二是通过确定不同项目或者产业部门的支出优先权，改进资源配置；三是强化资金和政策的可预见性，促使各部门提前规划，确保项目的连续性；四是为下属部门提供一个总体的硬预算约束和足够的自主权，鼓励资金的有效使用。因此，中期预算主要具有三个方面的功能：宏观经济计划的功能、战略规划的功能和完善年度预算的功能。

（五）中期预算的类型

中期预算一般可分为“弹性型”和“固定型”。在弹性型中期预算中，根据经济状况的变化，可以每年对经济目标作出调整。预算目标不是一成不变的，会定期调整。固定型通常是针对中期的政府支出作出的，政府支出通常是不能每年进行调整的，除非发生意外情况，如经济增长骤减或者政府更迭等。中期预算还有“期间型”和“滚动型”之分。期间型中期预算所覆盖的时间区间是固定的；在该期间结束之前不会再制定新的框架，除非发生了重大的意外情况。在滚动型中，每年都会增加一个新的年度，并对以前的预测作出更新。

二、中央部门实施中期财政规划的总体目标

1. 提高预算的可持续性。中央部门三年支出规划与中期财政规划相衔接，建立在对未来三年收入水平和支出规模的合理预测之上，在既定的支出规模之下，财政部将有限的财政资源更加有效地分配到国家战略和政策的优先领域，既保证各部门合理的资金需求，又使财政支出具备稳固和可

靠的基础，增强预算的可持续性。

2. 增强预算约束力。适应预算控制由平衡状态、赤字规模向支出预算和政策拓展，有效控制支出，增强约束力。一方面，部门三年支出规划受中期财政规划约束，规划期内中央各部门的支出安排不得突破中期财政规划确定的年度支出上限。另一方面，部门年度预算编制也受其三年支出规划约束，未来三年支出规划中的第一年规划即为年度预算，后两个年度的支出规划作为后续年度部门预算编制的基础。部门规划也要与三年规划相衔接，需要资金支持的要纳入三年滚动规划统筹考虑。

3. 盘活存量资金。实行中期财政规划管理，使中央部门能够提前知晓未来三年本部门可用的资金规模，在这个规模之下，部门可以根据需要在年度间统筹安排使用资金，能够有效避免部门出于对未来的不确定性，而在当期“保基数”“争增量”的冲动，有利于减少结转结余资金的产生。

4. 理顺预算管理关系。中期财政规划管理有利于更好地体现中央部门作为部门预算主体的地位，部门将在预算编制、执行等方面发挥更大的作用，同时对资金使用结果负责。财政部门更侧重于在部门间合理配置预算资源，加强项目评审和绩效评价等方面，形成财政部和中央部门之间的合理分工和有效制衡。

三、中期财政规划主要内容与编制方法

（一）主要内容

1. 实施范围。一是预算范围，对纳入中央部门预算的一般公共预算和政府性基金预算拨款收支均实行中期财政规划管理。二是支出范围，中央部门中期财政规划主要针对部门项目支出，基本支出按照统一要求编制和调整。三是部门范围，编制部门预算的中央部门全部纳入部门中期财政规划实施范围。

2. 时间和期限。自 2015 年起，财政部组织中央部门编制三年支出规划，此后每年向后延伸一年。为确保年度预算与中期规划紧密衔接，N—N＋2 年的中期财政规划编制工作与 N 年的部门预算编制同步进行。中央

部门中期财政规划编制的支出规划期为三年。

3. 管理方式。中央部门中期财政规划实行滚动管理。中央部门中期财政规划的规划期为三年，每年向后延伸一年，在时间上实现滚动管理。在编制下一个三年规划时，根据部门提出的重大增减因素，以及新的预测结果和支出上限，财政部对已编制的后两个规划年度及时进行调整，并添加一个规划年度，形成新一轮中期财政规划，使规划与实际情况的变化相适应。

（二）规划编制方法

1. 编制方法。

（1）部门提出规划需求。中央部门结合国民经济和社会发展五年规划纲要及相关专项规划，按照部门职责，研究未来三年涉及财政支出的重大改革和政策事项，以此为基础，测算提出部门的三年支出需求，按规定时间和预算管理渠道提交财政部。

（2）审核确定支出限额。财政部根据中期财政规划、财政政策、部门需求等情况，经综合平衡、优化结构，分解形成部门支出限额，并下达部门三年支出控制数。

（3）部门编报三年支出规划。中央部门根据财政部下达的三年支出控制数，合理安排政策出台时机和力度，明确政策目标，列出分年度工作任务和时间节点，说明资金使用对象、保障标准、运行流程，建立预算绩效管理机制，在此基础上编制三年支出规划报财政部。

（4）汇总编制中期财政规划。财政部审核汇总部门的三年支出规划，汇编形成中央部门中期规划草案，按程序报批后实施。

2. 以后年度编制方法。以后年度编制规划时，中央部门根据情况变化，可对上年编制的三年规划中后两个年度的分年支出规划进行内部结构调整，并补充第三个年度的规划。财政部重点就调整的内容及第三个规划年度的支出上限进行测算，并按前述程序审核下达。

3. 规划调整方法。部门中期财政规划一经确定，原则上不予调整。中央部门因重大增减支因素需要调整未来年度支出的，应在编制新一轮规划前提出需求，按流程报财政部审核。财政部根据未来财政收支预测结果，结合重大增减因素，制定方案调整支出规划，并在编制规划时通知中央部门，各部门根据新的支出上限调整部门分年度支出安排，按程序报批后实施。

第二节 落实过紧日子要求，从严从紧编制预算

一、落实过紧日子的有关具体要求

按照党中央、国务院关于过紧日子和坚持厉行节约反对浪费有关要求，需要进一步严格部门预算编制，切实规范部门预算执行，持续强化“三公”经费管理，着力强化和规范资产管理，切实严肃财经纪律等。

一是进一步严格部门预算编制。各部门要牢固树立过紧日子思想，坚持勤俭办一切事业，从严从紧编制部门预算。下大气力优化部门支出结构，大力压减一般性支出，节省出资金用于重大战略、重要改革和重点领域。将部门各项收支全部纳入预算管理，加大结转资金、当年预算等各项资金统筹力度，按照量力而行和讲求绩效的原则，合理安排符合规定的各项支出，避免资金闲置和沉淀浪费。切实落实部门项目管理主体责任，严格执行项目库管理规定。加强项目支出预算评审，部门项目库中按规定应评审的项目要全部评审，将评审结果作为编报预算的上限，并建立审减率与所属单位整体项目预算安排挂钩机制。

二是切实规范部门预算执行。各部门要刚化硬化预算约束，除另有规定外，执行中一律不再追加部门预算。预算执行中新增的临时性、应急性等支出，全部通过动用部门机动经费等现有预算解决。坚持精打细算、勤俭节约，严禁铺张浪费和大手大脚花钱，对不该开支或不必开支的事项一律不得开支，结余资金要按规定及时交回中央财政。切实加快预算执行进度，提升预算执行质量，强化所属单位当年预算执行和下年预算安排挂钩机制的执行，提高财政资金使用效率。完善内部财务管理办法，严格规范会计核算，严格执行经费开支范围和标准，严格报销审核，不得报销任何

超范围、超标准以及与相关公务活动无关的费用，不得接受或变相接受企业资助，不得摊派、转嫁费用。严格执行国库集中支付、政府采购和公务卡制度，不得违规从零余额账户向实有资金账户划转资金。

三是持续强化“三公”经费管理。各部门要继续从严控制“三公”经费预算，加强对所属单位“三公”经费支出事项必要性、合理性的审核。强化“三公”经费执行管理，执行中不再追加部门“三公”经费预算。结合本单位实际制定因公临时出国（境）、公务用车、公务接待等公务活动的具体规定，严格审批管理，加强统筹规划和总量控制，不得安排无实质内容的公务活动。严格控制赴有关"热门"国家和热点旅游城市访问团组，严格规范不计批次团组审批和管理。认真落实公车改革和管理规定，严格保留车辆管理，在规定范围内加大保留车辆统筹使用力度，不得放宽租用条件变相增加保留车辆，不得超标准租赁各类高档豪华车辆。不得以举办会议、培训等名义列支、转移、隐匿接待费开支，除另有规定外，国内公务接待不得报销各类烟酒费用。

四是着力强化和规范资产管理。各部门要加强资产管理，依法设置资产管理账簿，按规定及时登记入账，做到账实相符，严禁账外管理。优化新增资产配置管理，对已有资产配置标准的，要严格按照标准配置；对没有资产配置标准或暂未纳入新增资产配置相关预算编报审核范围的，要结合单位履职需要、存量资产状况，按照厉行节约反对浪费的原则，在充分论证的基础上配置。探索建立本部门长期低效运转、闲置资产的共享共用和调剂机制，加大所属单位间共享调剂力度，切实盘活存量资产，提高资产使用效率。

五是切实严肃财经纪律。各部门要贯彻落实“三重一大”决策制度，完善重大项目安排、大额资金使用流程。着力强化部门内控管理，建立财政资金使用全流程内控机制，将项目立项、预算编制、预算执行、绩效管理等各个环节的责任明确到人、落实到位，有效防控业务和管理风险。严格执行国家工资政策规定，严禁超过规定标准、范围发放津贴补贴，未经工资主管部门批准，各部门一律不准以任何借口、任何名义、任何方式出台工资津贴补贴政策。依法自觉接受监督，深刻剖析存在的问题，坚持即知即改、立行立改，从管理源头和制度层面解决问题，切实整改到位。积极配合财政部驻各地监管局对属地中央单位的预算监管工作，认真整改发现的问题。严格执行各项法律法规，切实把财经纪律和各项管理制度落到实处，对相关违规违纪违法行为，严格按照预算法、《财政违法行为处罚处分条例》等有关法律法规严肃处理。

二、加强中央部门“三公”经费管理

（一）“三公”经费的概念和口径

纳入中央财政预决算管理的“三公”经费是指中央部门用财政拨款安排的因公出国（境）费、公务用车购置及运行费和公务接待费，是党政机关维持运转或完成特定工作任务所开支的相关支出，是政府行政开支的一部分。其中：

因公出国（境）费反映单位公务出国（境）的国际旅费、国外城市间交通费、住宿费、伙食费、培训费、公杂费等支出。

公务用车购置及运行费反映单位公务用车车辆购置支出（含车辆购置税）、燃料费、维修费、过路过桥费、保险费、安全奖励费用等支出。

公务接待费反映单位按规定开支的各类公务接待（含外宾接待）支出。

从单位范围看，编报“三公”经费财政拨款预决算的单位包括向财政部编报部门预算的中央部门本级及其所属行政单位、参公单位、事业单位、社会团体、企业等。从支出类别看，“三公”经费预决算既包括通过基本支出公用经费安排的支出，也包括通过项目支出安排的支出。

（二）加强“三公”经费管理的有关措施

严格控制中央部门“三公”经费支出，是贯彻落实中央八项规定和上届政府“约法三章”要求，促进党政机关厉行节约工作的一项重要举措。近年来，财政部采取措施，完善“三公”经费制度和管理，加强“三公”经费预算编制和执行管理，严格控制“三公”经费预算规模，积极推动“三公”经费公开，着力构建厉行节约的长效机制。

1. 完善“三公”经费制度和管理。修订完善“三公”经费管理制度，中办、国办印发了《党政机关国内公务接待管理规定》、财政部印发了《因公临时出国经费管理办法》《中央和国家机关外宾接待经费管理办法》等，“三公”经费制度体系进一步完善。强化因公出国计划审批管理，严格控制因公出国团组数量，降低因公出国经费开支规模。继续实行公务用车编制与经费双向控制，推进公务用车制度改革，切实降低公务用车运行成本。加强公务接待费管理，对公务接待费预算实行总额控制，全面推行公务卡结算制度。

2. 加强“三公”经费预算编制和执行管理。从编报2010年部门预算开始，财政部要求中央部门从基层单位逐级汇总编报“三公”经费预算，逐步细化“三公”经费预算编制，规范编报口径，提高了“三公”经费预算编报的准确性。加强“三公”经费执行管理，明确要求各部门用财政拨款安排的“三公”经费支出不得超过预算规模。对部门申请追加预算事项中涉及“三公”经费预算的，要求报请国务院同意后方可追加，有效控制了执行中追加“三公”经费预算。根据中央有关精神，从2017年起，教学科研人员因公临时出国开展学术交流合作经费实行区别管理，不再纳入中央部门“三公”经费预算进行额度控制。

3. 严格控制“三公”经费预算规模。近年来，财政部持续贯彻落实党中央、国务院关于过紧日子和坚持厉行节约反对浪费有关要求，从严控制中央部门“三公”经费预算，加强对“三公”经费支出事项必要性、合理性的审核。通过努力，中央本级“三公”经费预算规模连年下降，支出得到有效控制。2019年中央本级“三公”经费预算81.07亿元，比2018年同口径预算减少3.22亿元，下降3.8%。其中：因公出国（境）费18.69亿元，增加0.33亿元；公务用车购置及运行费55.37亿元，减少2.01亿元；公务接待费7.01亿元，减少1.54亿元。

4. 积极做好“三公”经费公开工作。2011年7月，财政部第一次公开了中央本级2010年“三公”经费支出和2011年预算情况。98个中央部门公开了本部门2010年“三公”经费决算和2011年预算情况。2011年以来，中央部门“三公”经费公开成为一项常态化工作，公开形式不断完善，公开内容不断细化。

（三）因公临时出国住宿费标准调整

近年来，随着全球物价水平快速上涨，主要外派部门纷纷反映，现行《因公临时出国经费管理办法》（财行〔2013〕516 号）中规定的住宿费、公杂费等标准已不能完全适应对外工作的需要，具体执行中的一些问题也需要进一步明确。为更好地保障我出访团组完成工作任务，财政部、外交部印发了《财政部　外交部关于调整因公临时出国住宿费标准等有关事项的通知》，从 2018 年 1 月 1 日起实施。

按照“重点保障大国外交工作需要、严格控制调整范围和标准、讲求务实和高效”的原则，一是较大幅度调整战乱国家（地区）部分城市的住宿费标准。二是适当调整非战乱国家（地区）部分城市的住宿费标准。三是解决出国人员境外往返机场交通等具体执行问题。四是对进一步加强管理提出了严格要求，强调各地区各部门各单位应坚持强化预算约束、优化经费结构、厉行勤俭节约、讲求务实高效，严格执行各项制度规定，严禁将住宿费等不宜包干使用的经费发给个人包干使用，切实提高预算绩效。对违反因公临时出国经费管理规定的行为，依法依规追究相关单位和人员的责任。

（四）中央和国家机关基层党组织党建活动经费管理

党的十八大以来，习近平总书记从党的建设面临的新形势和新挑战出发，提出了一系列党的建设的新思想、新观点、新论断、新要求。中央做出推进“两学一做”学习教育常态化制度化的重大决策部署，要求把党支部建设作为最重要的基本建设，充分发挥党支部教育管理党员的主体作用，树立了党的一切工作到支部的鲜明导向。为进一步夯实基层党组织建设，切实保障基层党组织党建活动正常有序规范开展，加强党建活动经费管理，扎实推进“两学一做”学习教育常态化制度化，在中央组织部的指导下，财政部会同原中央直属机关工委、中央国家机关工委研究印发了《中央和国家机关基层党组织党建活动经费管理办法》（以下简称《办法》）。

《办法》共 7 章 27 条，首次对中央和国家机关基层党组织使用财政资金开展党建活动进行了规范。

一是加强计划管理。《办法》要求，建立党建活动计划编制和审批制度，加强源头控制。党建活动计划要报本单位党组（党委）会议批准，并报中央和国家机关工委备案。

二是严格规定党建活动经费开支范围、标准和活动组织方式。党建活动经费的支出项目包括租车费、城市间交通费、伙食费、住宿费、场地费、讲课费、资料费等，并明确了相关标准和列支渠道。党建活动经费是基层党组织开展党建活动发生的直接支出，不能发放任何形式的个人补助，包括交通补助和伙食补助。开展党建活动，要充分发挥党员的主体作用，必须自行组织，充分利用本地条件，尽量安排集体出行。到常驻地以外开展党建活动，原则上每两年不超过一次，一般不得乘坐飞机。

三是对活动内容、地点、用餐等做出限制性规定，包括严禁借党建活动名义安排公款旅游；严禁到党中央、国务院明令禁止的风景名胜区开展党建活动；严禁借党建活动名义组织会餐或安排宴请；严禁组织高消费娱乐健身活动；严禁购置电脑、复印机、打印机、传真机等固定资产以及开支与党建活动无关的其他费用；严禁套取资金设立“小金库”；严禁发放任何形式的个人补助；严禁转嫁党建活动费用。

第三节 预算公开

一、预算公开的法制建设

预算公开是现代财政制度的基本特征，是实现国家治理体系和治理能力现代化的重要推力，是政府接受监督的重要途径，是打造透明政府、阳光行政的重要抓手。党中央、国务院、全国人大高度重视预算公开工作，制定了有关预算公开的法律、行政法规和系列规范性文件，财政部也制定了相关规章制度，规范预算公开工作。

2007 年 1 月 17 日，国务院常务会议通过《中华人民共和国政府信息公开条例》，自 2008 年 5 月 1 日起施行。其中第十条规定，县级以上各级人民政府及其部门应当依照条例规定，重点公开财政预算、决算报告等政府信息。

2013 年 11 月 12 日，党的十八届三中全会通过的《中共中央关于全面深化改革若干重大问题的决定》提出“实施全面规范、公开透明的预算制度”。

2013 年 11 月 25 日，中共中央、国务院发布《党政机关厉行节约反对浪费条例》。其中第五十四条规定：党政机关应当建立健全厉行节约反对浪费信息公开制度。除依照法律法规和有关要求须保密的内容和事项外，应当按照及时、方便、多样的原则，以适当方式公开预算和决算信息。

2014 年 8 月 31 日，第十二届全国人大常委会第十次会议审议通过了《关于修改〈中华人民共和国预算法〉的决定》，修改后的预算法自 2015 年 1 月 1 日起施行。预算法第一条提出“建立健全全面规范、公开透明的预算制度”；第十四条对预算公开的主体、范围、内容、时限等作出具体规定，包括政府预决算公开和部门预决算公开两个层次，明确规定“经本级人民代表大会或者本级人民代表大会常务委员会批准的预算、预算调整、决算、预算执行情况的报告及报表，应当在批准后二十日内由本级政府财政部门向社会公开，并对本级政府财政转移支付安排、执行的情况以及举借债务的情况等重要事项作出说明。经本级政府财政部门批复的部门预算、决算及报表，应当在批复后二十日内由各部门向社会公开，并对部门预算、决算中机关运行经费的安排、使用情况等重要事项作出说明。各级政府、各部门、各单位应当将政府采购的情况及时向社会公开。本条前三款规定的公开事项，涉及国家秘密的除外”；第九十二条规定了违反预算公开规定应承担的法律责任，即各级政府及有关部门“未依照本法规定对有关预算事项进行公开和说明的”，责令改正，对负有直接责任的主管人员和其他直接责任人员追究行政责任。

2014 年 9 月 26 日，国务院印发《国务院关于深化预算管理制度改革的决定》（国发〔2014〕45 号），对预算公开提出明确要求。一是扩大部门预决算公开范围，除涉密信息外，中央和地方所有使用财政资金的部门均应公开本部门预决算。二是细化预决算公开内容，除涉密信息外，政府预决算和部门预决算全部细化公开到功能分类的项级科目，专项转移支付预决算按项目按地区公开，按经济分类公开政府预决算和部门预决算。三是加大“三公”经费公开力度，细化公开内容，所有财政资金安排的“三公”经费都要公开。四是对预决算公开过程中社会关切的问题，要规范整改、完善制度。

2014 年 10 月 23 日，党的十八届四中全会通过的《中共中央关于全面推进依法治国若干重大问题的决定》明确提出，“全面推进政务公开，坚持以公开为常态，不公开为例外的原则，推进决策公开、执行公开、管理公开、服务公开、结果公开。重点推进财政预算、公共资源配置等领域政府信息公开”。

2016 年 2 月，中共中央办公厅、国务院办公厅根据新形势、新情况，印发了《关于进一步推进预算公开工作的意见》，要求各地区、各部门强化主动公开意识，坚持以公开为常态、不公开为例外原则，进一步扩大预算公开范围，细化公开内容，加快公开进度，规范公开方式，进一步推进预算公开工作。

2017 年 10 月，党的十九大报告提出“建立全面规范透明、标准科学、约束有力的预算制度，全面实施绩效管理”。

2019 年 4 月，国务院修订《中华人民共和国政府信息公开条例》，修订后的条例自 2019 年 5 月 15 日起施行。

为贯彻落实党中央、国务院决策部署和法律制度规定，2008 年以来，财政部制定了关于预算公开的一系列规章制度文件，如《关于进一步推进财政预算信息公开的指导意见》（财预〔2008〕390 号）、《关于进一步做好预算信息公开工作的指导意见》（财预〔2010〕31 号）、《关于深入推进地方预决算公开工作的通知》（财预〔2014〕36 号），《财政部关于切实做好地方预决算公开工作的通知》（财预〔2016〕123 号）、《财政部关于印发〈地方预决算公开操作规程〉的通知》（财预〔2016〕143 号）、《财政部关于印发〈地方政府债务信息公开办法（试行）〉的通知》（财预〔2018〕209 号）等。

二、历年中央部门预算公开工作

2008 年，财政部与审计署联合印发《关于 2008 年部门预算内部公开试点的通知》，选择监察部、财政部等 11 个部门进行部门预算内部公开试点，将部门预算通过张贴、查阅等形式在单位内部公开。2010 年，财政部下发《关于进一步做好预算信息公开的指导意见》（财预〔2010〕31 号），要求中央部门落实预算公开的主体责任，及时主动公开预算，财政部、环境保护部等中央部门首次公开本部门预算。此后，中央部门预算公开范围不断扩大，公开时间相对集中，公开数据更加细化。2011 年，中央“三公”经费预算首次向社会公开。2013 年，中央本级“三公”经费预算和中央部门“三公”经费预算的公开时间由以往 7 月随同部门决算公开，调整为 4 月随同部门预算公开，公开时间提前 3 个月。2014 年，中央部门预算除涉密内容外，全部公开到支出功能分类最底层的项级科目；部门预算专门增加《“三公”经费财政拨款预算表》，详细反映“三公”经费预算安排及上年度执行情况，将“公务用车购置及运行费”进一步细化公开为“公务用车购置费”和“公务用车运行费”。2015 年 4 月 17 日，100 个中央部门公开部门预算，100 个中央部门公开“三公”经费预算，财政部汇总公开了中央本级“三公”经费预算情况，中央部门预算公开的表格由 2014 年的 6 张增加到 8 张。为了便于社会公众理解，中央部门在公开表格的同时，还对表格的内容进行解释说明，并增加了机关运行经费情况、政府采购情况、国有资产占有使用情况、预算绩效情况的说明。除法定涉密信息外，中央部门预算在 2014 年已全部公开到支出功能分类最底级的项级科目的基础上，2015 年一般公共预算基本支出进一步公开到经济性质分类最底级的款级科目。2016 年，有 102 个部门（单位，下同）公开部门预算，101 个部门公开“三公”经费预算。2017 年，有 105 个部门公开部门预算，公开的部门预算涵盖财政拨款和非财政拨款收支情况，其中：财政拨款收支公开 5 张表，部门收支公开 3 张表，首次集中在财政部建立的专门平台、中国政府网设置的专门栏目公开中央部门预算，教育、科技等 10 个部门首次公开重点项目的文本和绩效情况。2018 年，有 89 个部门在 4

月 13 日向社会集中公开部门预算，公开项目文本和绩效目标的重点项目数增加到 36 个，涉及 36 个中央部门。

2019 年 4 月 2 日，102 个中央部门（单位）公开部门预算，具备公开条件的中央部门都已公开部门预算，公开部门数比 2018 年增加了 13 家，集中公开时间比 2018 年提前了 11 天。同时，有 47 个部门公开了 50 个重点项目的文本和绩效情况，有 88 个部门在公开预算时专门说明了非重点、非刚性支出压减情况，切实落实《政府工作报告》提出“各级政府要过紧日子”“一般性支出压减 5% 以上、‘三公’经费再压减 3% 左右”的要求。

第四节　财政拨款结转和结余资金管理

财政拨款结转和结余资金（本节简称结转结余资金）是财政资金的一种阶段性状态，是财政资源的重要组成部分，规范和加强结转结余资金管理是完善部门预算管理制度体系、提高财政资金配置效率和使用效益的必然要求。

一、结转结余资金管理工作回顾

为解决结转结余资金管理中存在的诸多问题，2005 年起财政部开始建立制度、采取措施，加强和规范部门结转结余资金管理。

（一）2014 年以前的结转结余资金管理

2005 年，财政部研究制定了《中央部门财政拨款结余资金管理暂行规定》。2006 年，财政部修订发布《中央部门财政拨款结余资金管理办法》。2010 年，经过几年的运行，结合管理中出现的新问题、新情况，财政部再次对管理办法进行修订，印发了《中央部门结转结余资金管理办法》（财预〔2010〕7 号）。修订后的办法明确了结转结余资金的管理程序，具体分为报送和确认、预算执行、预算编制三个阶段。每阶段主要内容如下：

1. 结转结余资金的报送和确认。预算年度结束后，中央部门对本部门结转结余资金情况逐级汇总，对形成结转结余的原因进行分析说明，并报财政部。财政部对部门结转结余资金数额和有关项目完成情况进行审核确认后，正式批复中央部门。

2. 预算执行阶段。部门基本支出结转资金原则上结转下年继续使用，可在执行中用于增人增编等人员经费和日常公用经费支出；项目支出结转资金下年按原用途继续使用，项目支出结余资金在执行中原则上不得动用，全部用于统筹编制以后年部门预算。

3. 预算编制阶段。"一上"预算时，部门应将结转结余资金情况和申请的当年财政拨款支出统筹考虑，在此基础上提出部门预算需求。编制基本支出预算应优先动用基本支出结转资金，编制项目支出预算应优先动用项目支出结余资金。有项目支出结余资金的部门，应将结余资金作为下一年度预算的首要来源，统筹安排使用。延续项目有结转资金的，应结合项目进展情况、结转资金情况，统筹提出下年度项目支出预算申请。"二上"预算时，部门应对结转资金情况做出充分预计，在"二上"预算中填报。

（二）2015年以后的结转结余资金管理

2015年，为落实《国务院办公厅关于进一步做好盘活财政存量资金工作的通知》（国办发〔2014〕70号）精神，切实提高财政资金使用效率，财政部印发了《财政部关于盘活中央部门存量资金的通知》（财预〔2015〕23号），对2015年结转结余资金管理工作及相关规程进行了部署和安排。进一步加大了对结余资金的清理力度和对结转资金的消化力度。

1. 进一步清理结转结余资金。按照国办发〔2014〕70号文要求，对中央部门一般公共预算结转结余资金（含从2015年起由政府性基金预算转列一般公共预算的结转结余资金），以及政府性基金预算结转结余资金做进一步的深入清理。将以下资金清理为结余资金：

（1）2012年及以前年度项目结转资金（包括基本建设支出和非基本建设支出）。

（2）2013年批复的项目支出，两年未动用的；项目已完成或终止形成的剩余资金；项目结转资金中不需继续使用的部分。

（3）2014年批复的项目支出，项目已完成或终止形成的剩余资金；

项目结转资金中不需继续使用的部分。

2. 收回结余资金统筹安排使用。对经进一步清理后，确认的结余资金中，已在2015年2月28日前已经形成实际支出的，不再收回，其余资金由财政部审核后统一发文予以收回，统筹用于经济社会发展亟须资金支持的领域。对中央部门收回资金的项目需要在2015年及以后年度继续实施的，作为新的预算项目管理，按照部门预算程序重新申请和安排。

3. 建立结转资金定期报告制度。为有效监控存量资金情况，对中央部门结转资金执行情况进行定期统计。中央部门于每季度结束后15日内，及时汇总截至上一季度末的结转资金情况，进行分析后报财政部。

4. 加快消化结转资金。对2015年继续结转使用的资金，由中央部门进行跟踪分析，采取有效措施，尽快按原用途使用。同时，对编入2015年预算的项目，提前做好可行性研究、评审、招投标、政府采购等前期准备工作，预算批复后尽快启动，加快预算执行进度。

二、《中央部门结转和结余资金管理办法》主要内容

根据深化部门预算改革的新形势，结合近年关于中央部门财政拨款结转结余资金管理的新要求，为进一步改进中央部门结转结余资金管理，盘活存量资金，提高财政资金使用效率，2016年2月，财政部再次修订管理办法，印发《中央部门结转和结余资金管理办法》（财预〔2016〕18号，本节简称《办法》）。

（一）管理范围

1. 拓展预算范围。《办法》中，除一般公共预算结转结余资金外，将政府性基金预算结转结余资金也纳入管理范围，按照统一原则进行管理。

2. 优化资金管理范围。为真实反映部门结转结余资金情况，为预算管理决策提供更加准确可靠的信息，《办法》中规定，对资金已支付但会计上未列支出的预付账款，以及已支付资金购买但未领用的存货，在管理中予以扣除。对预付账款在以后年度发生收回的，将收回的资金作为结转结余资金。

（二）结转结余的划分

1. 基本支出年度剩余资金仍作为结转管理。《办法》中，对基本支出的年度剩余资金维持原管理办法，仍作为结转资金，结转下年继续使用。这主要是考虑到，基本支出中人员经费主要按照定员定额或基数方式测算，年度剩余资金一般较少；基本支出中的公用经费开支范围较广，使用时灵活性较强，允许结转使用有利于鼓励部门厉行节约，加强管理，节约开支，提高使用效率。同时，为避免出现基本支出结转资金规模过大的问题，《办法》中规定，对部门结转资金规模较大、占比较高的，财政部可予以收回。

2. 项目支出按照实施周期划分结转结余。按照实施部门中期支出规划管理以及项目全周期滚动管理的相关改革要求，项目需按照实施周期予以稳定资金保障，确保项目绩效目标实现。相应，对项目的年度剩余资金也需重新界定性质，并调整管理方式。因此，《办法》中对项目结转结余，总体上按照项目实施周期是否结束来进行划分，实施周期未结束的为结转资金，实施周期结束的为结余资金。

3. 连续两年未用完的项目资金作为结余。按照《预算法》相关规定，为了避免资金长期结转造成闲置，《办法》中明确，在实施周期内，连续两年（指批复预算资金的当年和下一年度）未用完的项目支出预算资金，作为结余资金管理。

4. 允许项目中部分资金提前确认为结余。修订前《办法》规定，单个项目的年度剩余资金应全部确认为结转资金或全部确认为结余资金，这种管理方式相对简单，但不符合实际情况，导致部分已不需要支出的资金较长时间闲置在部门，不利于提高效率。因此，《办法》中规定，因实施计划因故调整，不需要继续支出的部分项目支出预算资金，作为结余资金管理。

（三）结余资金的处理

1. 结余资金统一由财政收回。根据国务院文件精神，以及 2015 年盘活存量资金的做法，为了提高资金使用效率，《办法》中规定，除部分符合相关条件的中央科研项目结余外，其他结余资金均收回财政。

2. 可在执行中及时确认结余。按照修订前《办法》关于项目支出结余资金，应全部统筹用于编制以后年度部门预算的规定，经确认的结余资金需要间隔一年时间才能动用，降低了资金使用效率。《办法》规定，预算执行中，项目提前完成、因故终止或实施计划发生调减，不需要继续支出的预算资金，部门应及时清理为结余资金报财政部，由财政部发文收回财政，以保证结余资金及时安排使用，提高效率。

3. 基建结余资金全部收回。关于基本建设项目的结余资金，《办法》中要求按照基本建设项目结余资金管理相关规定执行。根据最新印发的《基本建设项目结余财政资金收回同级财政的通知》（财建〔2015〕707号）要求，《基本建设财务管理规定》（财建〔2002〕394号）中有关结余的财政资金30%由项目建设单位留用的规定和《关于基本建设项目竣工结余财政性资金处理有关事宜的通知》（财建〔2013〕454号）不再执行，基建项目的财政资金结余全部收回财政。

4. 科研项目结余按相关要求管理。国务院《关于改进加强中央财政科研项目和资金管理的若干意见》（国发〔2014〕11号）中明确“项目完成任务目标并通过验收，且承担单位信用评价好的，项目结余资金按规定在一定期限内由单位统筹安排用于科研活动的直接支出”。为此，《办法》中规定，按照国发〔2014〕11号有关要求，中央财政科研项目结余资金中符合相关条件的，报财政部确认后，可在一定期限内由项目单位结转用于统筹安排科研活动的直接支出。具体管理办法，由财政部另行制定。

（四）减少结转结余的措施

1. 由事后消化提前到事中控制。为了提高预算执行效率，减少资金闲置，《办法》中对控制结转资金的管理思路，由事后消化调整为事中控制。在执行中实时跟踪预算执行进度，对预计当年难以执行的支出，部门可根据实际情况，及时调整结构，将资金用到急需的地方，避免年底形成结转结余，切实提高资金使用效率。部门调整支出结构后形成的缺口由部门在其三年支出规划的规模内解决，财政不再单独安排。

2. 加强考核实施奖惩。《办法》规定按照项目实施周期是否结束来划分结转结余，根据新的项目支出预算管理模式，项目的实施周期最长可为5 年（基建项目竣工前，均视为实施周期）。项目周期延长后，为了避免部门长期结转或大规模结转，《办法》中提出了几项新措施：一是在周期内，连续两年未用完的资金要作为结余管理。二是部门要跟踪执行进度情况，并进行统计、分析，提出加快执行进度的建议，报财政部。三是结转资金规模较大的，财政部可将结转资金收回财政。四是对部门控制、消化结转资金情况进行考核、通报，对考核排名靠后的压缩其以后年度支出规模。五是部门要对所属单位的结转资金消化情况进行考核和奖惩。

3. 调减或调剂支出要集中限时办理。为了提高效率，避免部门调减或调剂支出较晚影响预算执行，《办法》中要求对中央部门申请调减当年预算或调剂支出，应在 8 月 31 日前集中办理。

（五）结转结余的报送和确认

为了提高工作效率，减少重复报送，《办法》中改进了结转结余资金的报送和确认办法。

1. 年度结转资金的报送和确认。对部门年度结转资金不再单独组织统计、报送和批复，部门在编制年度预算时一并编报。财政部在批复部门年初预算时一并批复部门结转资金。部门预算中批复的结转资金与部门决算批复相关数据不一致的，以部门决算为准。

2. 年度结余资金的报送和确认。年度预算执行结束后，中央部门在30 日内完成对结余资金的清理，将情况报财政部。财政部在 20 日内发文确认结余资金，并收回财政。年初确认的结余资金数与部门决算批复相关数据不一致的，以部门决算为准，并做相应调整。

（六）结转结余收回的处理

为了与新的制度衔接，《办法》中明确部门结转结余资金收回，按照《财政总预算会计制度》（财库〔2015〕192 号）相关规定进行处理，即收回的资金冲抵当年预算支出。对基本建设项目的结余资金，考虑到基本建设项目管理的特殊性，《办法》中要求按照基本建设项目结余财政资金收回的相关规定执行。

第五节　部门预算评审

2015年，财政部印发了《财政部关于加强部门预算评审工作的通知》（财预〔2015〕90号），明确了预算评审职责、范围、内容、环节、方式及结果运用等内容。

近几年，随着预算评审工作的不断深入，预算评审逐步成为完善预算编制流程、提高预算准确性的重要措施。从项目支出预算管理的角度讲，通过评审，强化项目前期论证，增强项目的可行性、科学性，可有效提升项目预算编制的准确性，为做好项目执行，提高项目产出绩效奠定更扎实的基础。从预算编制流程上来讲，在部门预算编制中增加预算评审环节，形成编制、审核与评审、决策的部门预算编制流程，使得预算编制的流程更加完善。从预算评审特点来看，预算评审强调定量化和专业性，注重运用专业技术手段和力量审核项目的完整性、必要性、可行性、合理性，进而提高项目预算编制和管理的水平，这是预算评审的重要特点和立足点。

一、预算评审的内容方式

（一）预算评审内容

预算评审的内容主要包括完整性、必要性、可行性和合理性等方面。完整性主要是项目申报程序是否合规，项目申报内容填写是否全面，项目申报所需资料是否齐全等。必要性主要是项目立项依据是否充分，与部门职责和宏观政策衔接是否紧密，与其他项目是否存在交叉重复等。可行性主要是项目立项实施方案设计是否可行，是否具备执行条件等。合理性主要是项目支出内容是否真实、合规，预算需求和绩效目标设置是否科学合理等。

（二）预算评审环节

各部门要按照“先评审后入库”的原则，对部门本级及所属单位申报的项目进行自评，评审通过的项目作为预算备选项目进入部门项目库。财政部项目库中的项目遵循“先预算评审后安排预算”的原则，预算编制阶段，在部门已经开展评审的基础上，由财政部根据需要对拟纳入预算安排的项目进行评审，根据评审结果确定是否安排及预算额度。预算执行阶段，由财政部对部门申请追加预算的项目中拟安排预算的项目进行评审。

（三）预算评审方式

根据预算管理级次的不同，各部门可实行集中评审或分级评审，具体形式由各部门自行确定。根据不同类型项目的特点，可采取由部门所属评审机构、委托有相应资质的中介机构或组织专家评审等方式开展预算评审。委托中介机构评审的，要根据政府购买服务的要求，按照政府采购法规定的方式确定承接主体，签订委托合同。组织专家评审的，原则上应设立专家库并从中随机抽取符合相关专业要求的专家。根据部门的需要，财政部评审中心可提供业务指导和技术支持。

二、预算评审的组织实施

（一）评审具体流程

根据要求制定预算评审工作计划，确定评审项目、内部分工、时间安排等。具体项目的预算评审一般包括前期准备、制订评审方案、实施评审、报告撰写与稽核、出具报告和案卷归档等环节。具体如下：

1. 前期准备。根据部门预算评审工作计划，项目评审负责人及时通知项目申报单位做好预算评审准备工作。同时，评审人员要获取项目资料，了解项目主要内容，收集、熟悉相关政策制度文件和标准规范。

2. 制定评审方案。在前期准备工作基础上，制定项目预算评审方案，确定评审方式，明确评审内容、评审重点、评审方法和评审时间安排，确定参加项目预算评审的中介机构人员和行业专家，做好任务分组和人员分工。

3. 实施评审。根据评审方案，实施项目预算评审。项目预算评审主要是对项目完整性、必要性、可行性以及预算合理性进行全面审核。

不同评审人员按照任务分工进行评审。部门预算管理人员主要负责评审业务联系、沟通协调、政策把握、评审进度控制、评审结论复核、事务所人员以及行业专家管理等组织管理工作。行业专家主要利用自身专业优势，评审项目的必要性和可行性，审核项目实施方案和绩效目标的合理性，以及项目预算与项目实施方案及目标的匹配性等。中介机构人员则主要负责审核项目资料和预算完整性、核实工作量、材料与设备市场询价以及资料收集整理等预算评审基础性工作。

对于项目预算合理性的评审，主要的方法有：已经制定相关支出标准的，按标准核定，如办公家具配备标准、会议费标准、培训费标准、出国费标准等等；材料、设备等价格，通过市场询价确定；对于工程修缮类项目，按照工程造价审核的方法通过识图算量、套用定额和市场价格确定；需要调整项目实施方案的，通过评审专家的专业审核，形成专家意见后，按专家意见调整，相应调整预算。

评审过程中要形成评审工作底稿，包括评审事项、审核过程、审核依据、审核结论、编制人及编制日期等内容，重大事项工作底稿还需附原始凭证或取证材料。同时，要做好评审工作底稿的复核工作。

评审中可建立重大事项会商机制，充分讨论，必要时可进一步聘请专家进行咨询。项目评审负责人要做好沟通协调，以及质量、进度控制等工作，并对初步评审结论进行复核。

4. 报告撰写与稽核。评审报告主要围绕评审内容展开，一般应包括基本情况、评审结论、问题和建议，如有特殊情况需要说明的，可在报告中体现。基本情况是对项目情况的介绍，包括项目背景、项目内容、项目申报预算、项目实施周期等等。评审结论主要是针对项目完整性、必要性、可行性和合理性的评审意见，其中一项重要内容是预算调整情况，对项目预算调整的内容、调整原因、调整依据等进行逐一描述。问题和建议主要是评审中发现的项目预算编制和管理等方面存在的问题以及相应的对策建议。此外，应建立评审稽核机制，做好评审报告的内部稽核工作，对评审结论的客观公正性和科学合理性，以及评审报告的完整性和表述的准确性进行稽核。

5. 出具报告和案卷归档。根据稽核意见对评审报告进行修改完善，按照规定程序报有关部门。同时，及时整理项目评审资料，做好案卷归档工作。

（二）中介机构与专家管理

根据预算评审工作需要，可建立中介机构库和专家库，采取市场化运作方式购买服务。中介机构和专家的管理主要包括入库选择、项目评审中介机构与专家的选取、使用、考核与付费等。为规范管理，可制定中介机构库和专家库管理办法，明确中介机构和专家的选取、使用、考核等内容。

1. 入库选择。中介机构库的建立可根据部门预算评审业务需要，采用公开招标方式，择优选择若干会计师事务所和工程造价咨询公司。专家库的建立可根据业务需要，采取业内公开招聘、单位推荐、自荐等方式，按照入库标准，择优聘请。

2. 选取。项目预算评审所需中介机构和专家应从中介机构库和专家库中选取。中介机构的选取可采取排队循环的方式确定，签订项目预算评审协议，年度中介机构排队次序可根据评审任务安排和年度考核情况确定；专家的选取可根据项目专业特点和考核情况，在框定选择范围后以随机抽取的形式确定。

3. 使用。项目预算评审过程中，需做好对中介机构人员和专家的管理，严肃工作纪律和工作要求，严格质量控制，有效控制预算评审风险。项目预算评审实行回避制度，中介机构及其工作人员以及行业专家中凡与项目申报单位有关联关系的，应实行回避制度。

4. 考核与付费。建立中介机构和专家考核机制，针对每个评审项目，从业务水平、工作质量、工作纪律等方面对中介机构和专家进行考核，在此基础上进行年度考核，并依据年度考核结果对中介机构库和专家库进行动态调整，对不合格的中介机构和专家可从中介机构库和专家库中剔除。中介机构的付费可根据市场水平和考核情况确定，在基本付费基础上给予一定比例的奖励或处罚，专家付费按照有关规定执行。

三、2018 年财政部预算评审情况

（一）总体情况

2018 年，财政部预算中心共评审项目预算 225 个，涉及资金超过 1200 亿元，覆盖 106 家中央一级预算单位，审减率达到 40%。通过项目预算评审，较大幅度剔除项目预算申报中的不合理支出，提高了部门项目预算的准确性。

扎实开展重大项目评估工作。选择中央部门重大一级项目进行评估清理，涉及资金 440 多亿元。通过评估清理，推动中央本级支出结构优化，改变部分项目支出只增不减的固化格局，提高预算资源配置效率和财政资金使用效益。

（二）主要做法

1. 坚持科学的评审理念。预算评审工作既要充分考虑中央部门行政的合理需求，又要为财政资金的高效使用把好门、站好岗，规范项目预算编制和管理，提高财政资金使用效益。同时，要严格遵守国家财经政策和纪律，确保预算评审合法、合规、合理。

2. 研究制定内部流程规范，加强评审程序管理与内部控制。在深入总结近几年核心业务开展的操作程序、方式方法及相关经验的基础上，2018 年预算评审中心研究制定并印发了《财政部预算评审中心业务操作规范（试行）》。初步建立了评审评价业务制度体系，明确了评审工作程序及环节要求，加强了评审程序管理与内部控制，促进了评审业务规范开展。

3. 加强内部审核，提高评审质量。中心成立内部审核委员会，所有项目初步评审结论均经内部审核委员会审核论证，同时加强内部审核会议管理，规范内审专家选择，督促评审处室落实审核意见，不断提升评审质量。

4. 加强评审沟通反馈。按照《财政部预算评审中心财政评审业务工作规范（试行）》，评审工作组根据工作需要，及时与部门司沟通交流，了解

评审任务情况，明确评审工作要求，反馈评审结论。同时，加强与主管部门和项目单位沟通，深入了解评审项目情况。

5. 充分利用社会专业技术力量。坚持专家评审方式，按照专业对口原则聘请专家参与预算评审工作，重点对项目的必要性、可行性进行审核判断。发挥中介机构人员的基础作用，从机构库中择优选择会计师事务所和工程造价咨询公司工作人员参与评审，承担项目资料和预算完整性审核、工作量核实、材料与设备市场询价以及资料收集整理等预算评审基础性工作。

（三）评审要点

预算评审主要关注项目的完整性、必要性、可行性和合理性。项目评审中需关注的要点包括：

一是根据部门职能、事业发展规划、项目资金等内容，审核部门绩效目标内容是否完整、相关，格式是否规范，绩效指标是否细化、量化，预期绩效是否显著、合理，资金规模与绩效目标之间是否匹配，以及绩效目标是否经过充分论证和合理测算等。

二是通过了解部门职责、有关的行业发展规划，以及国家当前关于该行业或领域的有关政策等，评审项目立项的必要性。

三是通过了解部门经费渠道与项目支出总体情况，判断评审项目与其他项目之间的关系，是否缺乏统筹，是否存在交叉重复等问题。

四是对于一个项目涉及中央部门内部不同部门的，通过了解部门内部机构设置和职责分工，评审项目不同内容之间是否存在衔接问题。

五是了解项目实施方式，评审项目实施方式是否合理、合规，是否存在应招标未招标等问题，进而优化调整项目实施方式，并结合市场价格水平评审项目预算。

六是区分政府与市场的边界，确定预算支持重点。按照厘清政府与市场边界的思路确定评审原则，即具有公益性的事业活动或者服务于政府政策目标的企业活动应由中央财政给予补贴，而参与市场竞争、具有盈利能力的事业单位活动或者不具有公益性的企业活动不应纳入财政补贴范围。

七是根据延续性项目以前年度执行和绩效情况，评审当年预算。对于延续性项目预算，不仅要审核当年预算申报情况的真实性、完整性和科学性，还要核实项目以前年度的执行情况和绩效状况。对于执行情况不理想、资金大量结转的项目或者绩效目标完成较差的项目，应视具体情况审减当年或以后年度预算，或中止项目。

八是优化项目实施方案，提高项目可行性。对于新增项目预算，重点评审其必要性和可行性。一方面深入了解项目实施的目标和条件，督促项目单位细化项目的具体内容，核实项目的工作量、费用标准。另一方面，发挥专家智慧，优化项目实施方案，并相应调整项目费用结构，提高项目预算的可执行性。

（四）评审发现的主要问题

通过预算评审发现，一些部门未能根据业务需求合理编制预算，保基数、争增量的做法还比较普遍，部门内部预算管理体制不健全，制度不完善，部门作为预算编制主体的责任落实还不到位，导致预算申报与实际需求脱节、申报审批程序缺失、项目可行性差、预算不实等问题，造成财政资金浪费与结转结余规模大并存，财政支出结构固化，支出压力不断增加。从评审情况来看，部门项目预算申报中主要存在如下问题：

1. 部门项目预算申报的资料不规范、不完整。绝大部分项目都存在申报资料不规范、不完整的问题。其中，一些项目文本格式不规范、项目内容不完备；一些项目缺少具体实施方案；一些项目预算没有具体费用构成，缺乏项目费用的测算过程和测算依据等相关资料。究其原因，主要是部门对项目预算编制重视程度不够，项目预算编制的内部程序不健全，缺乏审核审定程序。

2. 项目支出结构不合理。当前中央部门在申请项目预算资金时，仍然存在“基数+增长”的思维惯性，大量的延续性项目既没有明确的执行期限，也没有建立绩效评价退出机制，即使政策环境发生了较大变化，项目仍在延续，未能及时清理或转型，固化了项目支出结构。

3. 项目前期论证不够充分。一些项目在立项阶段未充分考虑业务工作需要和现实条件，立项程序缺失，审核把关不严，导致项目立项依据不充分、项目实施必要性不强、不具备执行条件、多头申报等问题较为突出。

一些项目预算的实施方案缺乏必要的技术论证，或者项目建设目标不明确，或者目标与实施方案不匹配，导致项目可行性较差。

4. 项目预算的费用构成不科学、不合理。大部分项目预算的申报规模超过实际需求，预算编制的科学性、合理性亟须提高。一是项目预算的费用标准过高、规模过大。项目申报预算中设备购置数量偏多、单价偏高以及系统开发和运行维护费用标准偏高等问题比较普遍，直接导致项目单位的资金结余或者盈利超常。二是项目预算的费用测算依据不充分，测算标准不统一，测算误差较大，“拼凑”预算痕迹明显，费用结构不合理。三是基本支出挤占项目支出的问题较为突出，一些项目尤其是专项业务费项目预算中包含了部门或者单位日常的办公费、邮电费、水电费等基本支出内容。

5. 信息化建设项目缺乏统筹规划，重复建设问题严重。从近两年的评审情况来看，信息化建设项目的审减率远高于平均审减率。原因主要是，一些部门信息化项目建设缺乏统筹规划，同一部门不同项目之间、同一项目不同子项之间缺乏有效整合；一些项目实施方案既没有考虑现有信息化基础条件，从零申报，也没有考虑信息技术新的发展；一些项目申报内容与往年实施内容重复。从信息化项目运维与管理来看，由于项目单位专业技术力量不足，大部分项目建成后运行维护主要采用服务外包。服务外包虽有利于节省管理成本，但是如果不能有效监管，不能规范委托行为，反而会增加项目运行的维护成本，财政资金使用上存在较大风险。

四、结合评审改进部门预算编制

（一）规范项目立项程序

中央部门内部应建立一套完整、规范的项目立项审核程序，明确项目立项各个环节主要工作，不同审核级次的审核责任，并形成必要的审核文件材料，减少项目立项的随意性。加强项目的前期论证工作，结合国家政策、发展规划、部门职责，充分论证项目设置的必要性，将必要性不强的项目挡在部门项目库之外。结合部门人才、技术储备、设施条件、预算总规模等，充分论证项目的可行性，科学设计项目实施方案，力求选择最优路径，降低成本，提高效率和产出绩效。

（二）规范项目预算编制

一是充实完善项目申报文本。部门在申报项目预算时，要根据项目预算的类型提供相应的申报资料，充实项目立项申报资料，全面、深入阐述项目设置的必要性和可行性，必要时可附相关依据资料；应根据不同项目类型，提交不同的实施方案，明确项目的目标、技术路线、组织方式、经费预算等等。资本性工程类项目预算，必须附加具有资质单位提供的可行研究报告；延续性费用类项目预算，应提供该项目以前年度预算批复和执行情况说明。

二是细化预算编制，提高预算科学合理性。要明确不同类型项目预算支出范围，在此基础上，对预算进行细化分解，体现具体费用构成。要对项目预算进行合理的测算和分析，明确测算依据、测算过程。

（三）加强内部沟通协调

从近几年部门预算项目评审情况来看，中央部门内部在预算编制时，不同程度地存在财务部门与业务部门之间沟通协调、配合协作不充分的问题，这也是目前项目预算管理中普遍存在的问题。为此，在明确内部预算编制职责分工的同时，要建立财务部门与业务部门的协调机制，业务部门将经充分论证的项目申报材料及时报财务部门，财务部门将经过统筹考虑后的项目预算审核意见及时反馈业务部门，共同协商调整优化，提高项目预算管理的整体性、协调性。

第六节　政府购买服务

政府购买服务，是指通过发挥市场机制作用，把政府直接提供的一部分公共服务事项，以及政府在履行职责中所需的辅助性服务事项，按照一定的方式和程序，交由具备条件的社会力量和事业单位承担，并由政府根据合同约定向其支付费用。

一、我国政府购买服务现状

近年来，在各级财政部门大力推动、各部门积极配合下，政府购买服务改革工作在以下方面取得了重要进展。

（一）相关政策制度不断完善

2014 年会同有关部门制定印发《政府购买服务管理办法（暂行）》（财综〔2014〕96 号，本节以下简称《管理办法（暂行）》），为推广政府购买服务提供了基本规范，目前正在研究制定新的管理办法并拟提升立法层次，已于 2018 年 6 月公开向社会征求意见。同时，为细化管理措施，出台了政府购买服务有关预算管理、政府采购、非营利性组织免税资格认定、第三方绩效评价等专项政策文件；针对事业单位、社会组织、行业协会商会参与政府购买服务改革问题，分别出台了专门的意见；部署分级分部门编制政府购买服务指导性目录，大部分中央部门和省份已经完成该项工作。

（二）改革工作机制不断健全

国务院于 2016 年 6 月成立政府购买服务改革工作领导小组，领导小组办公室设在财政部，加强了改革的领导协调。财政部建立了由相关分管同志为召集人、综合司等 14 个相关司局组成的部内改革政策协调机制。各省、自治区、直辖市普遍建立了政府领导挂帅的政府购买服务改革工作领导小组或财政部门牵头的部门联席会议制度，为改革的顺利推进提供了组织领导保障。推进政府购买服务信息化建设，建成中国政府购买服务信息平台并要求地方相应推进信息平台建设，目前北京、黑龙江等十几个省份信息平台已上线运行。建立政府购买服务改革工作联系点制度，选取山西、浙江、河南、湖南、广西、重庆 6 个地方 12 个市、区、县作为联系点。建立健全全国财政系统政府购买服务信息报送机制，逐步规范和完善报送要求，为推进改革提供了积极支持。

（三）重点领域改革工作深入推进

在事业单位政府购买服务改革方面，除个别省份外，各地均已印发改革实施方案并开展改革工作，有的地方取得了实质性进展，山西省目前已有两批公益二类事业单位实施了改革，占比接近2/3。在通过政府购买服务支持社会组织培育发展方面，各地正在积极落实有关政策要求，北京、安徽、云南等地还出台了具体的实施意见。在推进第三方绩效评价方面，选取天津、山西等10个地方开展试点。在重点公共服务领域改革方面，先后出台了残疾人服务、养老、文化、交通运输、青少年社会工作、公租房运营管理等领域专项政府购买服务实施意见。在具体实施方面，中央层面选择教育部、原食品药品监管总局、中国残联开展典型项目政府购买服务改革试点。各地结合本地实际，大胆探索，在养老、文化、残疾人服务、城市管理服务、环境卫生等领域购买服务工作进展较快，确定并开展了许多典型项目，成效明显，社会反响良好。

二、政府购买服务的政策要求

《关于政府向社会力量购买服务的指导意见》（国办发〔2013〕96号，本节以下简称《指导意见》）明确提出，“十二五”时期在各地逐步推开政府购买服务工作，初步形成统一有效的购买服务平台和机制，相关制度法规建设取得明显进展，到2020年在全国基本建立比较完善的政府购买服务制度。党的十八届三中全会通过的《中共中央关于全面深化改革若干重大问题的决定》（本节以下简称《决定》），明确提出“推广政府购买服务，凡属事务性管理服务，原则上都要引入竞争机制，通过合同、委托等方式向社会购买”。当前和今后一个时期的政府购买服务工作，要认真贯彻落实十八届三中全会《关于全面深化改革若干重大问题的决定》精神和《指导意见》要求，以《管理办法（暂行）》为基本规范，紧紧围绕加快转变政府职能、创新公共服务提供方式、提高公共服务供给质量和效率的改革方向，准确理解和把握各项政策要求，积极稳妥地加以推进。

（一）关于购买主体

政府购买服务的主体是各级行政机关和具有行政管理职能的事业单位。纳入行政编制管理且经费由财政负担的群团组织，也可根据实际需要，通过购买服务方式提供公共服务。

不具备行政管理职能的事业单位是政府设立的提供特定公共服务的主体，不属于政府购买服务的购买主体。不具备行政管理职能的事业单位可以购买自身所需辅助性服务，此类行为属于政府采购范围，但不属于政府购买服务范围。

（二）关于承接主体

可以承接政府购买服务的主体包括在登记管理部门登记或经国务院批准免予登记的社会组织、按事业单位分类改革应划入公益二类或转为企业的事业单位，依法在工商管理或行业主管部门登记成立的企业、机构等社会力量。

各级政府部门应积极推进事业单位政府购买服务改革，鼓励公益二类事业单位和从事生产经营活动事业单位参与承接政府购买服务，运用政府购买服务的理念，结合机构编制和财政支持方式变化，推动事业单位加快改革，促进事业单位与其他社会力量之间公平有序竞争，激发事业单位活力。公益二类事业单位和从事生产经营活动事业单位承接政府购买服务的，应按照“费随事转”原则，相应调整财政支出方式，防止出现既通过财政拨款养人办事，同时又花钱购买服务的行为。公益一类事业单位是政府设立的提供特定公共服务的主体，并通过财政直接拨款的方式予以经费保障，不能参与承接政府购买服务。

社会组织是政府购买服务的重要承接主体。要坚持政府购买和培育扶持并重，把提升社会组织公共服务能力作为开展购买服务的基础性工作，以适当方式为社会组织开展服务创造必要条件，引导社会组织健康有序发展。切实改善社会组织参与承接政府购买服务的准入环境，不对社会组织成立年限做硬性规定，对成立未满三年，在遵守相关法律法规、按规定缴纳税收和社会保障资金、年检等方面无不良记录的社会组织，应当允许参与承接政府购买服务。加强分类指导和重点支持，鼓励各级政府部门同等条件下优先向社会组织购买民生保障、社会治理、行业管理、公益慈善等领域的公共服务。

（三）关于购买内容

政府购买服务的内容为属于政府职责范围、适合采取市场化方式提供的服务事项。政府新增或临时性、阶段性的服务事项，适合社会力量承担的，应当按照政府购买服务的方式进行。不属于政府职能范围，以及应当由政府直接提供、不适合社会力量承担的服务事项，不得向社会力量购买。

按照十八届三中全会决定要求，凡是禁止性规定之外的，尤其是能够增加社会净福利的有关政府事务性管理和公共服务事项，原则上都应纳入政府购买服务范围。要按照有利于转变政府职能，有利于降低服务成本，有利于提升服务质量水平和资金效益的原则，认真研究制定政府购买服务的指导性目录。购买服务目录应倾听群众呼声，反映群众意愿，根据经济社会和政府职能的发展变化，及时进行动态调整。突出公共性和公益性，重点考虑、优先安排与保障和改善民生密切相关的领域和项目，把有限的财政资金用到人民群众最需要的地方。既要通过政府购买服务推动政府简政放权，防止“大包大揽”；也要确保政府全面正确履行职能，防止将应当由政府直接提供、不适合社会力量承担的公共服务项目推向市场。

需要特别指出的是，一些地方以政府购买服务名义违法违规融资或聘用人员，不符合政府购买服务政策规定，背离了政府购买服务改革初衷，加剧了财政金融和人事管理等风险，应当坚决予以纠正。

（四）关于购买方式及程序

购买主体应当根据购买内容的供求特点、市场发育程度等因素，按照方式灵活、程序简便、公开透明、竞争有序、结果评价的原则组织实施政府购买服务。对于政府集中采购目录以内或采购限额标准以上的项目，按照政府采购法的有关规定，采用公开招标、邀请招标、竞争性谈判、竞争性磋商、单一来源采购等方式确定承接主体。与政府购买服务相关的采购限额标准、公开招标数额标准、采购方式审核、信息公开、质疑投诉等按照政府采购相关法律制度规定执行。对于政府集中采购目录以外且采购限额标准以下的项目，在确定承接主体时可以不采用政府采购法规定的采购方式，但一般应体现竞争性原则。

（五）关于预算及财务管理

一是妥善安排购买服务所需资金。政府购买服务所需资金列入财政预算，从部门预算经费或经批准的专项资金等既有预算中统筹安排。对预算已安排资金且明确通过购买方式提供的服务项目，按相关规定执行；对预算已安排资金但尚未明确通过购买方式提供的服务，可根据实际情况，调整通过政府购买服务的方式实施。二是健全购买服务预算管理体系。加快建立购买服务支出标准体系，逐步在预算编报、资金安排、预算批复等方面建立规范流程，不断健全预算编制体系，提高购买服务预算编制的科学化、规范化。购买主体应当按要求填报政府购买服务支出表，并将列入集中采购目录或采购限额标准以上的政府购买服务项目同时反映在政府采购预算中，与部门预算一并报送财政部门。列入政府购买服务支出表的项目，应当组织实施政府购买服务。实施政府向事业单位购买服务的行政主管部门，应当将相关经费预算由事业单位调整至部门本级管理，不再直接作为事业单位经费。三是强化购买服务预算执行监控。购买主体要对购买服务提供进行全过程跟踪，对合同履行、绩效目标实施等，发现偏离目标要及时采取措施予以纠正，确保资金规范管理、安全使用和绩效目标如期实现；使用购买服务预算资金要严格遵守相关财政财务管理规定，不得截留和挪用。承接主体要认真履行合同规定，采取有效措施增强服务能力，提高服务水平，确保提供服务的数量、质量等达到预期目标。

（六）关于绩效管理

财政部门应当推进和加强政府购买服务预算绩效管理工作，同时推动购买主体建立健全政府购买服务绩效评价机制，探索推进第三方评价。购买主体负责组织实施绩效评价，在具体实施中，可以建立由购买主体、服务对象和第三方专业机构组成的综合性评价机制，也可以委托第三方实施绩效评价。绩效评价指标应当在购买服务合同中予以明确，一般应当包括服务数量、服务对象满意度、项目成本效益情况等内容。绩效评价结果应当作为以后选择政府购买服务承接主体的重要参考。

（七）关于监督管理

建立健全政府购买服务监管机制，加强对政府购买服务的全过程监管，实现监管的制度化和常态化。财政、审计等部门应当加强对政府购买服务的监督、审计，适时开展抽查检查，确保政府购买服务资金规范管理和合理使用。民政、市场监管等部门应当按照职责分工将承接主体承接政府购买服务行为信用记录纳入年检（报）、评估、执法等监管体系，不断健全守信激励和失信惩戒机制。购买主体应当对项目是否按既定目标和进度正常运行进行监督管理，并积极配合有关部门将承接主体的承接政府购买服务行为纳入年检（报）、评估、执法等监管体系。

（八）关于信息公开

实施政府购买服务活动，应当按照《中华人民共和国政府信息公开条例》《政府采购信息公告管理办法》以及预算公开的相关规定，公开相关信息，涉及国家秘密、商业秘密和个人隐私的信息除外。购买主体应健全购买服务信息公开机制，及时将购买的服务项目、预算安排、服务内容、服务标准和要求、购买方式、购买结果、绩效评价标准和结果等信息向社会公开，提高购买服务活动透明度，接受社会监督。

三、政府购买服务与政府采购的关系

政府购买服务属于政府采购的范畴，应当遵循政府采购法律法规和有关制度的规定。《指导意见》和《管理办法（暂行）》，均明确政府购买服务按照政府采购法律制度规定执行。《中华人民共和国政府采购法实施条例》规定服务包括政府自身需要的服务和政府向社会公众提供的公共服务，进一步明确了向社会购买公共服务属于政府采购范围，应当执行政府采购规定，并在制定采购需求、适用采购方式、履约验收等方面对采购公共服务作出专门规定。

对于政府购买服务与政府采购的概念，从内涵上看，政府购买与政府采购没有实质上的差别；从外延上看，二者略有差异。服务采购的主体范围大于政府购买服务。服务采购的主体是指各级国家机关、事业单位和团体组织；而政府购买服务的主体是各级行政机关和具有行政管理职能的事业单位，党的机关、纳入行政编制管理且经费由财政负担的群团组织向社会提供的公共服务以及履职服务，也可以根据实际需要实施购买服务。不具备行政管理职能的事业单位服务项目采购，属于政府采购范围，但不属于政府购买服务范围。

第七节　需关注的审计问题及整改要求

一、法律规定和制度建设

《中华人民共和国宪法》第九十一条规定：国务院设立审计机关，对国务院各部门和地方各级政府的财政收支，对国家的财政金融机构和企业事业组织的财务收支，进行审计监督。

《中华人民共和国审计法》第三条规定：审计机关依照法律规定的职权和程序，进行审计监督。审计机关依据有关财政收支、财务收支的法律、法规和国家其他有关规定进行审计评价，在法定职权范围内作出审计决定。第五条规定：审计机关依照法律规定独立行使审计监督权，不受其他行政机关、社会团体和个人的干涉。

中共中央印发《深化党和国家机构改革方案》规定：组建中央审计委员会。为加强党中央对审计工作的领导，构建集中统一、全面覆盖、权威高效的审计监督体系，更好发挥审计监督作用，组建中央审计委员会，作为党中央决策议事协调机构。主要职责是，研究提出并组织实施在审计领域坚持党的领导、加强党的建设方针政策，审议审计监督重大政策和改革方案，审议年度中央预算执行和其他财政支出情况审计报告，审议决策审计监督其他重大事项等。中央审计委员会办公室设在审计署。

中共中央总书记、国家主席、中央军委主席、中央审计委员会主任习近平 2018 年 5 月 23 日下午主持召开中央审计委员会第一次会议并发表重要讲话。习近平在讲话中指出，审计是党和国家监督体系的重要组成部分。审计机关成立 30 多年来，在维护国家财政经济秩序、提高财政资金使用效益、促进廉政建设、保障经济社会健康发展等方面发挥了重要作用。特别是党的十八大以来，为促进党中央令行禁止、维护国家经济安全、推动全面深化改革、促进依法治国、推进廉政建设等作出重要贡献。习近平强调，中央审计委员会要强化顶层设计和统筹协调，提高把方向、谋大局、定政策、促改革能力，为审计工作提供有力指导。审计机关要树立“四个意识”，自觉在思想上政治上行动上同党中央保持高度一致，坚决维护党中央权威和集中统一领导，落实党中央对审计工作的部署要求。习近平指出，审计机关要坚持以新时代中国特色社会主义思想为指导，全面贯彻党的十九大精神，坚持稳中求进工作总基调，坚持新发展理念，紧扣我国社会主要矛盾变化，紧紧围绕统筹推进“五位一体”总体布局和协调推进“四个全面”战略布局，依法全面履行审计监督职责，促进经济高质量发展，促进全面深化改革，促进权力规范运行，促进反腐倡廉。习近平强调，各地区各部门特别是各级领导干部要积极主动支持配合审计工作，依法自觉接受审计监督，认真整改审计查出的问题，深入研究和采纳审计提出的建议，完善各领域政策措施和制度规则。

二、需关注的审计问题

近几年，中央预算执行及其他财政收支等审计工作报告对于中央部门预算管理提出了一些共性问题，主要包括：

1. 预算编制不合规、不科学、不完整。部分部门及单位项目支出中安排补助地方支出，预算安排时项目尚未确定或不具备实施条件，虚报项目内容或人员等多申领资金，未将其他收入及支出纳入部门预算。

2. 项目预算安排与上年执行情况、存量资金盘活统筹不够。部分项目结转资金未统筹纳入年初预算，部分累计结转的项目仍然安排预算造成结转继续增加。

3. 预算绩效评价不到位。部分项目的绩效目标脱离实际或指标不够细化，部分项目自评结果不实，部分资金使用率自评 100% 的项目实际支出为零。

4. 决算编报不准确。部分部门及单位为提高预算执行率等虚列支出，决算草案存在多列支出、少计收入等问题。

5. 未按规定及时清理结余资金、上缴收入。部分部门及单位未及时清理结余资金，未及时上缴国有资产处置等收入。

6.“三公”经费管理不严。因公出国（境）方面，部分部门及单位超计划、超限量、超人数安排出国团组，部分部门及单位无预算、超预算列支或转由其他单位承担出国（境）费用。公务用车方面，部分单位未按规定完成公车改革，部分部门及单位无偿占用、超标准超编制、违规或变相配备、未按规定使用公务用车，无预算、超预算、超标准支出公务用车购置及运行维护费。

7. 资产资金管理存在薄弱环节。资产管理方面，部分部门及单位违规出租出借办公用房或设备，部分资产违规处置或闲置浪费。资金管理方面，部分部门及单位使用虚假发票套取或账外存放资金，违规理财或出借资金，租金等收入未严格执行“收支两条线”规定。此外，还存在未严格执行政府采购规定、会计核算不规范等问题。

8. 会议管理和办公用房清理等工作不够到位。会议和培训管理方面，部分部门及所属单位无计划、计划外召开会议或举办培训，违规在非定点饭店或京外召开会议，超预算、超标准、超范围列支，或转由其他单位承担会议费、培训费。办公用房方面，部分单位存在未经批准新建或改扩建办公楼、办公用房超标等问题。

9. 依托管理职能或利用行业影响力违规收费。部分部门及所属单位违规开展资质认证、资格考试、评比表彰、举办论坛、中介服务收费或直接收取赞助等。

10. 违规发放津贴补贴、兼职取酬。个别部门及单位存在违规发放津贴补贴、违规兼职或取酬等问题。

三、有关审计问题整改要求

1. 落实整改责任。认真整改审计查出的问题，落实责任主体，层层压实责任，制定整改方案及台账，即知即改、立行立改，实现对账销号，按时整改到位。各部门要认真履行预算编制和执行的主体责任，对本部门及所属单位预算管理中出现的违法违规问题，要及时予以纠正，并依法依规问责。

2. 加强资金统筹。加强全口径预算管理，将各项收入和支出全部纳入预算。加大结转资金与年度预算的统筹力度，盘活用好存量资金，加快预算执行，防止形成资金沉淀。强化预算安排与预算执行挂钩机制。严格按规定清理、及时交回结余资金。

3. 强化绩效管理。将所有预算收支全面纳入绩效管理。加强项目绩效目标管理，科学设定绩效目标，促进花钱与办事、绩效与责任深度融合。认真审核绩效自评结果，加强绩效评价结果应用，根据绩效自评结果和重点绩效评价结果改进管理、优化预算安排。

4. 严格审核项目。认真组织开展本部门项目评估清理工作，切实改变项目支出只增不减的固化格局。做好项目前期准备工作。加强项目预算评审，确保项目预算与支出政策、机构职责衔接匹配。扎实推进项目库管理，加强项目预算审核，不断提高项目预算编制的科学性、准确性。

5. 严肃财经纪律。着力强化部门内控管理，建立财政资金使用全流程内控机制。严格执行预算管理制度规定，人员经费、公用经费和项目支出不得相互挤占，不得在部门预算中安排补助地方支出。切实加强“三公”经费及会议费管理，坚持勤俭办一切事业，严禁铺张浪费和大手大脚花钱。

第九章　行政事业单位国有资产管理

第一节　行政事业单位国有资产管理综述

行政事业单位国有资产，是指行政事业单位占有、使用的，依法确认为国家所有，能以货币计量的各种经济资源的总称，即行政事业单位的国有（公共）财产，包括行政事业单位用国家财政性资金形成的资产，国家拨给行政事业单位的资产，行政事业单位按照国家规定运用国有资产组织收入形成的资产，以及接受捐赠和其他经法律确认为国家所有的资产，其表现形式为流动资产、固定资产、无形资产和对外投资等。

行政事业单位国有资产是国有资产的重要组成部分，是行政事业单位履行职能、提供公共服务的物质基础。加强行政事业单位国有资产管理，是完善公共财政体制、健全财政职能、拓宽政府理财领域的重要手段；是提高财政资金使用有效性，提高政府为民理财能力的必要途径。为加强行政事业单位资产管理工作，2004 年财政部专门成立了行政资产处和事业资产处，承担制定行政事业单位国有资产管理的政策、制度并组织开展具体管理工作的职责。《国务院办公厅关于印发财政部主要职责内设机构和人员编制规定的通知》（国办发〔2008〕65 号）进一步明确，财政部负责制定行政事业单位国有资产管理规章制度，按规定管理行政事业单位国有资产。2014 年，财政部部内设机构调整，成立了资产管理司，进一步整合了行政事业单位国有资产管理职责。2019 年，《财政部职能配置、内设机构和人员编制规定》明确财政部负责制定行政事业单位国有资产管理规章制度，并负责组织实施和监督检查。

第二节　近年来行政事业单位国有资产管理工作开展情况

一、完善管理体制

2006年财政部公布了《行政单位国有资产管理暂行办法》《事业单位国有资产管理暂行办法》（财政部第35、36号令，以下简称“两个部令”），明确规定了我国行政事业单位国有资产的管理体制，2019年印发《财政部关于修改〈事业单位国有资产管理暂行办法〉的决定》（财政部令第100号），进一步完善了事业单位国有资产的管理体制。截至2018年底，全国36个省（直辖市、自治区、计划单列市）已经全部明确了由财政部门负责行政事业单位资产管理工作，其中35个省级财政部门成立了专门的行政事业单位资产管理机构。绝大部分中央部门也成立了资产管理机构，或明确了负责资产管理的工作人员。“国家统一所有，政府分级监管，单位占有、使用”的管理体制，以及与此相适应的“财政部门—主管部门—行政事业单位”的国有资产管理模式，在全国范围内初步建立。

二、健全管理制度

制度是规范和加强管理的依据，2006年以来，财政部逐步强化行政事业单位国有资产管理的建章立制工作。“两个部令”明确了行政事业单位国有资产的管理体制和各部门、各单位的管理职责，全面规范了资产配置、使用、处置等各个环节的管理，构建了行政事业单位国有资产从形成、使用到处置全过程的有效监管体系。根据“两个部令”的有关原则，财政部进一步健全行政事业单位国有资产管理制度体系，先后出台了涵盖行政事业单位国有资产配置、使用、处置管理以及清查核实、年度报告等各环节的资产管理办法。同时，全国36个省、自治区、直辖市和计划单列市也陆续出台了本地区的行政事业单位国有资产管理办法，制定了一系列具体管理办法，行政事业单位国有资产管理的制度框架基本确立。

三、构建全程监管体系

抓住资产配置、使用、处置、收入等重点环节，基本实现了对行政事业资产的全程监管。一是规范资产配置管理，从2009年开始，要求中央各部门在编报年度预算时，要按规定编制新增资产配置预算，印发通用资产配置标准，积极推进中央部门建立专用资产配置标准，逐步完善资产配置标准体系，把住了资产的“入口”。二是强化资产使用管理，尤其是规范了资产出租出借管理，既有效地防止了腐败现象的滋生，又提高了资产使用效率。三是完善资产处置管理，把住了资产的“出口”，防止了国有资产流失。四是加强资产收入管理，配合“小金库”治理和清理规范津贴补贴工作，认真贯彻落实“收支两条线”管理规定，对资产处置收入和出租出借收入统一纳入部门预算管理。五是印发《财政部关于进一步加强和改进行政事业单位国有资产管理工作的通知》（财资〔2018〕108号）、《财政部关于进一步做好政府会计准则制度新旧衔接和加强行政事业单位资产核算的通知》（财会〔2018〕34号）、《财政部关于加快做好行政事业单位长期已使用在建工程转固工作的通知》（财建〔2019〕1号）等系列文件，完善行政事业单位资产管理制度监管体系。

四、推进信息化建设

2009年，按照“金财工程”统一要求，组织开发并在全国范围内实施了行政事业单位资产管理信息系统，借助现代信息技术手段，不断提高资产管理的信息化水平。2011年，结合新修订的《固定资产分类与代码》（GB/T14885－2010），对现有信息化实施情况进行了全面系统总结，启动了系统升级改造工作，将原单机版系统升级为网络版系统，并扩展了管理事项网上申报、审核功能。2013年，完成了系统（二期）升级改造工作，发布了《行政事业单位国有资产管理信息系统管理规程》，规范了资产管理信息系统的使用管理和各方责任。2018 年，完成了全国资产管理信息系统（三期）优化升级工作，强化了数据治理的内容，优化了信息系统的应用，为进一步开展加强和改进行政事业单位国有资产管理提供了技术支撑。

五、强化公共基础设施等行政事业性国有资产管理

在补“短板”上下功夫，公共基础设施等行政事业性国有资产管理工作取得重要进展。一是推进公共基础设施等行政事业性国有资产管理制度建设，会同住房和城乡建设部印发实施《公共租赁住房资产管理暂行办法》，进一步规范公共租赁住房资产管理。二是印发《财政部关于做好 2018 年度公共基础设施等行政事业性国有资产报告工作的通知》（财资〔2019〕2 号），组织开展 2018 年度公共基础设施等行政事业性国有资产年报工作。三是深入做好行业协会商会脱钩改革涉及的资产管理工作，进一步规范行业协会商会各类资产管理，激发行业协会商会内在活力和发展动力。四是认真贯彻落实《农民专业合作社法》有关要求，研究制定农民专业合作社解散、破产清算时接受国家财政直接补助形成的财产处置政策。

第三节　加强行政事业单位国有资产管理的工作思路

资产管理是财务管理的重要组成部分，是预算管理的重要基础性环节。必须认清新形势，切实加强和改进资产管理，更好地保障行政单位有效运转和促进各项事业发展，提高资产使用效率。

一、总体思路

行政事业单位国有资产管理工作的总体思路是：以更好地服务财政改革发展和财政管理工作需要，更好地保证行政事业单位有效运转和高效履

职为目标，围绕新形势下行政事业单位国有资产管理的定位，着力构建预算管理、国库管理和资产管理“三位一体”，既有机衔接又相互制衡的财政管理新构架；着力构建更加符合行政事业单位国有资产运行特点和管理规律，从“入口”到“出口”包括资产配置、使用和处置等环节全生命周期的资产管理新体系；着力构建各管理主体分工明确、权责匹配、运转高效、监督制衡的资产管理新机制，进一步强化行政事业单位国有资产管理在财政管理中的基础性作用，丰富财政管理手段，提升财政资产治理能力和治理水平。

二、总体目标

加强行政事业资产管理工作的总体目标是：保障需求，盘活存量，安全完整，提高效益。按照“像管理资金一样管理资产”的要求，在保障行政事业单位履行职能需要的基础上，加强对资产存量和增量的综合管理，注重提高财政资金的使用效率，逐步形成产权清晰、配置科学、使用合理、处置规范、监督公正的行政事业资产管理模式，从根本上缓解资产闲置浪费、苦乐不均、分配不公、损失流失等问题。

三、工作重点

围绕主要目标，今后一段时期，将着重开展以下几方面的工作：

1. 进一步完善管理体制，为进一步强化资产监管提供组织保障。按照党的十九大“加快建立现代财政制度”，“完善各类国有资产管理体制”的要求，下一步将进一步理顺管理体制，明确各管理主体职责分工，构建分工明确、权责清晰的管理体系，为行政事业单位国有资产管理提供组织保障，逐步健全各级地方财政部门和中央部门行政事业单位国有资产管理机构，巩固“国家统一所有，政府分级监管，单位占有、使用”的管理体制。

2. 加强制度建设，提高行政事业单位国有资产管理的法制化水平。加强立法研究，进一步提升行政事业单位国有资产管理法律层次。进一步健全完善中央行政事业单位资产管理制度体系，同时加强政策指导。

3. 推进资产管理与预算管理紧密结合。一是积极探索资产管理与预算管理相结合的工作思路，按照“总体部署、分步实施”的原则，加强资产管理与预算管理相结合的顶层设计，并结合实际，有计划有步骤地开展相关工作。二是贯彻落实新《预算法》关于各部门、单位根据其依法履行职能和事业发展需要及存量资产情况编制预算草案的要求，进一步明确新增资产配置预算管理流程和管理机制。三是加快推进资产配置标准体系建设，尽快分类出台中央级行政事业单位国有资产配置标准，指导地方根据自身特点制定资产配置标准。

4. 完善行政事业单位资产统计报告制度。夯实向全国人大常委会报告国有资产管理情况的管理基础，按照有关要求，结合行政事业单位国有资产年度报告工作，切实规范行政事业单位资产配置、使用和处置等工作，从管理源头上提高资产报告数据质量。

5. 探索建立共享共用和资产调剂机制。落实中央过“紧日子”的要求，进一步盘活资产存量，推动资产共享共用机制建立，选取行业特点突出的部门，探索制定闲置资产再利用政策，提高资产使用效率，节约财政资金。

第四节　进一步推进资产管理与预算管理的有机结合

为了规范和加强资产预算管理工作，节约行政开支，中央制定了关于党政机关公务用车配备使用的管理办法，财政部印发了《中央行政事业单位国有资产配置管理办法》（财资〔2018〕98号）、《中央行政单位通用办公设备家具配置标准》（财资〔2016〕27号）等文件。现结合以上办法，对中央部门资产管理与预算管理结合有关事项说明如下：

一、完善资产预算管理机制

各部门应当不断完善资产管理和预算管理相关制度和工作机制，通过资产管理部门和预算管理部门的密切配合，切实加强本部门行政事业单位资产配置管理。对于公务用车、通用办公设备家具、办公通用软件等可以实行编制或标准管理的资产，要严格执行编制和标准规定，从严把关。对于没有编制或标准规定的资产，要按照既满足工作需要，又厉行节约的原则，编制切实可行的配置预算。

二、规范资产预算编制工作

各部门应认真做好年度新增资产配置预算编报工作，提高新增资产配置预算编制的规范性和完整性，切实做到将所有使用财政性资金和其他资金购置车辆，租用土地、办公用房、业务用房，以及购置单价50万元以上的通用设备和单价100万元以上的专用设备的，纳入新增资产配置预算编报范围。对通用办公设备家具、办公通用软件购置，应严格按照规定的数量标准、价格上限标准和使用年限标准编入部门预算。部门基本支出预算表、项目支出预算表、新增资产配置预算表、“三公”经费预算表和政府采购预算表中相关数据应相互一致。各部门要对内部各单位申报的资产配置项目按有关规定严格审核后报财政部审批，对属于财政部审批范围而未获批准的资产配置事项，一律不得列入部门预算，也不得列入单位经费支出。

三、加强预算执行、采购等工作

各部门应当切实规范新增资产配置预算执行管理，强化新增资产配置与政府采购等环节的衔接。中央部门预算批复后，严格按照财政部批复预算和政府采购的有关要求，进行资产配置更新。因不可预见因素确需在年度预算执行中使用财政性资金及其他资金购置新增资产配置预算编报范围内资产，行政事业单位应报主管部门审核后，由主管部门报财政部核批。对属于财政部审批范围而未获批准的资产配置事项，一律不得安排政府采购。

第五节　公务用车管理

为贯彻落实中央关于公务用车配备使用管理的有关规定，规范和加强党政机关公务用车管理，提高资金使用效益，降低行政成本，促进党风廉政建设，财政部于2011年印发了《党政机关公务用车预算决算管理办法》(财行〔2011〕9号)，要求各有关部门编制年度公务用车配备更新计划，明确了负责编制公务用车配备更新计划的部门，对公务用车购置费用和运行费用预算、决算作出规定；印发了《党政机关执法执勤用车配备使用管理办法》(财行〔2011〕180号)，对党政机关执法执勤用车配备范围、编制管理、配备标准、配置使用和监督检查等内容进行了规定。为了进一步规范党政机关公务用车管理，有效保障公务活动，促进党风廉政建设和节约型机关建设，中共中央办公厅、国务院办公厅2017年印发了《党政机关公务用车管理办法》。

一、配备更新计划

各部门应根据公务用车的配备更新标准和所属单位公务用车编制数和实有数，编制年度部门公务用车配备更新计划。为简化程序、提高效率、统一口径、科学管理，财政部将党政机关及其所属单位公务用车配备更新计划纳入资产配置预算体系，并对资产配置预算程序和编报内容进行了完善。

二、配置标准

机要通信用车配备价格12万元以内、排气量1.6升（含）以下的轿车或者其他小型客车。

应急保障用车和其他按照规定配备的公务用车配备价格18万元以内、排气量1.8升（含）以下的轿车或者其他小型客车。确因情况特殊，可以适当配备价格 25 万元以内、排气量 3.0 升（含）以下的其他小型客车、中型客车或者价格 45 万元以内的大型客车。

执法执勤用车配备价格 12 万元以内、排气量 1.6 升（含）以下的轿车或者其他小型客车，因工作需要可以配备价格 18 万元以内、排气量 1.8 升（含）以下的轿车或者其他小型客车。确因情况特殊，可以适当配备价格 25 万元以内、排气量 3.0 升（含）以下的其他小型客车、中型客车或者价格 45 万元以内的大型客车。

特种专业技术用车配备标准由有关部门会同财政部门按照保障工作需要、厉行节约的原则确定。

公务用车配备新能源轿车的，价格不得超过 18 万元。

上述配备标准应当根据公务保障需要、汽车行业技术发展、市场价格变化等因素适时调整。

三、预算编制

根据现行体制和财政部财行〔2011〕9 号文件的规定，中央和国家机关本级机要通信和应急保障用车、部级领导干部用车资产配置预算，按照归口关系分别由中共中央直属机关事务管理局、国家机关事务管理局、全国人大常委会办公厅机关事务管理局、全国政协办公厅机关事务管理局（以下简称四个管理局）负责编制，按照预算管理程序报财政部；中央和国家机关执法执勤用车、特种专业技术用车和其他用车，以及除归口四个管理局以外的机要通信和应急保障用车资产配置预算，由各部门负责编制；中央垂直管理部门所属单位的机要通信和应急保障用车、执法执勤用车、特种专业技术用车和其他用车资产配置预算，由各主管部门负责编制。各基层单位按照预算管理程序逐级上报，各部门对所属单位填报的内容进行审核汇总后报财政部。没有纳入执法执勤用车范围的单位不得填报执法执勤用车和特种专业技术用车。单位原则上不得填报其他用车，确有特殊需要，应附详细文字说明。

第六节　政府机关软件资产管理

近年来，财政部先后印发了《财政部关于进一步做好政府机关使用正版软件工作的通知》（财预〔2010〕536号）、《财政部关于进一步规范和加强政府机关软件资产管理的通知》（财行〔2011〕7号）和《财政部关于印发〈政府机关办公通用软件资产配置标准（试行）〉的通知》（财行〔2013〕98号）等文件，重点在软件预算管理、资产管理、采购管理、配置标准等方面提出了明确要求，规范和加强政府机关软件资产管理工作，促进知识产权保护。

一、软件资产经费预算

软件资产更新购置要在全面掌握本部门情况的基础上，从满足实际工作需要出发，细化软件配置需求，科学合理确定软件配置计划，并将正版软件采购经费纳入预算管理。中央国家机关各部门所需软件采购经费，应通过公用经费、部门机动经费、部门预算结转资金、信息化建设专项经费等渠道予以保障，上述渠道仍解决不了的，可申请财政专款解决。

二、软件资产管理

政府机关各单位要按照国务院要求加强软件的资产管理，制定软件配置、使用和处置等环节的具体管理办法。政府机关通过各种方式形成的软件资产均属于国有资产，应全部纳入部门资产管理体系，确保软件资产的安全完整。政府机关要对购置的全部软件实行逐人逐机登记管理，对达到固定资产标准的软件，要按照《固定资产分类与代码》（国标GB/T14885—2010）等有关规定，纳入部门固定资产进行核算管理。根据不同软件资产的特点，规范软件资产财务入账等基础管理工作，建立软件资产分类核算机制和软件资产账卡，加强软件资产的核算和登记管理。

三、正版软件采购

政府机关全面采购和使用正版软件，规范软件产品政府采购行为，加强采购过程中知识产权的审核管理。对纳入政府集中采购目录的软件资产进行购置，应当严格实行政府集中采购。对于达到公开招标数额标准以上的软件资产，应当严格履行公开招标程序。

四、正版软件经费核算

为了准确核算各级政府用于正版软件购置与更新的支出，《财政部中国人民银行国家税务总局关于修订 2012 年政府收支分类科目的通知》（财预〔2012〕64 号）规定，将 30907 款“信息网络购建”和 31007 款“信息网络购建”的科目名称统一修改为“信息网络及软件购置更新”。

五、办公通用软件资产配置标准

为规范政府机关软件资产配置行为，完善资产配置标准体系，厉行勤俭节约、降低行政成本，2013 年，财政部制定了《政府机关办公通用软件资产配置标准（试行）》。政府机关配置办公通用软件资产，应当遵循安全性、适用性、经济性和正版化的原则，应当符合中文办公软件文档格式规范等国家标准，应当遵循实物量控制标准、价格上限控制标准和最低使用年限控制标准。

第七节　中央行政单位国有资产处置收入和出租出借收入管理

《中央行政单位国有资产处置收入和出租出借收入管理暂行办法》（财行〔2009〕400 号）及相应的补充通知，以及《财政部关于将预算外资产管理的收入纳入预算管理的通知》（财预〔2010〕88 号）等文件，对中央行政单位国有资产处置收入和出租出借收入及相关支出纳入部门预算进行了明确规定。

一、资金的收缴

财预〔2010〕88 号文件规定，自 2011 年 1 月 1 日起，将原按预算外资金管理的收入全部纳入预算管理。中央行政单位国有资产出租出借收入不再上缴中央财政专户，改为和国有资产处置收入一样上缴中央国库，纳入预算管理（财行〔2009〕400 号文件除关于中央财政专户管理部分内容失效外，其他部分继续有效）。

二、税费的扣除方式

考虑到中央行政单位在处置和出租出借国有资产时可能产生的税费问题，明确应缴纳的税款和所发生的直接费用（资产评估费、技术鉴定费、交易手续费等）可以在收入中抵扣，其他间接费用（资产维护和改扩建、管理人员工资等）不得抵扣。

三、收入的使用安排

国有资产收入及相关支出，应纳入部门预算统筹安排。国有资产收入原来用于发放津贴补贴的部分，上缴中央财政后，由财政部统筹安排，作为规范后中央行政单位统一发放津贴补贴的资金来源。除此之外，国有资产收入不得再用于人员经费支出。其余国有资产收入原则上由财政部统筹安排用于中央行政单位固定资产更新改造和新增资产配置，可优先用于收入上缴单位。国有资产收入纳入预算管理后，财政部门要及时核拨预算资金，保障中央部门的正常运转经费和相关事业开支。

四、单位的管理责任

中央行政单位应按规定做好国有资产收入收缴工作，并监督检查下属单位国有资产收入缴纳情况。同时，财政部财行〔2009〕400 号文件还明确规定，财政部、中央行政单位和个人违反办法规定的，应依据《财政违法行为处罚处分条例》等国家有关规定追究其法律责任。

第十章　地方部门预算改革

第一节　地方部门预算改革的简要历程

改革开放以来，我国财政管理制度进行了一系列重大改革。特别是1994年，按照党中央、国务院的统一部署，从建立社会主义市场经济体制的目标出发，初步构建了分税制财政管理体制框架，进一步规范了政府间财政关系。同时，通过税制改革，规范了政府与企业、居民的分配关系。这一时期，改革重点主要集中在财政收入管理方面，支出管理尤其是支出预算编制的改革相对滞后。为进一步深化财政体制改革，更好地服务于社会主义市场经济，地方财政部门在当地党委、政府的高度重视以及财政部的大力支持下，一直在不断研究并积极探索预算编制改革。从20世纪90年代开始，各地在预算编制改革方面已经取得了一些明显成效，丰富了预算编制的内容，为全面推进预算编制改革奠定了良好的基础。一些地区结合本地区实际情况，借鉴国际经验，在细化预算编制、加强预算管理方面进行了多种形式的探索。例如，天津市实行了标准周期预算制度，安徽省实行了综合财政预算，陕西省探索了国库集中支付制度，各地广泛推行了政府采购制度等。1998年，河北省在全国范围内率先启动部门预算改革，改变原来按财政资金性质和部门交叉管理的方式，以部门为依托，将各类不同性质的财政性资金，包括单位自有收入、预算内拨款、预算外拨款等，统一编制到具体部门；取消中间环节，财政直接将预算批复到省直116个一级预算单位，初步构建出一个新的部门预算编制模式。同时，财政部门通过调整内部机构设置，将预算编制、执行、监督相对分离，建立起适应部门预算新要求的组织机构。

2000 年 4 月，为总结交流各地预算编制改革经验，提高对预算编制改革重要性和紧迫性的认识，进一步明确预算编制改革的基本方针、内容和方法，财政部组织在河北省召开了全国预算编制改革座谈会。这次会议之后，地方财政预算编制改革的步伐明显加快，呈现出全面启动、稳步推进、不断深化的良好局面。

2004 年 10 月，为了推动部门预算编制改革，提高预算编制水平，财政部在山东召开了地方预算编制与管理座谈会，组织各地财政部门结合当前的形势和任务，认真交流经验，互相取长补短，达成共识，有力地推动了地方部门预算编制改革均衡进展。

2005 年 12 月，为了进一步推动地方部门预算改革工作，财政部组织各地财政部门对近年来部门预算编制改革情况进行了认真总结，并将制度、措施汇编成书，展现各地部门预算改革的实践及成果，促进地方财政部门之间相互启发、相互借鉴。

2006 年 7 月，为深入贯彻落实党中央、国务院关于建立公共财政体制、深化部门预算改革的要求，进一步加强对地方部门预算改革工作的指导，解决改革中存在的模式不统一、操作不够规范、进展不够均衡等问题，财政部在安徽召开了全国地方预算管理工作座谈会。会后，在总结近年来地方部门预算改革经验基础上，财政部于 8 月印发了《关于完善和推进地方部门预算改革的意见》，正式规范了地方部门预算编制的主要内容、方法，提出了深化部门预算改革的方向和重点，并明确要求“十一五”期间全国县级以上都要实行比较规范的部门预算。这个文件的印发，有力地推动了地方部门预算改革，是地方部门预算改革的里程碑式文件。此后，地方部门预算改革逐步规范，改革的范围和力度越来越大，至 2014 年，全国县级以上已实现了部门预算改革全覆盖，建立起了较为完整的部门预算管理体系。

第二节　地方部门预算改革的原则和特点

在实施部门预算改革前，地方财政预算编制存在着一些迫切需要解决的问题：预算分配权分散，预算编制交错重叠，多头批复且批复时限过长，不利于单位统筹安排和财务管理，也容易造成浪费；预算编制较粗，预算指标未细化到部门和单位，在一定程度上影响了人大代表审查监督作用的发挥；人大批准的政府预算与部门实际执行的预算脱节，存在“两张皮”现象；预算编制人为决策因素过多，随意性较大，缺少必要的预算支出标准；人员和公共资源底数不清，预算分配过程和使用情况透明度不高；预算执行过程中追加、追减以及挪用的情况时有发生，预算约束力较低。

此外，地方财政运行中还存在其他一些影响预算编制的突出问题：一是按照公共财政的要求，财政资金要更多地投向公共服务领域，投向关系国计民生的领域，加大对重点支出项目的保障力度，向农村倾斜，向社会事业发展的薄弱环节倾斜，向困难群体倾斜，虽然财政收入连年增长，但地方在处理改革、发展与稳定之间关系的过程中，必保的项目逐年增多，支出需求不断加大，造成一些地区收支矛盾仍然较为突出。二是随着各项改革的不断深化，部门、单位之间的收支结构已发生很大变化，“苦乐不均”的现象越来越严重。如果继续沿用“基数加增长”的编制方法，势必固化部门之间原有的、不尽公平合理的利益分配格局，影响经济结构优化和社会事业发展。三是由于预算编制过于粗放，预算执行过程中缺乏部门内部责任落实和外部的有效监督，每年审计都会发现不少违反《预算法》和财经纪律的问题。

为解决这些问题，地方各级财政部门积极进取，大胆探索，遵循合法性、真实性、稳妥性、重点性、完整性的原则，积极实施部门预算改革。合法性原则，是指部门预算的编制要符合《预算法》和国家其他法律的要求。收入要合法合规。各项支出要符合宏观调控的目标，遵守现行的各项财务规章制度；真实性原则，是指收支预测要与国家经济社会发展实际相匹配，基础数据资料要如实填报，不得随意虚增和虚列支出；稳妥性原则，是指预算编制要量入为出、稳妥可靠。项目预算的编制，总体上要以收定支，有多少钱办多少事；重点性原则，是指本着“一要吃饭、二要建设”的要求，优先保证基本支出，合理安排项目支出。项目支出根据财力情况，按轻重缓急的顺序，优先安排符合国民经济和社会发展计划，符合国家财政宏观调控和部门履职尽责、保障公共服务的项目；完整性原则，是指部门预算要体现综合预算的原则，各类资金要严格执行收支两条线管理，所有收入和支出全部纳入预算管理。

在推进部门预算改革的进程中，地方各级财政部门既遵循部门预算改革的一般规律和基本原则，又结合本地实际情况大胆探索，改革呈现出以下特点。一是统一性与灵活性相结合，遵循统一规范的部门预算管理基本模式，因地制宜，探索适合本地情况的部门预算管理方式和方法。二是把握全局与突出重点相结合，既注重部门预算各项改革间的相互协调，整体推进，又抓住改革关键环节，突出重点，将改革向纵深拓展。三是积极推进与稳妥实施相结合，既坚持改革方向，加快改革步伐，加大改革力度，又结合实际，把握好改革的节奏和力度，确保改革积极稳步实施、富有成效。

第三节　地方部门预算改革的主要内容

近年来，特别是党的十九大以来，按照“建立全面规范透明、标准科学、约束有力的预算制度，全面实施绩效管理”的要求，各地结合实际情况，积极创新探索，以综合预算、零基预算、透明预算为重点推进预算全面规范透明，以项目库、支出标准、基础数据库、预算流程等为重点推进预算标准科学，以硬化预算约束、增强支出刚性为重点推进预算约束有力，以绩效目标、绩效监控、绩效运用为重点推进全过程部门预算绩效管理，形成了一些各具特色的做法和经验。

一、推进财政综合预算，提高统筹资金能力

全国 36 个省、自治区、直辖市和计划单列市均实行了综合预算管理，

实现一个部门一本预算。一是实行全口径预算管理。从2011年起，取消预算外收入规定，政府所有收支全部纳入预算管理。浙江、山东、安徽等地区健全“收入一个笼子、预算一个盘子、支出一个口子”的财政综合预算管理模式。山西、河南、河北等地区增强部门预算完整性，将中央提前下达转移支付省级列支资金、省级部门结转资金、部门原有账户存量资金全部编入省级年初部门预算，并随预算一并批复执行。二是强化预算体系统筹衔接。加大政府性基金预算、国有资本经营预算与一般公共预算的统筹力度，先后将水利建设基金等19项政府性基金纳入一般公共预算管理，取消了排污费、水资源费等以收定支、专款专用的规定，对相关领域支出统筹安排保障，逐步加大国有资本经营预算调入一般公共预算的比例，河北等地区调入比例已达30%。三是规范部门预算编制口径。全国大部分地区部门预算既包括部门财政拨款收支预算，又将部门管理的财政专户资金、事业收入、经营收入、其他收入等统一纳入部门预算，全面反映部门所有收支管理活动。

二、改革预算编制模式，建立科学管理机制

各地积极创新部门预算编制。一是推进“零基预算”管理。创新项目支出预算管理，预算编制由“基数+增长”向“零基预算”转变。如辽宁、陕西和广东等地区，从2015年起由省政府层面决策，改变“基数加增长”的预算分配模式，强力推进“零基预算”。辽宁召开省政府常务会议，要求各分管副省长、省直各部门支持实施“零基预算”改革；陕西以省委、省政府名义印发了《关于省级全面实施零基预算改革的意见》，在省级全面实施零基预算改革；广东印发《省级财政零基预算改革方案》，选择具有代表性的单位，先行开展改革试点并逐步扩面。二是规范部门预算编制流程。各地部门预算编制主要遵循“二上二下”的基本程序，一般经过部门上报预算建议计划、财政审核后下达预算控制限额、部门在限额内细化编报预算、财政批复部门预算四个阶段。三是拓宽预算编制周期。合理延长部门预算编制时间，逐步推行标准周期预算制度，实现预算编制的程序化、规范化和制度化。标准的预算周期为28个月，其中：预算编

制阶段 10 个月、预算执行与调整阶段 12 个月、决算阶段 6 个月。标准预算周期制度涵盖了预算管理的全过程，其核心是强化预算编制，为规范预算管理创造条件，有效实现对预算执行的过程控制，增强预算的前瞻性、连续性和可控性。天津、辽宁、河北、湖南、安徽、福建、黑龙江、陕西等地均实行了标准的周期制度。

三、优化财政支出结构，严控一般保重点

各地落实党中央、国务院重大决策部署，调整优化财政支出结构，严控一般性支出，加大对重大改革、重要政策和重点项目支出的支持力度，更好地服务经济社会发展。一是严控一般性支出。如天津市各部门从零开始、分轻重缓急重新编报项目支出预算，项目预算比上年压减 50%，一般性支出压减 15%。山西省 2013 年以来连续 7 年“三公”经费只减不增，在此基础上 2019 年按照不低于 5% 的比例压减一般性支出。吉林省对 2019 年部门预算公用经费和项目经费中的一般性支出，在年初预算基础上压减 5% 以上。除救灾应急、重大政策调整等特殊支出外预算执行中一律不再追加部门项目支出预算。二是保障重点项目支出。各地将压减的一般性支出，优先用于保障基本民生，支持扶贫、教育、生态环保等重点领域及党委政府确定的转型综改、人才战略、科技创新、脱贫攻坚、国企改革等重点项目和重大战略支出。如福建省要求省级部门一律按照不低于 5% 的幅度压减本部门开支，节省的资金用于保障基本民生和支持生态环保等重点领域支出，并要求市县财政比照省级的做法，落实好过紧日子要求。

四、加强项目库建设，规范重点项目支出管理

各地全面实行项目库管理，建立预算项目全周期管理。一是规范项目管理层次。各地合理划分项目管理层级，加强项目整合，清晰反映项目与部门职能、任务之间的结构关系。如北京市健全“部门职责—支出政策—预算项目”三级预算编制层级架构，所有预算项目均在部门职责和支出政策框架下编列，项目编报应清晰反映支出政策、项目内容、支出需求、绩

效目标等要素。二是规范项目入库管理。各地把项目入库管理作为首要环节。如安徽省出台省级预算项目储备管理办法，建立项目申请、组织论证、申报备选、审核评审、确定储备、滚动管理6项入库程序。河北省项目库系统实行全年开放、随时入库、即时审核、滚动管理，未进入项目库的项目不安排预算，实现了项目库管理在预算编制、执行、调整、评价到结果运用的闭环运行。广东省制定《广东省财政资金项目库管理办法》，探索推进项目库建设，除基本支出之外的全部省级财政资金纳入项目库改革范围。三是规范项目预算编制。河北省规范编制项目支出预算，所有预算项目全部编列项目库，全面反映政策依据、支出构成、实施周期、绩效目标指标等项目信息，在此基础上，不断强化预算项目审核。山西省将项目支出预算与预算绩效、预算执行、资产管理等信息系统对接，实现项目支出预算安排和预算执行的闭环管理。四是规范项目滚动编制。各地以项目库为依托，积极推进部门三年滚动预算编制，将国家宏观政策和部门中期财政规划落实到项目库和项目支出预算，逐步提高部门预算政策的前瞻性。五是强化项目预算评审论证。各地积极推进开门办预算，不断扩大项目评审范围，如北京市积极推行“双评审”机制，纳入财政评审范围的预算申报金额提高到1000万元，1000万元以下的项目由部门预算管理处室及部门进行自评，并强化评审结果运用，切实提高预算编制水平。

五、推进支出标准建设，规范支出预算编制

各地稳步推进基本支出定额标准和项目支出定额标准体系建设，建立健全定额标准动态调整机制，指导部门预算编制并促进其科学性。一是完善基本支出定额定员管理。各地初步构建覆盖大多数行政单位、参公单位和公益一类事业单位的分类分档定额标准体系，如安徽省建立以综合定额为主体、单项定额为补充的“1+7”公用经费定额标准体系；河北省完善“基础定额+特殊因素”基本支出定额体系，按照19项、36细项定额标准和10项特殊因素测算安排部门基本支出；辽宁省建立“人均定额和实物定额相结合”的公用经费定额管理体系。二是加快推进项目支出标准体系建设。各地按照先易后难、重点突破、逐步深入、梯次推进的原则，稳步

推进项目支出标准建设，如江西省着力打造项目支出定额标准体系，项目支出通用类定额标准根据项目任务内容、工作量及相应经费开支标准进行测算核定，印发专用类项目支出定额标准建设实施方案，选择部分部门先行先试、总结经验的基础上稳步推进。河南省印发省级财政项目支出定额标准体系建设实施方案，已出台办公用房装修改造项目、陈列展览项目、省级评审专家劳务费、办公用房维修改造项目预算标准，并推动教育厅、科技厅等省直单位部门内部标准制定。广西省推行项目支出通用支出标准清单管理，2018 年，省本级将办公设施配置、通用软件资产配置、会议费、培训费、高等学校通用资产配置等 77 个项目支出通用标准汇编成册，并形成了优秀运动队训练、中小学及职业院校教师培训等若干个专用支出定额标准。广东省制定《广东省省级预算项目支出定额标准体系（试行）》，将部门工作活动细分为 9 个一级分类和 41 个二级分类，分别制定项目支出定额标准并嵌入项目库管理系统，引导部门按标准编实、编细、编准项目支出。同时，各地严格机关运行经费管理，加强人员编制管理和资产管理，完善人员编制、资产管理与预算管理相结合的机制。

六、细化部门预算编制，实行规范化管理

各地不断细化支出预算编制，提高预算编制的规范性。一是推进政府支出经济分类科目改革，全国 36 个省、自治区、直辖市和计划单列市按照政府支出经济分类和部门支出经济分类两套科目，编制政府预算和部门预算。二是提高年初预算到位率，基本支出全部细化到单位，项目支出预算细化到具体单位或具体项目，明确具体支出用途，减少预算代编和预留项目，资金到位率逐年提高。如重庆市二次分配项目资金到位率达到 75%，四川省项目资金年初到位率已达到 90%，河北省转移支付、非预算单位拨款和预留资金编到部门系统；福建省部门业务费细化率原则上不低于 90%，部门发展性项目支出细化率原则上不低于 70%。河南省实现项目预算细化编制“三个转变”，即支出安排由“当年研究确定当年支出事项”向“提前研究确定下年支出事项”转变，项目评审由“当年评审确定当年支出项目”向“提前评审确定下年支出项目”转变，跨年度支出项

目所需资金由“一次安排、分年支出”向“依据需求、分年安排”转变。

七、增强部门预算约束，强化预算执行刚性

各地硬化部门预算刚性约束。一是从严控制预算追加。各地原则上预算执行中除救灾等应急支出外，一般不出台增加当年支出的政策，必须出台的政策纳入以后年度预算安排。如贵州省规定预算一经批准，年度中除因政策性增支或经省委常委会、省政府常务会、省长办公会确定以及其他特殊事项（如自然灾害等）需安排支出外，原则上不办理追加支出事项。安徽省明确年度执行中无大事急事要事不办理预算追加，为落实党中央国务院和省委省政府重大决策部署，必须追加预算的，按规定编制预算调整方案，提请省人大常委会审查批准。二是加快支出预算执行。各地密切跟踪部门预算执行进度，建立健全按月通报制度，根据支出进度、盘活存量等指标考核排名，对排名靠后的部门进行通报，督促部门强化预算执行主体责任，加快预算执行进度。三是严格结转结余管理。在落实中央各项盘活存量资金管理规定的基础上，部分地区出台更加严格的结转结余管理措施，如天津市将基本支出结转的50%及项目支出结转超过1年且执行率不足30%的资金全部收回，安徽省将省级结转超过1年的项目支出全部收回。同时，各地加大结转资金与年度预算的统筹力度，强化实有账户结余资金和事业基金管理。四是建立预算执行与预算安排挂钩机制。如广西省建立预算执行与预算编制五项挂钩措施，即结余结转资金支出进度、部门预算支出进度、部门预算执行绩效、政府采购节约资金、监督巡察结果运用与预算安排挂钩。贵州省强化结转结余资金和预算编制相衔接。宁夏强化支出进度、项目结转结余资金与预算安排挂钩机制。

八、深化绩效预算理念，探索建立绩效评价体系

各地强化部门预算绩效管理，推进绩效管理在预算管理各个环节的全覆盖。一是在预算编制时，做好绩效目标申报及审核工作，如山西省将绩效目标设置作为预算安排的前置条件，未按要求设定绩效目标，不得纳入

项目库，也不得申请预算资金。河北省设计完善覆盖省市县三级的部门职责—活动模板，完善绩效指标体系，针对 973 项工作活动，研制了 3165 条绩效指标、12660 个评价标准模板，并设立项目共性指标 18 个和个性指标 38 类 1479 个，涵盖了部门共性项目和预算安排资金额度较大的预算项目。二是在预算执行中，加强绩效运行重点监控，实时掌握和监控财政支出项目预算绩效目标完成情况，及时发现、纠正项目运行中存在的问题，促进预算绩效目标如期保质保量实现。三是预算完成后，做好绩效评价工作，要求省直各部门各单位以绩效目标为依据对资金的经济性、效率性和效益性进行绩效自评，并提出改进意见和建议。财政部门和预算主管部门，对重大政策、重大投资、重大民生项目资金、部门和单位整体支出开展绩效评价。四是在结果运用时，注重绩效评价结果的反馈及应用，将绩效评价结果及时反馈给主管部门和预算单位，在做好绩效问题整改的同时，将评价结果作为预算资金安排、政策调整、专项资金竞争性分配的重要依据。如湖南省积极推进预算绩效管理与预算编制相结合，强化绩效为先理念，充分运用绩效评价结果，实现了预算绩效管理工作“三个全部”，即“预算绩效管理覆盖全部财政性资金，预算绩效管理贯穿预算编制、执行、监督全部过程，预算绩效管理在省、市、县各级政府全部实施”。

九、强化部门预算数据支撑，夯实预算编制基础

一是提高预算编制信息化水平。随着“金财工程”的实施和部门预算“E 财”软件的应用推广，全国 36 个省、市、计划单列市已经实现了使用软件编制部门预算，将部门预算“二上二下”编制流程嵌入预算编制软件，初步建立了预算基础数据信息化平台。在此基础上，进行网络版升级改造，集成建立了网络化的省级财政管理信息系统，除部分涉密部门外，实现了财政数据网上传输，减轻了各预算部门的工作负担，提高了预算数据的安全性和准确性。二是强化基础数据库建设。全国所有省份都已经建立了涵盖预算单位基本情况、编制、人员、工资、车辆、房屋、收入、收费项目等基础信息的数据库，实行动态更新和滚动管理。如云南省印发级预算单位基础信息动态管理操作规程，要求各部门按月申报基础信息变更

数据，并附相关变动依据。安徽省省级构建集政策库、基础信息库、项目库、评审库为一体的“四库一平台”预算编制系统，运用“互联网+”大数据技术，推进部门预算编制管理规范化、科学化。吉林省在现有省级部门预算编审模块、基础数据信息模块、项目库管理模块的基础上，增加了预算绩效管理、政策信息发布等模块，并与国库集中支付系统等业务软件实现有效链接，实现了预算管理业务网上操作。三是务实预算编制基础管理和制度建设。如吉林省将省级行政、事业单位的机构、编制、人员、工资、资产等基本数据纳入基础信息管理系统，建立了省级预算基础数据库。同时，制定印发《关于省直部门预算编制基础数据变更登记的通知》等办法，并定期对办法进行修订完善。财政部门严格按照办法要求，认真审核预算部门（单位）提交的基础信息变更申请材料，符合变更条件的，在预算基础信息库中予以变更，保证基本信息数据的真实性、准确性。

十、主动接受各界监督，推进部门预算公开

主动接收人大审计监督，逐步细化报送人大审议的部门预算内容。在此基础上，强化部门主体责任，提高部门预算公开的主动性和积极性。一是完善公开工作制度。天津市制定市级部门以及区级政府和部门预决算公开指导性文件，使各级各部门预决算公开有章可循、便于操作，并建立公开沟通机制，组建区财政和市级部门预决算公开工作群，耐心解答公开工作中的实际问题，提高公开工作规范化水平。河北省先后制定《推进财政预算信息公开的指导意见》《推进基层财政专项支出预算公开的意见》《进一步推进预算公开的实施意见》等一系列文件，对全省预算公开工作进行全面规范，并着眼于细化公开内容、程序、方式，相继制定了《财政预算信息公开管理办法》《省级预算公开办法》《全省预决算公开操作规程实施细则》等具体制度。二是细化公开内容。北京市扩展公开各部门所有项目支出预算、政府购买服务信息，以及部分涉及面广、社会关注度高的行政事业性收费事项等内容，主动将所有500万元以上的重点项目支出绩效目标予以公开，并在2018年首次公开“两重”政策依据、预算安排等情况，引起了社会媒体广泛关注；进一步增加了公务接待费的使用方向

和出国经费涉及的主要项目的公开，主动将市级“公务用车运行维护费”细化为公务用车“燃油、保险、维修及其他”四项支出明细。福建省部门预算公开至少 12 张表，按功能分类细化到项，按经济性质分类细化到类。安徽部门预决算公开涵盖部门收支和“三公”经费，以及机关运行经费、政府采购支出、国有资产占用使用情况和预算绩效管理工作开展情况，并围绕收入项目和支出科目解读说明，为收支数据配上“说明书”。三是统一信息公开模板。河北省制定全省统一的预算公开模板，对政府预算公开统一确定了 20 张表格、6 项说明，对部门预算公开统一确定了 9 张表格、9 项说明，使得预算账本看起来更简洁、更清晰、更透明。辽宁省以省财政厅为例制作了部门预算公开模板，包括部门职责、机构设置、名词解释、相关情况说明以及公开报表等。上海市选择了市级教育、科技、卫生、交通等领域的 31 个金额较大、社会关注度高的重点支出项目，将其基本情况列入部门预算一并向社会公开，各部门公开不少于 4 个项目的绩效目标和绩效评价报告。四是搭建公开平台。青海省各级财政部门均在同级政府或财政部门网站设立统一的预算信息公开统一平台或专栏，对内容进行分级、分类管理，将政府和部门预决算信息在平台或专栏上集中统一公开，方便公众查阅和监督。河南省从 2017 年起，在省级及市县财政部门门户网站上建立预决算统一公开平台，将政府预决算、部门预决算在平台上集中公开，实现了政府门户网站、部门网站、公开平台同时公开部门预决算，方便了社会公众查阅和监督。

十一、综合采取多种手段，推进县级部门预算改革

为提高县级财政提供公共服务的水平，规范基层预算管理，各地区统一要求、统一规划，积极推进县级部门预算改革，强化县级政府依法理财、科学理财的观念。山东、云南、山西等省根据县级部门预算开展情况进行分类指导，以信息化建设和考核激励机制等为手段，积极有序地推进县级部门预算编制工作。对全面推进部门预算改革的市县，进步巩固工作成果，对试点或尚未推广的县市，通过建立和完善考核激励机制，将部门预算改革成效作为一项重要内容，与缓解县乡财政困难和测算转移支付资

金等工作联系起来，充分调动各级财政积极性。在大力实施“缓解县乡财政困难”等政策的基础上，江西省统一编制模式，考虑到市县预算编制实际情况，根据部门预算改革的总体要求，在总结市县预算编制经验的基础上，制定了全省市县统一的部门预算报表格式。同时，为适应市县特色管理需要，允许市县根据自身特点另设管理类报表，从而为规范管理奠定了良好的基础。同时，强化了技术保障。由省级财政安排专项经费在各市县统一安装了“E财”软件，提供部门预算编制的技术服务，确保了市县全面推进部门预算改革。北京市建立了“一体两翼”的公共财政框架体系，“一体”即财政预算的事前、事中和事后管理的一体化，“两翼”即是以“财政基础工作”和“金财工程”为依托。截至目前，全国县级以上已全面实行了部门预算改革。

第四节　地方部门预算改革的主要经验和成效

在财政部的大力指导下，各级党委、人大、政府高度重视部门预算改革工作，各部门也给予了积极支持和配合。经过共同努力，部门预算改革由浅入深，不断推进，取得了重大进展，确立了部门预算管理基本框架，规范了部门预算编制制度，初步建立了预算编制、执行和监督相分离的运行机制，增强了预算管理的公开性、公正性和透明性。

一、地方部门预算改革的主要经验

（一）部门分工协作是搞好部门预算改革的前提

编制部门预算的主旨是一个部门一本预算，部门预算编制和执行的主体是部门，充分发挥部门在预算编制过程中的作用至关重要。如果没有部门的积极配合，仅靠财政部门单兵作战，部门预算改革只能是纸上谈兵。只有财政部门和预算部门齐心协力、形成合力，才能理顺关系，共谋改革大计，共享改革成果。

（二）增强政府部门工作计划性是搞好部门预算编制的保障

政府不同于市场主体的随意和自由，就在于政府是在一定制度规范下有计划有目的地开展工作，其既不能盲目扩大政府行为范围，也不能行政不作为，因此预算对政府部门具有财力约束的作用，在不超预算支出的同时要加快支出进度。部门预算编制客观上要求政府及其部门履行行政职能、实施公共管理必须具有前瞻性和计划性，坚持科学决策、民主决策、依法决算，唯此，才能细化项目预算编制，增强预算刚性，提升预算执行约束力，有效解决“一年预算、预算一年”的问题，确保改革不断向纵深推进。

（三）确保支出科学合理是搞好部门预算改革的关键

就部门预算而言，实现公平公正应该把握好两点：一是摒弃原有基数，实行零基预算。零基预算是对传统预算基数与现实要求不吻合、不合理的“重新洗牌”，可以解决苦乐不均和两极分化问题，使部门站在同一起跑线上，以事权决定财力配置。二是建立标准化的定员定额体系。定员标准以国家和省的政策规定为依据，定额标准以均等化和客观因素为遵循。定额科学合理，就能促进部门预算的顺利实施，反之则制约部门预算的开展。同时，制定定额标准应坚持量力而行、尽力而为，有多少钱办多少事的原则，使有限的财政资金发挥最大的效益，实现最好的效果。

二、地方部门预算改革取得的主要成效

（一）进一步强化部门预算管理的法治性

近年来，地方部门预算改革不断向前推进，预算编制更加全面规范，预算管理更加公开透明，管理措施更加丰富完善，预算绩效更加全面覆盖，部门预算观念已经深入人心，特别是 2014 年 8 月新修订的《预算法》，对部门预算的组成和编制做出了明确规定，确定了部门预算在我国政府预算体系中的正式地位，进一步强化了部门预算的法治性。同时，实

行“一个部门一本预算”，进一步强化部门单位是部门预算编制执行的主体责任，部门在编制预算时对本部门履职进行全面梳理，对预算安排进行统筹考虑，对预算编制与部门履职进行有效衔接，进一步提升了部门履职保障能力。此外，部门预算改革与收支两条线、国库集中支付、政府采购制度等相关改革协调推进，突破了传统计划经济体制下的政府收支预算管理模式，在推进现代预算管理制度方面迈出了坚实的步伐。

（二）进一步提高部门预算管理的科学性

实行部门预算改革以来，推进了标准化预算周期管理，预算编制时间逐步逐步延长，为部门全面规范科学、编实编准编细部门预算提供了充足的时间保障；推进项目库建设和预算评审论证制度，所有项目支出均要纳入项目库，所有入库项目必须纳入预算评审论证，立足项目库实行滚动管理，并建立项目支出政策动态评估论证机制，项目支出预算立项、安排更加科学规范；推进了基本支出定额标准和项目支出定额标准体系建设，建立健全定额标准动态调整机制，部门预算测算更加科学有据。同时，预算编制程序立足基层单位，逐级汇总，预算批复到基层单位和项目预算，预算编制更加科学细化。

（三）进一步提高部门预算管理的约束性

部门预算改革后，改变了过去层层留机动的做法，预算全部批复到基层单位和具体项目，避免了传统的功能预算年初预算未细化到具体项目，预算执行调整变动过多的现象，为各级各部门严格按照执行预算创造了有利条件；改变了过去预算追加过于频繁，强化部门预算约束执行硬约束，一般不出台增加当年支出的政策，必须出台的政策纳入以后年度预算安排，非特殊情况原则上不追加；改变了过去预算分散分割的弊端，将部门单位原来自行管理政府性基金、非税收入等资金纳入综合预算，统一纳入部门预算管理，预算执行随意性得到有效控制。同时，各地加强对部门预算执行考核通报，硬化了部门预算执行的约束。

（四）进一步强化部门预算管理的透明性

部门预算改革后，在预算编制论证环节，引入专家评审机制，重点将新增安排、专业性较强、社会关注度高的项目纳入公开评审，主动听取人大代表意见建议，进一步提高预算编制的公众参与度和透明度；在预算安排审议环节，地方逐步扩大报送人大审查的部门预算范围，各地省级基本涵盖所有非涉密部门，报送的重点项目数量逐步增加；在预算对外公开环节，在推进部门及“三公”经费预决算公开的基础上，进一步细化预算公开内容，拓展公开范围至政府采购、财政政策和重点项目绩效，推进“统一时间、统一方式、统一平台、统一模板”预算公开方式，部门预算管理更加公开透明。

（五）进一步强化部门预算管理的规范性

实施部门预算改革后，各级财政部门按照新的预算管理模式，建立了预算编制、执行、监督相分离的预算管理机制，调整了内部机构设置，强化了预算部门的编制职责，成立了专门的执行机构，明确了各个机构的职责分工，初步建立起预算编制、执行、监督相对分离又相互制约的预算管理新机制。同时，大力推进与预算编制改革紧密相关的国库集中收付、政府采购和收支两条线管理等各项改革，提高了部门预算执行的科学性和规范性。各省、区、市本级全面实施了国库集中支付改革，并逐步向县市推进；基本建立了以《政府采购法》为核心的政府采购法规体系，政府采购范围、规模不断扩大；推进收支两条线管理，逐步扩大了政府性基金和行政性收费纳入预算管理范围，进一步规范部门预算管理。

（六）进一步强化部门预算管理的绩效性

实行部门预算改革以来，地方财政部门改变了过去一些部门重分配轻管理，花钱不问效，闲置浪费等问题。一方面，围绕全面实施绩效管理，加快建立目标、监控、评价、应用、问责的全过程绩效管理体系，规范绩效目标的编制审核，继续拓展评价领域，强化评价结果运用。特别是近年来，推进项目绩效目标与部门预算同步申报、同步审核、同步批复制度，并逐步扩大项目预算绩效评价范围，健全绩效评价结果与预算安排挂钩机制，着力提高财政资金使用效益。另一方面，围绕提高存量资金效益，推进地方财政管理绩效考核，将地方预算执行进度作为重要指标考核，地方财政部门建立健全预算执行考核、通报、约谈等制度，完善规范结转结余资金管理，切实提高部门预算资金使用绩效。

第五节 深化地方部门预算改革的思路和措施

地方部门预算改革取得丰硕的成果，为深化财税体制改革、加快建立现代财政制度奠定了坚实的基础。但一些部门预算主体责任意识还需进一步强化，部门预算编制与预算执行衔接不够，重分配轻管理、花钱不问效仍然存在。下一步，我们将按照“建立全面规范透明、标准科学、约束有力的预算制度，全面实施绩效管理”的总体要求，深化部门预算管理制度改革，为建立现代财政制度、推进国家治理体系和治理能力现代化的奠定坚实的基础。

一、进一步推进部门预算管理全面规范透明

一是继续推进全口径预算管理制度改革。一方面强调将部门的全部收支活动纳入预算管理当中，规范部门事业收入等其他收入管理，全部纳入部门预算并与财政拨款统筹安排，以规范部门预算管理行为；另一方面要加强四本预算管理，尤其是除一般公共预算以外的其他三本预算。对于政府性基金预算，重点是控制规模并全面纳入预算管理，对于国有资本经营预算，重点是做好与一般公共预算和社会保险基金预算的统筹衔接，对于社会保险基金，重点是加强管理，确保资金的可持续运行。二是完善部门预算管理制度。指导地方结合部门预算管理的新要求，围绕部门三年滚动预算、项目库建设、预算评审论证、支出标准建设、预算安排挂钩、部门预算绩效等重点领域，进一步完善管理制度，构建现代部门预算管理制度体系。三是深化部门预算公开改革。要求部门能够进一步拓宽和细化预算公开的范围和内容，同时在公开方式上加强的公开的及时性、便利性、易懂性等，并细化部门预算公开内容，扩大公开范围，从而形成广泛参与的预算形式，强化社会监督。四是完善部门预算信息库建设。以提高部门预

算管理信息化水平为支撑，加快构建部门预算支出政策库、基础信息库、预算项目库、预算评审专家库等基础数据信息库，加强部门预算编制、执行、决算、资产等业务信息的互联互通，并建立基础信息动态采集和共享机制。

二、进一步推进部门预算管理标准科学

一是强化预算安排的科学性。部门预算安排要体现财政发展规律，并且要契合经济发展形势和国家宏观调控的需要，一方面，要严控一般性支出。坚持精打细算、勤俭节约，从严控制非急需、非刚性支出，从严控制“三公”经费，从严控制会议、差旅和培训费，继续严控新建政府性楼堂馆所和财政供养人员。另一方面调整优化部门支出结构，把有限的资金用于党委政府重大决策部署的重点领域，用到部门履行职责的重点工作领域，增强部门预算安排的科学精确。二是加强项目库管理。以项目库管理为载体，推动地方财政部门健全项目全周期管理，将项目库与预算绩效、预算执行、资产管理等信息系统对接，实现项目的全过程绩效管理，预算安排和预算执行的完整闭环管理；推动部门加强预算项目评审论证，将支出预算的政策依据、标准、支出方向和绩效目标等信息充实到部门预算项目库。三是推动支出标准体系建设。逐步完善基本支出和项目支出标准体系，加快推进通用和专用项目定额标准制定，推动部门内部标准制定，实施项目标准管理，发挥支出标准对预算编制的基础性作用。四是深化预算评审论证。进一步推动开门办预算，深入推进预算评审论证，完善评审专家库建设，扩大预算评审范围，预算安排时逐步拓宽决策参与者范围，听取人大、部门和社会各界的意见，进一步强化评审结果运用。同时，结合分类推进事业单位改革，研究探索不同事业单位的财政预算保障机制。

三、进一步推动部门预算管理约束有力

一是着力加强预算编制约束机制。进一步推进部门三年滚动预算管理，既要强调财政政策的稳定性、连续性与统筹性，又要注重预算安排随

社会经济发展的动态调整，通过制定部门三年滚动预算，进一步对部门年度预算的约束力，新增支出原则上在支出规划内通过调整支出结构解决，并按照轻重缓急安排项目预算。二是切实强化预算执行约束。严格按照人大批准预算执行，从严控制部门预算追加和预算调剂，确需安排的新增支出主要通过调整结构解决。三是健全预算激励约束机制。建立预算编报“精准度”和契合度与预算安排挂钩机制，建立绩效管理与预算安排挂钩机制，建立预算支出进度与预算安排挂钩机制，建立项目结转结余资金与预算安排挂钩机制，建立落实中央有关要求与项目支出安排挂钩机制。

四、进一步推动部门预算全面绩效管理

一是推进绩效管理在各级部门预算资金的全覆盖。一方面要实现预算绩效管理在中央、省、市、县、乡五级政府的部门预算资金全覆盖；另一方面纳入绩效管理的财政资金要从一般公共预算扩展到其他三本预算，实现预算绩效管理在四本预算上的全覆盖，原则上只要是经由财政拨款的资金，都应纳入绩效管理的范围。二是推进绩效管理在各个环节的全覆盖，建立预算安排与绩效目标、资金使用效果相挂钩的激励机制。全过程的预算绩效管理包含事前、事中、事后阶段的长期性、连续性过程，并对部门预算编制、执行、决算、评价、结果应用等各个阶段起到监督和指导作用。其中事前阶段主要是指绩效目标管理，要求各预算部门能根据自身的职能定位合理设置绩效目标，并以此安排预算支出；事中阶段主要是指绩效跟踪管理，要求各部门在预算执行阶段对绩效目标运行情况进行跟踪，发现问题并及时纠正；事后阶段主要是指绩效评价管理，要求相关部门对项目运行或预算执行情况进行绩效评价，并对结果进行应用，将资金使用效果与下一年度的预算安排进行挂钩。

五、进一步推进部门预算基础管理

一是压实部门预算管理主体责任。《预算法》明确规定部门是预算管理的责任主体，进一步压实部门在部门预算编制、执行、绩效、公开等方

面的责任，督促部门强化项目库管理、支出标准建设等，强化内控管理，提高部门的预算管理水平。二是完善预算管理流程。待预算法实施条例出台后，指导地方完善预算调剂管理制度，简化部门预算调剂程序；从严控制预算代编预算规模，能细化落实到部门的预算全面细化落实到部门。三是强化部门预算约束。继续指导地方将部门全部收支纳入预算管理，推进部门将经营收入、实有账户资金等其他收入统筹纳入预算管理；严格控制预算追加，新增的临时性支出原则上通过内部调剂解决；加强对部门结转结余的清理，有效盘活存量资金，提高资金使用效益。四是加强预算执行监控。指导地方建立部门预算执行分析，分科目、分项目强化对部门预算的执行监控，加大对重点部门、重点项目的预算执行督查力度，完善国库集中支付动态监控，确保资金使用安全。

六、进一步推进基层部门预算管理

随着我国经济社会的发展，以及中央财政转移支付力度不断加大，近年来县级财政状况明显改善，基本消除拖欠工资现象，公用经费及其他社会公共服务保障水平和满足程度有所提高，部门支出得到了有力保障，部门预算改革已经向纵深发展。指导地方按照深化预算管理制度改革的总体部署，认真贯彻落实《预算法》，结合完善财政管理体制、转移支付制度改革以及县级基本财力保障等工作，进一步加强部门预算改革配套制度建设，切实提高预算编制的准确性和到位程度，从范围上进一步拓展部门预算的覆盖面，实现横向扩展到所有部门及下属单位，纵向扩展到所有县和乡镇；从管理上要规范程序和分工，合理界定支出范围和标准，实现预算支出的全面规范；从效益上要增质提效，切实增强财政资金使用效益和预算管理效率；从透明度上要完善制度，形成主动公开、自我监督的良好机制。通过推进和深化基层部门预算改革，使我国部门预算管理制度和体系整体实现全面规范和公开透明。

第十一章　预算支出标准汇编

一、中央和国家机关会议费标准有关规定

文件依据：《财政部、国家机关事务管理局、中共中央直属机关事务管理局关于印发〈中央和国家机关会议费管理办法〉的通知》（财行〔2016〕214号）。

（一）会议分类

一类会议。是以党中央和国务院名义召开的，要求省、自治区、直辖市、计划单列市或中央部门负责同志参加的会议。

二类会议。是党中央和国务院各部委、各直属机构，最高人民法院，最高人民检察院，各人民团体召开的，要求省、自治区、直辖市、计划单列市有关厅（局）或本系统、直属机构负责同志参加的会议。

三类会议。是党中央和国务院各部委、各直属机构，最高人民法院，最高人民检察院，各人民团体及其所属内设机构召开的，要求省、自治区、直辖市、计划单列市有关厅（局）或本系统机构有关人员参加的会议。

四类会议。是指除上述一、二、三类会议以外的其他业务性会议，包括小型研讨会、座谈会、评审会等。

（二）审批程序

一类会议。应当由主办单位报经党中央和国务院批准。会议总务、经费预算及费用结算等工作分别由中共中央直属机关事务管理局（以下简称

中直管理局）和国家机关事务管理局（以下简称国管局）负责。

二类会议。党中央和国务院各部委、各直属机构，各人民团体应当于每年 12 月底前，将下一年度会议计划（包括会议名称、召开的理由、主要内容、时间地点、代表人数、工作人员数、所需经费及列支渠道等）送财政部审核会签，按程序经中央办公厅、国务院办公厅审核后报批。各单位召开二类会议原则上每年不超过 1 次。

三类会议。各单位应当建立会议计划编报和审批制度，年度会议计划（包括会议数量、会议名称、召开的理由、主要内容、时间地点、代表人数、工作人员数、所需经费及列支渠道等）经单位领导办公会或党组（党委）会审批后执行。

四类会议。由单位分管领导审核后列入单位年度会议计划。

（三）会议天数

一类会议会期按照批准文件，根据工作需要从严控制；二、三、四类会议会期均不得超过 2 天；传达、布置类会议会期不得超过 1 天。会议报到和离开时间，一、二、三类会议合计不得超过 2 天，四类会议合计不得超过 1 天。

（四）会议人数

一类会议参会人员按照批准文件，根据会议性质和主要内容确定，严格限定会议代表和工作人员数量。

二类会议参会人员不得超过 300 人，其中，工作人员控制在会议代表人数的 15% 以内；不请省、自治区、直辖市和中央部门主要负责同志、分管负责同志出席。

三类会议参会人员不得超过 150 人，其中，工作人员控制在会议代表人数的 10% 以内。

四类会议参会人员视内容而定，一般不得超过 50 人。

（五）会议地点

各单位召开会议应当改进会议形式，充分运用电视电话、网络视频等现代信息技术手段，降低会议成本，提高会议效率。传达、布置类会议优先采取电视电话、网络视频会议方式召开。电视电话、网络视频会议的主会场和分会场应当控制规模，节约费用支出。不能够采用电视电话、网络视频召开的会议实行定点管理。各单位会议应当到定点会议场所召开，按照协议价格结算费用。未纳入定点范围，价格低于会议综合定额标准的单位内部会议室、礼堂、宾馆、招待所、培训中心，可优先作为本单位或本系统会议场所。

无外地代表且会议规模能够在单位内部会议室安排的会议，原则上在单位内部会议室召开，不安排住宿。参会人员以在京单位为主的会议不得到京外召开。各单位不得到党中央、国务院明令禁止的风景名胜区召开会议。

（六）会议费开支范围

会议费开支范围包括会议住宿费、伙食费、会议场地租金、交通费、文件印刷费、医药费等。交通费是指用于会议代表接送站，以及会议统一组织的代表考察、调研等发生的交通支出。会议代表参加会议发生的城市间交通费，按照差旅费管理办法的规定回单位报销。

（七）会议费开支渠道

一类会议费在部门预算专项经费中列支，二、三、四类会议费原则上在部门预算公用经费中列支。会议费由会议召开单位承担，不得向参会人员收取，不得以任何方式向下属机构、企事业单位、地方转嫁或摊派。

（八）会议费开支标准

会议费开支实行综合定额控制，各项费用之间可以调剂使用。综合定额标准是会议费开支的上限。各单位应在综合定额标准以内结算报销（见表11－1）。

表11－1　　会议费综合定额标准　　单位：元/人·天

会议类别	住宿费	伙食费	其他费用	合计
一类会议	500	150	110	760
二类会议	400	150	100	650
三、四类会议	340	130	80	550

（九）会议费报销规定

各单位在会议结束后应当及时办理报销手续。会议费报销时应当提供会议审批文件、会议通知及实际参会人员签到表、定点会议场所等会议服务单位提供的费用原始明细单据、电子结算单等凭证。财务部门要严格按规定审核会议费开支，对未列入年度会议计划，以及超范围、超标准开支的经费不予报销。

各单位会议费支付，应当严格按照国库集中支付制度和公务卡管理制度的有关规定执行，以银行转账或公务卡方式结算，禁止以现金方式结算。具备条件的，会议费应当由单位财务部门直接结算。

（十）严禁各单位借会议名义组织会餐或安排宴请；严禁套取会议费设立“小金库”；严禁在会议费中列支公务接待费

各单位应严格执行会议用房标准，不得安排高档套房；会议用餐严格控制菜品种类、数量和分量，安排自助餐，严禁提供高档菜肴，不安排宴请，不上烟酒；会议会场一律不摆花草，不制作背景板，不提供水果。不得使用会议费购置电脑、复印机、打印机、传真机等固定资产以及开支与本次会议无关的其他费用；不得组织会议代表旅游和与会议无关的参观；严禁组织高消费娱乐、健身活动；严禁以任何名义发放纪念品；不得额外配发洗漱用品。

二、中央和国家机关差旅费标准有关规定

文件依据：《财政部关于印发〈中央和国家机关差旅费管理办法〉的通知》（财行〔2013〕531 号）、《中央和国家机关差旅费管理办法有关问题的解答》（财办行〔2014〕90 号）、《关于调整中央和国家机关差旅住宿费标准等有关问题的通知》（财行〔2015〕497 号）、《财政部关于印发〈中央和国家机关工作人员赴地方差旅住宿费标准明细表〉的通知》（财行〔2016〕71 号）。

（一）城市间交通费

城市间交通费按乘坐交通工具的等级凭据报销，订票费、经批准发生的签转或退票费、交通意外保险费凭据报销。

1. 出差人员应当按规定等级乘坐交通工具，乘坐交通工具的等级见表11－2。

表11－2　出差人员乘坐交通工具等级表

交通工具 级别	火车（含高铁、动车、全列软席列车）	轮船（不包括旅游船）	飞机	其他交通工具（不包括出租小汽车）
副部长及相当职务的人员	火车软席（软座、软卧）高铁/动车商务座，全列软席列车一等软座	一等舱	头等舱	凭据报销
司局级及相当职务人员	火车软席（软座、软卧），高铁/动车一等座，全列软席列车一等软座	二等舱	经济舱	凭据报销
其余人员	火车硬席（硬座、硬卧），高铁/动车二等座、全列软席列车二等软座	三等舱	经济舱	凭据报销

2. 部级及相当职务人员出差，因工作需要，随行一人可乘坐同等级交通工具。未按规定等级乘坐交通工具的，超支部分由个人自理。

3. 到出差目的地有多种交通工具可选择时，出差人员在不影响公务、确保安全的前提下，应当选乘经济便捷的交通工具。

4. 乘坐飞机的，民航发展基金、燃油附加费可以凭据报销。

5. 乘坐飞机、火车、轮船等交通工具的，每人次可以购买交通意外保险一份。所在单位统一购买交通意外保险的，不再重复购买。

（二）住宿费

在标准限额之内凭发票据实报销。

1. 财政部分地区制定住宿费限额标准（见表11－3）。

表 11－3　中央和国家机关工作人员赴地方差旅住宿费标准明细表

序号	地区（城市）		住宿费标准			旺季浮动标准				
			部级	司局级	其他人员	旺季地区	旺季期间	旺季上浮价		
								部级	司局级	其他人员
1	北京	全市	1100	650	500					
2	天津	6个中心城区、滨海新区、东丽区、西青区、津南区、北辰区、武清区、宝坻区、静海区、蓟县	800	480	380					
		宁河区	600	350	320					
3	河北	石家庄市、张家口市、秦皇岛市、廊坊市、承德市、保定市	800	450	350	张家口市	7—9月、11—次年3月	1200	675	525
						秦皇岛市	7—8月	1200	680	500
						承德市	7—9月	1000	580	580
		其他地区	800	450	310					
4	山西	太原市、大同市、晋城市	800	480	350					
		临汾市	800	480	330					
		阳泉市、长治市、晋中市	800	480	310					
		其他地区	800	400	240					
5	内蒙古	呼和浩特市	800	460	350					
		其他地区	800	460	320	海拉尔市、满洲里市、阿尔山市	7—9月	1200	690	480
						二连浩特市	7—9月	1000	580	400
						额济纳旗	9—10月	1200	690	480
6	辽宁	沈阳市	800	480	350					
		其他地区	800	480	330					
7	大连	全市	800	490	350	全市	7—9月	960	590	420
8	吉林	长春市、吉林市、延边州、长白山管理区	800	450	350	吉林市、延边州、长白山管理区	7—9月	960	540	420
		其他地区	750	400	300					

续表

序号	地区（城市）		住宿费标准			旺季地区	旺季浮动标准			
							旺季期间	旺季上浮价		
			部级	司局级	其他人员			部级	司局级	其他人员
9	黑龙江	哈尔滨市	800	450	350	哈尔滨市	7—9月	960	540	420
		其他地区	750	450	300	牡丹江市、伊春市、大兴安岭地区、黑河市、佳木斯市	6—8月	900	540	360
10	上海	全市	1100	600	500					
11	江苏	南京市、苏州市、无锡市、常州市、镇江市	900	490	380					
		其他地区	900	490	360					
12	浙江	杭州市	900	500	400					
		其他地区	800	490	340					
13	宁波	全市	800	450	350					
14	安徽	全省	800	460	350					
15	福建	福州市、泉州市、平潭综合实验区	900	480	380					
		其他地区	900	480	350					
16	厦门	全市	900	500	400					
17	江西	全省	800	470	350					
18	山东	济南市、淄博市、枣庄市、东营市、烟台市、潍坊市、济宁市、泰安市、威海市、日照市	800	480	380	烟台市、威海市、日照市	7—9月	960	570	450
		其他地区	800	460	360					
19	青岛	全市	800	490	380	全市	7—9月	960	590	450
20	河南	郑州市	900	480	380					
		其他地区	800	480	330	洛阳市	4—5月上旬	1200	720	500
21	湖北	武汉市	800	480	350					
		其他地区	800	480	320					

续表

序号	地区（城市）		住宿费标准			旺季地区	旺季浮动标准			
			部级	司局级	其他人员		旺季期间	旺季上浮价		
								部级	司局级	其他人员
22	湖南	长沙市	800	450	350					
		其他地区	800	450	330					
23	广东	广州市、珠海市、佛山市、东莞市、中山市、江门市	900	550	450					
		其他地区	850	530	420					
24	深圳	全市	900	550	450					
25	广西	南宁市	800	470	350					
		其他地区	800	470	330	桂林市、北海市	1—2 月、7—9 月	1040	610	430
26	海南	海口市、三沙市、儋州市、五指山市、文昌市、琼海市、万宁市、东方市、定安县、屯昌县、澄迈县、临高县、白沙县、昌江县、乐东县、陵水县、保亭县、琼中县、洋浦开发区	800	500	350	海口市、文昌市、澄迈县	11—次年 2 月	1040	650	450
						琼海市、万宁市、陵水县、保亭县	11—次年 3 月	1040	650	450
		三亚市	1000	600	400	三亚市	10—次年 4 月	1200	720	480
27	重庆	9 个中心城区、北部新区	800	480	370					
		其他地区	770	450	300					
28	四川	成都市	900	470	370					
		阿坝州、甘孜州	800	430	330					
		绵阳市、乐山市、雅安市	800	430	320					
		宜宾市	800	430	300					
		凉山州	750	430	330					
		德阳市、遂宁市、巴中市	750	430	310					
		其他地区	750	430	300					

续表

序号	地区（城市）		住宿费标准			旺季地区	旺季浮动标准			
			部级	司局级	其他人员		旺季期间	旺季上浮价		
								部级	司局级	其他人员
29	贵州	贵阳市	800	470	370					
		其他地区	750	450	300					
30	云南	昆明市、大理州、丽江市、迪庆州、西双版纳州	900	480	380					
		其他地区	900	480	330					
31	西藏	拉萨市	800	500	350	拉萨市	6—9月	1200	750	530
		其他地区	500	400	300	其他地区	6—9月	800	500	350
32	陕西	西安市	800	460	350					
		榆林市、延安市	680	350	300					
		杨凌区	680	320	260					
		咸阳市、宝鸡市	600	320	260					
		渭南市、韩城市	600	300	260					
		其他地区	600	300	230					
33	甘肃	兰州市	800	470	350					
		其他地区	700	450	310					
34	青海	西宁市	800	500	350	西宁市	6—9月	1200	750	530
		玉树州、果洛州	600	350	300	玉树州	5—9月	900	525	450
		海北州、黄南州	600	350	250	海北州、黄南州	5—9月	900	525	375
		海东市、海南州	600	300	250	海东市、海南州	5—9月	900	450	375
		海西州	600	300	200	海西州	5—9月	900	450	300
35	宁夏	银川市	800	470	350					
		其他地区	800	430	330					

续表

序号	地区（城市）		住宿费标准			旺季地区	旺季浮动标准			
							旺季期间	旺季上浮价		
			部级	司局级	其他人员			部级	司局级	其他人员
36	新疆	乌鲁木齐市	800	480	350					
		石河子市、克拉玛依市、昌吉州、伊犁州、阿勒泰地区、博州、吐鲁番市、哈密地区、巴州、和田地区	800	480	340					
		克州	800	480	320					
		喀什地区	780	480	300					
		阿克苏地区	700	450	300					
		塔城地区	700	400	300					

2. 部级及相当职务人员住普通套间，司局级及以下人员住单间或标准间。

3. 出差人员应当在职务级别对应的住宿费标准限额内，选择安全、经济、便捷的宾馆住宿。不要求出差人员必须入住定点饭店，从2015年起，财政部也不再组织招标采购出差的定点饭店。

4. 出差人员实际发生住宿而无住宿费发票的，如果是住在自己家里，或到边远地区出差，无法取得住宿费发票的，由出差人员说明情况并经所在部门领导批准，可以报销城市间交通费、伙食补助费和市内交通费，其他情况一般不予报销差旅费。

（三）伙食补助费

伙食补助费按出差目的地的标准报销，在途期间的伙食补助费按当天最后到达目的地的标准报销。

1. 伙食补助费按出差自然（日历）天数计算，按规定标准包干使用。

2. 财政部分地区制定伙食补助费标准（见表11－4）。

3. 出差人员应当自行用餐。凡由接待单位统一安排用餐的，应当向接待单位缴纳伙食费。

（四）市内交通费

市内交通费按规定标准报销。

1. 市内交通费按出差自然（日历）天数计算，每人每天 80 元包干使用。往返驻地和机场的交通费在按规定发放的市内交通费内统筹解决，不再另外报销。

2. 出差人员由接待单位或其他单位提供交通工具的，应向接待单位或其他单位交纳相关费用。

（五）参加会议、培训等的差旅费

工作人员外出参加会议、培训，举办单位统一安排食宿的，会议、培训期间的食宿费和市内交通费由会议、培训举办单位按规定统一开支；往返会议、培训地点的差旅费由所在单位按照规定报销。其中，伙食补助费和市内交通费按往返各 1 天计发，当天往返的按 1 天计发（见表 11－4）。

表 11－4　　中央和国家机关差旅伙食补助费标准表

省份	伙食补助费标准	省份	伙食补助费标准
北京	100	青岛	100
天津	100	河南	100
河北	100	湖北	100
山西	100	湖南	100
内蒙古	100	广东	100
辽宁	100	深圳	100
大连	100	广西	100
吉林	100	海南	100
黑龙江	100	重庆	100
上海	100	四川	100
江苏	100	贵州	100
浙江	100	云南	100
宁波	100	西藏	120
安徽	100	陕西	100
福建	100	甘肃	100
厦门	100	青海	120
江西	100	宁夏	100
山东	100	新疆	120

三、因公临时出国经费标准有关规定

文件依据：《财政部、外交部关于印发〈因公临时出国经费管理办法〉的通知》（财行〔2013〕516号）。

（一）开支范围

因公临时出国经费包括：国际旅费、国外城市间交通费、住宿费、伙食费、公杂费和其他费用。其他费用主要是指出国签证费用、必需的保险费用、防疫费用、国际会议注册费用等。

（二）国际旅费

1. 出国人员应当严格按照规定安排交通工具，不得乘坐民航包机或私人、企业和外国航空公司包机。

2. 省部级人员可以乘坐飞机头等舱、轮船一等舱、火车高级软卧或全列软席列车的商务座；司局级人员可以乘坐飞机公务舱、轮船二等舱、火车软卧或全列软席列车的一等座；其他人员均乘坐飞机经济舱、轮船三等舱、火车硬卧或全列软席列车的二等座。所乘交通工具舱位等级划分与以上不一致的，可乘坐同等水平的舱位。所乘交通工具未设置上述规定中本级别人员可乘坐舱位等级的，应乘坐低一等级舱位。上述人员发生的国际旅费据实报销。

3. 出国人员乘坐国际列车，国内段按国内差旅费的有关规定执行；国外段超过6小时以上的按自然（日历）天数计算，每人每天补助12美元。

（三）住宿费

1. 出国人员应当严格按照规定安排住宿，省部级人员可安排普通套房，住宿费据实报销；厅局级及以下人员安排标准间，在规定的住宿费标准（见表11－5）之内予以报销。

2. 参加国际会议等的出国人员，原则上应当按照住宿费标准执行。如对方组织单位指定或推荐酒店，应当严格把关，通过询价方式从紧安排，超出费用标准的，须事先报经本单位外事和财务部门批准。经批准，住宿费可据实报销。

（四）伙食费和公杂费

1. 出国人员伙食费、公杂费可以按规定的标准（见表11－5）发给个人包干使用。包干天数按离、抵我国国境之日计算。

2. 根据工作需要和特点，不宜个人包干的出访团组，其伙食费和公杂费由出访团组统一掌握，包干使用。

3. 外方以现金或实物形式提供伙食费和公杂费接待我代表团组的，出国人员不再领取伙食费和公杂费。

4. 出访用餐应当勤俭节约，不上高档菜肴和酒水，自助餐也要注意节俭。

表11－5　各国家和地区住宿费、伙食费、公杂费开支标准表

序号	国家（地区）	城市	币种	住宿费（每人每天）	伙食费（每人每天）	公杂费（每人每天）
一、亚洲						
1	蒙古		美元	90	50	35
2	朝鲜		美元	90	40	30
3	韩国	首尔、釜山、济州	美元	180	70	35
4		光州、西归浦	美元	160	70	35
5		其他城市	美元	150	70	35
6	日本	东京	日元	20000	10000	5000
7		大阪、京都	日元	18000	10000	5000
8		福冈、札幌、长崎、名古屋	日元	14000	10000	5000
9		其他城市	日元	9000	10000	5000
10	缅甸		美元	90	50	35
11	巴基斯坦	伊斯兰堡、拉合尔卡拉奇	美元	135	30	30
12		奎达	美元	70	30	30
13		其他城市	美元	60	30	30

续表

序号	国家（地区）	城市	币种	住宿费（每人每天）	伙食费（每人每天）	公杂费（每人每天）
14	斯里兰卡		美元	110	40	30
15	马尔代夫		美元	160	50	30
16	孟加拉		美元	150	50	40
17	伊拉克		美元	170	50	40
18	阿拉伯联合酋长国		美元	200	50	40
19	也门	萨那	美元	110	50	35
20		亚丁	美元	90	50	35
21		其他城市	美元	80	50	35
22	阿曼		美元	150	50	40
23	伊朗		美元	95	50	40
24	科威特		美元	200	70	40
25	沙特阿拉伯	利雅得	美元	200	70	40
26		吉达	美元	140	70	40
27		其他城市	美元	120	70	40
28	巴林		美元	160	55	40
29	以色列		美元	200	70	40
30	巴勒斯坦		美元	180	70	40
31	文莱		美元	130	40	35
32	印度	新德里、加尔各答	美元	175	50	35
33		孟买	美元	200	50	35
34		其他城市	美元	155	50	35
35	不丹		美元	160	50	35
36	越南	河内	美元	90	40	30
37		胡志明	美元	80	40	30
38		其他城市	美元	70	40	30
39	柬埔寨		美元	100	40	30
40	老挝		美元	90	40	30
41	马来西亚		美元	110	50	35
42	菲律宾		美元	130	50	35
43	印度尼西亚		美元	125	50	35

续表

序号	国家（地区）	城市	币种	住宿费（每人每天）	伙食费（每人每天）	公杂费（每人每天）
44	东帝汶		美元	130	40	35
45	泰国	曼谷	美元	140	50	35
46		宋卡	美元	110	50	35
47		清迈、孔敬	美元	90	50	35
48		其他城市	美元	80	50	35
49	新加坡		美元	220	55	40
50	阿富汗		美元	100	38	30
51	尼泊尔		美元	140	50	35
52	黎巴嫩		美元	150	50	35
53	塞浦路斯		美元	100	40	35
54	约旦		美元	120	50	35
55	土耳其	安卡拉	美元	105	45	30
56		伊斯坦布尔	美元	150	45	30
57		其他城市	美元	90	45	30
58	叙利亚		美元	110	50	35
59	卡塔尔		美元	160	60	40
60	中国香港		港币	1500	500	300
61	中国澳门		港币	1200	500	300
62	中国台湾		美元	150	60	40
二、非洲						
63	马达加斯加	塔那那利佛	美元	130	38	30
64		塔马塔夫	美元	100	38	30
65		其他城市	美元	90	38	30
66	喀麦隆		美元	120	50	35
67	多哥		美元	110	48	35
68	科特迪瓦		美元	120	50	35
69	摩洛哥		美元	130	50	40
70	阿尔及利亚		美元	180	55	35
71	卢旺达		美元	130	32	30
72	几内亚		美元	130	55	35

续表

序号	国家（地区）	城市	币种	住宿费（每人每天）	伙食费（每人每天）	公杂费（每人每天）
73	埃塞俄比亚		美元	210	50	35
74	厄立特里亚		美元	110	50	35
75	莫桑比克		美元	170	50	35
76	塞舌尔		美元	240	50	35
77	肯尼亚		美元	195	50	35
78	利比亚		美元	160	50	35
79	安哥拉		美元	400	60	40
80	赞比亚		美元	150	45	35
81	几内亚比绍		美元	135	45	35
82	突尼斯		美元	100	40	35
83	布隆迪		美元	150	40	35
84	莱索托		美元	100	35	30
85	津巴布韦		美元	120	45	33
86	尼日利亚	阿布贾	美元	270	60	35
87		拉各斯	美元	300	60	35
88		其他城市	美元	250	60	35
89	毛里求斯		美元	155	50	35
90	索马里		美元	180	50	35
91	苏丹		美元	130	40	32
92	贝宁		美元	150	35	30
93	马里		美元	150	50	35
94	乌干达		美元	170	50	35
95	塞拉利昂		美元	155	50	35
96	吉布提		美元	160	60	35
97	塞内加尔		美元	165	50	35
98	冈比亚		美元	170	50	35
99	加蓬		美元	180	60	35
100	中非		美元	140	50	35
101	布基纳法索		美元	140	50	35
102	毛里塔尼亚		美元	130	55	35

续表

序号	国家（地区）	城市	币种	住宿费（每人每天）	伙食费（每人每天）	公杂费（每人每天）
103	尼日尔		美元	145	50	35
104	乍得		美元	220	50	35
105	赤道几内亚		美元	200	50	35
106	加纳		美元	200	50	35
107	坦桑尼亚	达累斯萨拉姆	美元	180	50	35
108		桑给巴尔	美元	210	50	35
109		其他城市	美元	160	50	35
110	刚果（金）		美元	220	50	35
111	刚果（布）		美元	170	50	35
112	埃及		美元	170	50	35
113	圣多美和普林西比		美元	170	50	35
114	博茨瓦纳		美元	170	50	35
115	南非	比勒陀利亚、约翰内斯堡	美元	170	50	35
116		开普敦	美元	210	50	35
117		德班	美元	150	50	35
118		其他城市	美元	130	50	35
119	纳米比亚		美元	140	35	30
120	斯威士兰		美元	150	50	35
121	利比里亚		美元	195	50	35
122	佛得角		美元	120	50	35
123	科摩罗		美元	120	40	35
124	南苏丹		美元	160	40	32
125	马拉维		美元	130	50	35
三、欧洲						
126	罗马尼亚	布加勒斯特	美元	120	45	40
127		康斯坦察	美元	90	50	40
128		其他城市	美元	80	50	40
129	马其顿		美元	120	50	35
130	斯洛文尼亚		欧元	90	30	25

续表

序号	国家（地区）	城市	币种	住宿费（每人每天）	伙食费（每人每天）	公杂费（每人每天）
131	波黑		美元	100	40	35
132	克罗地亚		美元	120	40	35
133	阿尔巴尼亚		美元	150	35	30
134	保加利亚		美元	110	45	35
135	俄罗斯	莫斯科	美元	285	45	40
136		哈巴罗夫斯克	美元	200	45	40
137		叶卡捷琳堡、圣彼得堡	美元	170	45	40
138		伊尔库茨克	美元	150	45	40
139		其他城市	美元	140	45	40
140	立陶宛		美元	120	45	35
141	拉脱维亚		欧元	90	35	25
142	爱沙尼亚		欧元	90	35	25
143	乌克兰	基辅	美元	100	45	40
144		敖德萨	美元	130	45	40
145		其他城市	美元	80	45	40
146	阿塞拜疆		美元	150	45	40
147	亚美尼亚		美元	120	45	40
148	格鲁吉亚		美元	150	45	40
149	吉尔吉斯斯坦	比什凯克	美元	230	45	40
150		其他城市	美元	80	45	40
151	塔吉克斯坦		美元	210	45	40
152	土库曼斯坦		美元	120	45	40
153	乌兹别克斯坦	塔什干	美元	120	40	32
154		撒马尔罕	美元	100	40	32
155		其他城市	美元	90	40	32
156	白俄罗斯		美元	180	45	40
157	哈萨克斯坦	阿斯塔纳	美元	160	45	40
158		阿拉木图	美元	200	45	40
159		其他城市	美元	140	45	40

续表

序号	国家（地区）	城市	币种	住宿费（每人每天）	伙食费（每人每天）	公杂费（每人每天）
160	摩尔多瓦		美元	90	45	40
161	波兰	华沙	美元	150	50	40
162		革但斯克	美元	130	50	40
163		其他城市	美元	120	50	40
164	德国	柏林、汉堡	欧元	150	60	38
165		慕尼黑	欧元	130	60	38
166		法兰克福	欧元	180	60	38
167		其他城市	欧元	120	60	38
168	荷兰	海牙	欧元	150	60	38
169		阿姆斯特丹	欧元	170	60	38
170		其他城市	欧元	130	60	38
171	意大利	罗马	欧元	160	65	38
172		米兰	欧元	140	65	38
173		佛罗伦萨	欧元	120	65	38
174		其他城市	欧元	110	65	38
175	比利时		欧元	160	60	38
176	奥地利		欧元	140	60	38
177	希腊		欧元	110	55	35
178	法国	巴黎	欧元	150	60	40
179		马赛、斯特拉斯堡、尼斯、里昂	欧元	130	60	40
180		其他城市	欧元	120	60	40
181	西班牙		欧元	125	60	38
182	卢森堡		欧元	160	55	38
183	爱尔兰		欧元	120	60	38
184	葡萄牙		欧元	130	60	38
185	芬兰		欧元	145	60	40
186	捷克		美元	160	45	50
187	斯洛伐克		欧元	90	35	30
188	匈牙利		美元	180	45	45

续表

序号	国家（地区）	城市	币种	住宿费（每人每天）	伙食费（每人每天）	公杂费（每人每天）
189	瑞典		美元	280	80	50
190	丹麦		美元	200	80	50
191	挪威		美元	200	80	50
192	瑞士		美元	200	70	50
193	冰岛		美元	200	65	50
194	马耳他		欧元	90	38	25
195	塞尔维亚		美元	120	40	30
196	黑山		欧元	90	30	22
197	英国	伦敦	英镑	160	45	35
198		曼彻斯特、爱丁堡	英镑	140	45	35
199		其他城市	英镑	125	45	35
四、美洲						
200	美国	华盛顿	美元	210	55	45
201		旧金山	美元	250	55	45
202		休斯顿	美元	180	55	45
203		波士顿	美元	230	55	45
204		纽约	美元	245	55	45
205		芝加哥	美元	220	55	45
206		洛杉矶	美元	200	55	45
207		夏威夷	美元	195	55	45
208		其他城市	美元	160	55	45
209	加拿大	渥太华、多伦多、卡尔加里、蒙特利尔	美元	210	55	45
210		温哥华	美元	240	55	45
211		其他城市	美元	190	55	45
212	墨西哥	墨西哥	美元	150	50	45
213		蒂华纳	美元	120	50	45
214		其他城市	美元	100	50	45
215	巴西	巴西利亚	美元	160	50	45
216		圣保罗	美元	240	50	45

续表

序号	国家（地区）	城市	币种	住宿费（每人每天）	伙食费（每人每天）	公杂费（每人每天）
217		里约热内卢	美元	260	50	45
218		其他城市	美元	150	50	45
219	牙买加		美元	160	50	45
220	特立尼达和多巴哥		美元	180	50	45
221	厄瓜多尔		美元	120	40	32
222	阿根廷		美元	130	50	45
223	乌拉圭		美元	135	50	45
224	智利	圣地亚哥	美元	135	47	45
225		伊基克	美元	120	47	45
226		安托法加斯塔、阿里卡	美元	110	47	45
227		其他城市	美元	100	47	45
228	哥伦比亚	波哥大	美元	190	40	35
229		麦德林	美元	110	40	35
230		卡塔赫纳	美元	120	40	35
231		其他城市	美元	100	40	35
232	巴巴多斯		美元	250	60	45
233	圭亚那		美元	160	50	45
234	古巴		美元	135	40	37
235	巴拿马		美元	135	45	45
236	格林纳达		美元	190	45	45
237	安提瓜和巴布达		美元	150	60	45
238	秘鲁		美元	140	40	40
239	玻利维亚		美元	110	36	30
240	尼加拉瓜		美元	120	45	45
241	苏里南		美元	110	50	45
242	委内瑞拉		美元	230	45	45
243	海地		美元	180	45	43
244	波多黎各		美元	150	45	45
245	多米尼加		美元	150	45	45

续表

序号	国家（地区）	城市	币种	住宿费（每人每天）	伙食费（每人每天）	公杂费（每人每天）
246	多米尼克		美元	120	45	45
247	巴哈马		美元	220	45	45
248	圣卢西亚		美元	200	45	45
249	阿鲁巴岛		美元	200	45	45
250	哥斯达黎加		美元	120	45	40
五、大洋洲及太平洋岛屿						
251	澳大利亚	堪培拉、帕斯、布里斯班	美元	180	60	50
252		墨尔本、悉尼	美元	200	60	50
253		其他城市	美元	160	60	50
254	新西兰		美元	180	60	45
255	萨摩亚		美元	170	47	45
256	斐济	苏瓦	美元	190	45	50
257		楠迪	美元	120	45	50
258		其他城市	美元	110	45	50
259	巴布亚新几内亚		美元	350	55	50
260	密克罗尼西亚		美元	120	40	30
261	马绍尔群岛		美元	120	55	35
262	瓦努阿图		美元	150	55	35
263	基里巴斯		美元	195	55	35
264	汤加		美元	160	60	35
265	帕劳		美元	180	60	35
266	库克群岛		美元	180	60	35
267	所罗门群岛		美元	200	60	35
268	法属留尼汪		美元	140	60	35
269	法属波利尼西亚		美元	240	60	35

四、中央和国家机关培训费标准有关规定

文件依据：《财政部、中共中央组织部、国家公务员局关于印发〈中

央和国家机关培训费管理办法〉的通知》（财行〔2016〕540号）。

（一）开支范围

培训费是指各单位开展培训直接发生的各项费用支出，包括师资费、住宿费、伙食费、培训场地费、培训资料费、交通费以及其他费用。其他费用是指现场教学费、设备租赁费、文体活动费、医药费等与培训有关的其他支出。

（二）开支标准

1. 除师资费外，培训费实行分类综合定额标准，分项核定、总额控制，各项费用之间可以调剂使用。综合定额标准如表11－6所示。

表11－6　培训费综合定额标准表　单位：元/人·天

培训类别	住宿费	伙食费	场地、资料、交通费	其他费用	合计
一类培训	500	150	80	30	760
二类培训	400	150	70	30	650
三类培训	340	130	50	30	550

一类培训是指参训人员主要为省部级及相应人员的培训项目，二类培训是指参训人员主要为司局级人员的培训项目，三类培训是指参训人员主要为处级及以下人员的培训项目。以其他人员为主的培训项目参照上述标准分类执行。

综合定额标准是相关费用开支的上限。各单位应在综合定额标准以内结算报销。30天以内的培训按照综合定额标准控制；超过30天的培训，超过天数按照综合定额标准的70%控制。上述天数含报到撤离时间，报到和撤离时间分别不得超过1天。

2. 师资费在综合定额标准外单独核算。

一是讲课费（税后）执行以下标准：副高级技术职称专业人员每学时最高不超过500元，正高级技术职称专业人员每学时最高不超过1000元，院士、全国知名专家每学时一般不超过1500元。讲课费按实际发生的学时计算，每半天最多按4学时计算。其他人员讲课费参照上述标准执行。同时为多班次一并授课的，不重复计算讲课费。

二是授课老师的城市间交通费按照中央和国家机关差旅费有关规定和标准执行，住宿费、伙食费按照本办法标准执行，原则上由培训举办单位承担。

三是培训工作确有需要从异地（含境外）邀请授课老师，路途时间较长的，经单位主要负责同志书面批准，讲课费可以适当增加。

（三）培训组织

培训实行中央和地方分级管理，各单位举办培训，原则上不得下延至市、县及以下。各单位开展培训应当在开支范围和标准内优先选择党校、行政学院、干部学院以及组织人事部门认可的其他培训机构承办。组织培训的工作人员控制在参训人员数量的10%以内，最多不超过10人。

（四）严禁借培训名义安排公款旅游；严禁借培训名义组织会餐或安排宴请；严禁组织高消费娱乐健身活动；严禁使用培训费购置电脑、复印机、打印机、传真机等固定资产以及开支与培训无关的其他费用；严禁在培训费中列支公务接待费、会议费；严禁套取培训费设立“小金库”。培训住宿不得安排高档套房，不得额外配发洗漱用品；培训用餐不得上高档菜肴，不得提供烟酒；除必要的现场教学外，7日以内的培训不得组织调研、考察、参观。

五、出国培训费用开支标准有关规定

文件依据：《财政部、国家外国专家局关于印发〈因公短期出国培训费用管理办法〉的通知》（财行〔2014〕4号）、《国家外国专家局、财政部关于调整中长期出国（境）培训人员费用开支标准的通知》（外专发〔2012〕126号）。

（一）因公短期（90天以内，不含90天）出国培训费用

1. 因公短期出国培训费用开支范围包括培训费、国际旅费、国外城市间交通费、住宿费、伙食费、公杂费和其他费用。其中，培训费是指出国培训团组用于授课、翻译、场租、资料、课程设计、对口业务考察或业务实践活动等在国外培训所必须发生的费用。

2. 国际旅费、国外城市间交通费、住宿费、伙食费、公杂费、其他费用的管理要求和开支标准参照《因公临时出国经费管理办法》（财行〔2013〕516号）执行。

3. 培训费开支按分国家和地区标准执行，并在规定的标准之内据实报销（见表11－7）。

4. 出国培训团组需在国内开展预培训和培训总结所发生的费用，参照国内培训费相关规定执行。

5. 由外方资助出国培训经费的，各单位不得重复支付。外方对费用开支有明确规定的，按其规定执行；没有规定的，参照本办法规定的标准和要求执行。外方资助经费不足以弥补规定培训费用开支的，可以按照本办法的开支标准，由各单位补足其费用差额部分。

表11－7　　因公短期出国培训费开支标准表

序号	国家（地区）	币种	培训费（每人每天）
亚洲			
1	韩　国	美元	80
2	日　本	日元	8400
3	印　度	美元	51
4	以色列	美元	65
5	泰国	美元	41
6	新加坡	美元	80
7	香港	港币	500
欧洲			
8	德　国	欧元	66
9	英　国	英镑	56
10	荷　兰	欧元	57
11	瑞　典	瑞典克朗	90
12	丹　麦	丹麦克朗	79
13	挪　威	挪威克朗	90

续表

序号	国家（地区）	币种	培训费（每人每天）
14	意大利	欧元	48
15	比利时	欧元	67
16	奥地利	欧元	48
17	瑞　士	瑞士法郎	95
18	法　国	欧元	60
19	西班牙	欧元	48
20	芬　兰	欧元	66
21	爱尔兰	欧元	59
22	匈牙利	美元	63
23	俄罗斯	美元	67
美洲			
24	美　国	美元	87
25	加拿大	加元	80
26	巴　西	美元	65
大洋洲			
27	澳大利亚	澳元	86
28	新西兰	新西兰元	81
非洲			
29	南非	美元	65

（二）公费派出的中长期出（境）国培训人员费用

1. 中长期出国（境）培训是指90天以上（含90天）的出国（境）培训。费用开支项目包括伙食费、住宿费、交通费、通信费、书籍资料费、医疗保险费和零用费等。

2. 中长期出国（境）培训人员费用开支标准分为“高级职称”人员开支标准和“普通职称”人员开支标准两类（见表11－8）。“高级职称”指高级工程师（或相当高级工程师的其他职称）及以上职称、正县（处）级及以上行政职务。“普通职称”指工程师（或相当工程师的其他职称）及以下职称、副县（处）级及以下行政职务。

表 11－8　　中长期出国（境）培训人员费用开支标准表

序号	国家（地区）	币种	标准（每人每月）	
			高级职称	普通职称
一、美洲、大洋洲				
1	美　国（一类地区）	美元	2000	1800
	美　国（二类地区）	美元	2000	1700
	美　国（三类地区）	美元	2000	1400
2	加拿大	加元	2600	1700
3	澳大利亚	澳元	2100	1800
4	新西兰	新西兰元	2200	2000
5	其他国家（地区）	美元	1100	600
二、欧洲				
6	俄罗斯	美元	1400	1100
7	白俄罗斯	美元	1150	800
8	乌克兰	美元	1150	800
9	其他独联体国家	美元	1100	700
10	德　国	欧元	1800	1300
11	法　国	欧元	1800	1300
12	芬　兰	欧元	1800	1300
13	荷　兰	欧元	1800	1300
14	爱尔兰	欧元	1800	1300
15	奥地利	欧元	1800	1300
16	比利时	欧元	1800	1300
17	卢森堡	欧元	1800	1300
18	葡萄牙	欧元	1800	1100
19	西班牙	欧元	1800	1100
20	希　腊	欧元	1800	1100
21	意大利	欧元	1800	1100
22	冰　岛	欧元	1800	1100
23	塞浦路斯	欧元	1800	1100
24	马耳他	欧元	1800	1100

续表

序号	国家（地区）	币种	标准（每人每月）	
			高级职称	普通职称
25	斯洛文尼亚	美元	1100	800
26	保加利亚	美元	1100	800
27	匈牙利	美元	1100	800
28	波兰	美元	1400	950
29	英国（伦敦地区）	英镑	1400	1150
	英国（其他地区）	英镑	1400	1000
30	丹　麦	丹麦克朗	12000	9500
31	挪　威	挪威克朗	13000	11000
32	瑞　典	瑞典克朗	15000	13000
33	瑞　士	瑞士法郎	2500	2000
34	其他国家（地区）	美元	1100	700
三、亚洲、非洲				
35	日　本	日元	200000	160000
36	韩　国	美元	2000	1400
37	新加坡	新元	2200	2100
38	印　度	美元	1100	600
39	以色列	美元	1200	1000
40	南　非	美元	1100	760
41	其他国家　（地区）	美元	1100	600
42	中国香港	港币	14000	12000

六、公务机票购买管理有关规定

文件依据：《财政部、中国民用航空局关于加强公务机票购买管理有关事项的通知》（财库〔2014〕4 号）。

（一）各级国家机关、事业单位和团体组织工作人员，以及使用财政性资金购买公务机票的其他人员（以下简称购票人），国内出差、因公临时出国购买机票，应当按照厉行节约和支持本国航空公司发展的原则，优先购买通过政府采购方式确定的我国航空公司航班优惠机票。

（二）国内航空公司按政府采购合同约定给予公务机票优惠。对于市场折扣机票，各航空公司按国内、国际机票各航班舱位的折扣票价给予9.5折优惠；对于市场全价机票，则分别给予全价票价的8.8折、8.5折优惠。政府采购机票优惠率的变动情况，将在政府采购机票管理网站（www.gpticket.org）上发布。

（三）因公临时出国时，购票人应当选择直达目的地国家（地区）的国内航空公司航班出入境，没有直达航班的，应当选择国内航空公司航班到达的最邻近目的地国家（地区）进行中转。因中转1次以上（不含1次）等特殊原因确需选择非国内航空公司航班，以及因最临近目的地国家（地区）中转需办理过境签证而选择其他邻近中转地的，应当事先报经单位外事部门和财务部门审批同意。

（四）购票人应当做好公务出行计划安排，尽可能选择低价机票，原则上不得购买全价机票。对于各航空公司提供的低于政府采购优惠票价的团队价格或促销价格机票，购票人可选择购买，但不再享受政府采购优惠。购票人需要退改签机票的，按照各航空公司的退改签规定办理。

七、举办援外培训班费用开支标准有关规定

文件依据：《财政部关于印发〈举办援外培训班费用开支标准和财务管理办法〉的通知》（财行〔2008〕2号）。

培训班开支范围分为培训费、接待费、国际旅费、毕业证书制作费、管理费、税费及经批准的其他支出。

（一）培训费

包括讲课费、翻译费、教材、教学及实验设备、有关资料、场租、当地交通、实习参观、邮电通信、安保等费用，按培训班人数和时间长短，具体标准详见表11－9。

表 11－9　　　　培训费标准　　　　单位：人民币元/人·天

类别 \ 项目	20 人以下（含 20 人）		超过 20 人以上的部分	
	30 天以内（含 30 天）	30 天以上的部分	30 天以内（含 30 天）	30 天以上的部分
部级官员班	500	450	450	400
司处级官员班	400	360	360	320
技术班	320	290	290	260

（二）接待费

包括学员在中国境内实习参观发生的城市间交通费、日常伙食、住宿、宴请、零用费、部级官员班贵宾室接待费、赠送小礼品及医疗费等费用。

1. 实习参观发生的城市间交通费、部级官员班贵宾室接待费。据实报销。

2. 日常伙食标准（包括酒水、饮料等）。部级班每人每天 170 元，司处级官员班和技术班每人每天 140 元。

3. 住宿标准。副部级及以上官员住四星及以上级宾馆单间或套间，每人每天 700 元以内；司局级及以下官员、专业技术人员住三星及以下级宾馆单间或标准间，每人每天 300 元以内。承办单位需要定点饭店的，经承办单位和定点饭店协商，培训学员可以入住中央国家机关出差和会议定点饭店，并按招标确定的优惠价格结算。

4. 宴请费（包括酒、饮料等）。同一班次宴请不超过两次。副部级及以上官员出面宴请，每人每次 200 元；副部级以下官员出面宴请，每人每次 150 元。中方陪同人员一般不超过学员人数的 30%，最多不超过 15 人。

5. 零用费。副部级及以上官员每人每天 100 元或一次性发放零用费每人 2000 元，司局级及以下官员、专业技术人员每人每天 80 元，直接发给学员本人。

6. 小礼品费。副部级及以上官员每人不超过 400 元，司局级及以下官员、专业技术人员每人不超过 200 元。

7. 人身意外伤害保险。每人 100 元。承办单位必须按本规定为培训学员投保人身意外伤害保险。

8. 医疗费。学员配眼镜、镶牙、美容等项目以外的在中国培训期间患病费用实报实销。

9. 参加培训班的学员在中国境内中转时实际发生的时宿费按上述相应标准执行；境内中转地交通费每人每次 200 元。

（三）国际旅费

指参加培训班的学员自所在国到达中国培训班举办地的机票款、国际中转费等。参加培训学院的国际旅费应争取国际组织或有关机构赞助，如确实得不到赞助的，我方可提供国际旅费，并实行实报实销的办法。

1. 国际机票款。按最经济国际路线实报实销。副部级及以上官员可乘坐飞机头等舱座位，司局级官员可乘坐飞机公务舱座位，其他官员和技术人员乘坐飞机经济舱座位。

2. 国际中转费。如需经第三国中转，且单程单次中转时间超过 6 小时或单程累计中转停留时间超过 8 小时的，副部级及以上官员每人 300 美元（往返总额，下同），其他级别的学员每人 200 美元。小于以上停留时间的，不发中转费。

（四）毕业证书制作费

统一制作，每本 12 元。

（五）管理费及税费

指为举办、管理培训班而发生的组织管理、营业税等费用。

1. 承办单位组织管理费按照除国际旅费、税费以外的培训费用的 6% 提取。

2. 培训班中方管理人员费用预算可按每 10 名国外学员配备中方管理人员 1 人计算，不够 10 人按 10 人计。中方管理人员食宿标准比照培训班学员标准列入培训班预算。中方管理人员费用预算不作为提取管理费的基数。

3. 涉及缴纳营业税的，以正式税票为依据核销。

（六）其他支出

指除上述开支以外，经财政部批准开支的其他费用。

八、公务员奖励开支标准有关规定

文件依据：《关于印发〈公务员奖励规定（试行）〉的通知》（中组发〔2008〕2号）。

（一）对公务员、公务员集体的奖励分为：嘉奖、记三等功、记二等功、记一等功、授予荣誉称号。对表现突出的，给予嘉奖；对做出较大贡献的，记三等奖；对做出重大贡献的，记二等功；对做出杰出贡献的，记一等功；对功绩卓著的，授予“人民满意的公务员”“人民满意的公务员集体”或者“模范公务员”“模范公务员集体”等荣誉称号。

（二）对获得奖励的公务员，按照规定标准（详见表11－10）给予一次性奖金。其中对获得荣誉称号的公务员，按照有关规定享受省部级以上劳动模范和先进工作者待遇。对受奖励的公务员集体酌情给予一次性奖金，作为工作经费由集体使用，原则上不得向公务员个人发放。

表11－10　公务员奖金标准

奖励种类	奖金数额（元）
嘉奖	800
记三等功	1500
记二等功	3000
记一等功	6000
授予荣誉称号	10000

九、中央级普通高校捐赠收入财政配比资金管理有关规定

文件依据：《财政部、教育部关于印发〈中央级普通高校捐赠收入财政配比资金管理暂行办法〉的通知》（财教〔2009〕275号）。

（一）适用范围

中央级普通高等学校，不包括独立学院、继续教育学院等。

（二）配比资金的安排

采取“年度总量控制，高校分年申请，逐校核定”的方式。中央财政根据财力状况等因素，确定年度配比资金总额度。各高校对上年接受的捐赠收入情况，按规定提出配比资金申请，报经主管部门审核汇总后，报送财政部，并抄送教育部、中国教育发展基金会。财政部会同教育部根据主管部门提出的配比资金申请，对符合规定条件的捐赠收入总额采取分档按比例核定的方式，并综合考虑高校地理位置、财力状况等因素，逐校确定配比资金数额，按部门预算管理程序拨付资金。各高校所获配比资金实行上限控制。配比资金适当向财力薄弱高校倾斜。

（三）捐赠收入的认定

指高校上年度通过基金会接受的实际到账的货币资金。高校接受的仪器设备、建筑物、书画等实物捐赠，未变现股票、股权，以及长期设立的奖学金、基金运作利息等投资收入，均不包括在内。为方便管理，只对高校申报的货币资金单笔捐赠额在10万元以上（含10万元）的项目实行配比，不足10万元的项目不予配比。此外，还须同时符合以下条件：捐赠收入来源必须合法，必须有利于高校的长远发展且不附带任何政治目的及其他意识形态倾向；申请配比资金的项目必须具有真实的捐赠资金来源、数额及用途，具有明确的项目名称。

十、中国政府奖学金管理有关规定

文件依据：《财政部关于完善中国政府奖学金资助体系和提高资助标准的通知》（财教〔2015〕1号）。

（一）适用范围

奖学金根据中国政府与有关国家（地区）政府、学校及国际组织等机构签订的教育交流协议或达成的谅解备忘录而对外提供，用于资助到中国高等学校（以下简称高校）学习或开展科学研究的非中国籍公民，包括本科生、硕士研究生、博士研究生、普通进修生和高级进修生。

（二）资助内容

1. 学费：奖学金生免交学费。

2. 住宿费：奖学金生免交住宿费或对其给予住宿费补助。

3. 生活费：对奖学金生基本生活给予补助。

4. 综合医疗保险费：为奖学金生购买综合医疗保险。

5. 国际旅费：对按照协议规定由我方提供国际旅费的奖学金生提供国际往返机票。

中外双方对奖学金资助内容和资助标准另有协议的，按照协议规定执行。

除上述资助内容外，学业表现特别优秀的奖学金生还可以享受优秀留学生奖励金。

（三）发放与管理机制

根据奖学金管理需要，奖学金各项内容按照以下方式发放与管理：

1. 学费拨付奖学金生就读高校，由高校统筹用于奖学金生培养、管理以及组织或支持奖学金生开展文体、参观、联欢等活动。

2. 住宿费拨付奖学金生就读高校，由高校统筹用于奖学金生宿舍的日常运转、管理和条件改善。按奖学金生管理规定，同意奖学金生自行安排住宿的，高校根据住宿费标准按月或季度发放给奖学金生。

3. 生活费拨付奖学金生就读高校，由高校逐月定期发放给奖学金生。

4. 综合医疗保险费由教育部按规定为奖学金生购买综合医疗保险。

5. 国际旅费按协议由我国政府提供的，由国家留学基金管理委员会按规定为奖学金生购买国际机票。

奖学金生应按规定接受奖学金资格年度评审。评审工作由高校按有关要求进行。未通过评审的，按规定中止或取消其享受奖学金的资格。

需接受预科教育或汉语补习的奖学金生，其学费资助标准按照本科一类标准执行，生活费和住宿费资助标准根据其学习层次按照相应标准执行。

（四）资助标准

教育部、财政部根据奖学金生基本学习生活需要，结合国家财力状况，根据奖学金生学习层次、学科类别制定奖学金标准（详见表11－11），并根据国内经济社会发展、物价变动等情况建立奖学金标准动态调整机制。

表11－11　　中国政府奖学金资助标准　　单位：人民币元/人·年

学生类型	学科分类	学费	住宿费	生活费	综合医疗保险费	合计
本科生	一类	20000	8400	30000	800	59200
	二类	23000	8400	30000	800	62200
	三类	27000	8400	30000	800	66200
硕士研究生（普通进修生）	一类	25000	8400	36000	800	70200
	二类	29000	8400	36000	800	74200
	三类	34000	8400	36000	800	79200
博士研究生（高级进修生）	一类	33000	12000	42000	800	87800
	二类	38000	12000	42000	800	92800
	三类	45000	12000	42000	800	99800

注：1. 一类包括：哲学、经济学、法学、教育学、文学（除文艺类外）、历史学、管理学；二类包括：理学、工学、农学；三类包括：文学（文艺类）、医学。

2. 需要接受预科教育和汉语补习的留学生按照其留学身份享受相应的生活补助标准，教学补助标准按照本科一类标准向留学院校拨付。

3. 全英文授课的研究生和进修生，额外提供5000元/人·年的教学补助。

十一、财政性投资评审费用及委托代理业务补助费付费管理有关规定

文件依据：《财政部关于印发〈财政性投资评审费用及委托代理业务补助费付费管理暂行办法〉的通知》（财建〔2001〕512号）。

（一）付费范围

1. 财政部委托的财政性投资项目工程概算、预算、竣工决（结）算评审费用。

2. 财政性投资项目资金、财政性专项支出资金的专项检查费用、追踪问效费用。

3. 项目库管理及后评价费用。

4. 委托部投资评审中心进行的财政投资政策研究和专项课题研究费用支出。

5. 委托中国建设银行代理业务的委托代理业务补助费支出。

（二）付费额的确定

1. 投资评审付费额的确定

投资评审付费额一般考虑实际评审投资额、基本付费率、难度系数、特殊要求补助费，计算公式为：

投资评审付费额＝基本付费额×（1＋难度系数）＋特殊要求补助费

（1）基本付费额按财政性投资项目工程概算、预算、竣工决（结）算全过程全额核定；委托同一评审机构进行项目概算、预算、决（结）算全过程委托评审或对同一项目分阶段委托同一评审机构评审的，三个阶段的付费比例分别按全过程付费额的30%、30%、40%拨付；对项目概算、预算、决（结）算分别委托不同评审机构进行评审或只对某一单项委托评审的，委托评审付费分别按全过程委托评审付费额的40%、50%、60%拨付，但同一项目概、预、决算单项委托评审付费比例之和不超过100%。

基本付费额按财政部确认的实际评审投资额分段累进计算，计算公式为：基本付费额＝Σ实际评审投资额（分段金额）×基本付费率

具体如下：

①评审项目投资额在3000万元（含）以下，投资评审基本付费额按实际投资额的3‰计算确定；单项委托评审的费用额在2.5万元以下，按2.5万元核拨评审费。

②评审项目投资额在3000万元至5000万元（含），投资评审基本付

费额按投资额的2‰计算确定。

③评审项目投资额在5000万元至1亿元（含），投资评审基本付费额按投资额的1.5‰计算确定。

④评审项目投资额在1亿元以上至50亿元（含），投资评审基本付费额按投资额的1‰计算确定。

⑤评审项目投资额在50亿元以上，投资评审基本付费额按投资额的0.5‰计算确定。

（2）难度系数按委托评审项目的难易程度确定，由财政部与委托评审单位在签订委托协议（合同）时，根据实际情况确定。难度系数控制在0.3以内，具体分类如下：

①特殊环境（包括特殊地质、地形、气候、生活条件、污染等）难度系数为0.1；

②项目跨省、自治区、直辖市难度系数为0.1；

③项目跨多个行业，且涉及多个专业，难度系数为0.1。

（3）财政部委托项目时，如有时效性等特殊要求，特殊要求补助费按项目基本付费额的10%计算确定。

2. 对建设项目年度财务决算的委托代理业务补助费，按截止年度累计投资额的1‰或截止年度资产额的1‰核定。

3. 有关专项委托付费，按实际发生的人员工资、差旅费、办公费、公杂费等费用并考虑一定比例的利润额核定，由财政部经济建设司办理委托业务时确定。

对以上投资额无法明确或用投资额计算付费比较困难的委托任务，可按工作量计算付费额。

（三）预付款的规定

财政部根据委托业务协议（合同），结合业务的进展情况，可预付评审费用及委托代理业务补助费，预付金额最多不超过协议金额的50%，待评审报告批复后，再办理评审费用及委托代理业务补助费的结算。

十二、基本建设贷款中央财政贴息资金管理有关规定

文件依据：《关于印发〈基本建设贷款中央财政贴息资金管理办法〉的通知》（财建〔2012〕95 号）。

（一）适用范围

基本建设项目原则上为基本建设贷款安排的中央级大中型在建项目，以及经国务院批准设立的国家级高新技术产业开发区内的基础设施项目。基本建设贷款是指各类银行提供的符合本办法规定的贴息范围的基本建设项目贷款，其中国家级高新技术产业开发区内的基础设施项目贷款还包括中长期债券资金（包括地方政府债券、企业债、公司债、中期票据等）用于基础设施建设的部分。

（二）贴息标准

财政部根据年度贴息资金预算控制指标和当年贴息资金申报情况等因素确定贴息率（国务院有明确规定的项目除外），原则上不高于 3%。

（三）贴息周期

2014 年起，贴息周期均为前年 12 月 21 日至上年 12 月 20 日。

十三、陈列展览项目支出标准有关规定

文件依据：《关于印发〈陈列展览项目支出预算方案编制规范和预算编制标准试行办法〉的通知》（财办预〔2017〕56 号）。

（一）适用范围

《陈列展览项目支出预算方案编制规范和预算编制标准试行办法》（以下简称《试行办法》）主要适用于中央财政资金安排的博物馆、纪念馆、美术馆等场馆所开展的布展内容相对固定，展示时间较长（一般五年以

上）的常设陈列展览项目。其中，博物馆是指兼具社会科学与自然科学双重性质的博物馆；纪念馆是指研究和反映历史上的重要事件和重要人物为主要内容的博物馆；美术馆是指包括绘画、书法、工艺美术等文化艺术类博物馆。展示馆、科技馆等场馆常设陈列展览项目可参照执行。

《试行办法》不包括展品的征集、修复和运输，展品的后期维护费用等预算支出。上述预算支出要按照厉行节约、从严从紧的原则编制预算，待条件成熟时，财政部将另行出台专门规定。

（二）费用标准

陈列展览项目一般要经历概念设计、深化设计和施工图设计阶段。针对各个阶段设计深度的不同，确定相应的费用标准。

1. 概念设计阶段。概念设计阶段主要包括陈列主题创意策划、市场调查与目标观众定位等工作内容。本阶段项目方案设计尚未成型，无法确定具体费用明细，宜采用综合定额标准，对立项筹建到竣工验收所需的全部费用，按单位展区地面面积的费用上限值控制。具体见表11－12：

表11－12　　概念设计阶段项目预算标准表

展馆类别	预算构成	预算标准	计算基准	备注
博物馆	综合考虑项目从立项筹建到完成所需的全部费用	≤14000元/平方米	按展区地面面积计算	展示馆可参照美术馆预算标准控制，科技馆可参照博物馆预算标准控制
纪念馆		≤12000元/平方米		
美术馆		≤10000元/平方米		

2. 深化设计和施工图设计阶段。深化设计阶段主要包括陈列大纲编写和专家论证、文字脚本编写等工作内容，并配有效果图和初步施工图等辅助说明，大体完成方案的编制工作。施工图设计阶段主要包括展品及相关资料收集和设计进一步深化等工作内容。深化设计和施工图设计阶段方案设计基本成型，可以确定基础装修工程费、陈列布展费、专业灯光购置费、多媒体系统工程费、其他费用等分项费用，宜采用分项定额标准，对上述各分项费用，按单位展区地面面积的费用上限值控制。具体见表11－13：

表 11－13　　深化设计和施工图设计阶段预算标准表

<table>
<tr><th>序号</th><th>费用项目</th><th>计算基准</th><th colspan="2">预算标准</th><th>备注</th></tr>
<tr><td>一</td><td>基础装修费</td><td>按照展区地面面积计算</td><td colspan="2">≤3000 元/平方米</td><td>改陈项目增加拆除工程费 150 元/平方米</td></tr>
<tr><td rowspan="3">二</td><td rowspan="3">陈列布展费</td><td rowspan="3">按照展区地面面积计算</td><td>博物馆</td><td>≤6000 元/平方米</td><td rowspan="3">其中：进口专业恒温恒湿展柜按不超过 12 万元/个控制</td></tr>
<tr><td>纪念馆</td><td>≤4000 元/平方米</td></tr>
<tr><td>美术馆</td><td>≤5000 元/平方米</td></tr>
<tr><td>三</td><td>专业灯光购置费</td><td>按照展区地面面积计算</td><td colspan="2">国产灯具：≤1000 元/平方米
进口灯具：≤1500 元/平方米</td><td></td></tr>
<tr><td>四</td><td>多媒体系统工程费</td><td>按照展区地面面积计算</td><td colspan="2">≤3000 元/平方米</td><td>多媒体系统费用占总投资比重原则上不应超过 20%，数字虚拟展览可另行制定标准</td></tr>
<tr><td>五</td><td>其他费用</td><td>包括建设单位管理费、招标代理费、监理费、设计费等</td><td colspan="2">参照《基本建设项目建设成本管理规定》（财建〔2016〕504 号）、《招标代理服务收费管理暂行办法》（计价格〔2002〕1980 号）、《工程建设监理收费标准》（发改价格〔2007〕670 号）、《工程勘察设计收费管理规定》（计价格〔2002〕10 号），根据项目实际及市场行情综合确定</td><td></td></tr>
</table>

十四、中央和国家机关基层党组织党建活动标准有关规定

文件依据：《关于印发〈中央和国家机关基层党组织党建活动经费管理办法〉的通知》（财行〔2017〕324 号）。

（一）开支范围

党建活动经费支出项目包括：租车费、城市间交通费、伙食费、住宿

费、场地费、讲课费、资料费和其他费用。

（二）支出标准

1. 城市间交通费、住宿费，参照中央和国家机关差旅费有关规定，按标准执行；个人不得领取交通补助。

2. 伙食费，参照中央和国家机关差旅费有关规定，在差旅费伙食补助费标准内据实报销；一天仅一次就餐的，人均伙食费不超过40元；个人不得领取伙食补助。

3. 讲课费，参照中央和国家机关培训费有关标准执行。

4. 租车费，大巴士（25座以上）每辆每天不超过1500元，中巴士（25座及以下）每辆每天不超过1000元；租车到常驻地以外的，租车费可以适当增加。

5. 场地费，每半天人均不得超过50元。

6. 资料费和其他有关费用经批准后据实报销。

（三）活动组织

开展党建活动，要因地制宜，充分利用本地条件；每个基层党组织到党驻地以外开展党建活动原则上每两年不超过一次；要严格控制租用场地举办活动，确需租用的，要选择安全、经济、便捷的场地。开展党建活动，要根据实际情况集体出行，集体出行确需租用车辆的，应当视人数多少租用大巴车或中巴车，不得租用轿车（5座及以下）。到常驻地以外开展党建活动，一般不得乘坐飞机。

开展党建活动，要严格遵守中央八项规定精神，严格执行廉洁自律各项规定。严禁借党建活动名义安排公款旅游；严禁到党中央、国务院明令禁止的风景名胜区开展党建活动；严禁借党建活动名义组织会餐或安排宴请；严禁组织高消费娱乐健身活动；严禁购置电脑、复印机、打印机、传真机等固定资产以及开支与党建活动无关的其他费用；严禁套取资金设立“小金库”；严禁发放任何形式的个人补助；严禁转嫁党建活动费用。

十五、重大公益性演出项目支出预算方案编制规范和预算编制标准

文件依据：《关于印发〈重大公益性演出项目支出预算方案编制规范和预算编制标准〉的通知》（财办预〔2018〕257 号）。

（一）适用范围

《重大公益性演出项目支出预算方案编制规范和预算编制标准试行办法》（以下简称《试行办法》）适用于中央财政支持的重大公益性演出项目，主要是党中央、国务院决定的重大庆典、纪念活动、重要外事活动中的大型文艺演出，分为综艺演出、音乐会和伴宴（一般指配合重大国事活动开展的演出）等演出形式（中央安排的非常规、非例行重大活动，以及配合重大主场外交的文艺演出除外）。

（二）编制规范

1. 基本情况。

（1）项目单位情况。简要阐述项目单位的职能、机构、人员和主要业务等基本情况。

（2）项目名称和类型。项目名称应规范表述为“×××重大公益性演出项目”，并说明项目类型属于综艺演出、音乐会或伴宴演出。

（3）项目实施依据。简要列出项目实施的主要依据，包括有关政策文件的要求和规定、上级部门或主管部门的批复文件及内容等。

（4）项目实施内容。简述演出主题、文艺形式、地点、场次、时间、受众对象等。

2. 必要性分析。阐述本项目落实国家文化建设总体要求、公共文化服务相关规划、重大文化工程实施安排、对外交流活动相关需求等情况。

3. 总体方案。

（1）项目团队。阐述演出指挥部、剧组及主创团队组成情况，具体详见表 11－14。

表 11－14　　重大公益性演出项目人员情况表

序号	岗位	主要职责	工作人员总数	工作期间	备注

(2) 节目设计。简述节目计划编排情况，具体详见表 11－15。

表 11－15　　重大公益性演出项目节目计划表

<table>
<tr><th rowspan="2">序号</th><th rowspan="2">节目类型</th><th rowspan="2">节目时长
（分钟）</th><th rowspan="2">节目创作
（创作/成品）</th><th rowspan="2">承担
单位</th><th colspan="3">演职人员数</th></tr>
<tr><th>主要演员</th><th>一般演员</th><th>演出随
行人数</th></tr>
<tr><td></td><td></td><td></td><td></td><td></td><td></td><td></td><td></td></tr>
<tr><td colspan="2">演出总时长</td><td></td><td colspan="2">演职人员总人数</td><td colspan="3"></td></tr>
</table>

(3) 分场排练。简述分场排练总体要求及演出承担单位排练条件。

(4) 合成排练、彩排、审查及正式演出。阐述合成排练、彩排、审查、正式演出的场次、时间、场地等情况。

演出场地及舞台环境营造。一是阐述演出场地条件，包括既有舞台对演出的适应性、观众席数、场地改建、舞台搭建等内容。二是阐述正式演出现场的舞美、灯光、音响、视频、LED 等设计方案概要和保障计划（需购置的应说明采购方式），并附相关设计文件。

(5) 实施进度。阐述指挥部成立、剧组主要人员到位、节目单确定、演出任务下达、合成排练及正式演出等关键节点时间计划。

4. 可行性分析。简述与演出相对应的重大庆典、纪念活动、重要外事活动的协调情况；参演机构与演出相匹配的资质和能力；项目实施的演出后勤保障、现场观众组织、现场医疗、安保等组织保障能力。

5. 资金预算。简述创作策划费、排练及演出费、演出场地及舞台环境营造费、演出管理费等资金预算内容。

6. 项目绩效管理。简述项目绩效目标，以及产出、效益、满意度等细化的绩效指标。

(三) 编制标准

根据重大公益性演出项目综合任务活动的参与者和阶段属性，将项目分解为 5 个任务类，分别为策划创作、排练及演出、演出场地及舞台环境营造、演出管理和其他，任务类之下进一步分解为 9 个任务项、26 个任务细目，并进行成本要素分析。具体内容如下：

1. 策划创作任务类。包括策划任务项和主创及作品创作 2 个任务项，共 7 个任务细目，参与者是前期策划和创作人员，主要费用支出包括会议费、住宿费、交通费、餐饮费、创作补助（报酬）等。

（1）前期策划。成本要素是会议费。

（2）外出采风、观摩、甄选节目。成本要素是住宿费、交通费、餐饮费。

（3）顾问咨询。成本要素是专家咨询费。

（4）主创人员。成本要素是创意补助。

（5）文学创作。成本要素是创作补助。

（6）音乐创作。成本要素是创作补助和制作费。

（7）舞蹈编排。成本要素是创作补助。

2. 排练及演出任务类。包括分场排练任务项和合成排练、审查、彩排、演出保障 2 个任务项，共 5 个任务细目。参与者是主创人员和演职人员，主要费用支出包括人员补助（报酬）、住宿费、交通费、餐饮费等。

（1）分场排练（编导）。成本要素是排练相关人员补助（报酬）。

（2）演职人员餐饮。成本要素是餐饮费。

（3）交通保障。成本要素是车辆租赁费。

（4）异地参演人员差旅。成本要素是住宿费、交通费、餐饮费。

（5）演员补助（报酬）（合成及演出期间）。成本要素是相关人员补助（报酬）。

3. 演出场地及舞台环境营造任务类。包括演出及排练场地租赁和舞台技术制作 2 个任务项，共 8 个任务细目。参与者是供应商或协作机构，主要费用支出包括工程费、设计费、租赁费等。

（1）演出及排练场地租赁。成本要素是场租费。

（2）舞台搭建（场地改造）。成本要素是工程费。

（3）舞美设计及制作（通用舞美）。成本要素是设计和制作安装费。

（4）灯光器材租赁。成本要素是灯光设计和器材租赁（含安装）费。

（5）音响租赁。成本要素是租赁费。

（6）LED及投影设备租赁。成本要素是租赁费。

（7）视频制作。成本要素是视频制作费。

（8）服装、化妆、道具。成本要素是设计、购置、租赁等费用。

4. 演出管理任务类。包括剧组活动、宣传、后勤保障3个任务项，共6个任务细目。参与者是剧组工作人员和协作机构，主要费用支出包括人员补助（报酬）、办公费、宣传费、门票证件制作费等。

（1）剧组活动。成本要素是人员补助（报酬）、办公费、餐饮支出等。其中人员补助（报酬）不含主创人员创作费。

（2）证件画册等。成本要素是节目单、剧照、工作证件等制作费用。

（3）宣传。成本要素是宣传费。

（4）录播、直播及后期制作。成本要素是演出音视频制作费用。

（5）医疗保障。成本要素是驻场医疗服务费。

（6）安保。成本要素是安保人员报酬。

5. 其他任务类。包括演出中其他不可预见的活动任务。

具体控制标准见表11－16。

表11－16　　　　重大公益性演出项目预算标准表

序号	任务细目及成本要素名称	任务活动及费用说明	控制标准
一	策划创作		
（一）	策划	前期策划相关会议、差旅费、顾问咨询等	
1	前期策划		实行分类总额控制： 综艺演出控制标准60000元； 音乐会、伴宴演出控制标准30000元
（1）	会议费		按有效会议费标准控制支出
2	外出采风、观摩、甄选节目		实行分类总额控制： 综艺演出控制标准150000元； 音乐会、伴宴演出控制标准30000元
（1）	住宿及交通餐饮费		按有效差旅费标准控制支出
（2）	城市间交通费		

续表

序号	任务细目及成本要素名称	任务活动及费用说明	控制标准
3	顾问咨询	非承办单位专家参加策划、审稿等咨询活动	实行分类总额控制： 综艺演出控制标准 100000 元； 音乐会、伴宴演出控制标准 30000 元
（1）	专家咨询费		按邀请专家人数，控制标准 2000 元/人·天
（二）	**主创及作品创作**	导演等主创团队，文学创作、音乐创作、舞蹈编排等	
1	主创人员	创意补助	实行分类总额控制： 综艺演出控制标准 160000 元； 音乐会、伴宴演出控制标准 100000 元
（1）	导演		在细目控制标准范围内由预算单位自行细化
（2）	副导演		
（3）	执行导演		
（4）	舞蹈总监		
（5）	音乐总监		
（6）	舞美总监（设计）	要素所含设计内容仅指方案设计，具体施工图等细化设计由制作（器材租赁）单位完成，费用计入相应成本要素项	
（7）	灯光总监（设计）		
（8）	音响总监（设计）		
2	文学创作	剧本创作、歌曲作词、台词撰稿等	实行总额控制，控制标准 20000 元
（1）	撰稿补助	节目串词撰稿	3000 元/场
（2）	歌曲（作词）补助		3000 元/节目
3	音乐创作		实行总额控制，控制标准 400000 元
（1）	新作品补助	含编曲配器、音频制作	
（2）	编配作品补助	含音频制作	
4	舞蹈编排	指舞蹈动作设计，不含排练指导	实行总额控制，控制标准 18000 元
（1）	舞蹈编排创作补助		按成品，控制标准 600 元/分钟

续表

序号	任务细目及成本要素名称	任务活动及费用说明	控制标准
二	**排练及演出**		
（一）	**分场排练**	分场排练演员及编导人员补助（餐补、排练津贴、异地排练差旅费等）	
1	分场排练（编导）	申报预算时节目计划表尚未完成的，可预估A、B类节目数量，在控制标准以内测报本项总额	按节目类型实行补助额度控制： A类（演员10—50人）控制标准50000元； B类（演员10人以下）控制标准30000元； 单个剧团（乐团、歌舞团）承担整场或大部分节目演出，按前述标准25%计取
(1)	节目1	按节目设计参演人数采用单价标准控制，且不得超出单节目总额标准	
(2)	节目2		
…	…		
（二）	**合成排练、审查、彩排、演出保障**	按合成排练、审查、彩排、演出演职人员数量及预估天数采用单价标准控制	
1	演职人员餐饮	餐饮费	按演职人员100元/人·天控制
2	交通保障	车辆租赁费	按演职人员40元/人·天控制
3	异地参演人员差旅	异地参演人员住宿、交通餐饮费	按有效差旅费标准控制支出
(1)	住宿及交通餐饮费		
(2)	城市间交通费		
4	演员补助（报酬）（合成及演出期间）	演员合成及演出期间补助或报酬	
(1)	主要演员	主要演员指具有高级职称演员或独演、主演、指挥等演员	500元/人·场，最多计6场
(2)	一般演员	除主要演员以外的演员	300元/人·场，最多计6场

续表

序号	任务细目及成本要素名称	任务活动及费用说明	控制标准
三	演出场地及舞台环境营造		
(一)	演出及排练场地租赁		
1	演出及排练场地租赁	装台、合成排练、审查、彩排、演出期间场地租用费	由主管部门协调，按演出场地性质编列补助或租赁预算； 除经营性及自收自支事业单位管理场所外，一般不计此项费用
…	…		
(二)	舞台技术制作	舞美制作、灯光和投影设备租赁、音响租赁（含外场排练场地音响）、LED设备租赁、视频制作	
1	舞台搭建（场地改造）	指常规舞美制作之外的场地改造、舞台搭建（包括升降舞台、LED地板屏等）	非特殊需求，不宜选择不具备舞台基础设施的场所； 经批准的项目方案有此内容的，应提交相关技术文件以支撑费用估算
(1)	场地及舞台设计		由预算单位根据场地条件及舞台设计要求细化预算
(2)	工程内容1		
(3)	工程内容2		
…	…		
2	舞美设计及制作（通用舞美）	含舞美施工图设计及制作人工、材料、运输、管理等全部费用	实行分类总额控制： 综艺演出剧控制标准1500000元； 音乐会、伴宴演出控制标准700000元
(1)	舞美设计		由预算单位按舞美设计细化预算
(2)	工程内容1		
(3)	工程内容2		
…	…		

续表

序号	任务细目及成本要素名称	任务活动及费用说明	控制标准
3	灯光器材租赁	按装台至拆台全程一次性计费，含人工、设备、辅材、运输、管理等全部费用； 剧场现有灯光设施已满足舞台效果设计要求的，应利用剧场资源	实行分类总额控制： 综艺演出剧控制标准 1000000 元； 音乐会控制标准 600000 元； 伴宴演出控制标准 400000 元
(1)	灯光设计		由预算单位按现场灯光设计细化预算
(2)	灯光器材 1		
(3)	灯光器材 2		
…	…		
4	音响租赁	按装台至拆台全程一次性计费，含人工、设备、辅材、运输、管理等全部费用； 剧场现有音响设施已满足舞台效果设计要求的，应利用剧场资源	实行总额控制，控制标准 400000 元
(1)	音响设计		由预算单位按现场音响设计细化预算
(2)	音响器材 1		
(3)	音响器材 2		
…	…		
5	LED 及投影设备租赁	按装台至拆台全程一次性计费，含人工、设备、辅材、运输、管理等全部费用	实行分类总额控制： 综艺演出剧控制标准 600000 元； 音乐会控制标准 400000 元； 伴宴演出控制标准 200000 元
(1)	LED 设备租赁		由预算单位按现场视频设计需求细化预算
(2)	投影设备租赁		
…	…		
6	视频制作	视频内容的摄制、编辑等	实行分类总额控制： 综艺演出剧控制标准 300000 元； 音乐会、伴宴演出控制标准 120000 元

续表

序号	任务细目及成本要素名称	任务活动及费用说明	控制标准
(1)	视频制作费		由预算单位按视频方案细化预算。
…	…		
7	服装、化妆、道具	按彩排、审查、演出演员人数，采用单价标准控制	实行分类总额控制： 综艺演出控制标准1000000元； 音乐会、伴宴演出控制标准250000元
(1)	服装设计及制作/租赁	服装租赁和购置费摊销	按演员人数600元/人控制
(2)	造型设计和化妆	主要演员化妆费用，考虑带妆场数	按演员人数取10%，300元/人·场控制
(3)	道具设计及制作	道具租赁和购置费摊销	按演员人数100元/人控制
…	…		
四	**演出管理**		
（一）	**剧组活动**		
1	剧务	剧组人员交通、食宿、办公，按剧组人数、工作天数等采用单价标准控制	按演出规模实行补助总额控制： 演员500人以上控制标准400000元； 演员500人以下控制标准300000元
(1)	住宿费	外地借调剧组人员住宿支出	按当期有效差旅费标准控制支出
(2)	餐饮费	剧组人员餐费支出	按剧组人员100元/人·天控制
(3)	办公费	日常办公支出	按50000元控制
(4)	剧组人员补助	不含主创人员补助	剧组人员补助按3000元/人·月控制
…	…		
（二）	**宣传**		
1	证件画册等	节目单、车证、排练用工作证、晚会剧照、画册、DVD制作等	实行总额控制： 控制标准300000元
2	宣传	媒体宣传等	由主管部门协调政府资源媒体报道的费用不计取
3	录像、直播及后期制作	演出现场音像录制、后期制作、媒体播出等	由主管部门协调政府资源媒体录制及播出的费用不计取

续表

序号	任务细目及成本要素名称	任务活动及费用说明	控制标准
（三）	**后勤保障**		
1	医疗保障	前期排练及后期联排、合成、演出现场医务，演职人员和会务人员保险	
(1)	意外伤害保险	演职人员意外伤害保险费	按演职人员人数，控制标准20元/人
(2)	现场医务	合成排练、审查、彩排、演出等现场医务保障费	按演职人员人数，控制标准2元/人·场
2	安保		
五	**其他**		
…	…		

附　　录

附录一

中央部门预算改革大事记（2000—2019 年）

2000 年

1. 延长预算编制时间，部门预算编制由此前的从 11 月份开始提前到 9 月份进行，预算编制时间由 4 个月延长为 6 个月。

2. 改变预算编制程序。从以前“自上而下”的代编方式转变为“自下而上”的汇总方式，从基层预算单位开始编制预算，解决了预算分配不能细化到具体项目的问题。

3. 试行“一个部门一本预算”。将一个部门所有的收入和支出都按照统一的编报内容和形式在一本预算中反映，明确了中央部门在部门预算编制中的主体地位。

4. 开始向全国人大报送部门预算。教育部、农业部等 4 个部门作为首批部门预算试点单位，开始向全国人大提供部门预算。

2001 年

1. 首次提出按照基本支出和项目支出编报部门预算，并开始在一些部门中进行试点，对部门预算中的基本支出实行定员定额管理，对项目支出实行项目审核管理，初步改变了按照“基数法”编制预算的方法。

2. 财政部将原来按预算收支功能设置的机构，调整为按部门预算管理的要求设置，基本理顺了财政部内各司局与中央各部门之间的关系。中央部门普遍调整了内设机构，由财务部门统一管理本部门的预算工作。

3. 试编部门“政府采购预算”。部门“二上”时对符合条件要求的支出项目编制部门采购计划，预算执行过程中根据采购计划开展采购工作。

4. 全面推行“一个部门一本预算”。中央 159 个部门全部按照要求编报了部门预算，初步实现了职责范围明确、各项收支清晰、项目预算到位、“一个部门一本预算”的目标。

5. 扩大向全国人大提供部门预算的范围。2001 年向全国人大报送的部门预算增加了公安部、水利部等部门，由 2000 年的 4 个增加到 26 个。

2002 年

1. 印发《中央部门基本支出预算管理试行办法》和《中央部门项目支出预算管理试行办法》，规范基本支出和项目支出预算编制。开展基本支出定额试点工作。

2. 按照国务院《关于深化收支两条线，进一步加强财政管理的意见》（国办发〔2001〕93 号）的要求，将公安部等 5 个部门的行政性收费全部纳入预算管理；将国家质检总局等 28 个部门的预算外收入全部纳入专户管理；改变国税系统和海关系统按照收入比例提取经费的办法，实行“预算制”，按照部门预算的统一要求核定经费支出。

3. 全面编制政府采购预算。所有编制部门预算的单位，都要正式编制政府采购预算，财政部在批复部门预算时一并批复。

2003 年

1. 修订和完善《中央本级基本支出管理办法（试行）》，进一步明确界定基本支出范围，完善基本支出定额管理方式。进一步扩大基本支出定额试点范围，增加 118 家试点事业单位。

2. 制定《中央本级项目库管理规定（试行）》，进一步明确项目预算分类。对中央部门 2003 年度已安排项目进行清理，分别按照党中央、国务院已定项目、经常性专项业务费项目、已经部门协商需要延续项目和其他类项目四大类重新划分项目类别。建立中央部门项目库和财政部项目库。

3. 印发《财政部中国人民银行关于将部分行政事业性收费纳入预算管理的通知》，将 118 项行政事业性收费纳入财政预算管理。

2004 年

1. 积极探索研究中央部门实物费用定额管理。选择审计署等 5 个部门进行实物费用定额试点工作，采取“虚实结合”的方式运行。

2. 规范项目支出预算管理。设置项目预算申报限额，要求中央部门申报预算的项目总额应控制在本部门上年度财政已安排项目支出预算总额的120%以内。

3. 取消了预算外资金管理的一些过渡性政策，增加了司法部、信息产业部等7个部门进行预算外资金“收支脱钩”改革试点，试点部门达到40个，基本实现了对预算外资金的规范管理。

4. 进一步延长预算编制时间，从5月就着手进行预算编制前的项目清理工作，预算编制时间延长到10个月。

5. 尝试对支出项目进行绩效评价。对2003年预算已安排的跨年度项目，选择一些项目附报已安排资金的绩效评价材料，作为2004年项目预算安排的重要依据。

2005 年

1. 完善实物费用定额试点方案，增加财政部等13个实物费用定额试点部门，研究建立费用定额与资产占用相结合的定额标准体系。

2. 印发《中央部门预算支出绩效考评管理办法（试行）》，建立项目预算安排与项目执行效果评价有机联系的绩效评价体系。

3. 制定印发《中央部门财政拨款结余资金管理（暂行）规定》，中央部门在编制预算时，应根据结余资金清理情况统筹安排预算。

4. 将广电总局集中的广告收入等预算外收入逐步纳入预算。对实行收支脱钩管理的部门原先用预算外资金安排的支出，中央财政根据其履行职能的基本需要通过财政拨款予以保障。

2006 年

1. 完善定员定额管理体系，适当调整公安边防九总站等单位公用经费定额标准；将中国地震局下属部分单位纳入定员定额试点范围。

2. 将广电总局集中的中央电视台广告收入全部纳入预算管理，支出由财政部根据广电事业发展的需要在部门预算中统筹考虑。截至2006年年底，国务院批准的收费项目90%以上已纳入预算管理，政府性基金则全部纳入预算管理。

3. 对“农业科技跨越计划”等4个支出项目进行绩效评价试点，并为这些项目规定了绩效评价经费的计提比例，稳步推进绩效评价试点工作。

2007年

1. 加强资产管理，促进资产管理与预算管理有机结合。行政事业单位购置有规定配备标准的资产，必须报同级财政部门批准后列入单位年度部门预算。未经批准，不得列入部门预算，也不得安排经费。

2. 着手建立中央部门人员和资产数据库，实现资产、实物费用定额与支出定额之间的有效衔接。

3. 研究建立加强结余资金管理的激励机制。对结余资金规模大、管理不力、解决措施不到位的中央单位给予适当“负激励”。

4. 加大绩效评价力度。2007年选择“农业生态环境保护”等6个项目进行绩效评价试点。

2008年

1. 实行出国经费零增长政策，有效抑制出国经费膨胀。贯彻落实国务院第9次常务会议的要求，对中央国家机关公用经费统一压缩5%。

2. 大力推进预算编制细化管理。要求各部门将2008年部门预算细化到基层预算单位，不得代编下级单位预算。

3. 将40家参公单位纳入定员定额试点范围，实行定员定额试点的范围已涵盖97家行政单位、34家事业单位、40家参公单位、开支“离退休人员管理机构”科目的行政单位离退休机构及武警部队6个警种。将实物费用定额试点部门扩大到25家，试点方式也从“虚转”转成部分“实转”。

4. 建立项目清理的激励机制，鼓励中央部门加大对前三类项目的清理力度，实现项目滚动管理。

5. 向全国人大报送部门预算的数量由2007年的40个增加到2008年的50个。将教育、科学技术、社会保障和就业等15类关系民生的重点科目明细到46个款级科目。选择财政部、审计署等11个中央部门推行部门预算内部公开试点。

2009年

1. 编制2009年预算时，对公务购车用车经费、会议费、公务接待费、出国费等支出，全部实行零增长。根据《中办国办关于党政机关厉行节约若干问题的通知》文件精神，预算执行中进一步压缩中央部门2009年“三公”经费。

2. 修订印发《中央部门预算管理工作规程》，建立了涵盖中央部门预算编制、中央本级支出预算指标管理、财政拨款结余资金管理等在内的中央部门预算管理工作规程。

3. 将37家参公单位和31家公益性事业单位纳入定员定额试点，2009年基本支出定员定额试点范围扩大到97家行政单位、103家事业单位、77家参公单位和武警部队6个警种，以及大部分行政单位离退休人员和离退休管理机构人员。研究开发中央部门人员信息数据库，组织部门进行了初步填报。

4. 印发《中央本级项目支出标准体系建设总体方案》和《中央本级项目支出定额标准管理暂行办法》，启动党政机关办公用房大中修定额标准等12项通用定额标准的制修订工作。根据项目属性将项目支出细分为大型会议和培训类等13类，并按新的分类方式进行了项目清理。

5. 在2009年部门预算表中新增“中央行政事业单位资产存量情况表”“中央行政事业单位新增资产配置预算表”，对新增资产配置情况进行专项审核，初步建立了财政部内部资产配置事项审批的流程，形成了资产管理部门与预算管理部门协调配合的行政事业单位国有资产管理机制。

6. 主动扩大报送全国人大的部门预算范围，由2008年的50个部门增加到95个部门。

2010年

1. 将28家参公单位、9家公益性事业单位新增纳入定员定额试点范围，着手建立人员基础信息数据库，探索建立人员定额与实物定额相结合的定额标准体系。

2. 印发《中央本级项目支出定额标准管理部内规程》，明确了开展标准体系建设工作的部内分工和工作流程；启动了非棉纤维公证检验经费等 12 项专用定额标准以及城乡住户调查等 58 项部门内部标准的建设任务。

3. 印发《财政部关于将按预算外资金管理的收入纳入预算管理的通知》，明确规定自 2011 年 1 月 1 日起，除教育收费纳入财政专户管理外，将中央和地方预算外管理的非税收入全部纳入预算管理。

4. 印发《财政部关于进一步推进中央部门预算项目支出绩效评价试点工作的通知》，明确了绩效评价各方职责，规范了绩效评价工作程序，构建了包括项目绩效目标和项目绩效问题框架两部分的绩效评价内容体系。

5. 修订印发《中央部门财政拨款结转和结余资金管理办法》，强化结余资金管理，中央部门在预算执行中，原则上不得动用项目支出结余资金，全部统筹用于下年预算。

6. 报送全国人大审议的部门预算数量增加到 98 个。出台《财政部关于进一步做好预算信息公开工作的指导意见》，明确了由各中央部门负责本部门的预算、决算公开工作，原则上应将报送全国人大审议通过的部门预算中的收支预算总表和财政拨款支出预算表作为部门预算公开的最基本格式和内容先行公开。2010 年报全国人大审议的 98 个中央部门中，有 75 个中央部门向社会公开了部门预算。

2011 年

1. 预算执行中，按照国务院第 148 次常务会议精神，按 2% 的比例进一步压缩了相关部门公务用车购置及运行费。

2. 初步建立体现不同类型事业单位特点的分类分档定额标准体系；新增 14 家参公管理事业单位和 34 家公益性事业单位作为定员定额试点单位；颁布了中央行政单位通用办公设备配置标准和经费标准，部门内部标准体系建设加快推进。

3. 按照 2011 年全面取消预算外收入的总体部署，积极推进收支两条线改革，全面清理行政事业性收费等非税收入，预算外收入或纳入一般预算管理或纳入政府性基金管理。

4. 印发《财政支出绩效评价管理暂行办法》，首次批复了绩效评价试点项目的绩效目标。

5. 报送全国人大审议的中央财政预算中，教育、科学技术和农林水事务支出等重点支出进一步细化并公开到项级科目。中央部门公开本部门2010年“三公”经费决算数和2011年预算情况。

2012年

1. 从2012年起，严格控制执行中“三公”经费预算调整，原则上执行中不再增加“三公”经费预算，对于部门确因特殊情况需要增加“三公”经费，一律报国务院批准后再行调整。

2. 从编制2012年部门预算起，中央行政单位基本支出全面实行人员定额和实物定额相结合的预算方式，并将在京行政机关本级在职人员津贴补贴支出也纳入其中。新制定在华举办国际会议费用开支标准1项通用定额标准和国家体育总局运动员保障经费标准等多项专用定额标准。

3. 2012年，共确定165家中央一级单位的378个绩效评价试点项目，涉及资金137.96亿元，比上年增加136个项目，增加68亿元，实现了“横向到边”和“两个提高”的要求。

4. 首次向社会公开2010年度部门决算，首次向社会公开中央本级“三公”经费和行政经费总额、各部门“三公”经费预决算情况，同时将中央部门预算公开报表由2张增加到5张。

2013年

1. 推进定员定额与实物费用定额相结合的公用经费测算模式，并结合燃油价格、供暖价格提高等因素和部门实际支出情况，调整完善实物费用定额标准。

2. 推进项目支出定额标准体系建设，启动了会议费、外宾接待费等费用开支标准的制定工作。大力推进部门内部标准建设。

3. 稳步推进部门预算公开工作，部门预算公开的同时，同步公开了2013年“三公”经费预算、政府性基金收入预算，同时进一步将科学技术、文化体育与传媒2个类级科目细化到项级科目。

2014 年

1. 中央政治局审议通过《深化财税体制改革总体方案》，明确了包括预算管理制度改革在内的财税体制改革的时间表和路线图。

2. 全国人大常委会审查批准了修订后的《预算法》，从 2015 年 1 月 1 日起实施，为预算管理制度改革提供了法律保障。

3. 国务院印发了《关于深化预算管理制度改革的决定》，明确了预算管理制度改革的重点任务和工作要求。

4. 严格落实“约法三章”，一律不安排政府性楼堂馆所建设资金，规范和加强中央部门机构编制管理，严格实行“三公”经费零增长。加强内控制度建设和公务支出制度建设，完善相关支出标准，推进公务用车改革。

5. 研究制定中央本级支出三年滚动规划改革方案，提出了规划编制的基本原则、方式方法、工作安排和管理程序。

6. 加快推进项目支出定额标准体系建设，新制修订差旅费、会议费、培训费等 12 项通用定额标准。

7. 印发《财政部关于政府购买服务有关预算管理问题的通知》，明确了政府购买服务的资金来源、预算管理办法、执行监控、信息公开、绩效评价等具体要求。

8. 95 家中央部门预算报送全国人大审议，其中，4 个部门首次公开了部门预算，5 个部门首次公开了“三公”经费预算。除涉密内容外，中央部门预算全部公开到最底层的“项”级科目，所有财政拨款安排的“三公”经费都要详细公开。

2015 年

1. 印发《财政部关于推进中央部门中期财政规划管理的意见》，从编制 2016 年预算开始，对纳入中央部门预算的一般公共预算和政府性基金预算拨款收支实行中期财政规划管理。启动编制中央部门三年滚动规划（2016—2018 年支出规划），合理确定部门支出限额。

2. 印发《财政部关于加强和改进中央部门项目支出预算管理的意

见》，中央部门预算项目实行分级管理，分为一级项目和二级项目两个层次，加强项目库建设和管理，积极推进预算评审和绩效管理。从2016年预算起，开始编制中央部门项目支出经济分类预算，具体到款级科目。

3. 印发《财政部关于盘活中央部门存量资金的通知》，对一般公共预算以及从2015年起由政府性基金预算转列一般公共预算的结转结余资金进行认真清理，统一收回清理确认的结余资金。

4. 印发《财政部关于加强中央部门预算评审工作的通知》，逐步建立健全预算评审机制，将预算评审工作实质性嵌入部门预算管理流程。

5. 印发《中央部门预算绩效目标管理办法》，进一步加强预算绩效管理，提高中央部门预算绩效目标管理的科学性、规范性和有效性。

6. 98家中央部门预算报送全国人大审议，100个中央部门公开了部门预算，公开的表格由上年的6张增加到8张，同时增加了机关运行经费、政府采购、国有资产占有使用、预算绩效等情况的说明；在上年已全部公开到支出功能分类项级科目的基础上，一般公共预算基本支出进一步公开到经济分类款级科目。

2016年

1. 修订印发《中央部门结转和结余资金管理办法》，加强和规范中央部门一般公共预算和政府性基金预算结转结余资金管理，结转结余资金数以决算批复为准，结余资金按规定上缴国库，同时有效控制结转资金规模，强化考核并建立激励约束机制。

2. 强化基本支出预算管理，规范编制内增人。从2016年起，事业单位增加编制内人员需增加财政拨款基本支出的，要先向财政部申请预算，预算下达后方可增加人员。事业单位新增离退休人员的，要在报送年度部门预算时如实反映，财政部审核后增加离退休人员基本支出，相应减少在职人员基本支出。

3. 制定印发《财政部关于进一步做实中央部门预算项目库的意见》，推进项目库全面做实，细化规范项目内容，将项目划分为标准化管理项目和非标准化管理项目；扩大预算评审范围，2016年各部门开展预算评审的项目支出数额占项目库中应评审项目支出总额的比例要达到30%以上，

2017 年达到 50% 以上，2018 年达到 80%，2019 年实现百分之百覆盖；强化中央部门主体责任，建立项目管理考核机制。

4. 100 个中央部门预算报送全国人大审议，102 个中央部门公开了部门预算，报送人大数量和公开部门预算数量较上年均增加 2 个。

2017 年

1. 加强“三公”经费分类管理，对教学科研人员开展学术交流活动区别对待，合理保障工作需要。

2. 对会议费、培训费、宣传费、咨询费、软课题经费和涉企补助等支出进行了压减，并按不低于 5% 的幅度压减非刚性、非重点项目支出。

3. 加强机构编制管理与预算管理的相互衔接，建立事业单位编制内增人和新增机构编制评审制度。

4. 规范代编预算使用程序，执行中需要动用代编预算的，须报国务院批准后下达。

5. 2017 年，组织部门对照 2016 年年初设定的项目绩效目标全面开展绩效自评，选取 99 个部门 111 个一级项目自评结果在部门决算草案中反映，推进落实部门绩效管理主体责任。

6. 公开部门预算的部门增加到 105 个。

2018 年

1. 构建项目动态评估清理机制，每年选择部分中长期支出政策或重大项目进行滚动评估，评估结果作为安排预算和调整支出政策的重要依据。

2. 2018 年公开部门预算的部门为 89 个，部门公开表格达到 8 张，公开项目文本和绩效目标的重点项目由 10 个增加到 36 个，涉及的部门数量也由 10 个增加到 36 个。

3. 对 43 家划入公益一类的原经费自理事业单位，开展纳入财政保障范围的人员预算支出评审，明确涉及各单位公益性职能及所需人数，避免中央财政对非公益性活动被动买单。

4. 确立绩效目标与预算同步申报、同步审核、同步批复机制，2018 年，绩效目标管理已覆盖所有中央部门的本级项目、中央对地方专项转移支付，以及大部分中央政府性基金和国有资本经营预算项目。

5. 2017 年，组织所有中央部门对 2016 年本级项目预算执行情况和绩效目标实现情况开展绩效自评，2018 年绩效自评范围将扩大到中央对地方专项转移支付。

2019 年

1. 不折不扣落实过紧日子有关要求，除刚性和重点项目外，中央部门其他项目支出平均压减幅度达到 10%，持续强化“三公”经费管理。

2. 2019 年公开部门预算的部门为 102 个，公开部门数比 2018 年增加了 13 家，集中公开时间比 2018 年提前了 11 天。同时，有 47 个部门公开了 50 个重点项目的文本和绩效情况，有 88 个部门在公开预算时专门说明了非重点、非刚性支出压减情况。

3. 进一步扩大定员定额管理范围，将 48 家行政单位、107 家公益一类事业单位新增纳入定额管理，适当提高公益一类事业单位财政保障水平。

4. 研究制定了《关于进一步做好中央本级支出标准体系建设工作的通知》，明确了总体思路、基本原则、重点工作和有关要求。

5. 扩大绩效目标管理范围，2019 年批复预算时将绩效目标管理范围扩展至全部中央预算单位，强化资金使用单位的绩效责任。选择 31 个重点民生政策和重大项目开展绩效评价、4 个中央部门开展部门整体支出绩效评价试点。将 265 个项目绩效自评结果和 20 份重点绩效评价报告提交全国人大常委会，稳步推动绩效信息向社会公开。

附录二

财政部关于编制中央部门2020—2022年支出规划和2020年部门预算的通知

（2019 年 6 月 4 日　财预〔2019〕115 号）

各中央预算单位：

按照《中华人民共和国预算法》《中共中央 国务院关于全面实施预算绩效管理的意见》《国务院关于深化预算管理制度改革的决定》（国发〔2014〕45 号）和《国务院关于实行中期财政规划管理的意见》（国发〔2015〕3 号）等有关规定，现就编制中央部门 2020—2022 年支出规划和 2020 年部门预算通知如下：

一、总体要求

以习近平新时代中国特色社会主义思想为指导，全面贯彻党的十九大和十九届二中、三中全会及中央经济工作会议精神，认真落实党中央和国务院决策部署，统筹推进“五位一体”总体布局，协调推进“四个全面”战略布局，坚持稳中求进工作总基调，坚持新发展理念，坚持推动高质量发展。牢固树立艰苦奋斗、勤俭节约的思想，不折不扣落实过紧日子的要求，大力压减一般性支出，继续严控“三公”经费；坚持统筹兼顾、突出重点，优化支出结构，全力支持国家重大发展战略和重点领域改革；全面实施预算绩效管理，推进预算和绩效管理一体化，推动预算绩效管理全方位、全过程、全覆盖，做到花钱必问效、无效必问责；加大各类资金统筹力度，有效盘活存量资金；不断完善预算支出标准体系，提高预算编制的科学性；进一步做实项目库，严格项目入库管理；进一步加大预算公开力度，着力构建全面规范透明、标准科学、约束有力的部门预算管理制度。

二、重点工作

（一）不折不扣落实过紧日子要求

牢固树立艰苦奋斗、勤俭节约的思想，坚持厉行节约反对浪费，坚持勤俭办一切事业，从严从紧编制部门预算。大力压减一般性支出，削减低效无效支出。切实落实中央八项规定及实施细则精神，严禁铺张浪费和大手大脚花钱。持续强化和规范“三公”经费管理，加强对相关支出事项必要性、合理性的审核，不得安排无实质内容的公务活动。

（二）强化预算安排约束机制

推进中期财政规划管理，加强三年支出规划对年度预算的指引和约束作用，部门新增支出需求原则上通过调整支出结构解决。继续实施部门当年预算执行情况和下年预算安排挂钩机制，预算执行较慢的，适当减少下年预算。强化预算评审结果运用，财政预算评审整体审减率较高的部门，适当压减下年预算。

（三）完善预算支出标准体系

加强基本支出定员定额管理，完善定额标准，合理保障机构正常运转和基本履职需要。加快项目支出标准体系建设，鼓励部门选择有代表性的延续性重大项目以及与部门履职关系紧密的专项业务费项目开展标准制定工作，具备条件的部门专项业务费项目逐步实现标准化管理。完善标准应用机制，部门各项预算支出不得突破已有标准，充分发挥支出标准在预算编制、分配和管理中的基础支撑作用。

（四）加大各类资金统筹力度

加强全口径预算管理，部门所有收入和支出全部纳入预算，规范事业收入、事业单位经营收入等各项收入管理。部门要加大各类资金统筹力度，大力调整优化支出结构，现有存量资金要优先保障重大战略、重要改革和重点任务。部门要充分准确预计年底结转资金情况并列入年初预算，加大结转资金与年度预算的统筹力度。对于预计结转资金规模较大的项目，不再安排或减少预算安排。对列入年初预算的预计结转资金与实际结转资金规模差异较大的，相应减少下年预算。加强存量资产管理，努力盘活闲置资产。

（五）严格项目支出预算管理

进一步做实项目库，优化项目设置，规范项目分级分类管理，加大项目精简整合力度，加强项目与支出政策的衔接匹配。严格项目预算评审，部门项目预算评审实现全覆盖，继续推进重大项目动态评估清理。强化部门预算管理主体责任，加强内控制度建设，完善项目决策机制，严格项目入库管理，细化落实项目立项、编报、执行和绩效责任，发现问题严肃问责。

（六）全面实施预算绩效管理

深入推进预算和绩效管理一体化，对新出台重大政策、项目，结合预算评审做好事前绩效评估。严格绩效目标管理，提升绩效目标质量，未按要求设定绩效目标或审核未通过的，不得安排预算。研究建立分行业分领域绩效指标体系，实现项目绩效自评全覆盖，建立健全重点绩效评价常态机制。加强绩效评价结果应用，强化绩效评价结果同预算安排和政策调整挂钩机制。

（七）主动自觉接受各方监督

认真落实人大预算审查监督重点向支出预算和政策拓展有关要求，研究完善部门预算草案。积极配合审计工作，认真整改审计查出的问题，及时完善相关政策和制度办法。强化部门预算公开主体责任，扩大公开范围，细化公开内容，推动部门所属单位公开预算。将更多项目列入预算草案，报送全国人大审议后由部门向社会公开。加大绩效信息公开力度，推进绩效目标、绩效自评和重大项目绩效评价结果向全国人大报告并向社会公开。

（八）夯实部门预算管理基础

建立健全资产配置管理体系，结合存量资产编制审核新增资产，做好新增资产配置与政府采购等的衔接。加强政府采购管理，完整准确编制政府采购预算，强化政府采购内部控制，依法依规开展政府采购活动，全面公开政府采购信息。推进政府购买服务工作，完善政府购买服务绩效评价和信息公开机制。进一步优化部门预算管理软件，推进各类数据互联共享，提高部门预算编报和审核效率。

三、编制要求

（一）部门三年支出规划

1. 编制范围和流程。中央部门按照“二上二下”程序，编制一般公共预算和政府性基金预算拨款2020—2022年支出规划，与2020年部门预算编制同步进行。

2. 基本支出规划编制。“一上”时不编报基本支出规划。因机构编制、人员等变化需要调整支出规划的，应当单独反映。“二上”时，部门根据财政部下达的2020—2022年基本支出规划控制数，编制相应年度支出规划。

3. 项目支出规划编制。

（1）做好项目储备。部门要尽早组织所属单位开展以后年度预算项目储备，提前启动项目论证、立项和审核评审等工作。

（2）完善项目编报。所有项目统一按照“项目—活动—子活动—分项支出—标准（价格）—支出计划”的层次编报，清晰反映项目内容、具体活动和支出需求，不得在项目中编报应当纳入基本支出安排的相关支出。加强一般公共预算、政府性基金预算和国有资本经营预算的统筹衔接，避免项目交叉重复。所有入库项目都要设置绩效目标，并细化、量化为具体的绩效指标。准确使用政府收支分类科目，严格控制使用款级、项级科目中的其他支出科目。

（3）加强项目评审。按规定应评审的项目要全部评审，并结合评审做好事前绩效评估。评审要对立项依据、实施方案、支出内容、预算需求、分年计划、绩效目标等提出具体意见。评审要注重结合存量资产情况审核安排新增资产。

（4）科学合理测算。根据轻重缓急，对备选项目进行排序，拟新增的项目支出全部通过调整支出结构解决。“一上”时编制的2020—2021年项目支出规划需求应当控制在财政部上年下达的相应年度控制数规模之内，2022年不超上年规模。对于因党中央、国务院新批准重要改革、重大政策等确需增加支出规划的，应当单独反映，并提供文件依据和详细说明。相关业务主管部门管理的项目支出（如发展改革委、国防科工局安排的基本建设支出等），由主管部门负责编制支出规划。

4. 部门报送支出规划。部门报送“一上”支出规划时，一级项目规划数较上年有调整的，应当做出说明，同时将新增和调整的二级项目一并报财政部。财政部对项目进行审核，通过审核的，纳入财政部项目库；需要调整的，由部门调整后重新上报；不符合政策规定的，不得列入规划和预算。除另有规定外，部门在“一上”之后新增项目申请纳入财政部项目库的，须正式来函；11 月 20 日之后报送的，原则上不再接收。

5. 财政部审核控制数。财政部综合平衡后，核定下达部门 2020—2022 年支出规划控制数，明确一级项目和部分重点二级项目的分年控制数。

6. 部门调整编制规划。部门根据财政部下达的控制数调整编制 2020—2022 年支出规划报财政部，各年度支出总额不得调整。在一级项目控制数规模内，部门可调整二级项目支出计划或增减替换二级项目，增加的项目应当是已纳入财政部项目库的项目。部门如需在一级项目之间进行调整，或对控制数中已明确的二级项目进行调整，应当报财政部批准。

（二）2020 年部门预算

1. 编制“一上”预算。

（1）基本支出预算编制。部门按要求填报基础信息数据库，对人员编制、实有人数、机构设置等情况较上年发生变化的，要说明原因并提供证明文件。所属事业单位编制内增人的，要提供增人依据、理由、经费需求情况。需要填报规范津贴补贴经费测算数据的单位范围为执行规范津贴补贴政策的行政单位和参公单位，人员范围为京外单位在职人员、离退休人员和在京单位离退休管理机构工作人员、离休人员。按照中央行政事业单位住房改革支出预算编制要求，如实填报住房改革支出预算，并优先消化财政拨款结转资金，动用公房出售收入和其他资金。

（2）项目支出预算编制。除相关业务主管部门管理的项目外，2020 年项目支出预算规模和结构与部门 2020 年支出规划一致。机动经费项目暂按上年数编报。

（3）项目绩效目标编制。部门要对所有一级项目、二级项目填报中期和年度绩效目标及相应绩效指标，选择部分单位填报整体支出绩效目标。有重点、有针对、有选择地确定部分重大项目开展绩效评价，并结合实际，选择部分下属单位开展整体支出、政府性基金预算项目绩效评价试点。

（4）新增资产配置相关预算编制。中央行政事业单位所有使用财政性资金及其他资金购置车辆，租用土地、办公用房、业务用房，以及购置单价 50 万元以上的通用设备和单价 100 万元以上的专用设备的，要编制新增资产配置相关预算，并详细说明新增资产配置必要性。单位报送的租用土地、办公用房、业务用房申请应当是按规定报经机关事务主管部门或有关主管部门审核同意的项目。单位申请配置的新增资产，有规定配备标准的应当按照标准配备；没有规定配备标准的应当结合单位履职需要和事业发展需求，从严控制，合理配备。

（5）部门要积极支持并督促属地中央预算单位配合财政部各地监管局开展部门预算监管工作。纳入监管局监管范围的中央二级及以下预算单位，应按要求和规定时限将 2020 年“一上”预算申报材料逐级汇总后报送当地监管局备查，并提供预算编制有关政策依据、证明文件等。

（6）部门要认真填报部门职能、机构设置、资产配置、人员编制等情况及说明，其中，项目支出规划编制说明应按照规定格式编写，一并说明绩效自评和重点绩效评价结果运用、项目支出标准建设及标准应用情况。严格按照保密规定标注文件和数据的密级。

2. 核定“一下”预算控制数。财政部综合平衡后，核定下达部门 2020 年财政拨款预算控制数。其中，基本支出控制数明确到功能分类项级科目，项目支出控制数明确到一级项目和部分重点二级项目。

3. 编制“二上”预算。

（1）部门要充分、合理预计事业收入、事业单位经营收入等各项收入，按规定全部纳入预算统筹安排使用，未纳入年初预算的，部门要采取有效措施，执行中严格控制使用。纳入部门整体支出绩效目标管理试点的部门，要按要求填报部门整体绩效目标。

（2）部门要严格按照财政部下达的“一下”控制数，编制包含财政拨款和非财政拨款在内的全口径支出预算，相关支出要全部分解细化到具体单位和项目。基本支出和项目支出预算按照全口径编制到经济分类款级科目，合理确定各项支出经济分类情况，严格控制使用其他支出科目。要根据项目支出预算等情况进一步调整完善绩效目标。

（3）部门要充分预计基本支出和项目支出结转资金，按规定列入“二上”预算，并结转下年按原用途继续使用。对结转资金较多的项目，应当调减预算安排，将调减下来的指标调整用于其他重点项目。

（4）部门要认真编报年度“三公”经费预算，严格按照有关规定和支出经济分类科目说明的口径编列，继续从严控制各项支出规模。

（5）根据政府集中采购目录及限额标准确定政府采购预算编制的范围，纳入部门预算管理的资金支出凡涉及政府采购的，都要编制政府采购预算，根据市场调查情况和资产配置等标准，并参考以前年度采购结果，列明货物、工程和服务采购金额。部门要按照财政部对政府采购预算的审核意见，及时进行调整。

（6）部门申报政府购买服务项目，应当填报政府购买服务支出表，其中列入政府集中采购目录及限额标准以上的政府购买服务项目，应当同时编报政府采购预算，并按照政府采购规定组织实施。政府购买服务所需资金列入部门预算，从既有预算中统筹安排。

（7）发展改革委等有预算分配职能的部门要及时研究提出有关归口管理经费分配方案，明确项目单位、项目名称、密级、功能分类科目、金额等信息，于 11 月 20 日前反馈财政部审核。要切实提高年初预算到位率，年初预算原则上全部细化到具体单位和项目。

（8）2020 年报送全国人大审议预算的部门名单见附件。

（三）切实严肃财经纪律

部门要严格执行各项法律法规，把财经纪律和各项管理制度落到实处；严格按照预算支出标准、资产配置标准、政府收支分类科目等编制预算；不得在部门预算中安排补助地方支出；严禁自行出台工资和津补贴政策，严禁通过多报、虚报在编人数“吃空饷”，严禁重复、多头申报或虚报项目预算；严禁超标准配置通用办公设备、家具等资产；要建立财政资金使用全流程内控机制，将项目立项、预算编制、预算执行、绩效管理等各个环节的责任明确到人、落实到位。

四、时间要求

1. 2019 年 8 月 6 日前，中央部门将本部门基础信息数据库、项目库、

2020—2022 年支出规划建议和编报说明等材料报财政部（一份，附电子数据）。基础信息数据库和项目库只报送电子数据。

2. 中央部门根据财政部下达的控制数等，编制 2020—2022 年支出规划草案和 2020 年部门预算草案，于 2019 年 12 月 12 日前报财政部（一式两份，附电子数据），并提供详细编报说明。

附录三

财政部关于编制 2020 年中央行政事业单位住房改革支出预算的通知

（2019 年 6 月 14 日　财综〔2019〕19 号）

党中央有关部门，国务院各部委、各直属机构，全国人大常委会办公厅，全国政协办公厅，高检院，高法院，各民主党派中央，有关人民团体，有关中央管理企业：

按照财政部编制部门预算的要求，现就编制 2020 年中央行政事业单位住房改革支出预算的有关事宜通知如下：

一、住房改革支出预算的编制范围

住房改革支出预算由三个部分组成，分别是住房公积金预算、提租补贴预算和购房补贴预算。

（一）住房公积金预算的编制范围

包括人员经费由中央财政补助的中央行政事业单位（含中央企业所属事业单位）、人民团体、社会团体等单位（以下简称中央单位）。不包括人员经费自理的中央事业单位等其他单位。

（二）提租补贴预算的编制范围

包括人员经费由中央财政补助的中央在京行政事业单位（含中央企业所属在京事业单位）、人民团体、社会团体等单位（以下简称中央在京单位）。

（三）购房补贴预算的编制范围

包括人员经费由中央财政补助的中央在京单位；人员经费由中央财政补助且按照所在地人民政府规定已经实行住房分配货币化改革的中央京外行政事业单位、人民团体、社会团体等单位（以下简称中央京外单位）。不包括人员经费由中央财政补助但尚未实行住房分配货币化改革的其他中央京外单位，人员经费自理的中央事业单位等其他单位。

二、住房改革支出预算的编制原则

（一）优先消化住房改革支出拨款结转资金

按照财政部印发的《中央部门结转和结余资金管理办法》（财预〔2016〕18 号）和《财政部关于 2006 年住房改革支出预算执行等有关问题的通知》（财综〔2005〕59 号）的有关规定，中央单位在编制 2020 年住房改革支出预算时，应当优先消化历年住房改革支出拨款结转资金，住房改革支出拨款结转资金未消化完的，原则上不得申请住房改革支出财政拨款。

（二）将公房出售收入余额的 20% 用于发放购房补贴

纳入购房补贴预算编制范围的中央单位，在安排 2020 年购房补贴预算时，应当继续按照财政部的规定，将预计 2019 年末公房出售收入扣除应计提住房专项维修资金后余额的 20% 用于发放购房补贴。

（三）申请购房补贴预算资金应符合相关程序

中央单位申请购房补贴预算资金，除符合上述购房补贴预算编制范围要求外，还必须具备下列条件：单位已经为职工建立住房档案，并按要求对申请购房补贴预算资金的职工进行了公示，同时，对拟申请的购房补贴预算资金预计 2020 年能够发放到位。

（四）用其他资金安排住房改革支出

中央单位在安排 2020 年住房改革支出预算时，还应当考虑单位用其他资金安排住房改革支出的情况，减少对财政拨款资金的依赖。

（五）按照专款专用原则编制住房改革支出预算

中央单位在编制住房改革支出预算时，要坚持专款专用的原则。中央单位的住房公积金预算、提租补贴预算和购房补贴预算，应当分别进行编制，各项预算之间应当实行专款专用，不得相互调剂。

三、住房改革支出预算的编制要求

（一）确保有关预算数据真实可靠

住房改革支出预算是部门预算的重要组成部分，填报工作涉及各单位的财务、房管、人事等相关部门，工作量大、业务面广，需要相关部门密切配合。中央单位要严格按照《2020 年中央行政事业单位住房改革支出预算编制说明》（附件 7）以及本通知要求，认真组织所属单位做好 2020 年住房改革支出预算编制工作，确保预算数据真实可靠。特别是在填报《2020 年中央行政单位购房补贴预算基础数据表》（附件 2）、《2020 年中央参公单位购房补贴预算基础数据表》（附件 3）和《2020 年中央事业单位购房补贴预算基础数据表》（附件 4）时，要及时更新相关数据，对于以前年度中央财政已经安排预算资金的人员，不得重复申报购房补贴预算。中央京外单位编制在职职工购房补贴预算时，要严格按照本通知规定的范围和口径执行，不得多报、虚报。

（二）做好上下级单位资金调剂工作

中央单位动用历年住房改革支出拨款结转资金以及公房出售收入安排 2020 年住房改革支出预算，要继续做好上下级单位相关资金的调剂工作，有关调剂办法及会计核算方式继续按照财综〔2005〕59 号文件规定执行。

（三）做好与部门预算数据的相互衔接

《2020 年中央行政事业单位住房改革支出预算表》（附件 1）是部门预算的组成部分，中央单位财务部门要与房管、人事部门相互配合，确保《2020 年中央行政事业单位住房改革支出预算表》（附件 1）与部门预算相关数据相互衔接。

（四）加强住房改革支出预算编制的审核

中央单位应当严格按照本通知要求，认真编制《2020 年中央行政事业单位住房改革支出预算表》（附件 1）、《2020 年中央行政单位购房补贴预算基础数据表》（附件 2）、《2020 年中央参公单位购房补贴预算基础数据表》（附件 3）、《2020 年中央事业单位购房补贴预算基础数据表》（附件 4）、《中央行政事业单位符合领取购房补贴条件职工基本情况表》（附件 5）和《1999—2020 年中央行政事业单位购房补贴情况表》（附件 6）。中央单位在向财政部报送 2020 年住房改革支出预算之前，一级预算单位应当负责对所属下级预算单位编制的预算进行认真审核，确保符合有关预算编制要求。

（五）认真撰写住房改革支出预算编制说明

中央单位编制 2020 年住房改革支出预算，应当认真撰写预算编制说明，详细说明每项住房改革支出预算数据的测算过程，对于一些特别需要说明的事项，应当重点说明。中央单位在预算编制说明中，对于中央京外单位职工购房补贴需求数额及其具体分项目需求数额，要作单独反映，并详细说明测算过程。

（六）按时报送住房改革支出预算报表

为方便中央单位编制住房改革支出预算，请中央单位于 2019 年 6 月 25 日左右通过网络自行下载住房改革支出预算软件。软件下载网址：www. mof. gov. cn，找到“下载中心”，点击进入后找到“中央行政事业单位住房改革支出”，进行下载。如一些单位受上网条件限制，无法通过网络下载，也可带优盘到财政部（信息中心，电话：13051498951）拷取软件。中央单位应当于 2019 年 7 月 31 日前将住房改革支出预算编制说明及附件 1—6 报送财政部（综合司）一式一份（附电子文档）。

（七）及时反映编制预算中的相关问题

中央单位在编制 2020 年住房改革支出预算中，需要反映相关问题，应当在向财政部（综合司）报送 2020 年住房改革支出预算时，以书面形式加以说明。

（附件略）

附录四

中华人民共和国预算法

第一章 总 则

第一条 为了规范政府收支行为，强化预算约束，加强对预算的管理和监督，建立健全全面规范、公开透明的预算制度，保障经济社会的健康发展，根据宪法，制定本法。

第二条 预算、决算的编制、审查、批准、监督，以及预算的执行和调整，依照本法规定执行。

第三条 国家实行一级政府一级预算，设立中央，省、自治区、直辖市，设区的市、自治州，县、自治县、不设区的市、市辖区，乡、民族乡、镇五级预算。

全国预算由中央预算和地方预算组成。地方预算由各省、自治区、直辖市总预算组成。

地方各级总预算由本级预算和汇总的下一级总预算组成；下一级只有本级预算的，下一级总预算即指下一级的本级预算。没有下一级预算的，总预算即指本级预算。

第四条 预算由预算收入和预算支出组成。

政府的全部收入和支出都应当纳入预算。

第五条 预算包括一般公共预算、政府性基金预算、国有资本经营预算、社会保险基金预算。

一般公共预算、政府性基金预算、国有资本经营预算、社会保险基金预算应当保持完整、独立。政府性基金预算、国有资本经营预算、社会保险基金预算应当与一般公共预算相衔接。

第六条 一般公共预算是对以税收为主体的财政收入，安排用于保障和改善民生、推动经济社会发展、维护国家安全、维持国家机构正常运转等方面的收支预算。

中央一般公共预算包括中央各部门（含直属单位，下同）的预算和中央对地方的税收返还、转移支付预算。

中央一般公共预算收入包括中央本级收入和地方向中央的上解收入。中央一般公共预算支出包括中央本级支出、中央对地方的税收返还和转移支付。

第七条 地方各级一般公共预算包括本级各部门（含直属单位，下同）的预算和税收返还、转移支付预算。

地方各级一般公共预算收入包括地方本级收入、上级政府对本级政府的税收返还和转移支付、下级政府的上解收入。地方各级一般公共预算支出包括地方本级支出、对上级政府的上解支出、对下级政府的税收返还和转移支付。

第八条 各部门预算由本部门及其所属各单位预算组成。

第九条 政府性基金预算是对依照法律、行政法规的规定在一定期限内向特定对象征收、收取或者以其他方式筹集的资金，专项用于特定公共事业发展的收支预算。

政府性基金预算应当根据基金项目收入情况和实际支出需要，按基金项目编制，做到以收定支。

第十条 国有资本经营预算是对国有资本收益作出支出安排的收支预算。

国有资本经营预算应当按照收支平衡的原则编制，不列赤字，并安排资金调入一般公共预算。

第十一条 社会保险基金预算是对社会保险缴款、一般公共预算安排和其他方式筹集的资金，专项用于社会保险的收支预算。

社会保险基金预算应当按照统筹层次和社会保险项目分别编制，做到收支平衡。

第十二条 各级预算应当遵循统筹兼顾、勤俭节约、量力而行、讲求绩效和收支平衡的原则。

各级政府应当建立跨年度预算平衡机制。

第十三条 经人民代表大会批准的预算，非经法定程序，不得调整。各级政府、各部门、各单位的支出必须以经批准的预算为依据，未列入预算的不得支出。

第十四条　经本级人民代表大会或者本级人民代表大会常务委员会批准的预算、预算调整、决算、预算执行情况的报告及报表，应当在批准后二十日内由本级政府财政部门向社会公开，并对本级政府财政转移支付安排、执行的情况以及举借债务的情况等重要事项作出说明。

经本级政府财政部门批复的部门预算、决算及报表，应当在批复后二十日内由各部门向社会公开，并对部门预算、决算中机关运行经费的安排、使用情况等重要事项作出说明。

各级政府、各部门、各单位应当将政府采购的情况及时向社会公开。

本条前三款规定的公开事项，涉及国家秘密的除外。

第十五条　国家实行中央和地方分税制。

第十六条　国家实行财政转移支付制度。财政转移支付应当规范、公平、公开，以推进地区间基本公共服务均等化为主要目标。

财政转移支付包括中央对地方的转移支付和地方上级政府对下级政府的转移支付，以为均衡地区间基本财力、由下级政府统筹安排使用的一般性转移支付为主体。

按照法律、行政法规和国务院的规定可以设立专项转移支付，用于办理特定事项。建立健全专项转移支付定期评估和退出机制。市场竞争机制能够有效调节的事项不得设立专项转移支付。

上级政府在安排专项转移支付时，不得要求下级政府承担配套资金。但是，按照国务院的规定应当由上下级政府共同承担的事项除外。

第十七条　各级预算的编制、执行应当建立健全相互制约、相互协调的机制。

第十八条　预算年度自公历1月1日起，至12月31日止。

第十九条　预算收入和预算支出以人民币元为计算单位。

第二章　预算管理职权

第二十条　全国人民代表大会审查中央和地方预算草案及中央和地方预算执行情况的报告；批准中央预算和中央预算执行情况的报告；改变或者撤销全国人民代表大会常务委员会关于预算、决算的不适当的决议。

全国人民代表大会常务委员会监督中央和地方预算的执行；审查和批准中央预算的调整方案；审查和批准中央决算；撤销国务院制定的同宪法、法律相抵触的关于预算、决算的行政法规、决定和命令；撤销省、自治区、直辖市人民代表大会及其常务委员会制定的同宪法、法律和行政法规相抵触的关于预算、决算的地方性法规和决议。

第二十一条 县级以上地方各级人民代表大会审查本级总预算草案及本级总预算执行情况的报告；批准本级预算和本级预算执行情况的报告；改变或者撤销本级人民代表大会常务委员会关于预算、决算的不适当的决议；撤销本级政府关于预算、决算的不适当的决定和命令。

县级以上地方各级人民代表大会常务委员会监督本级总预算的执行；审查和批准本级预算的调整方案；审查和批准本级决算；撤销本级政府和下一级人民代表大会及其常务委员会关于预算、决算的不适当的决定、命令和决议。

乡、民族乡、镇的人民代表大会审查和批准本级预算和本级预算执行情况的报告；监督本级预算的执行；审查和批准本级预算的调整方案；审查和批准本级决算；撤销本级政府关于预算、决算的不适当的决定和命令。

第二十二条 全国人民代表大会财政经济委员会对中央预算草案初步方案及上一年预算执行情况、中央预算调整初步方案和中央决算草案进行初步审查，提出初步审查意见。

省、自治区、直辖市人民代表大会有关专门委员会对本级预算草案初步方案及上一年预算执行情况、本级预算调整初步方案和本级决算草案进行初步审查，提出初步审查意见。

设区的市、自治州人民代表大会有关专门委员会对本级预算草案初步方案及上一年预算执行情况、本级预算调整初步方案和本级决算草案进行初步审查，提出初步审查意见，未设立专门委员会的，由本级人民代表大会常务委员会有关工作机构研究提出意见。

县、自治县、不设区的市、市辖区人民代表大会常务委员会对本级预算草案初步方案及上一年预算执行情况进行初步审查，提出初步审查意见。县、自治县、不设区的市、市辖区人民代表大会常务委员会有关工作机构对本级预算调整初步方案和本级决算草案研究提出意见。

设区的市、自治州以上各级人民代表大会有关专门委员会进行初步审查、常务委员会有关工作机构研究提出意见时，应当邀请本级人民代表大会代表参加。

对依照本条第一款至第四款规定提出的意见，本级政府财政部门应当将处理情况及时反馈。

依照本条第一款至第四款规定提出的意见以及本级政府财政部门反馈的处理情况报告，应当印发本级人民代表大会代表。

全国人民代表大会常务委员会和省、自治区、直辖市、设区的市、自治州人民代表大会常务委员会有关工作机构，依照本级人民代表大会常务委员会的决定，协助本级人民代表大会财政经济委员会或者有关专门委员会承担审查预算草案、预算调整方案、决算草案和监督预算执行等方面的具体工作。

第二十三条 国务院编制中央预算、决算草案；向全国人民代表大会作关于中央和地方预算草案的报告；将省、自治区、直辖市政府报送备案的预算汇总后报全国人民代表大会常务委员会备案；组织中央和地方预算的执行；决定中央预算预备费的动用；编制中央预算调整方案；监督中央各部门和地方政府的预算执行；改变或者撤销中央各部门和地方政府关于预算、决算的不适当的决定、命令；向全国人民代表大会、全国人民代表大会常务委员会报告中央和地方预算的执行情况。

第二十四条 县级以上地方各级政府编制本级预算、决算草案；向本级人民代表大会作关于本级总预算草案的报告；将下一级政府报送备案的预算汇总后报本级人民代表大会常务委员会备案；组织本级总预算的执行；决定本级预算预备费的动用；编制本级预算的调整方案；监督本级各部门和下级政府的预算执行；改变或者撤销本级各部门和下级政府关于预算、决算的不适当的决定、命令；向本级人民代表大会、本级人民代表大会常务委员会报告本级总预算的执行情况。

乡、民族乡、镇政府编制本级预算、决算草案；向本级人民代表大会作关于本级预算草案的报告；组织本级预算的执行；决定本级预算预备费的动用；编制本级预算的调整方案；向本级人民代表大会报告本级预算的执行情况。

经省、自治区、直辖市政府批准，乡、民族乡、镇本级预算草案、预算调整方案、决算草案，可以由上一级政府代编，并依照本法第二十一条的规定报乡、民族乡、镇的人民代表大会审查和批准。

第二十五条　国务院财政部门具体编制中央预算、决算草案；具体组织中央和地方预算的执行；提出中央预算预备费动用方案；具体编制中央预算的调整方案；定期向国务院报告中央和地方预算的执行情况。地方各级政府财政部门具体编制本级预算、决算草案；具体组织本级总预算的执行；提出本级预算预备费动用方案；具体编制本级预算的调整方案；定期向本级政府和上一级政府财政部门报告本级总预算的执行情况。

第二十六条　各部门编制本部门预算、决算草案；组织和监督本部门预算的执行；定期向本级政府财政部门报告预算的执行情况。

各单位编制本单位预算、决算草案；按照国家规定上缴预算收入，安排预算支出，并接受国家有关部门的监督。

第三章　预算收支范围

第二十七条　一般公共预算收入包括各项税收收入、行政事业性收费收入、国有资源（资产）有偿使用收入、转移性收入和其他收入。

一般公共预算支出按照其功能分类，包括一般公共服务支出，外交、公共安全、国防支出，农业、环境保护支出，教育、科技、文化、卫生、体育支出，社会保障及就业支出和其他支出。

一般公共预算支出按照其经济性质分类，包括工资福利支出、商品和服务支出、资本性支出和其他支出。

第二十八条　政府性基金预算、国有资本经营预算和社会保险基金预算的收支范围，按照法律、行政法规和国务院的规定执行。

第二十九条　中央预算与地方预算有关收入和支出项目的划分、地方向中央上解收入、中央对地方税收返还或者转移支付的具体办法，由国务院规定，报全国人民代表大会常务委员会备案。

第三十条　上级政府不得在预算之外调用下级政府预算的资金。下级政府不得挤占或者截留属于上级政府预算的资金。

第四章　预算编制

第三十一条　国务院应当及时下达关于编制下一年预算草案的通知。编制预算草案的具体事项由国务院财政部门部署。

各级政府、各部门、各单位应当按照国务院规定的时间编制预算草案。

第三十二条　各级预算应当根据年度经济社会发展目标、国家宏观调控总体要求和跨年度预算平衡的需要，参考上一年预算执行情况、有关支出绩效评价结果和本年度收支预测，按照规定程序征求各方面意见后，进行编制。

各级政府依据法定权限作出决定或者制定行政措施，凡涉及增加或者减少财政收入或者支出的，应当在预算批准前提出并在预算草案中作出相应安排。

各部门、各单位应当按照国务院财政部门制定的政府收支分类科目、预算支出标准和要求，以及绩效目标管理等预算编制规定，根据其依法履行职能和事业发展的需要以及存量资产情况，编制本部门、本单位预算草案。

前款所称政府收支分类科目，收入分为类、款、项、目；支出按其功能分类分为类、款、项，按其经济性质分类分为类、款。

第三十三条　省、自治区、直辖市政府应当按照国务院规定的时间，将本级总预算草案报国务院审核汇总。

第三十四条　中央一般公共预算中必需的部分资金，可以通过举借国内和国外债务等方式筹措，举借债务应当控制适当的规模，保持合理的结构。

对中央一般公共预算中举借的债务实行余额管理，余额的规模不得超过全国人民代表大会批准的限额。

国务院财政部门具体负责对中央政府债务的统一管理。

第三十五条　地方各级预算按照量入为出、收支平衡的原则编制，除本法另有规定外，不列赤字。

经国务院批准的省、自治区、直辖市的预算中必需的建设投资的部分资金，可以在国务院确定的限额内，通过发行地方政府债券举借债务的方式筹措。举借债务的规模，由国务院报全国人民代表大会或者全国人民代表大会常务委员会批准。省、自治区、直辖市依照国务院下达的限额举借的债务，列入本级预算调整方案，报本级人民代表大会常务委员会批准。举借的债务应当有偿还计划和稳定的偿还资金来源，只能用于公益性资本支出，不得用于经常性支出。

除前款规定外，地方政府及其所属部门不得以任何方式举借债务。

除法律另有规定外，地方政府及其所属部门不得为任何单位和个人的债务以任何方式提供担保。

国务院建立地方政府债务风险评估和预警机制、应急处置机制以及责任追究制度。国务院财政部门对地方政府债务实施监督。

第三十六条 各级预算收入的编制，应当与经济社会发展水平相适应，与财政政策相衔接。

各级政府、各部门、各单位应当依照本法规定，将所有政府收入全部列入预算，不得隐瞒、少列。

第三十七条 各级预算支出应当依照本法规定，按其功能和经济性质分类编制。

各级预算支出的编制，应当贯彻勤俭节约的原则，严格控制各部门、各单位的机关运行经费和楼堂馆所等基本建设支出。

各级一般公共预算支出的编制，应当统筹兼顾，在保证基本公共服务合理需要的前提下，优先安排国家确定的重点支出。

第三十八条 一般性转移支付应当按照国务院规定的基本标准和计算方法编制。专项转移支付应当分地区、分项目编制。

县级以上各级政府应当将对下级政府的转移支付预计数提前下达下级政府。

地方各级政府应当将上级政府提前下达的转移支付预计数编入本级预算。

第三十九条 中央预算和有关地方预算中应当安排必要的资金，用于扶助革命老区、民族地区、边疆地区、贫困地区发展经济社会建设事业。

第四十条 各级一般公共预算应当按照本级一般公共预算支出额的百

分之一至百分之三设置预备费，用于当年预算执行中的自然灾害等突发事件处理增加的支出及其他难以预见的开支。

第四十一条　各级一般公共预算按照国务院的规定可以设置预算周转金，用于本级政府调剂预算年度内季节性收支差额。

各级一般公共预算按照国务院的规定可以设置预算稳定调节基金，用于弥补以后年度预算资金的不足。

第四十二条　各级政府上一年预算的结转资金，应当在下一年用于结转项目的支出；连续两年未用完的结转资金，应当作为结余资金管理。

各部门、各单位上一年预算的结转、结余资金按照国务院财政部门的规定办理。

第五章　预算审查和批准

第四十三条　中央预算由全国人民代表大会审查和批准。

地方各级预算由本级人民代表大会审查和批准。

第四十四条　国务院财政部门应当在每年全国人民代表大会会议举行的四十五日前，将中央预算草案的初步方案提交全国人民代表大会财政经济委员会进行初步审查。

省、自治区、直辖市政府财政部门应当在本级人民代表大会会议举行的三十日前，将本级预算草案的初步方案提交本级人民代表大会有关专门委员会进行初步审查。

设区的市、自治州政府财政部门应当在本级人民代表大会会议举行的三十日前，将本级预算草案的初步方案提交本级人民代表大会有关专门委员会进行初步审查，或者送交本级人民代表大会常务委员会有关工作机构征求意见。

县、自治县、不设区的市、市辖区政府应当在本级人民代表大会会议举行的三十日前，将本级预算草案的初步方案提交本级人民代表大会常务委员会进行初步审查。

第四十五条　县、自治县、不设区的市、市辖区、乡、民族乡、镇的人民代表大会举行会议审查预算草案前，应当采用多种形式，组织本级人民代表大会代表，听取选民和社会各界的意见。

第四十六条　报送各级人民代表大会审查和批准的预算草案应当细化。本级一般公共预算支出，按其功能分类应当编列到项；按其经济性质分类，基本支出应当编列到款。本级政府性基金预算、国有资本经营预算、社会保险基金预算支出，按其功能分类应当编列到项。

第四十七条　国务院在全国人民代表大会举行会议时，向大会作关于中央和地方预算草案以及中央和地方预算执行情况的报告。

地方各级政府在本级人民代表大会举行会议时，向大会作关于总预算草案和总预算执行情况的报告。

第四十八条　全国人民代表大会和地方各级人民代表大会对预算草案及其报告、预算执行情况的报告重点审查下列内容：

（一）上一年预算执行情况是否符合本级人民代表大会预算决议的要求；

（二）预算安排是否符合本法的规定；

（三）预算安排是否贯彻国民经济和社会发展的方针政策，收支政策是否切实可行；

（四）重点支出和重大投资项目的预算安排是否适当；

（五）预算的编制是否完整，是否符合本法第四十六条的规定；

（六）对下级政府的转移性支出预算是否规范、适当；

（七）预算安排举借的债务是否合法、合理，是否有偿还计划和稳定的偿还资金来源；

（八）与预算有关重要事项的说明是否清晰。

第四十九条　全国人民代表大会财政经济委员会向全国人民代表大会主席团提出关于中央和地方预算草案及中央和地方预算执行情况的审查结果报告。

省、自治区、直辖市、设区的市、自治州人民代表大会有关专门委员会，县、自治县、不设区的市、市辖区人民代表大会常务委员会，向本级人民代表大会主席团提出关于总预算草案及上一年总预算执行情况的审查结果报告。

审查结果报告应当包括下列内容：

（一）对上一年预算执行和落实本级人民代表大会预算决议的情况作

出评价；

（二）对本年度预算草案是否符合本法的规定，是否可行作出评价；

（三）对本级人民代表大会批准预算草案和预算报告提出建议；

（四）对执行年度预算、改进预算管理、提高预算绩效、加强预算监督等提出意见和建议。

第五十条　乡、民族乡、镇政府应当及时将经本级人民代表大会批准的本级预算报上一级政府备案。县级以上地方各级政府应当及时将经本级人民代表大会批准的本级预算及下一级政府报送备案的预算汇总，报上一级政府备案。

县级以上地方各级政府将下一级政府依照前款规定报送备案的预算汇总后，报本级人民代表大会常务委员会备案。国务院将省、自治区、直辖市政府依照前款规定报送备案的预算汇总后，报全国人民代表大会常务委员会备案。

第五十一条　国务院和县级以上地方各级政府对下一级政府依照本法第五十条规定报送备案的预算，认为有同法律、行政法规相抵触或者有其他不适当之处，需要撤销批准预算的决议的，应当提请本级人民代表大会常务委员会审议决定。

第五十二条　各级预算经本级人民代表大会批准后，本级政府财政部门应当在二十日内向本级各部门批复预算。各部门应当在接到本级政府财政部门批复的本部门预算后十五日内向所属各单位批复预算。

中央对地方的一般性转移支付应当在全国人民代表大会批准预算后三十日内正式下达。中央对地方的专项转移支付应当在全国人民代表大会批准预算后九十日内正式下达。

省、自治区、直辖市政府接到中央一般性转移支付和专项转移支付后，应当在三十日内正式下达到本行政区域县级以上各级政府。

县级以上地方各级预算安排对下级政府的一般性转移支付和专项转移支付，应当分别在本级人民代表大会批准预算后的三十日和六十日内正式下达。

对自然灾害等突发事件处理的转移支付，应当及时下达预算；对据实结算等特殊项目的转移支付，可以分期下达预算，或者先预付后结算。

县级以上各级政府财政部门应当将批复本级各部门的预算和批复下级政府的转移支付预算，抄送本级人民代表大会财政经济委员会、有关专门委员会和常务委员会有关工作机构。

第六章　预算执行

第五十三条　各级预算由本级政府组织执行，具体工作由本级政府财政部门负责。

各部门、各单位是本部门、本单位的预算执行主体，负责本部门、本单位的预算执行，并对执行结果负责。

第五十四条　预算年度开始后，各级预算草案在本级人民代表大会批准前，可以安排下列支出：

（一）上一年度结转的支出；

（二）参照上一年同期的预算支出数额安排必须支付的本年度部门基本支出、项目支出，以及对下级政府的转移性支出；

（三）法律规定必须履行支付义务的支出，以及用于自然灾害等突发事件处理的支出。

根据前款规定安排支出的情况，应当在预算草案的报告中作出说明。

预算经本级人民代表大会批准后，按照批准的预算执行。

第五十五条　预算收入征收部门和单位，必须依照法律、行政法规的规定，及时、足额征收应征的预算收入。不得违反法律、行政法规规定，多征、提前征收或者减征、免征、缓征应征的预算收入，不得截留、占用或者挪用预算收入。

各级政府不得向预算收入征收部门和单位下达收入指标。

第五十六条　政府的全部收入应当上缴国家金库（以下简称国库），任何部门、单位和个人不得截留、占用、挪用或者拖欠。

对于法律有明确规定或者经国务院批准的特定专用资金，可以依照国务院的规定设立财政专户。

第五十七条　各级政府财政部门必须依照法律、行政法规和国务院财政部门的规定，及时、足额地拨付预算支出资金，加强对预算支出的管理和监督。

各级政府、各部门、各单位的支出必须按照预算执行，不得虚假列支。

各级政府、各部门、各单位应当对预算支出情况开展绩效评价。

第五十八条 各级预算的收入和支出实行收付实现制。

特定事项按照国务院的规定实行权责发生制的有关情况，应当向本级人民代表大会常务委员会报告。

第五十九条 县级以上各级预算必须设立国库；具备条件的乡、民族乡、镇也应当设立国库。

中央国库业务由中国人民银行经理，地方国库业务依照国务院的有关规定办理。

各级国库应当按照国家有关规定，及时准确地办理预算收入的收纳、划分、留解、退付和预算支出的拨付。

各级国库库款的支配权属于本级政府财政部门。除法律、行政法规另有规定外，未经本级政府财政部门同意，任何部门、单位和个人都无权冻结、动用国库库款或者以其他方式支配已入国库的库款。

各级政府应当加强对本级国库的管理和监督，按照国务院的规定完善国库现金管理，合理调节国库资金余额。

第六十条 已经缴入国库的资金，依照法律、行政法规的规定或者国务院的决定需要退付的，各级政府财政部门或者其授权的机构应当及时办理退付。按照规定应当由财政支出安排的事项，不得用退库处理。

第六十一条 国家实行国库集中收缴和集中支付制度，对政府全部收入和支出实行国库集中收付管理。

第六十二条 各级政府应当加强对预算执行的领导，支持政府财政、税务、海关等预算收入的征收部门依法组织预算收入，支持政府财政部门严格管理预算支出。

财政、税务、海关等部门在预算执行中，应当加强对预算执行的分析；发现问题时应当及时建议本级政府采取措施予以解决。

第六十三条 各部门、各单位应当加强对预算收入和支出的管理，不得截留或者动用应当上缴的预算收入，不得擅自改变预算支出的用途。

第六十四条 各级预算预备费的动用方案，由本级政府财政部门提出，报本级政府决定。

第六十五条 各级预算周转金由本级政府财政部门管理，不得挪作他用。

第六十六条 各级一般公共预算年度执行中有超收收入的，只能用于冲减赤字或者补充预算稳定调节基金。

各级一般公共预算的结余资金，应当补充预算稳定调节基金。

省、自治区、直辖市一般公共预算年度执行中出现短收，通过调入预算稳定调节基金、减少支出等方式仍不能实现收支平衡的，省、自治区、直辖市政府报本级人民代表大会或者其常务委员会批准，可以增列赤字，报国务院财政部门备案，并应当在下一年度预算中予以弥补。

第七章 预算调整

第六十七条 经全国人民代表大会批准的中央预算和经地方各级人民代表大会批准的地方各级预算，在执行中出现下列情况之一的，应当进行预算调整：

（一）需要增加或者减少预算总支出的；

（二）需要调入预算稳定调节基金的；

（三）需要调减预算安排的重点支出数额的；

（四）需要增加举借债务数额的。

第六十八条 在预算执行中，各级政府一般不制定新的增加财政收入或者支出的政策和措施，也不制定减少财政收入的政策和措施；必须作出并需要进行预算调整的，应当在预算调整方案中作出安排。

第六十九条 在预算执行中，各级政府对于必须进行的预算调整，应当编制预算调整方案。预算调整方案应当说明预算调整的理由、项目和数额。

在预算执行中，由于发生自然灾害等突发事件，必须及时增加预算支出的，应当先动支预备费；预备费不足支出的，各级政府可以先安排支出，属于预算调整的，列入预算调整方案。

国务院财政部门应当在全国人民代表大会常务委员会举行会议审查和批准预算调整方案的三十日前，将预算调整初步方案送交全国人民代表大会财政经济委员会进行初步审查。

省、自治区、直辖市政府财政部门应当在本级人民代表大会常务委员会举行会议审查和批准预算调整方案的三十日前，将预算调整初步方案送交本级人民代表大会有关专门委员会进行初步审查。

设区的市、自治州政府财政部门应当在本级人民代表大会常务委员会举行会议审查和批准预算调整方案的三十日前，将预算调整初步方案送交本级人民代表大会有关专门委员会进行初步审查，或者送交本级人民代表大会常务委员会有关工作机构征求意见。

县、自治县、不设区的市、市辖区政府财政部门应当在本级人民代表大会常务委员会举行会议审查和批准预算调整方案的三十日前，将预算调整初步方案送交本级人民代表大会常务委员会有关工作机构征求意见。

中央预算的调整方案应当提请全国人民代表大会常务委员会审查和批准。县级以上地方各级预算的调整方案应当提请本级人民代表大会常务委员会审查和批准；乡、民族乡、镇预算的调整方案应当提请本级人民代表大会审查和批准。未经批准，不得调整预算。

第七十条　经批准的预算调整方案，各级政府应当严格执行。未经本法第六十九条规定的程序，各级政府不得作出预算调整的决定。

对违反前款规定作出的决定，本级人民代表大会、本级人民代表大会常务委员会或者上级政府应当责令其改变或者撤销。

第七十一条　在预算执行中，地方各级政府因上级政府增加不需要本级政府提供配套资金的专项转移支付而引起的预算支出变化，不属于预算调整。

接受增加专项转移支付的县级以上地方各级政府应当向本级人民代表大会常务委员会报告有关情况；接受增加专项转移支付的乡、民族乡、镇政府应当向本级人民代表大会报告有关情况。

第七十二条　各部门、各单位的预算支出应当按照预算科目执行。严格控制不同预算科目、预算级次或者项目间的预算资金的调剂，确需调剂使用的，按照国务院财政部门的规定办理。

第七十三条　地方各级预算的调整方案经批准后，由本级政府报上一级政府备案。

第八章　决　　算

第七十四条　决算草案由各级政府、各部门、各单位，在每一预算年度终了后按照国务院规定的时间编制。

编制决算草案的具体事项，由国务院财政部门部署。

第七十五条　编制决算草案，必须符合法律、行政法规，做到收支真实、数额准确、内容完整、报送及时。

决算草案应当与预算相对应，按预算数、调整预算数、决算数分别列出。一般公共预算支出应当按其功能分类编列到项，按其经济性质分类编列到款。

第七十六条　各部门对所属各单位的决算草案，应当审核并汇总编制本部门的决算草案，在规定的期限内报本级政府财政部门审核。

各级政府财政部门对本级各部门决算草案审核后发现有不符合法律、行政法规规定的，有权予以纠正。

第七十七条　国务院财政部门编制中央决算草案，经国务院审计部门审计后，报国务院审定，由国务院提请全国人民代表大会常务委员会审查和批准。

县级以上地方各级政府财政部门编制本级决算草案，经本级政府审计部门审计后，报本级政府审定，由本级政府提请本级人民代表大会常务委员会审查和批准。

乡、民族乡、镇政府编制本级决算草案，提请本级人民代表大会审查和批准。

第七十八条　国务院财政部门应当在全国人民代表大会常务委员会举行会议审查和批准中央决算草案的三十日前，将上一年度中央决算草案提交全国人民代表大会财政经济委员会进行初步审查。

省、自治区、直辖市政府财政部门应当在本级人民代表大会常务委员会举行会议审查和批准本级决算草案的三十日前，将上一年度本级决算草案提交本级人民代表大会有关专门委员会进行初步审查。

设区的市、自治州政府财政部门应当在本级人民代表大会常务委员会举行会议审查和批准本级决算草案的三十日前，将上一年度本级决算草案提交本级人民代表大会有关专门委员会进行初步审查，或者送交本级人民代表大会常务委员会有关工作机构征求意见。

县、自治县、不设区的市、市辖区政府财政部门应当在本级人民代表大会常务委员会举行会议审查和批准本级决算草案的三十日前，将上一年度本级决算草案送交本级人民代表大会常务委员会有关工作机构征求意见。

全国人民代表大会财政经济委员会和省、自治区、直辖市、设区的市、自治州人民代表大会有关专门委员会，向本级人民代表大会常务委员会提出关于本级决算草案的审查结果报告。

第七十九条　县级以上各级人民代表大会常务委员会和乡、民族乡、镇人民代表大会对本级决算草案，重点审查下列内容：

（一）预算收入情况；

（二）支出政策实施情况和重点支出、重大投资项目资金的使用及绩效情况；

（三）结转资金的使用情况；

（四）资金结余情况；

（五）本级预算调整及执行情况；

（六）财政转移支付安排执行情况；

（七）经批准举借债务的规模、结构、使用、偿还等情况；

（八）本级预算周转金规模和使用情况；

（九）本级预备费使用情况；

（十）超收收入安排情况，预算稳定调节基金的规模和使用情况；

（十一）本级人民代表大会批准的预算决议落实情况；

（十二）其他与决算有关的重要情况。

县级以上各级人民代表大会常务委员会应当结合本级政府提出的上一年度预算执行和其他财政收支的审计工作报告，对本级决算草案进行审查。

第八十条　各级决算经批准后，财政部门应当在二十日内向本级各部门批复决算。各部门应当在接到本级政府财政部门批复的本部门决算后十五日内向所属单位批复决算。

第八十一条　地方各级政府应当将经批准的决算及下一级政府上报备案的决算汇总，报上一级政府备案。

县级以上各级政府应当将下一级政府报送备案的决算汇总后，报本级人民代表大会常务委员会备案。

第八十二条　国务院和县级以上地方各级政府对下一级政府依照本法第八十一条规定报送备案的决算，认为有同法律、行政法规相抵触或者有其他不适当之处，需要撤销批准该项决算的决议的，应当提请本级人民代表大会常务委员会审议决定；经审议决定撤销的，该下级人民代表大会常务委员会应当责成本级政府依照本法规定重新编制决算草案，提请本级人民代表大会常务委员会审查和批准。

第九章　监　　督

第八十三条　全国人民代表大会及其常务委员会对中央和地方预算、决算进行监督。

县级以上地方各级人民代表大会及其常务委员会对本级和下级预算、决算进行监督。

乡、民族乡、镇人民代表大会对本级预算、决算进行监督。

第八十四条　各级人民代表大会和县级以上各级人民代表大会常务委员会有权就预算、决算中的重大事项或者特定问题组织调查，有关的政府、部门、单位和个人应当如实反映情况和提供必要的材料。

第八十五条　各级人民代表大会和县级以上各级人民代表大会常务委员会举行会议时，人民代表大会代表或者常务委员会组成人员，依照法律规定程序就预算、决算中的有关问题提出询问或者质询，受询问或者受质询的有关的政府或者财政部门必须及时给予答复。

第八十六条　国务院和县级以上地方各级政府应当在每年六月至九月期间向本级人民代表大会常务委员会报告预算执行情况。

第八十七条　各级政府监督下级政府的预算执行；下级政府应当定期向上一级政府报告预算执行情况。

第八十八条　各级政府财政部门负责监督检查本级各部门及其所属各单位预算的编制、执行，并向本级政府和上一级政府财政部门报告预算执行情况。

第八十九条　县级以上政府审计部门依法对预算执行、决算实行审计监督。

对预算执行和其他财政收支的审计工作报告应当向社会公开。

第九十条　政府各部门负责监督检查所属各单位的预算执行，及时向本级政府财政部门反映本部门预算执行情况，依法纠正违反预算的行为。

第九十一条　公民、法人或者其他组织发现有违反本法的行为，可以依法向有关国家机关进行检举、控告。

接受检举、控告的国家机关应当依法进行处理，并为检举人、控告人保密。任何单位或者个人不得压制和打击报复检举人、控告人。

第十章　法律责任

第九十二条　各级政府及有关部门有下列行为之一的，责令改正，对负有直接责任的主管人员和其他直接责任人员追究行政责任：

（一）未依照本法规定，编制、报送预算草案、预算调整方案、决算草案和部门预算、决算以及批复预算、决算的；

（二）违反本法规定，进行预算调整的；

（三）未依照本法规定对有关预算事项进行公开和说明的；

（四）违反规定设立政府性基金项目和其他财政收入项目的；

（五）违反法律、法规规定使用预算预备费、预算周转金、预算稳定调节基金、超收收入的；

（六）违反本法规定开设财政专户的。

第九十三条　各级政府及有关部门、单位有下列行为之一的，责令改正，对负有直接责任的主管人员和其他直接责任人员依法给予降级、撤职、开除的处分：

（一）未将所有政府收入和支出列入预算或者虚列收入和支出的；

（二）违反法律、行政法规的规定，多征、提前征收或者减征、免征、缓征应征预算收入的；

（三）截留、占用、挪用或者拖欠应当上缴国库的预算收入的；

（四）违反本法规定，改变预算支出用途的；

（五）擅自改变上级政府专项转移支付资金用途的；

（六）违反本法规定拨付预算支出资金，办理预算收入收纳、划分、留解、退付，或者违反本法规定冻结、动用国库库款或者以其他方式支配已入国库库款的。

第九十四条 各级政府、各部门、各单位违反本法规定举借债务或者为他人债务提供担保，或者挪用重点支出资金，或者在预算之外及超预算标准建设楼堂馆所的，责令改正，对负有直接责任的主管人员和其他直接责任人员给予撤职、开除的处分。

第九十五条 各级政府有关部门、单位及其工作人员有下列行为之一的，责令改正，追回骗取、使用的资金，有违法所得的没收违法所得，对单位给予警告或者通报批评；对负有直接责任的主管人员和其他直接责任人员依法给予处分：

（一）违反法律、法规的规定，改变预算收入上缴方式的；

（二）以虚报、冒领等手段骗取预算资金的；

（三）违反规定扩大开支范围、提高开支标准的；

（四）其他违反财政管理规定的行为。

第九十六条 本法第九十二条、第九十三条、第九十四条、第九十五条所列违法行为，其他法律对其处理、处罚另有规定的，依照其规定。

违反本法规定，构成犯罪的，依法追究刑事责任。

第十一章 附 则

第九十七条 各级政府财政部门应当按年度编制以权责发生制为基础的政府综合财务报告，报告政府整体财务状况、运行情况和财政中长期可持续性，报本级人民代表大会常务委员会备案。

第九十八条 国务院根据本法制定实施条例。

第九十九条 民族自治地方的预算管理，依照民族区域自治法的有关规定执行；民族区域自治法没有规定的，依照本法和国务院的有关规定执行。

第一百条 省、自治区、直辖市人民代表大会或者其常务委员会根据本法，可以制定有关预算审查监督的决定或者地方性法规。

第一百零一条 本法自 1995 年 1 月 1 日起施行。1991 年 10 月 21 日国务院发布的《国家预算管理条例》同时废止。

附录五

党政机关厉行节约反对浪费条例

第一章　总　　则

第一条　为了进一步弘扬艰苦奋斗、勤俭节约的优良作风，推进党政机关厉行节约反对浪费，建设节约型机关，根据国家有关法律法规和中央有关规定，制定本条例。

第二条　本条例适用于党的机关、人大机关、行政机关、政协机关、审判机关、检察机关，以及工会、共青团、妇联等人民团体和参照公务员法管理的事业单位。

第三条　本条例所称浪费，是指党政机关及其工作人员违反规定进行不必要的公务活动，或者在履行公务中超出规定范围、标准和要求，不当使用公共资金、资产和资源，给国家和社会造成损失的行为。

第四条　党政机关厉行节约反对浪费，应当遵循下列原则：坚持从严从简，勤俭办一切事业，降低公务活动成本；坚持依法依规，遵守国家法律法规和党内法规制度的相关规定，严格按程序办事；坚持总量控制，科学设定相关标准，严格控制经费支出总额，加强厉行节约绩效考评；坚持实事求是，从实际出发安排公务活动，取消不必要的公务活动，保证正常公务活动；坚持公开透明，除涉及国家秘密事项外，公务活动中的资金、资产、资源使用等情况应予公开，接受各方面监督；坚持深化改革，通过改革创新破解体制机制障碍，建立健全厉行节约反对浪费工作长效机制。

第五条　中共中央办公厅、国务院办公厅负责统筹协调、指导检查全国党政机关厉行节约反对浪费工作，建立协调联络机制承办具体事务。地方各级党委办公厅（室）、政府办公厅（室）负责指导检查本地区党政机关厉行节约反对浪费工作。

纪检监察机关和组织人事、宣传、外事、发展改革、财政、审计、机关事务管理等部门根据职责分工，依法依规履行对厉行节约反对浪费相关工作的管理、监督等职责。

第六条 各级党委和政府应当加强对厉行节约反对浪费工作的组织领导。党政机关领导班子主要负责人对本地区、本部门、本单位的厉行节约反对浪费工作负总责，其他成员根据工作分工，对职责范围内的厉行节约反对浪费工作负主要领导责任。

第二章 经费管理

第七条 党政机关应当加强预算编制管理，按照综合预算的要求，将各项收入和支出全部纳入部门预算。

党政机关依法取得的罚没收入、行政事业性收费、政府性基金、国有资产收益和处置等非税收入，必须按规定及时足额上缴国库，严禁以任何形式隐瞒、截留、挤占、挪用、坐支或者私分，严禁转移到机关所属工会、培训中心、服务中心等单位账户使用。

第八条 党政机关应当遵循先有预算、后有支出的原则，严格执行预算，严禁超预算或者无预算安排支出，严禁虚列支出、转移或者套取预算资金。

严格控制国内差旅费、因公临时出国（境）费、公务接待费、公务用车购置及运行费、会议费、培训费等支出。年度预算执行中不予追加，因特殊需要确需追加的，由财政部门审核后按程序报批。

建立预算执行全过程动态监控机制，完善预算执行管理办法，建立健全预算绩效管理体系，增强预算执行的严肃性，提高预算执行的准确率，防止年底突击花钱等现象发生。

第九条 推进政府会计改革，进一步健全会计制度，准确核算机关运行经费，全面反映行政成本。

第十条 财政部门应当会同有关部门，根据国内差旅、因公临时出国（境）、公务接待、会议、培训等工作特点，综合考虑经济发展水平、有关货物和服务的市场价格水平，制定分地区的公务活动经费开支范围和开支标准。

加强相关开支标准之间的衔接，建立开支标准调整机制，定期根据有关货物和服务的市场价格变动情况调整相关开支标准，增强开支标准的协调性、规范性、科学性。

严格开支范围和标准，严格支出报销审核，不得报销任何超范围、超标准以及与相关公务活动无关的费用。

第十一条　全面实行公务卡制度。健全公务卡强制结算目录，党政机关国内发生的公务差旅费、公务接待费、公务用车购置及运行费、会议费、培训费等经费支出，除按规定实行财政直接支付或者银行转账外，应当使用公务卡结算。

第十二条　党政机关采购货物、工程和服务，应当遵循公开透明、公平竞争、诚实信用原则。

政府采购应当依法完整编制采购预算，严格执行经费预算和资产配置标准，合理确定采购需求，不得超标准采购，不得超出办公需要采购服务。

严格执行政府采购程序，不得违反规定以任何方式和理由指定或者变相指定品牌、型号、产地。采购公开招标数额标准以上的货物、工程和服务，应当进行公开招标，确需改变采购方式的，应当严格执行有关公示和审批程序。列入政府集中采购目录范围的，应当委托集中采购机构代理采购，并逐步实行批量集中采购。严格控制协议供货采购的数量和规模，不得以协议供货拆分项目的方式规避公开招标。

党政机关应当按照政府采购合同规定的采购需求组织验收。政府采购监督管理部门应当逐步建立政府采购结果评价制度，对政府采购的资金节约、政策效能、透明程度以及专业化水平进行综合、客观评价。

加快政府采购管理交易平台建设，推进电子化政府采购。

第三章　国内差旅和因公临时出国（境）

第十三条　党政机关应当建立健全并严格执行国内差旅内部审批制度，从严控制国内差旅人数和天数，严禁无明确公务目的的差旅活动，严禁以公务差旅为名变相旅游，严禁异地部门间无实质内容的学习交流和考察调研。

第十四条　国内差旅人员应当严格按规定乘坐交通工具、住宿、就餐，费用由所在单位承担。

差旅人员住宿、就餐由接待单位协助安排的，必须按标准交纳住宿费、餐费。差旅人员不得向接待单位提出正常公务活动以外的要求，不得接受礼金、礼品和土特产品等。

第十五条　统筹安排年度因公临时出国计划，严格控制团组数量和规模，不得安排照顾性、无实质内容的一般性出访，不得安排考察性出访，严禁集中安排赴热门国家和地区出访，严禁以各种名义变相公款出国旅游。严格执行因公临时出国限量管理规定，不得把出国作为个人待遇、安排轮流出国。严格控制跨地区、跨部门团组。

组织、外专等有关部门应当加强出国培训总体规划和监督管理，严格控制出国培训规模，科学设置培训项目，择优选派培训对象，提高出国培训的质量和实效。

第十六条　外事管理部门应当加强因公临时出国审核审批管理，对违反规定、不适合成行的团组予以调整或者取消。

加强因公临时出国经费预算总额控制，严格执行经费先行审核制度。无出国经费预算安排的不予批准，确有特殊需要的，按规定程序报批。严禁违反规定使用出国经费预算以外资金作为出国经费，严禁向所属单位、企业、我国驻外机构等摊派或者转嫁出国费用。

第十七条　出国团组应当按规定标准安排交通工具和食宿，不得违反规定乘坐民航包机，不得乘坐私人、企业和外国航空公司包机，不得安排超标准住房和用车，不得擅自增加出访国家或者地区，不得擅自绕道旅行，不得擅自延长在国外停留时间。

出国期间，不得与我国驻外机构和其他中资机构、企业之间用公款互赠礼品或者纪念品，不得用公款相互宴请。

第十八条　严格根据工作需要编制出境计划，加强因公出境审批和管理，不得安排出境考察，不得组织无实质内容的调研、会议、培训等活动。

严格遵守因公出境经费预算、支出、使用、核算等财务制度，不得接受超标准接待和高消费娱乐，不得接受礼金、贵重礼品、有价证券、支付凭证等。

第四章　公务接待

第十九条　建立健全国内公务接待集中管理制度。党政机关公务接待管理部门应当加强对国内公务接待工作的管理和指导。

第二十条　党政机关应当建立公务接待审批控制制度，对无公函的公务活动不予接待，严禁将非公务活动纳入接待范围。

第二十一条　党政机关应当严格执行国内公务接待标准，实行接待费支出总额控制制度。

接待单位应当严格按标准安排接待对象的住宿用房，协助安排用餐的按标准收取餐费，不得在接待费中列支应当由接待对象承担的费用，不得以举办会议、培训等名义列支、转移、隐匿接待费开支。

建立国内公务接待清单制度，如实反映接待对象、公务活动、接待费用等情况。接待清单作为财务报销的凭证之一并接受审计。

第二十二条　外宾接待工作应当遵循服务外交、友好对等、务实节俭的原则。外宾邀请单位应当严格按照有关规定安排接待活动，从严从紧控制外宾团组和接待费用。

第二十三条　有关部门和地方应当参照国内公务接待标准，制定招商引资等活动的接待办法，严格审批，强化管理，严禁超规格、超标准接待，严禁扩大接待范围、增加接待项目，严禁以招商引资等名义变相安排公务接待。

第二十四条　党政机关不得以任何名义新建、改建、扩建所属宾馆、招待所等具有接待功能的设施或者场所。

建立接待资源共享机制，推进机关所属接待、培训场所的集中统一管理和利用。健全服务经营机制，推行机关所属接待、培训场所企业化管理，降低服务经营成本。

积极推进国内公务接待服务社会化改革，有效利用社会资源为国内公务接待提供住宿、餐饮、用车等服务。

第五章　公务用车

第二十五条　坚持社会化、市场化方向，改革公务用车制度，合理有效配置公务用车资源，创新公务交通分类提供方式，保障公务出行，降低行政成本，建立符合国情的新型公务用车制度。

改革公务用车实物配给方式，取消一般公务用车，保留必要的执法执勤、机要通信、应急和特种专业技术用车及按规定配备的其他车辆。普通公务出行由公务人员自主选择，实行社会化提供。取消的一般公务用车，采取公开招标、拍卖等方式公开处置。

适度发放公务交通补贴，不得以车改补贴的名义变相发放福利。

第二十六条 党政机关应当从严配备实行定向化保障的公务用车，不得以特殊用途等理由变相超编制、超标准配备公务用车，不得以任何方式换用、借用、占用下属单位或者其他单位和个人的车辆，不得接受企事业单位和个人赠送的车辆。

严格按规定配备专车，不得擅自扩大专车配备范围或者变相配备专车。

从严控制执法执勤用车的配备范围、编制和标准。执法执勤用车配备应当严格限制在一线执法执勤岗位，机关内部管理和后勤岗位以及机关所属事业单位一律不得配备。

第二十七条 公务用车实行政府集中采购，应当选用国产汽车，优先选用新能源汽车。

公务用车严格按照规定年限更新，已到更新年限尚能继续使用的应当继续使用，不得因领导干部职务晋升、调任等原因提前更新。

公务用车保险、维修、加油等实行政府采购，降低运行成本。

第二十八条 除涉及国家安全、侦查办案等有保密要求的特殊工作用车外，执法执勤用车应当喷涂明显的统一标识。

第二十九条 根据公务活动需要，严格按规定使用公务用车，严禁以任何理由挪用或者固定给个人使用执法执勤、机要通信等公务用车，领导干部亲属和身边工作人员不得因私使用配备给领导干部的公务用车。

第六章 会议活动

第三十条 党政机关应当精简会议，严格执行会议费开支范围和标准。

党政机关会议实行分类管理、分级审批。财政部门应当会同机关事务管理等部门制定本级党政机关会议费管理办法，从严控制会议数量、会期和参会人员规模。完善并严格执行严禁党政机关到风景名胜区开会制度规定。

第三十一条 会议召开场所实行政府采购定点管理。会议住宿用房以标准间为主，用餐安排自助餐或者工作餐。

会议期间，不得安排宴请，不得组织旅游以及与会议无关的参观活动，不得以任何名义发放纪念品。

完善会议费报销制度。未经批准以及超范围、超标准开支的会议费用，一律不予报销。严禁违规使用会议费购置办公设备，严禁列支公务接待费等与会议无关的任何费用，严禁套取会议资金。

第三十二条　建立健全培训审批制度，严格控制培训数量、时间、规模，严禁以培训名义召开会议。

严格执行分类培训经费开支标准，严格控制培训经费支出范围，严禁在培训经费中列支公务接待费、会议费等与培训无关的任何费用。严禁以培训名义进行公款宴请、公款旅游活动。

第三十三条　未经批准，党政机关不得以公祭、历史文化、特色物产、单位成立、行政区划变更、工程奠基或者竣工等名义举办或者委托、指派其他单位举办各类节会、庆典活动，不得举办论坛、博览会、展会活动。严禁使用财政性资金举办营业性文艺晚会。从严控制举办大型综合性运动会和各类赛会。

经批准的节会、庆典、论坛、博览会、展会、运动会、赛会等活动，应当严格控制规模和经费支出，不得向下属单位摊派费用，不得借举办活动发放各类纪念品，不得超出规定标准支付费用邀请名人、明星参与活动。为举办活动专门配备的设备在活动结束后应当及时收回。

第三十四条　严格控制和规范各类评比达标表彰活动，实行中央和省（自治区、直辖市）两级审批制度。评比达标表彰项目费用由举办单位承担，不得以任何方式向相关单位和个人收取费用。

第七章　办公用房

第三十五条　党政机关办公用房建设应当从严控制。凡是违反规定的拟建办公用房项目，必须坚决终止；凡是未按照规定程序履行审批手续、擅自开工建设的办公用房项目，必须停建并予以没收；凡是超规模、超标准、超投资概算建设的办公用房项目，应当根据具体情况限期腾退超标准面积或者全部没收、拍卖。

党政机关办公用房应当严格管理，推进办公用房资源的公平配置和集约使用。凡是超过规定面积标准占有、使用办公用房以及未经批准租用办公用房的，必须腾退；凡是未经批准改变办公用房使用功能的，原则上应当恢复原使用功能。严禁出租出借办公用房，已经出租出借的，到期必须收回；租赁合同未到期的，租金收入应当按照收支两条线管理。

第三十六条 党政机关新建、改建、扩建、购置、置换、维修改造、租赁办公用房，必须严格按规定履行审批程序。采取置换方式配给办公用房的，应当执行新建办公用房各项标准，不得以未使用政府预算建设资金、资产整合等名义规避审批。

第三十七条 党政机关办公用房建设项目应当按照朴素、实用、安全、节能原则，严格执行办公用房建设标准、单位综合造价标准和公共建筑节能设计标准，符合土地利用和城市规划要求。党政机关办公楼不得追求成为城市地标建筑，严禁配套建设大型广场、公园等设施。

第三十八条 党政机关办公用房建设项目投资，统一由政府预算建设资金安排。土地收益和资产转让收益应当按照有关规定实行收支两条线管理，不得直接用于办公用房建设。

党政机关办公用房维修改造项目所需投资，统一列入预算由财政资金安排解决，未经审批的项目不得安排预算。

第三十九条 办公用房建设应当严格执行工程招投标和政府采购有关规定，加强对工程项目的全过程监理和审计监督。加快推行办公用房建设项目代建制。

办公用房因使用时间较长、设施设备老化、功能不全，不能满足办公需求的，可以进行维修改造。维修改造项目应当以消除安全隐患、恢复和完善使用功能、降低能源资源消耗为重点，严格履行审批程序，严格执行维修改造标准。

第四十条 建立健全办公用房集中统一管理制度，对办公用房实行统一调配、统一权属登记。

党政机关应当严格按照有关标准和本单位“三定”方案，从严核定、使用办公用房。超标部分应当移交同级机关事务管理部门用于统一调剂。

新建、调整办公用房的单位，应当按照“建新交旧”“调新交旧”的原则，在搬入新建或者新调整办公用房的同时，将原办公用房腾退移交机关事务管理部门统一调剂使用。

因机构增设、职能调整确需增加办公用房的，应当在本单位现有办公用房中解决；本单位现有办公用房不能满足需要的，由机关事务管理部门整合办公用房资源调剂解决；无法调剂、确需租用解决的，应当严格履行报批手续，不得以变相补偿方式租用由企业等单位提供的办公用房。

第四十一条　党政机关领导干部应当按照标准配置使用一处办公用房，确因工作需要另行配置办公用房的，应当严格履行审批程序。领导干部不得长期租用宾馆、酒店房间作为办公用房。配置使用的办公用房，在退休或者调离时应当及时腾退并由原单位收回。

第八章　资源节约

第四十二条　党政机关应当节约集约利用资源，加强全过程节约管理，提高能源、水、粮食、办公家具、办公设备、办公用品等的利用效率和效益，统筹利用土地，杜绝浪费行为。

第四十三条　对能源、水的使用实行分类定额和目标责任管理。推广应用节能技术产品，淘汰高耗能设施设备，重点推广应用新能源和可再生能源。积极使用节水型器具，建设节水型单位。

健全节能产品政府采购政策，严格执行节能产品政府强制采购和优先采购制度。

第四十四条　优化办公家具、办公设备等资产的配置和使用，通过调剂方式盘活存量资产，节约购置资金。已到更新年限尚能继续使用的，不得报废处置。

对产生的非涉密废纸、废弃电器电子产品等废旧物品进行集中回收处理，促进循环利用；涉及国家秘密的，按照有关保密规定进行销毁。

第四十五条　党政机关政务信息系统建设应当统筹规划，统一组织实施，防止重复建设和频繁升级。

建立共享共用机制，加强资源整合，推动重要政务信息系统互联互通、信息共享和业务协同，降低软件开发、系统维护和升级等方面费用，防止资源浪费。

积极利用信息化手段，推行无纸化办公，减少一次性办公用品消耗。

第九章　宣传教育

第四十六条　宣传部门应当把厉行节约反对浪费作为重要宣传内容，充分发挥各级各类媒体作用，重视运用互联网等新兴媒体，通过新闻报道、文化作品、公益广告等形式，广泛宣传中华民族勤俭节约的优秀品德，宣传阐释相关制度规定，宣传推广厉行节约的经验做法和先进典型，倡导绿色低碳消费理念和健康文明生活方式。

第四十七条　党政机关应当把加强厉行节约反对浪费教育作为作风建设的重要内容，融入干部队伍建设和机关日常管理之中，建立健全常态化工作机制。对各种铺张浪费现象和行为，应当严肃批评、督促改正。

纪检监察机关应当不定期曝光铺张浪费的典型案例，发挥警示教育作用。

组织人事部门和党校、行政学院、干部学院应当把厉行节约反对浪费作为干部教育培训的重要内容，创新教育方法，切实增强教育培训的针对性和实效性。

第四十八条　党政机关应当围绕建设节约型机关，组织开展形式多样、便于参与的活动，引导干部职工增强节约意识、珍惜物力财力，积极培育和形成崇尚节约、厉行节约、反对浪费的机关文化，为在全社会形成节俭之风发挥示范表率作用。

第十章　监督检查

第四十九条　各级党委和政府应当建立厉行节约反对浪费监督检查机制，明确监督检查的主体、职责、内容、方法、程序等，加强经常性督促检查，针对突出问题开展重点检查、暗访等专项活动。

下级党委和政府应当每年向上级党委和政府报告本地区厉行节约反对浪费工作情况，党委和政府所属部门、单位应当每年向本级党委和政府报告本部门、本单位厉行节约反对浪费工作情况。报告可结合领导班子年度考核和工作报告一并进行。

第五十条　领导干部厉行节约反对浪费工作情况，应当列为领导班子民主生活会和领导干部述职述廉的重要内容并接受评议。

第五十一条 党委办公厅（室）、政府办公厅（室）负责统筹协调相关部门开展对厉行节约反对浪费工作的督促检查。每年至少组织开展一次专项督查，并将督查情况在适当范围内通报。专项督查可以与党风廉政建设责任制检查考核、年终党建工作考核等相结合，督查考核结果应当按照干部管理权限送纪检监察机关和组织人事部门，作为干部管理监督、选拔任用的依据。

第五十二条 纪检监察机关应当加强对厉行节约反对浪费工作的监督检查，受理群众举报和有关部门移送的案件线索，及时查处违纪违法问题。

中央和省、自治区、直辖市党委巡视组应当按照有关规定，加强对有关党组织领导班子及其成员厉行节约反对浪费工作情况的巡视监督。

第五十三条 财政部门应当加强对党政机关预算编制、执行等财政、财务、政府采购和会计事项的监督检查，依法处理发现的违规问题，并及时向本级党委和政府汇报监督检查结果。

审计部门应当加大对党政机关公务支出和公款消费的审计力度，依法处理、督促整改违规问题，并将涉嫌违纪违法问题移送有关部门查处。

第五十四条 党政机关应当建立健全厉行节约反对浪费信息公开制度。除依照法律法规和有关要求须保密的内容和事项外，下列内容应当按照及时、方便、多样的原则，以适当方式进行公开：

（一）预算和决算信息；

（二）政府采购文件、采购预算、中标成交结果、采购合同等情况；

（三）国内公务接待的批次、人数、经费总额等情况；

（四）会议的名称、主要内容、支出金额等情况；

（五）培训的项目、内容、人数、经费等情况；

（六）节会、庆典、论坛、博览会、展会、运动会、赛会等活动举办信息；

（七）办公用房建设、维修改造、使用、运行费用支出等情况；

（八）公务支出和公款消费的审计结果；

（九）其他需要公开的内容。

第五十五条 推动和支持人民代表大会及其常务委员会依法严格审查

批准党政机关公务支出预算，加强对预算执行情况的监督。发挥人大代表的监督作用，通过提出意见、建议、批评以及询问、质询等方式加强对党政机关厉行节约反对浪费工作的监督。

支持人民政协对党政机关厉行节约反对浪费工作的监督，自觉接受并积极支持政协委员通过调研、视察、提案等方式加强对党政机关厉行节约反对浪费工作的监督。

第五十六条 重视各级各类媒体在厉行节约反对浪费方面的舆论监督作用。建立舆情反馈机制，及时调查处理媒体曝光的违规违纪违法问题。

发挥群众对党政机关及其工作人员铺张浪费行为的监督作用，认真调查处理群众反映的问题。

第十一章 责任追究

第五十七条 建立党政机关厉行节约反对浪费工作责任追究制度。

对违反本条例规定造成浪费的，应当依纪依法追究相关人员的责任，对负有领导责任的主要负责人或者有关领导干部实行问责。

第五十八条 有下列情形之一的，追究相关人员的责任：

（一）未经审批列支财政性资金的；

（二）采取弄虚作假等手段违规取得审批的；

（三）违反审批要求擅自变通执行的；

（四）违反管理规定超标准或者以虚假事项开支的；

（五）利用职务便利假公济私的；

（六）有其他违反审批、管理、监督规定行为的。

第五十九条 有下列情形之一的，追究主要负责人或者有关领导干部的责任：

（一）本地区、本部门、本单位铺张浪费、奢侈奢华问题严重，对发现的问题查处不力，干部群众反映强烈的；

（二）指使、纵容下属单位或者人员违反本条例规定造成浪费的；

（三）不履行内部审批、管理、监督职责造成浪费的；

（四）不按规定及时公开本地区、本部门、本单位有关厉行节约反对浪费工作信息的；

（五）其他对铺张浪费问题负有领导责任的。

第六十条 违反本条例规定造成浪费的，根据情节轻重，由有关部门依照职责权限给予批评教育、责令作出检查、诫勉谈话、通报批评或者调离岗位、责令辞职、免职、降职等处理。

应当追究党纪政纪责任的，依照《中国共产党纪律处分条例》《行政机关公务员处分条例》等有关规定给予相应的党纪政纪处分。

涉嫌违法犯罪的，依法追究法律责任。

第六十一条 违反本条例规定获得的经济利益，应当予以收缴或者纠正。

违反本条例规定，用公款支付、报销应由个人支付的费用，应当责令退赔。

第六十二条 受到责任追究的人员对处理决定不服的，可以按照相关规定向有关机关提出申诉。受理申诉机关应当依据有关规定认真受理并作出结论。

申诉期间，不停止处理决定的执行。

第十二章　附　　则

第六十三条 各省、自治区、直辖市党委和政府，中央和国家机关各部委，可以根据本条例，结合实际制定实施细则。有关职能部门应当根据各自职责，制定完善相关配套制度。

国有企业、国有金融企业、不参照公务员法管理的事业单位，参照本条例执行。

中国人民解放军和中国人民武装警察部队按照军队有关规定执行。

第六十四条 本条例由中共中央办公厅、国务院办公厅会同有关部门负责解释。

第六十五条 本条例自发布之日起施行。1997 年 5 月 25 日发布的《中共中央、国务院关于党政机关厉行节约制止奢侈浪费行为的若干规定》同时废止。其他有关党政机关厉行节约反对浪费的规定，凡与本条例不一致的，按照本条例执行。

附录六

党政机关办公用房管理办法

第一章 总 则

第一条 为了进一步规范党政机关办公用房管理，推进办公用房资源合理配置和节约集约使用，保障正常办公，降低行政成本，促进党风廉政建设和节约型机关建设，根据《党政机关厉行节约反对浪费条例》《机关事务管理条例》《机关团体建设楼堂馆所管理条例》等有关规定，制定本办法。

第二条 本办法适用于各级党政机关办公用房的规划、权属、配置、使用、维修、处置等管理工作。

本办法所称党政机关，是指党的机关、人大机关、行政机关、政协机关、监察机关、审判机关、检察机关，以及工会、共青团、妇联等人民团体和参照公务员法管理的事业单位。

本办法所称办公用房，是指党政机关占有、使用或者可以确认属于机关资产的，为保障党政机关正常运行需要设置的基本工作场所，包括办公室、服务用房、设备用房和附属用房。

第三条 党政机关办公用房管理应当遵循下列原则：

（一）依法合规，严格执行法律法规和党内有关制度规定，强化监督管理；

（二）科学规划，统筹机关办公和公共服务需求，优化布局和功能；

（三）规范配置，科学制定标准，严格审核程序，合理保障需求；

（四）有效利用，统筹调剂余缺，及时依规处置，避免闲置浪费；

（五）厉行节约，注重庄重朴素、经济适用，节约能源资源。

第四条 建立健全党政机关办公用房集中统一管理制度，统一规划、统一权属、统一配置、统一处置。县级以上党政机关办公用房有关管理部门根据职责分工，负责本级党政机关办公用房管理工作，指导下级党政机关办公用房管理工作。

中央和国家机关办公用房管理，由归口的机关事务管理部门负责规划、权属、调剂、使用监管、处置、维修等，国家发展改革委负责建设项目审批、建设标准制定以及投资安排等，财政部负责预算安排、指导开展资产管理等。中央和国家机关所属垂直管理机构、派出机构和参照公务员法管理的事业单位办公用房的权属、使用、维修等有关管理工作，由归口的机关事务管理部门委托行政主管部门负责。

地方各级党政机关办公用房管理的职责分工，由各省、自治区、直辖市参照前款规定，结合本地区实际情况合理确定相关机构承担办公用房管理职责。

各级党政机关是办公用房的使用单位，负责本单位占有、使用办公用房的内部管理和日常维护。

第二章　权属管理

第五条　党政机关办公用房的房屋所有权、土地使用权等不动产权利（以下统称办公用房权属），统一登记至本级机关事务管理部门名下。

中央和国家机关所属垂直管理机构、派出机构和参照公务员法管理的事业单位办公用房权属应当登记在行政主管部门名下。地方各级党政机关所属垂直管理机构、派出机构办公用房权属的登记主体由各省、自治区、直辖市规定。

涉及国家秘密、国家安全等特殊情况的，经机关事务管理部门核准，可以将办公用房权属登记在使用单位名下。

因历史资料缺失、权属不清等问题无法登记的，由机关事务管理部门协调有关部门进行办公用房权属备案，使用单位不得自行处置。

第六条　建立健全党政机关办公用房清查盘点制度。使用单位应当建立本单位办公用房资产管理分台账，资产信息发生变更的，及时调整更新。机关事务管理部门应当建立本级党政机关办公用房资产管理总台账，定期组织清查盘点，确保总台账信息与使用单位分台账信息账账相符，与办公用房实际状况账实相符，与权属证书信息账证相符。

第七条　建立健全党政机关办公用房管理信息统计报告制度。

各级机关事务管理部门应当建立健全本级党政机关办公用房管理信息系统，定期统计汇总办公用房管理情况，报上级机关事务管理部门，并送同级发展改革、财政部门。

国家机关事务管理局、中共中央直属机关事务管理局应当会同有关部门，建立全国党政机关办公用房信息数据库，并纳入国家数据共享交换平台，实现与发展改革、财政、国土资源、住房城乡建设等部门共享共用。各省、自治区、直辖市应当统筹推进本地区办公用房管理信息系统建设，实现上下一体、互联互通、动态管理。

第八条　建立健全党政机关办公用房档案管理制度。使用单位应当加强本单位办公用房档案管理，及时归集权属、建设、维修等原始档案，并移交产权单位。产权单位应当加强办公用房档案的收集、保存和利用，确保档案完整。

第三章　配置管理

第九条　县级以上机关事务管理、发展改革、财政部门应当会同有关部门，结合人员编制情况、办公与业务需要等，编制本级党政机关办公用房配置保障规划，优化办公用房布局，具备条件的逐步推进集中或者相对集中办公，共用配套附属设施。

地方各级人民政府编制土地利用总体规划和城乡规划时，应当统筹安排本级党政机关办公用房用地。县级以上党政机关的驻在地人民政府应当有效保障上级党政机关办公用房用地需求。

第十条　党政机关办公用房配置应当严格执行相关标准，从严核定面积。

国家发展改革委会同住房城乡建设部、财政部，制定和完善党政机关办公用房建设标准，并实行标准动态调整。

第十一条　党政机关办公用房配置方式包括调剂、置换、租用和建设。

第十二条　使用单位需要配置办公用房的，由机关事务管理部门优先整合现有办公用房资源调剂解决。

第十三条　采取置换方式配置办公用房的，应当严格履行审批程序，执行新建办公用房各项标准，确保符合办公用房各类功能要求，并按规定组织资产评估，置换所得超出面积标准的办公用房由机关事务管理部门统一调剂，置换所得收益按照非税收入有关规定管理。

置换旧房的，由机关事务管理部门会同发展改革、财政部门报同级人民政府审批；置换新房的，应当严格履行建设审批程序。不得以置换名义量身打造办公用房，不得以未使用政府预算建设资金、资产整合等名义规避审批。

第十四条　无法调剂或者置换解决办公用房的，可以面向市场租用，但应当严格按照规定履行审批程序。

需租用办公用房的，由使用单位提出申请，经机关事务管理部门核准后，报财政部门审核安排预算；或者由机关事务管理部门统筹本级党政机关办公用房使用需求，制定租用方案，报财政部门审核安排预算后，统一租赁并统筹安排使用。

任何单位不得以变相补偿方式租用由企业等单位提供的办公用房。

各级财政部门会同机关事务管理部门，制定本级党政机关办公用房租金标准，并实行标准动态调整。

第十五条　无法调剂、置换、租用办公用房，或者涉及国家秘密、国家安全等特殊情况的，可以采取建设方式解决，但应当按照国家有关政策从严控制，严格履行审批程序。党政机关办公用房建设包括新建、扩建、改建、购置。

中共中央直属机关办公用房建设项目由归口的机关事务管理部门审核同意后统一申报，由国家发展改革委核报国务院审批。

中央国家机关本级办公用房建设项目，由国家发展改革委核报国务院审批，申报前应当由归口的机关事务管理部门出具必要性审查意见。

中央国家机关所属垂直管理机构、派出机构办公用房建设项目，厅（局）级及以上单位的项目由国家发展改革委审批，申报前应当由归口的机关事务管理部门出具必要性审查意见；厅（局）级以下单位的项目由行政主管部门审批，并报国家发展改革委和归口的机关事务管理部门备案。

中央国家机关所属参照公务员法管理的事业单位的办公用房建设项目，由国务院、国家发展改革委和行政主管部门按照中央预算内投资审批权限分别负责审批，其中由国务院、国家发展改革委审批的项目，申报前应当由归口的机关事务管理部门出具必要性审查意见。

省、自治区、直辖市及计划单列市本级党政机关办公用房建设项目，由国家发展改革委核报国务院审批；地方其他党政机关办公用房建设项目，由省级人民政府审批。

县级党政机关直属单位和乡（镇）级党政机关办公用房建设项目，可以由省级人民政府根据实际情况委托市级人民政府审批。

地方各级党政机关所属垂直管理机构、派出机构和参照公务员法管理的事业单位办公用房建设项目的审批程序，由各省、自治区、直辖市规定。

第十六条 党政机关办公用房配置所需资金，应当通过政府预算安排，不得接受任何形式赞助或者捐款，不得搞任何形式集资或者摊派，不得向其他任何单位借款，不得让施工单位垫资，严禁挪用各类专项资金。

土地收益和资产转让收益按照非税收入有关规定管理，不得直接用于办公用房配置。涉及新增资产的，应当向财政部门申报新增资产配置预算。

第十七条 新配置办公用房的党政机关，应当在搬入新办公用房后1个月内，将超出核定面积的原有办公用房腾退移交同级机关事务管理部门统一调剂使用，不得继续占用或者自行处置，不得自行安排其他单位使用。

第四章 使用管理

第十八条 机关事务管理部门应当与使用单位签订办公用房使用协议，核发办公用房分配使用凭证。

办公用房分配使用凭证可以按照有关规定用于办理使用单位法人登记、集体户籍、大中修项目施工许可等，不得用于出租、出借、经营。

第十九条 使用单位应当严格按照有关规定在核定面积内合理安排使用办公用房，不得擅自改变办公用房使用功能，不得调整给其他单位使用。办公用房安排使用情况应当按年度通过政务内网、公示栏等平台进行内部公示；领导干部办公用房配备情况应当按年度报机关事务管理部门备案，严禁超标准配备、使用办公用房。

领导干部在不同单位同时任职的，应当在主要任职单位安排1处办公用房；主要任职单位与兼职单位相距较远且经常到兼职单位工作的，经严格审批后，可以由兼职单位再安排1处小于标准面积的办公用房，并在免去兼任职务后2个月内腾退兼职单位安排的办公用房。

工作人员调离或者退休的，使用单位应当在办理调离或者退休手续后1个月内收回其办公用房。

第二十条　党政机关工作人员办公室具备条件的，应当采用大开间等形式，提高办公用房利用率。

会议室、接待室等服务用房，可以采取可拆卸式隔断设计，提高空间使用的灵活性。

第二十一条　项目批复中已经明确和机关一并建设办公用房的事业单位，按照面积标准核定后可以继续无偿使用机关办公用房。

公益一类事业单位已经占用的机关办公用房，按照面积标准核定后可以继续无偿使用。公益二类事业单位已经占用的机关办公用房，应当按照规定予以腾退；确有困难的，经机关事务管理部门批准，可以继续有偿使用，租金收益按照非税收入有关规定管理。事业单位已经新建、购置办公用房或者租用其他房屋办公的，应当在6个月内将原有办公用房腾退移交机关事务管理部门。

生产经营类事业单位、国有企业和行业协会商会等社团组织，原则上不得占用党政机关办公用房。

第二十二条　党政机关办公用房使用单位机构、编制调整的，机关事务管理部门应当重新核定其办公用房面积。超出面积标准的，使用单位应当在6个月内将超出部分的办公用房腾退移交机关事务管理部门。

党政机关转为企业的，应当在办理企业工商注册后6个月内将原有办公用房腾退移交机关事务管理部门。转企单位确有困难的，经机关事务管理部门批准，可以继续有偿使用，租金收益按照非税收入有关规定管理；新建、购置或者租用办公用房的，应当在6个月内将原有办公用房腾退移交机关事务管理部门。

党政机关撤销的，应当在6个月内将原有办公用房腾退移交机关事务管理部门。

第二十三条 建立健全政府向社会购买物业服务机制，逐步实现办公用房物业服务社会化、专业化，具备条件的逐步推进统一物业管理服务。

机关事务管理部门应当会同有关部门，按照经济、适度的原则，制定本级党政机关办公用房物业服务内容、服务标准和费用定额。

第二十四条 鼓励有条件的地区探索试行办公用房租金制，逐步推进办公用房经费预算管理和实物资产管理相结合。

第五章 维修管理

第二十五条 党政机关办公用房维修包括日常维修和大中修。中央和国家机关办公用房维修标准由归口的机关事务管理部门、财政部会同住房城乡建设部制定，地方各级党政机关办公用房维修标准由各省、自治区、直辖市结合实际制定，并建立标准动态调整机制。

第二十六条 使用单位负责办公用房的日常检查和维修，所需资金通过部门预算安排。

第二十七条 党政机关办公用房因使用时间较长、设施设备老化、功能不全、存在安全隐患等原因需要大中修的，使用单位向机关事务管理部门提出申请；机关事务管理部门结合办公用房建筑年代、历史维修记录、老化损坏程度、单位建筑面积能耗水平和使用单位的实际需求，统筹安排办公用房大中修项目，报财政部门审核安排预算。

办公用房大中修项目应当严格按照规定履行审批程序，未经审批的项目，不得安排预算。中央和国家机关本级办公用房大中修项目，由归口的机关事务管理部门审批。中央和国家机关所属垂直管理机构、派出机构和参照公务员法管理的事业单位办公用房大中修项目，机关事务管理部门委托行政主管部门审批，其中厅（局）级及以上单位办公用房大中修项目审批情况应当报归口的机关事务管理部门备案。地方各级党政机关办公用房大中修项目的审批程序，由各省、自治区、直辖市规定。

第六章 处置利用管理

第二十八条 党政机关办公用房有下列情形之一闲置的，可以按照有关规定采取调剂使用、转换用途、置换、出租、拍卖、拆除等方式及时处置利用：

（一）同级党政机关办公用房总量满足使用需求，仍有余量的；

（二）因地理位置、周边环境、房屋结构等原因，不适合继续作为办公用房使用的；

（三）因城乡规划调整等需要拆迁的；

（四）经专业机构鉴定属于危房，且无加固改造价值的；

（五）其他原因导致办公用房闲置的。

处置利用党政机关办公用房涉及权属、用途等变更的，应当依法办理相关手续。

第二十九条　同一区域内闲置办公用房具备条件的，应当加强跨系统、跨层级调剂使用。

中央和国家机关所属垂直管理机构、派出机构之间调剂使用的，由行政主管部门审核提出意见，经归口的机关事务管理部门批准后实施，调剂使用情况报财政部备案。

中央和国家机关所属垂直管理机构、派出机构与地方各级党政机关之间调剂使用的，由行政主管部门会同有关地方人民政府审核提出意见，经归口的机关事务管理部门会同财政部批准后实施。

地方同级或者上下级党政机关之间，以及地方各级党政机关所属垂直管理机构、派出机构之间调剂使用的，参照前两款规定办理。

第三十条　具备条件的，机关事务管理部门可以商有关部门将闲置办公用房转为便民服务、社区活动等公益场所，或者按照有关规定置换为其他符合国家政策和需要的资产。

机关事务管理部门可以通过公共资源交易平台统一招租，租金收益按照非税收入有关规定管理。党政机关如有需要，应当及时收回出租的办公用房，统筹调剂使用。使用单位不得擅自出租办公用房。

第三十一条　闲置办公用房无法通过调剂使用、转换用途、置换、出租等方式处置利用的，机关事务管理部门报财政部门批准后，可以通过公共资源交易平台依法公开拍卖，拍卖收益按照非税收入有关规定管理。

第七章 监督问责

第三十二条 党政机关办公用房使用单位应当建立本单位内部使用管理制度，加强监督检查和责任追究，及时发现和纠正违规问题。

党政机关办公用房有关管理部门应当根据职责分工，加强办公用房监管，严格履行相关管理程序，对使用单位的办公用房违规管理使用问题及时按照规定移交有关部门和单位查处。

纪检监察机关应当及时受理群众举报和有关部门移送的办公用房管理案件线索，严肃查处违规违纪问题。

第三十三条 建立健全党政机关办公用房巡检考核制度。

县级以上机关事务管理、发展改革、财政部门会同有关部门，定期对本级党政机关（含所属垂直管理机构、派出机构）办公用房使用情况以及下级党政机关办公用房管理情况进行专项联合巡检，及时发现和纠正违规问题。

办公用房专项巡检应当与党风廉政建设责任制检查考核、政府绩效考核以及党政领导班子和领导干部年度考核相结合，巡检考核结果作为干部管理监督、选拔任用的依据。

第三十四条 建立健全党政机关办公用房管理信息公开制度。除依照法律法规和有关要求需要保密的内容和事项外，办公用房建设、使用、维修、处置利用、运行费用支出等情况，应当在政府门户网站等公共平台定期公开，主动接受社会监督。

第三十五条 建立健全党政机关办公用房管理责任追究制度，对有令不行、有禁不止的，依照有关规定严肃追究相关人员责任。

管理部门有下列情形之一的，依纪依法追究相关人员责任：

（一）违规审批项目或者安排投资计划、预算的；

（二）不按照规定履行调剂、置换、租用、建设等审批程序的；

（三）为使用单位超标准配置办公用房的；

（四）不按照规定处置办公用房的；

（五）办公用房管理信息统计报送中瞒报、漏报的；

（六）对发现的违规问题不及时处理的；

（七）有其他违反办公用房管理规定情形的。

使用单位有下列情形之一的，依纪依法追究相关人员责任：

（一）擅自将办公用房权属登记至本单位或者所属单位名下，或者不配合办理权属登记的；

（二）未经批准建设或者大中修办公用房的；

（三）不按规定腾退移交办公用房的；

（四）未经批准租用、借用办公用房的；

（五）擅自改变办公用房使用功能或者处置办公用房的；

（六）擅自安排企事业单位、社会组织等使用机关办公用房的；

（七）为工作人员超标准配备办公用房，或者未经批准配备两处以上办公用房的；

（八）有其他违反办公用房管理规定情形的。

第八章　附　　则

第三十六条　党政机关本级的技术业务用房以及机关办公区内的技术业务用房，权属统一登记至本级机关事务管理部门名下，从严控制使用范围和用途，原则上不得调整用作办公用房。

党政机关本级的技术业务用房建设项目以及机关办公区内的技术业务用房建设项目，应当严格按规定履行审批程序，项目申报前由机关事务管理部门出具土地、人防等审查意见。

住房城乡建设部会同国家发展改革委、有关业务主管部门，制定和完善各类技术业务用房建设标准，合理区分办公用房和技术业务用房。

第三十七条　各省、自治区、直辖市以及中央和国家机关各部门，应当根据本办法，结合实际制定具体管理办法。

第三十八条　各民主党派机关办公用房管理适用本办法。

不参照公务员法管理的事业单位办公用房管理办法，另行制定。

第三十九条　本办法由国家机关事务管理局、中共中央直属机关事务管理局、国家发展改革委和财政部负责解释。

第四十条　本办法自 2017 年 12 月 5 日起施行。其他有关党政机关办公用房管理的规定，凡与本办法不一致的，按照本办法执行。

附录七

党政机关公务用车管理办法

第一章　总　　则

第一条　为了进一步规范党政机关公务用车管理，有效保障公务活动，促进党风廉政建设和节约型机关建设，根据《党政机关厉行节约反对浪费条例》《机关事务管理条例》等有关规定，制定本办法。

第二条　本办法适用于党的机关、人大机关、行政机关、政协机关、监察机关、审判机关、检察机关，以及工会、共青团、妇联等人民团体和参照公务员法管理的事业单位。

第三条　本办法所称公务用车，是指党政机关配备的用于定向保障公务活动的机动车辆，包括机要通信用车、应急保障用车、执法执勤用车、特种专业技术用车以及其他按照规定配备的公务用车。

机要通信用车是指用于传递、运送机要文件和涉密载体的机动车辆。

应急保障用车是指用于处理突发事件、抢险救灾或者其他紧急公务的机动车辆。

执法执勤用车是指中央批准的执法执勤部门（系统）用于一线执法执勤公务的机动车辆。

特种专业技术用车是指固定搭载专业技术设备、用于执行特殊工作任务的机动车辆。

第四条　党政机关公务用车管理遵循统一管理、定向保障、经济适用、节能环保的原则。

第五条　党政机关公务用车实行统一制度规范、分级分类管理。党政机关公务用车主管部门负责本级党政机关公务用车管理工作，根据职责实行统一编制、统一标准、统一购置经费、统一采购配备管理；指导监督下级党政机关公务用车管理工作。

第二章 编制和标准管理

第六条 党政机关公务用车实行编制管理。车辆编制根据机构设置、人员编制和工作需要等因素确定。

机要通信用车、应急保障用车和其他按照规定配备的公务用车编制由公务用车主管部门会同有关部门确定。

执法执勤用车、特种专业技术用车编制由财政部门会同有关部门确定，并送公务用车主管部门备案。

第七条 党政机关配备公务用车应当严格执行以下标准：

（一）机要通信用车配备价格12万元以内、排气量1.6升（含）以下的轿车或者其他小型客车。

（二）应急保障用车和其他按照规定配备的公务用车配备价格18万元以内、排气量1.8升（含）以下的轿车或者其他小型客车。确因情况特殊，可以适当配备价格25万元以内、排气量3.0升（含）以下的其他小型客车、中型客车或者价格45万元以内的大型客车。

（三）执法执勤用车配备价格12万元以内、排气量1.6升（含）以下的轿车或者其他小型客车，因工作需要可以配备价格18万元以内、排气量1.8升（含）以下的轿车或者其他小型客车。确因情况特殊，可以适当配备价格25万元以内、排气量3.0升（含）以下的其他小型客车、中型客车或者价格45万元以内的大型客车。

（四）特种专业技术用车配备标准由有关部门会同财政部门按照保障工作需要、厉行节约的原则确定。

公务用车配备新能源轿车的，价格不得超过18万元。

上述配备标准应当根据公务保障需要、汽车行业技术发展、市场价格变化等因素适时调整。

第八条 严格控制执法执勤用车的配备范围、编制和标准。执法执勤用车配备应当严格限定在一线执法执勤岗位。

第三章 配备和经费管理

第九条 公务用车主管部门根据公务用车配备更新标准和现状，编制年度公务用车配备更新计划。

第十条 财政部门根据年度公务用车配备更新计划，按照预算管理有关规定统筹安排购置经费，列入公务用车主管部门预算。

第十一条 财政部门会同公务用车主管部门制定公务用车运行费用定额标准，统筹安排公务用车运行费用，列入党政机关部门预算。

第十二条 公务用车主管部门按照政府采购法律法规和国家有关政策规定，统一组织实施公务用车集中采购。

第十三条 党政机关应当配备使用国产汽车，带头使用新能源汽车，按照规定逐步扩大新能源汽车配备比例。

第十四条 地方各级党政机关确因工作需要超出规定标准配备公务用车的，必须报省级公务用车主管部门批准。

党政机关原则上不配备越野车。确因工作需要，按照程序报批后，可以适当配备国产越野车。越野车不得作为领导干部固定用车。

第十五条 除涉及国家安全、侦查办案等有保密要求的特殊工作用车外，党政机关公务用车产权注册登记所有人应当为本机关法人，不得将公务用车登记在下属单位、企业或者个人名下。

第四章 使用和处置管理

第十六条 党政机关应当加强公务用车使用管理，严格按照规定使用公务用车，严禁公车私用、私车公养，不得既领取公务交通补贴又违规使用公务用车。

第十七条 党政机关应当推进公务用车服务平台建设。各地区应当结合实际，将各类公务用车纳入平台集中管理，采用信息化手段统筹调度、高效使用，鼓励通过社会化专业机构提高平台管理运行效率。

第十八条 党政机关应当推进公务用车标识化管理。除涉及国家安全、侦查办案和其他有保密要求的特殊工作用车外，公务用车应当统一标识。

第十九条 党政机关应当建立公务用车管理台账，加强相关证照档案的保存和管理。

各省、自治区、直辖市以及中央和国家机关公务用车主管部门应当建立统一的公务用车管理信息系统，提高公务用车配备使用管理信息化水平。

第二十条　党政机关应当建立健全公务用车使用管理制度，严格执行，加强监督，降低运行成本。

严格公务用车使用时间、事由、地点、里程、油耗、费用等信息登记和公示制度。严格执行回单位或者其他指定地点停放制度，节假日期间除工作需要外应当封存停驶。

实行公务用车保险、维修、加油政府集中采购和定点保险、定点维修、定点加油制度，健全公务用车油耗、运行费用单车核算和年度绩效评价制度。

第二十一条　党政机关应当减少公务用车长途行驶，工作人员到外地办理公务，除特殊情况外，应当乘用公共交通工具。外事接待、会议和集体活动用车主要通过社会租赁方式解决。

第二十二条　公务用车使用年限超过 8 年的可以更新；达到更新年限仍能继续使用的，应当继续使用。因安全等原因确需提前更新的，应当严格履行审批手续。

公务用车按照规定更新后，可以采取拍卖、厂家回收、报废等方式规范处置旧车。处置收入按照非税收入有关规定管理。

第五章　监督问责

第二十三条　党政机关应当建立公务用车配备更新和使用情况统计报告制度。各省、自治区、直辖市公务用车主管部门负责统计汇总本地区公务用车配备更新和使用情况。国家机关事务管理局、中共中央直属机关事务管理局负责统计汇总中央和国家机关公务用车配备更新和使用情况。

第二十四条　党政机关应当严格执行公务用车配备使用管理各项规定，将公务用车配备更新、使用、处置和经费预算执行等情况纳入内部审计、政务公开和政务诚信建设范围，接受社会监督。

公务用车主管部门应当加强对党政机关公务用车配备更新、使用、处置等情况的监督检查，定期通报或者公示相关情况。

财政、审计部门应当加强对公务用车经费预算管理使用情况的监督检查，依法处理、督促整改违规问题，并将涉嫌违纪违法问题移送有关部门查处。

公安交通管理部门应当定期与公务用车主管部门交换公务用车注册登记信息、使用状态等情况。

纪检监察机关应当及时受理群众举报和有关部门移送的公务用车管理问题线索，严肃查处违纪违法问题。

第二十五条　公务用车主管部门有下列情形之一的，依纪依法追究相关人员责任：

（一）违规核定公务用车编制的；

（二）违规审批超编制、超标准配备公务用车的；

（三）违规审批未到年限更新公务用车的；

（四）违规安排公务用车经费预算的；

（五）有其他未按规定履行管理监督职责行为的。

第二十六条　党政机关有下列情形之一的，依纪依法追究相关人员责任：

（一）超编制、超标准配备公务用车的；

（二）违反规定将公务用车登记在下属单位、企业或者个人名下的；

（三）公车私用、私车公养，或者既领取公务交通补贴又违规使用公务用车的；

（四）换用、借用、占用下属单位或者其他单位和个人的车辆，或者擅自接受企事业单位和个人赠送车辆的；

（五）挪用或者固定给个人使用执法执勤、机要通信等公务用车的；

（六）为公务用车增加高档配置或者豪华内饰的；

（七）在车辆维修等费用中虚列名目或者夹带其他费用，为非本单位车辆报销运行维护费用的；

（八）违规处置公务用车的；

（九）有其他违反公务用车配备使用管理规定行为的。

第六章　附　　则

第二十七条　本办法所称小型客车、中型客车、大型客车等，依据中华人民共和国公共安全行业标准 GA802—2014《机动车类型术语和定义》界定。

第二十八条　各省、自治区、直辖市以及中央和国家机关各部门，应当根据本办法，结合实际制定具体管理办法。

第二十九条　中央和国家机关所属垂直管理机构、派出机构公务用车由行政主管部门依照本办法进行管理。

各民主党派机关公务用车管理适用本办法。

不参照公务员法管理的事业单位公务用车，按照本办法的原则管理。

第三十条　本办法由国家机关事务管理局、中共中央直属机关事务管理局会同有关部门负责解释。

第三十一条　本办法自 2017 年 12 月 5 日起施行。中共中央办公厅、国务院办公厅 2011 年 1 月 6 日印发的《党政机关公务用车配备使用管理办法》同时废止。

附录八

国务院关于印发推进财政资金统筹使用方案的通知

（2015 年 6 月 16 日　国发〔2015〕35 号）

各省、自治区、直辖市人民政府，国务院各部委、各直属机构：

现将《推进财政资金统筹使用方案》印发给你们，请认真贯彻落实。

附件：推进财政资金统筹使用方案

附件：

推进财政资金统筹使用方案

为全面贯彻党的十八大和十八届二中、三中、四中全会精神，落实国务院决策部署，进一步优化财政资源配置，提高财政资金使用效益，完善预算管理制度，促进经济社会持续健康发展，按照预算法和国务院有关规定，制定本方案。

一、总体目标和主要原则

推进财政资金统筹使用，避免资金使用“碎片化”，盘活各领域“沉睡”的财政资金，把“零钱”化为“整钱”，统筹用于发展急需的重点领域和优先保障民生支出，增加资金有效供给，是创新宏观调控方式的重要内容，也是用足用活积极财政政策的关键举措。

（一）总体目标

推进财政资金统筹使用要与深化财税体制改革结合起来，统筹考虑预算管理制度、中期财政规划、事权与支出责任划分等改革。以问题为导向，坚持改革创新，大力推进财政资金统筹使用，不断提高财政资金使用效益，促进经济社会持续健康发展。近期目标是：盘活各领域财政沉淀资金取得明显进展，初步建立财政资金统筹使用机制，促进稳增长、调结构。长远目标是：财政资金统筹使用机制更加成熟，将所有预算资金纳入财政部门统一分配，做到预算一个“盘子”、收入一个“笼子”、支出一个“口子”，促进财政资金优化配置，推动建立现代财政制度。

（二）主要原则

全面统筹。通过统筹使用各类资金、盘活用好结转结余资金、加快预算资金下达执行等，构建起推进财政资金统筹使用的总体框架。

分层推进。以项目、科目、部门、政府预算体系、跨年度预算、各类收入、增量与存量、编制与执行等为切入点，有序推进财政资金统筹使用。

远近结合。既要立足当前，解决目前预算执行偏慢、财政存量资金规模居高不下的突出问题，把盘活的资金统筹安排使用；又要着眼长远，进一步加大各类资金整合力度，完善政府预算体系。

改革创新。既要善于总结和推广已有的成功经验和做法，用改革创新方法推进财政资金统筹使用；又要通过推进财政资金统筹使用，促使各级政府和部门主动作为，推进简政放权、放管结合、转变政府职能。

依法依规。既要严格按照预算法及有关法规规定，推进财政资金统筹使用；又要对地方先行先试予以必要授权，推动修改相关的预算资金管理办法。

二、具体措施

（一）推进项目资金的统筹使用

做好项目前期准备。提前做好项目可行性研究、评审、招投标、政府采购等前期准备工作，确保预算一旦批复或下达，资金就能实际使用。

加快项目预算批复和下达。预算经同级人大批准后，要按照规定时间及时批复、下达并拨付资金。加快据实结算项目下达进度，一般采取当年列入部门预算或上半年预拨、下年清算的方式。强化年度预算理念，项目跨年度实施的，要根据资金需求情况分年下达预算。

建立项目动态调整机制。实时跟踪了解项目执行情况，项目预算执行进度较慢的，同级财政可按一定比例收回资金，统筹用于经济社会发展急需资金支持的领域。

加强项目库管理。发挥项目库的基础支撑作用，对没有进入项目库的项目一般不得安排预算；规范项目设置，做细做实项目库，全面反映项目的执行单位、历年预算安排、结转结余资金、绩效评价结果等情况；实施项目全周期滚动管理，逐步完善项目退出机制。

（二）推进重点科目资金的统筹使用

重点推进科技、教育、农业、节能环保、医疗卫生等重点科目资金的统筹，既要统筹安排当年预算资金，也要加快消化历年结转结余资金。

加快推进科技资金优化整合。建立公开统一的国家科技管理平台，加快推进将目前分散在各部门实行公开竞争方式的科技计划（专项、基金等），优化整合为国家自然科学基金、国家科技重大专项、国家重点研发计划、技术创新引导专项（基金）、基地和人才专项等五类。

推进教育资金优化整合。按照事权与支出责任相匹配的原则，优化各级政府教育资金支出方向。新增教育经费主要向边远、贫困、民族地区倾斜，逐步缩小区域、城乡、校际差距，促进教育公平。

推进节能环保资金优化整合。按照加快推进生态文明建设总体要求，将现有节能环保领域资金按照节能减排、环境监测监察、大气污染防治、水污染防治、土壤环境修复治理、生态恢复保护等六类进行统筹整合。

推进涉农资金优化整合。进一步深入推进各个层面的涉农资金整合统筹，逐步将涉农资金整合为农业综合发展、农业生产发展、水利发展、林业改革发展、农村社会发展、扶贫开发等六类，突出创新涉农资金管理使用机制。

推进医疗卫生资金优化整合。逐步将医疗卫生领域资金整合为医疗保障、公共卫生、医疗服务等三类。将新型农村合作医疗和城镇居民医疗保险补助资金整合为城乡居民医疗保险补助资金，并实行统一管理。尽快推进计划生育服务和公共卫生服务项目资金整合，进一步优化支出结构，重点支持基本公共卫生、重大疾病预防控制、妇幼健康、计划生育、食品药品安全等领域。

推动修订重点支出挂钩相关法律。推动尽快修订重点支出同财政收支增幅或生产总值挂钩事项的相关规定，对相关领域支出根据推进改革的需要和确需保障的内容统筹安排，优先保障，不再采取先确定支出总额再安排具体项目的办法。

（三）推进部门资金的统筹使用

推进统一预算分配权。对中央基建投资、中央科技资金等切块管理的资金，应加强与其他财政资金的统筹协调，按照统一的预算管理流程进行编制。对中央基建投资、中央科技资金安排支出的项目，其他财政资金可不再安排或减少安排，避免重复安排支出和固化投向。对少量的中央基建投资、中央科技资金和其他财政资金都安排支出的项目，应制定统一的资金管理办法，实行统一的资金分配方式。

推进部门内部资金的统筹使用。厘清基本支出和项目支出的内涵界限，除经费自理事业单位外，逐步取消项目支出中用于本部门编制内人员经费的支出。严格控制每个部门管理的专项资金项目个数，在调整优化政府支出功能分类科目的基础上，项级科目下一般不再拆分成不同的专项资金。

推进跨部门资金的统筹使用。加强跨部门资金的清理整合，对同一工作事项，原则上应按照部门职责分工，明确由一个部门负责，资金相应列入其部门预算；确需分解为由多个部门负责的，应按照项目和资金性质明确牵头部门，制定统一的资金管理办法，并按照部门预算管理规定分别列入各自部门预算，减少部门间横向分配资金。

推进部门职责调整和整合。深化机构改革，理顺部门间的职责划分，优化政府机构职能配置和工作流程，加强政府监管，更好发挥政府作用，创造公平竞争的市场环境。

（四）推进政府预算体系的统筹协调

加大政府性基金预算转列一般公共预算的力度。完善政府预算体系，对政府性基金预算中未列入政府性基金目录清单的收入项目，除国务院批准的个别事项外，三年内逐步调整转列一般公共预算，并统筹使用。从2016年1月1日起，将水土保持补偿费、政府住房基金、无线电频率占用费、铁路资产变现收入、电力改革预留资产变现收入等五项基金转列一般公共预算。上述基金转列后，支出仍主要用于或专项用于安排相关支出，且收入规模增加的，支出规模原则上相应增加。

加大政府性基金预算调入一般公共预算的力度。暂时保留在政府性基金预算管理的资金，与一般公共预算投向类似的，应调入一般公共预算统筹使用，或制定统一的资金管理办法，实行统一的资金分配方式。对政府性基金预算结转资金规模超过该项基金当年收入30%的部分，应补充预算稳定调节基金统筹使用。

推进国有资本经营预算与一般公共预算的统筹协调。加大国有资本经营预算调入一般公共预算的力度，2016年调入比例达到19%，并逐年提高调入比例。除调入一般公共预算外，国有资本经营预算支出范围限定用于解决国有企业历史遗留问题及相关改革成本支出、对国有企业的资本金注入及国有企业政策性补贴等方面。一般公共预算安排用于这方面的资金逐步退出。

推进专项收入统筹使用。三年内逐步取消一般公共预算中以收定支的规定，2016 年先行取消城市维护建设税以及矿产资源补偿费、探矿权采矿权使用费和价款、草原植被恢复费、海域使用金等专项收入专款专用，相应推动修改法律法规，对相关领域支出统筹安排保障。新出台的税收收入或非税收入政策，一般不得规定以收定支、专款专用。

（五）推进跨年度预算的统筹协调

建立跨年度预算平衡机制。一般公共预算的结余资金，应当补充预算稳定调节基金。一般公共预算执行中如出现超收，超收收入用于冲减赤字、化解政府债务或补充预算稳定调节基金；如出现短收，通过调入预算稳定调节基金或其他预算资金、削减支出等方式弥补，如仍难以平衡，省级以上政府可以在报同级人大或其常委会批准后增列赤字实现平衡，市、县级政府可以向上级政府申请临时救助，并在下一年度预算中予以弥补。

编制三年滚动财政规划。对未来三年重大财政收支情况进行分析预测，对规划期内一些重大改革、重要政策和重大项目，研究政策目标、运行机制和评价办法。三年滚动财政规划要与国民经济和社会发展五年规划纲要及相关专项规划、区域规划相衔接，强化三年滚动财政规划对年度预算的约束。

加快推进重点领域三年滚动财政规划。在水利投资运营、义务教育、卫生、社保就业、环保等重点领域开展三年滚动财政规划试点。对列入三年滚动财政规划的项目资金，因特殊原因无法使用的，各部门要及时调剂用于规划内的其他项目，并报同级财政部门备案。

编制部门三年滚动财政规划。加强部门预算总量约束，在编制 2016 年部门预算时，同步编制中央部门 2016—2018 年滚动财政规划。

国民经济和社会发展五年规划纲要及相关专项规划、区域规划等，一般不得规定重点支出同财政收支增幅或生产总值挂钩事项。部门、行业规划涉及财政政策和资金支持的，要与三年滚动财政规划相衔接。

（六）推进规范各类收入及其统筹使用

加大各类收入统筹使用的力度，进一步理顺税费关系，清理、整合和规范政府性基金和专项收入，逐步建立税收收入为主导、非税收入适当补充的收入体系。

清理压缩政府性基金和专项收入。结合投融资体制改革和政府职能转变，取消政策效应不明显、不适应市场经济发展的政府性基金和专项收入项目。归并征收对象相同、计征方式和资金用途相似、重复设置的政府性基金和专项收入项目。结合税制改革，依法将具有税收性质的政府性基金和专项收入改为税收。对决定取消、归并、调整的政府性基金，及时推动修订相关法律法规。

实行目录清单管理。对政府性基金和专项收入实行目录清单管理，定期向社会公开项目名称、设立依据、征收方式和标准、收入规模等，提高政策透明度，接受社会监督。

从严控制设立收入项目。一般不新设政府性基金和专项收入项目，如有必要筹集收入或调节经济行为，主要依法通过税收方式解决。个别需要新设立政府性基金或专项收入项目的，应有明确的法律、行政法规依据或经国务院批准，并明确征收期限。

（七）推进财政存量资金的统筹使用

贯彻落实国务院关于盘活财政存量资金的各项要求，全面盘活结转结余资金、预算稳定调节基金、预算周转金等各类存量资金。

推进结转结余资金的统筹使用。对结余资金和连续两年未用完的结转资金，一律收回统筹使用。对不足两年的结转资金，要加快预算执行，也可按规定用于其他急需领域，不需按原用途使用的，应按规定统筹用于经济社会发展急需资金支持的领域。从严控制一般公共预算结转项目，可不结转的项目不再结转。地方各级财政除国库集中支付结余外，一律不得按权责发生制列支，已按权责发生制核算的存量资金，要结合当前财政经济形势在两年内使用完毕。

推进预算稳定调节基金的统筹使用。根据实际需要将闲置不用的预算周转金调入预算稳定调节基金。合理控制预算稳定调节基金规模，预算稳定调节基金在编制年度预算调入使用后的规模一般不超过当年本级一般公共预算支出总额（含对下级转移支付）的5%。

建立健全财政存量资金与预算安排统筹结合的机制。从2016年起，对上年末财政存量资金规模较大的地区或部门，适当压缩下年财政预算安排规模。其中，对上年末财政存量资金规模较大的地区，按一定比例相应核减对其下年转移支付规模；对上年末财政存量资金规模较大的部门，按一定比例相应核减其下年公用经费或项目支出规模。

（八）推进预算编制和预算执行的统筹协调

统筹协调预算编制和预算执行工作，既要加强预算编制管理，提高预算编制的科学性和准确性，为预算执行打好基础，又要加强预算执行管理，加快预算执行进度，为预算编制提供重要参考。

严格控制代编事项，按照预算法和国务院的规定，细化预算编制，提高年初预算到位率。各级财政应严格控制代编预算，对确需代编预算的事项，应及时报同级政府批准，并在当年 6 月 30 日前下达；逾期未下达的，收回同级财政总预算统筹使用。提高地方预算完整性，中央将对地方的转移支付预计数提前下达地方，地方应足额编入本级预算，并及时组织实施。严格预算调整，硬化预算约束，年度预算执行中除救灾等应急支出通过动支预备费等解决外，一般不出台增加当年支出的政策，必须出台的政策，应通过以后年度预算安排资金。加快已定政策的预算执行，对机关事业单位养老保险制度改革和完善工资制度等已定政策要抓紧出台实施方案，及时下达预算。

（九）推进债务资金的统筹使用

加大存量债务资金和新增债务资金的统筹使用力度。结合地方政府存量债务清理甄别工作，对尚未使用的地方政府存量债务资金，一律纳入预算管理，与新增债务资金统筹安排使用。其中，一般债务资金纳入一般公共预算，由地方各级财政部门统筹用于没有收益的公益性项目建设；专项债务资金纳入对应的政府性基金，与该项政府性基金统筹用于对应有一定收益的公益性项目建设。探索提前下达地方政府债务新增限额，提高预算编制的完整性，同时加快发行进度。

加强库款管理与债务发行的统筹协调。加快地方政府置换债券发行进度。库款较高的地区，可以根据库款余额适当控制债务发行的规模和节奏，促进库款管理与债务发行有机结合。

（十）推进转移支付资金的统筹使用

优化转移支付结构。属于中央事权的，尽可能由中央本级支出安排，中央直接实施，并加强对项目遴选和执行的控制；属于地方事权的，由地方承担支出责任，中央主要通过一般性转移支付给予支持，对少量的引导类、救济类、应急类事务通过专项转移支付予以支持，并将具体资金分配权、项目确定权交给地方，中央侧重加强监管。

清理整合专项转移支付。对目标接近、资金投入方向类同、资金管理方式相近的专项转移支付予以整合。对整合后的专项转移支付，应逐项制定统一的资金管理办法，做到政策目标明确、分配主体统一、分配办法一致、审批程序唯一、资金投向协调。加强转移支付项目和部门预算项目的统筹，减少执行中的预算级次调整。

探索专项转移支付分配新方式。对保留的具有一定外部性的竞争性领域专项资金，逐步改变行政性分配方式，主要采取基金管理等市场化运作模式，鼓励与金融资本相结合，发挥撬动社会资本的杠杆作用。

推动地方先行先试。通过对地方予以必要授权或修改相关预算资金管理办法，允许地方政府在推进财政资金统筹使用方面先行先试。对上级政府下达的专项转移支付，下级政府可在不改变资金类级科目用途的基础上，发挥贴近基层的优势，结合本级安排的相关专项情况，加大整合力度，将支持方向相同、扶持领域相关的专项转移支付整合使用。

三、组织保障

（一）建立统筹协调机制

各地区、各部门要高度重视，加强组织领导，切实抓好工作落实。国务院有关部门要发挥带头作用，积极作为、主动配合。财政部要密切关注相关工作进展情况，加强督促指导。各级审计机关要加强审计监督，切实推进各项措施落实到位。

（二）建立信息定期统计机制

各地区、各部门要建立信息定期统计制度，认真分析资金整合、预算执行、财政存量资金等有关情况，并及时报送财政部。

（三）建立健全责任追究机制

建立健全考核指标，对未按规定完成的，要严肃追究相关部门和人员的责任。建立从项目申报到财政资金拨付全过程的权力和责任清单制度，切实明确权责。对虚报冒领、骗取套取、挤占挪用财政资金的问题实行一案双查，不仅严肃查处直接当事人，还要追溯追查申报、审批等环节相关部门和人员的责任。

（四）建立信息公开机制

除法定涉密信息外，中央和地方所有部门预决算都要公开，全面接受社会监督。

附录九

财政部关于推进中央部门中期财政规划管理的意见

（2015 年 4 月 3 日　财预〔2015〕43 号）

为贯彻《国务院关于实行中期财政规划管理的意见》（国发〔2015〕3 号）精神，加快建立全面规范、公开透明的预算管理制度，现就实行中央部门中期财政规划管理提出以下意见：

一、实行中央部门中期财政规划管理的必要性

中央部门中期财政规划是按照中期财政规划管理的总体要求，依据国民经济和社会发展规划、政府宏观调控政策、部门职能和事业发展需要，合理确定规划期内中央部门的支出总量和结构，并以此指导分年度预算的编制和实施周期性管理的预算管理框架。实行中央部门中期财政规划管理，有利于优化预算资源配置，有利于提高中央预算的可持续性，有利于增强预算的约束力，有利于发挥中央部门的部门预算编制主体作用，全面提高部门预算管理水平。

二、中央部门中期财政规划管理的总体思路

（一）与相关规划衔接

全国中期财政规划是部门中期财政规划的基础和依据。部门中期财政规划，在规模上要控制在全国中期财政规划确定的支出水平之内，在规划期限、编制步骤、重点内容和管理方式上要与全国中期财政规划保持衔接。同时，部门中期财政规划还要做好与国民经济和社会发展规划，以及相关专项规划、区域规划的衔接。

（二）实行逐年滚动管理

中央部门中期财政规划的规划期为三年，每年向前延伸一年，在时间上实现滚动管理。在编制下一个三年规划时，各部门根据新的预测结果和财政部确定的支出上限对后两个规划年度进行调整，再添加一个规划年度，形成新一轮中央部门中期财政规划，使规划与实际情况的变化相适应。

（三）突出政策与预算相结合

部门支出上限的确定，要充分聚焦规划期内的重大改革、重要政策和重点项目，提高资源配置效率。部门中期财政规划的编制，要依据国民经济和社会发展规划、政府宏观调控政策、部门职能和事业发展需要，并与相关专项转移支付安排情况统筹考虑，增强预算安排的前瞻性、针对性和有效性，更好的服务于政府施政目标。

（四）增强预算约束力

规划期内，各部门年度预算安排不得突破中期财政规划确定的对应年度部门中期财政规划。强化部门中期财政规划对年度预算的约束，第一年规划约束对应年度预算，后两年规划指引对应年度预算。

（五）完善激励机制

在权力与责任对等、约束与激励并重的基础上，建立健全良性互动、协作顺畅、激励相容的预算管理运行机制，突出部门在预算编制、执行中的主体地位和责任，更好发挥财政部门的资源配置、综合平衡和监督管理作用。

三、主要内容

（一）实施范围

1. 预算范围。从编制 2016 年预算起，对纳入中央部门预算的一般公共预算和政府性基金预算拨款收支实行中期财政规划管理。

2. 支出范围。中央部门中期财政规划包括部门的基本支出和项目支出，重点针对项目支出，基本支出按财政部统一要求编制和调整。

3. 单位范围。编制部门预算的中央部门全部纳入部门中期财政规划实施范围。

（二）时间安排

2015 年财政部组织中央部门编制 2016 年、2017 年、2018 年三年支出规划，此后每年向后延伸一年。为确保年度预算与中期规划紧密衔接，2016—2018 年中期财政规划编制工作与编制 2016 年部门预算同步进行。

（三）编制方法和程序

1. 编制方法。

一是部门提出规划需求。中央部门结合国民经济和社会发展五年规划纲要及相关专项规划，按照部门职责，研究 2016—2018 年涉及财政支出的重大改革和政策事项，以此为基础，测算提出部门的三年支出需求，按规定时间和预算管理渠道提交财政部。

二是审核确定支出限额。财政部根据中期财政规划、财政政策、部门需求等情况，经综合平衡、优化结构，分解形成部门支出限额，并下达部门三年支出控制数。

三是部门调整编报三年规划。中央部门根据财政部下达的三年控制数，合理安排政策出台时机和力度，明确政策目标，列出分年度工作任务和时间节点，说明资金使用对象、保障标准、运行流程，建立预算绩效管理机制，在此基础上编制三年支出规划报财政部。

四是汇总部门中期财政规划。财政部审核汇总部门的三年支出规划，汇编形成中央部门中期规划草案，按程序报批后实施。

2. 以后年度编制方法。部门中期财政规划实行滚动管理，以后年度编制规划时，中央部门根据情况变化，可对上年编制的三年规划中后两个年度的分年支出规划进行内部结构调整，并补充第三个年度的规划。财政部重点就调整的内容及第三个规划年度的支出上限进行测算，并按前述程序审核下达。

3. 规划调整方法。部门中期财政规划一经确定，原则上不予调整。中央部门因重大增减支因素需要调整三年规划的，应在编制新一轮规划时重新测算提出需求，按部门中期财政规划的编制流程报批。经批准后，按调整后的规划实施。

财政部根据未来财政收支预测结果，可以结合部门提出的调整需求相应调整部门未来年度的支出规划，并在编制规划时通知中央部门，各部门根据新的支出上限调整部门分年度支出安排，按程序报批后实施。

四、组织实施

（一）提高认识，加强组织领导

各部门要充分认识中期财政规划管理的重要意义，从大局、从长远、从整体着眼，把重大改革和政策研究与中期财政规划管理结合起来。各部门要将实行中期规划管理作为预算管理的中心任务来抓，切实加强领导，统筹调度，安排精干力量，充实人手，提供强有力的组织保障。

（二）认真组织，加强协调合作

中央部门要按照统一的工作部署和时间要求，结合本部门实际，提早谋划，制定详细的工作计划，抓好落实，确保工作任务按时完成。实行中期规划管理，各部门要提高统筹管理的能力，部门的财务管理部门与业务管理部门要加强沟通、协调配合，做好各个环节的衔接工作。

（三）注重分析，加强经验总结

中央部门要加强对重大改革、重要政策，以及中期规划编制工作的调查、研究和分析，及时发现新情况、新问题，不断完善政策、措施，确保改革工作顺利有序地进行。各部门要加强与财政部的沟通，及时将发现的问题和改进的意见反馈财政部，共同研究解决方法，确保工作顺利开展，达到预期目标。

附录十

财政部关于加强和改进中央部门项目支出预算管理的通知

（2015 年 5 月 18 日　财预〔2015〕82 号）

为深化预算管理制度改革，全面提高部门预算管理水平，现就加强和改进中央部门项目支出预算管理有关问题通知如下：

一、充分认识加强和改进项目支出预算管理的重要性

部门预算改革以来，经过各方面的共同努力，中央部门项目支出预算管理日趋规范，结构不断优化，绩效逐年提高，有力地保障了国家重大方针政策的贯彻落实和中央部门履行职能的需要，部门预算管理水平不断提高。

近年来，部门预算管理的内外部环境发生了深刻变化，与改革发展的新形势相比，项目支出预算管理还存在一些不相适应的地方，主要表现在：与政府宏观政策联系不紧密，缺少前瞻性；与部门职能衔接不够，存在交叉重叠现象；缺乏科学合理的立项和分类标准，项目数量多但重点不突出；预算决策机制不完善，重分轻管现象较为普遍；项目库建设滞后，在预算编制中的作用发挥不充分；绩效管理和预算评审需要加强，预算透明度有待提高等。

《国务院关于深化预算管理制度改革的决定》（国发〔2014〕45 号）对预算改革进行了全面部署。加强和改进项目支出预算管理，是贯彻落实国务院要求的重要举措，是改进预算管理方式，实施中期财政规划管理的重要支撑；是深化中央部门预算改革，实施全面规范、公开透明预算制度的迫切需要；是优化支出结构，提高财政资源配置效率和使用绩效的必然要求；是更好履行财政职能，实现政府施政目标的必由之路。

二、准确把握加强和改进项目支出预算管理的总体方向

（一）指导思想

加强和改进中央部门项目支出预算管理，要全面贯彻党的十八大和十八届二中、三中、四中全会精神，按照党中央、国务院的决策部署，落实预算管理制度改革总体要求，进一步转变政府职能，完善管理制度，创新管理方式，规范管理行为，提升管理水平，构建全面规范、公开透明的预算制度。

（二）基本原则

理顺关系原则。进一步理顺预算管理权责，更好地发挥各部门和所属单位的预算编制和执行主体作用，以及财政部的审核主体作用，同时各部门和单位要对预算编制和执行的结果负责。

政策导向原则。项目支出预算要以国家战略发展规划、宏观调控政策为导向，以相关行业、领域中长期发展规划和年度工作重点为依据，结合部门职能和事业发展需要合理安排。

财力约束原则。各部门项目支出预算安排要严格按照部门三年滚动规划进行控制，要做好部门规划与三年滚动规划的衔接，强化部门三年滚动规划对年度预算的约束。

突出重点原则。根据中央与地方事权划分，中央部门项目支出预算要体现中央本级支出责任，聚焦重大改革、重要政策和重点项目，突出部门主要职能。强化项目排序，优先保障重点项目。

讲求绩效原则。要把绩效管理的理念和要求融入项目支出预算管理各个环节，建立事前有目标、事中有监控、事后有评价、结果要运用的全过程绩效运行机制。

（三）总体思路

从编制2016年部门预算起，项目支出按新的管理方式运行，力争用3年的时间构建起以三年滚动规划为牵引，以宏观政策目标为导向，以规范的项目库管理为基础，以预算评审和绩效管理为支撑，以资源合理配置和高效利用为目的，以有效的激励约束机制为保障，规模适度、结构合理、重点突出、管理规范、运转高效的中央部门项目支出预算管理新模式，充

分发挥预算的资源配置功能和政策工具作用。

三、全面落实加强和改进项目支出预算管理各项工作

（一）完善项目设置规则

科学规范设置项目，集中反映中央部门主要职责，具备可执行性，在保障运行维护合理需要的前提下，更加突出重点，聚集国家的重大改革、重要政策和重点项目，有效避免交叉重复。2015年中央部门要按照新的设置标准，对现有项目进行全面的清理和规范。

（二）改进项目管理方式

项目实行分级、分类管理。项目按层次分为一级和二级项目。一级项目根据部门履行职能的需要设置并包含若干二级项目。二级项目的设立要与对应的一级项目相匹配。完善项目分类标准，构建多层次、多维度的分类体系。推进项目支出预算标准体系建设。

（三）加强项目库建设和管理

项目全部纳入项目库管理，做实项目库，充实项目储备，列入预算安排的项目必须从项目库中选取。入库项目必须有充分的立项依据、明确的实施期限、合理的预算需求和绩效目标等。纳入项目库的项目实行全周期滚动管理，建立中央部门项目库与财政部项目库的信息交流机制。

（四）推进预算评审和绩效管理

将项目评审嵌入预算管理流程，进入部门项目库的项目原则上都要组织评审。纳入财政部项目库的项目，由财政部根据管理的需要组织开展再评审。推进全过程项目支出绩效管理，加强绩效目标管理，开展绩效监控，实施绩效评价，强化评价结果的运用。

（五）强化项目执行管理

硬化预算约束，执行中除救灾等应急支出外，一般不出台增加当年支出的政策，必须出台的政策纳入以后年度预算安排，必须追加当年预算的，首先通过调整部门当年支出结构解决。提前做好预算执行准备工作，加强执行监管，加快预算执行进度。建立预算执行与预算编制相结合的机制。

（六）实行中期财政规划管理

要完善项目生成机制，将国家宏观政策和部门、行业发展规划落实到

具体项目，提高政策和规划的可实施性。部门、行业规划确定的项目要与中期财政规划相衔接，合理安排项目实施节奏和力度，促进政策与预算相结合，提高预算的前瞻性。

四、切实做好加强和改进项目支出预算管理的实施保障

加强和改进项目支出预算管理涉及部门预算管理方式的转变、业务流程的整合和利益关系的调整，时间紧迫，任务艰巨。各部门要充分认识加强和改进项目支出预算管理的重要意义，以改革创新精神，加大工作力度，认真落实各项改革措施。要加强统筹协调，理顺内部业务和经费管理关系，完善相关管理制度，切实加强组织领导，确保改革顺利实施。

附件：加强和改进中央部门项目支出预算管理工作实施方案

附件：

加强和改进中央部门项目支出预算管理工作实施方案

为进一步加强和改进中央部门项目支出预算管理工作，制定本方案。本方案实施范围为一般公共预算，政府性基金预算、国有资本经营预算管理按有关规定执行。

一、改进项目设置和管理方式

（一）关于项目设置规则

中央部门预算项目要体现中央本级支出责任，由中央部门直接组织实施。完善项目生成机制，项目要在深入的政策研究和充分论证的基础上设立，并具备可执行性，预算批复后即可实施。着力推进部门和行业规划的项目化，提高规划可实施性。项目内容要反映政府施政目标、部门主要职责和发展规划，并避免与公用经费及其他项目交叉重复。规范项目实施主体，部门预算项目实施主体为中央部门及所属单位，非部门所属单位不得作为项目的实施主体纳入部门预算。要按照“职责与经费相匹配”的原则确定部门内部项目实施主体，一般不得将应由本级承担的项目列入下级单位预算，或将应由下级单位承担的项目列入本级预算，也不得将应由行政单位承担的项目列入事业单位预算。

（二）关于项目管理方式

中央部门预算项目实行分级管理，分为一级项目和二级项目两个层次。

一级项目明细到支出功能分类的款级科目，按照部门主要职责设立并由部门作为项目实施主体，每个一级项目包含若干二级项目。一级项目要有明确的名称、实施内容、支出范围和总体绩效目标，项目数量要严格控制，项目名称、实施内容和支出范围等在年度间要保持相对稳定。

二级项目包括在现有项目基础上规范整合而成的项目和新设立的项目，立项单位为项目实施主体。二级项目的设立，要与对应的一级项目相匹配，有充分的立项依据、具体的支出内容、明确合理的绩效目标。二级项目明细到支出功能分类的项级科目，年初部门预算按二级项目批复。

（三）关于项目分类

按照使用范围，部门一级项目分为通用项目和专用项目。通用项目，指根据部门的共性项目设立并由各部门共同使用的一级项目。通用项目由财政部根据管理需要统一设立，主要包括有预算分配权部门管理的项目和归口管理的项目等。专用项目，指部门根据履行职能的需要自行设立和使用的一级项目。专用项目由中央部门提出建议，报财政部核准后设立。

按照项目的重要性，二级项目划分为重大改革发展项目、专项业务费项目和其他项目三类。重大改革发展项目，指党中央、国务院文件明确规定中央财政给予支持的改革发展项目，以及其他必须由中央财政保障的重大支出项目等。专项业务费项目，指中央部门为履行职能，开展专项业务而持续、长期发生的支出项目，如：大型设施、大型设备运行费，执法办案费，经常性监管、监测、审查经费，以及国际组织会费、捐款及维和支出等。其他项目，指除上述两类项目之外，中央部门为完成特定任务需安排的支出项目。基本建设项目统一列为其他项目，并按管理主体分为国家发展改革委安排的基建项目、中央财政安排的基建项目和其他主管部门安排的基建项目。

除上述分类外，根据管理需要，中央部门和财政部可对二级项目补充其他分类并加以标识。

（四）关于项目实施周期

二级项目要有明确的实施周期。项目实施周期应与国民经济社会发展规划、部门或行业发展规划的期限相适应，与中期财政规划相衔接。除业务主管部门已明确批复实施周期外，项目实施周期一般不超过5年，项目到期后需继续安排的，应按程序重新立项。专项业务费项目到期后，可补充编制后续年度的支出计划，实施周期相应顺延。其他项目周期一经确定，原则上不得调整；确需调整的，按程序报批。

（五）关于项目代码

为保证项目信息的完整、连续、可识别，对项目实行代码化管理。

一级项目代码为8位数字，部门通用项目代码为“999+5位顺序码”，部门专用项目代码为“3位部门预算代码+5位顺序码”，部门专用的其他项目代码为“3位部门预算代码+5位功能分类类款级科目编码”。

二级项目代码为18位数字，由“3位部门预算代码+3位二级预算单位代码+3位三级预算单位代码（或000）+3位四级预算单位代码（或000）+2位项目编制年份码+4位顺序码”组成。

二、加强项目库建设和管理

（一）关于项目库的构架和主要内容

中央本级项目库实行分层设立、分级管理。财政部、中央部门和所属单位按照项目管理的相关规定，分别设立项目库，对一级和二级项目进行维护和管理。财政部项目库由中央部门上报的项目构成；中央部门项目库由本级和下级单位上报的项目构成；基层单位项目库由本单位立项和实施的项目构成。

（二）关于项目库管理方式

中央部门和所属单位的项目库实行开放式管理。各单位可根据工作需要设置二级项目，审核后纳入单位项目库，实时或定期上报，经逐级审核后纳入中央部门项目库，作为部门预算备选项目。编制年度部门预算和部门三年滚动规划时，结合财政部下达的支出控制数，中央部门在预算备选项目中择优选取项目报财政部，未纳入部门项目库的项目原则上不得向财政部申报。各部门申报项目汇总形成财政部项目库，作为财政部进行项目管理、审核年度部门预算和部门三年滚动规划的基础。中央部门和单位如需对已入库项目进行调整，须编制项目调整计划，按上述审核程序报批。

（三）关于项目滚动管理

以项目库为载体实现项目的全周期滚动管理。编制年度部门预算和部门三年滚动规划前，中央部门要完成项目的储备工作，纳入部门项目库的项目需填写规范的项目文本，包括立项依据、实施主体、支出范围、实施周期、预算需求、绩效目标、可行性论证、评审结果等内容，作为项目审核和管理的依据。纳入预算安排的项目，中央部门和单位要在项目库中对项目的执行、调剂、结转结余、绩效等信息及时进行更新和维护。纳入预算安排的延续性项目，原则上滚动纳入下年度预算。未纳入预算安排的预算备选项目，可滚动进入以后年度项目库。

三、积极推进预算评审和绩效管理

（一）关于项目支出预算评审

除个别不宜评审和无需评审的项目外，部门二级项目在入库前都要进行评审。归口管理的项目评审工作由主管部门负责，部门不再评审，其他项目由中央部门组织评审。预算评审由部门内部负责预算管理的机构组织，可采取集中评审和分级评审的方法，形成评审结果并随项目支出预算一并报财政部。纳入财政部项目库的项目，由财政部根据需要开展再评审。对延续项目，财政部将有选择地开展再评审，力争实现项目预算评审全覆盖。项目支出预算评审的具体规定另行通知。

（二）关于项目支出绩效管理

纳入项目库管理的项目都必须设定绩效目标，未按要求设定绩效目标或绩效目标不合理且未进行调整完善的，不得纳入项目库。纳入执行监控的项目，都应开展绩效监控，作为预算执行的重要组成部分。执行完毕的项目都要由项目承担单位对照事先设定的绩效目标开展绩效自评，在此基础上，中央部门和财政部选择部分重大项目开展重点绩效评价，并积极推进中期绩效评价试点。绩效评价结果要与项目库建设和预算安排有机结合，健全项目退出机制。预算绩效管理的具体规定另行通知。

四、规范项目支出预算编制和执行

（一）关于项目支出预算编制

项目支出预算由基层预算单位编制，逐级审核汇总后，由中央部门按照“一级项目＋二级项目”的方式向财政部申报预算，根据二级项目的增减变化情况提出一级项目预算需求。二级项目预算按照经济分类科目编制，项目类别由部门在申报预算时一并提出，财政部审核。二级项目纳入预算安排后，项目类别在项目实施周期内不得调整。财政部对部门报送的项目支出预算进行审核，并按一级项目下达预算控制数，由部门按照审核后的项目类别和排序，安排二级项目预算。

（二）关于项目支出预算执行

要做好项目支出预算执行的各项前期准备工作，相关工作在部门预算“二上”后即可着手开展。严格按照预算批复的功能分类科目、用款计划、项目进度、有关合同和规定程序做好项目支出预算执行工作，涉及政府采购的应严格执行政府采购有关规定。硬化预算约束，年度预算执行中除救灾等应急支出和少量年初未确定事项外，一般不追加当年项目预算支出，必须出台的政策通过以后年度预算安排。如部门认为必须追加当年支出的，应首先在已批复的预算额度内，通过调整当年支出结构解决并按程序报批。加强预算执行监管，提高预算资金使用的规范性、安全性和有效性，并将预算执行结果与以后年度预算安排相结合。

五、其他事项

中国人民解放军和中国人民武装警察部队参照本方案有关规定执行。

各部门要按照本方案要求，认真落实加强和改进中央部门项目支出预算管理的各项工作。对实施中发现的问题，要尽快与财政部沟通，以便及时研究解决。对实施过程中好的经验和做法也要及时总结并向财政部反馈，以便加以推广，共同努力，不断提高项目支出预算编制质量和管理水平。

中央部门预算项目编制审核流程图

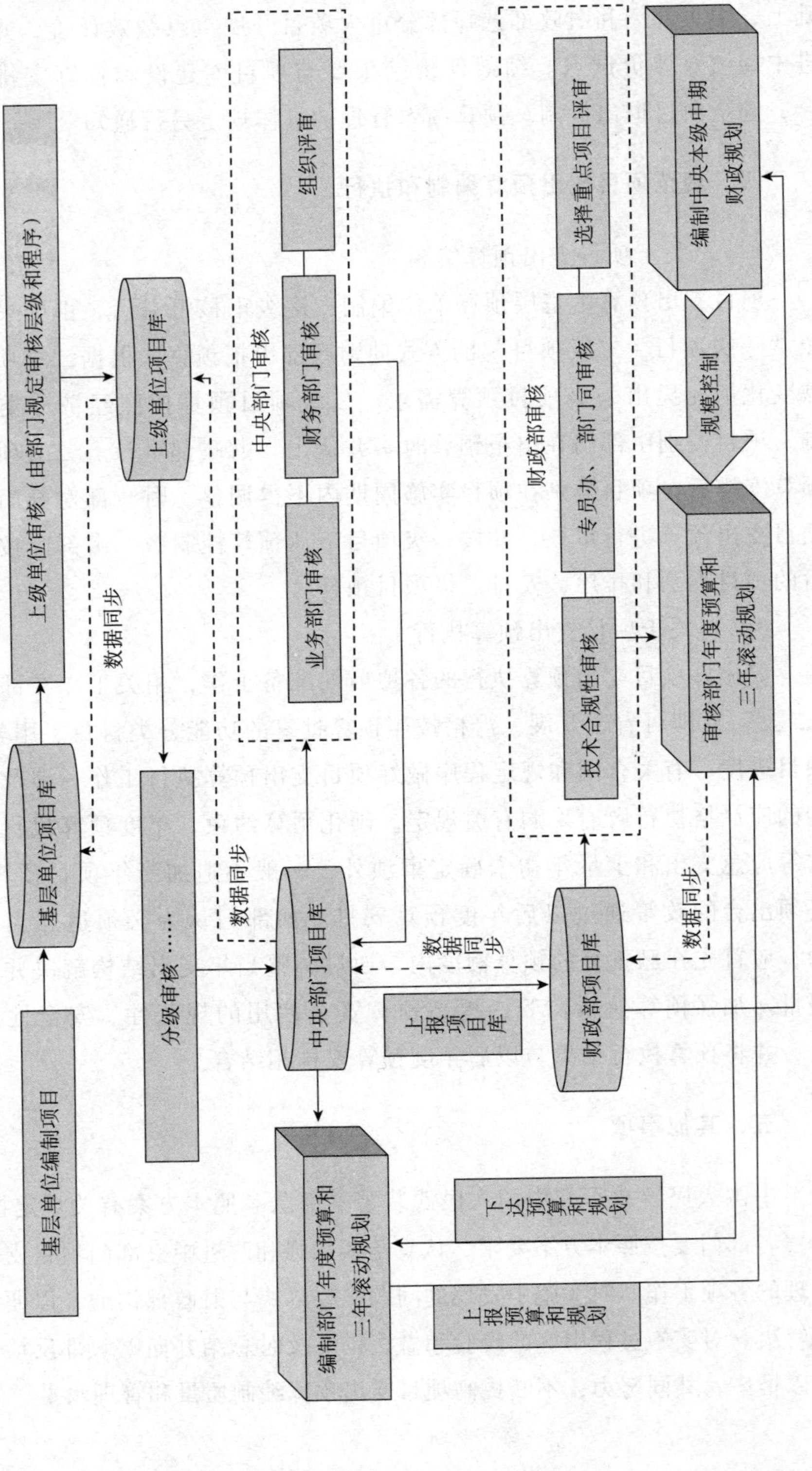

附录十一

财政部关于进一步做实中央部门预算项目库的意见

（2016 年 5 月 5 日　财预〔2016〕54 号）

近年来，财政部出台了一系列加强和改进项目支出预算管理的改革措施，初步构建起以宏观政策目标为导向、以规范的项目库管理为基础、以预算评审和绩效管理为支撑的项目支出预算管理新模式。随着改革推进，中央部门项目管理的外部环境、基本条件、技术手段发生了深刻变化，在政策导向性、业务关联性、内容合理性、需求真实性、成本经济性等方面对项目管理也提出了更多更高的要求，现行项目管理精准度不够、适用性不强、有效性不足的问题凸显，难以适应改革形势的需要。为了切实提升项目支出预算编制和管理水平，进一步做实中央部门预算项目库，现提出以下意见：

一、总体要求

（一）指导思想

以党的十八大和十八届三中、四中、五中全会精神为指导，按照党中央、国务院的决策部署，落实深化预算管理制度改革总体要求，完善项目支出预算管理新模式，着眼于全面提升项目管理效能，拓展管理维度、细化管理尺度、提高管理精度、加大管理力度，综合运用管理手段，充分发挥各方优势，推进项目管理科学化、规范化、标准化，建立与现代预算管理制度相适应的管理精准有效的项目管理体系。

（二）基本原则

实施精准管理。要深入剖析项目构成、充分认识项目特点，遵循项目运行、管理的基本规律，因势利导、分类施策，采取针对性措施，实施差别化管理，提高管理精准度。

创新引导机制。要建立引导和激励机制，调动各方积极性，统筹各类资源、借助各方力量、发挥各自优势，加强协调配合、相互衔接，形成合力，实现共建共管。

覆盖完整流程。要将有针对性的管理要求和措施融入项目立项、入库、申报等管理环节中，落实到编制、审核、评审等管理活动中，体现在文本、规范、标准等管理要素中。

改进薄弱环节。要抓住管理的薄弱环节和关键节点，着重填补空白、补齐短板，管理要向前后端延伸，夯实前端基础，加强后端考核评估，形成更加完善的项目管理链条。

（三）总体思路

遵循项目支出预算管理新框架的基本原则和总体要求，推进项目管理各项改革措施落地，全面做实项目库；细分项目组成的基本单元，为精准管理筑基；推动信息系统联通，促进项目库的共建共管共享；理顺部门内部管理链条，加强业务与预算管理整合；实施差别化项目管理，推进项目的标准化管理；强化绩效目标管理，更加注重项目的产出绩效；扩大预算评审范围，形成项目标准化管理与预算评审互补的模式；探索项目预算公开，逐步向全国人大报送一级项目的预算并公开；建立项目管理考核机制，将管理的实际效果与以后年度预算规模挂钩。通过采取上述措施，力争在1—2年内取得积极成效，实现中央部门项目支出预算编制质量和预算资金使用效果的显著提升。

二、主要任务

（一）切实贯彻改革要求，扎实推进项目管理

认真落实《财政部关于加强和改进中央部门项目支出预算管理的意见》（财预〔2015〕82号）和《财政部关于印发〈中央部门预算绩效目标管理办法〉的通知》（财预〔2015〕88号）精神，研究制定具体管理办法和实施细则，推进项目库全面做实。规范项目设置程序，将政策研究、方案论证、行政决策等过程作为项目入库的重要环节。优化一级项目设置，合理控制一级项目数量，更加集中反映部门主要职责。加强项目库建设，全面充实项目信息，提前组织项目编审、储备工作，实现项目滚动管理。

发挥项目库的平台功能，统筹优化管理流程，整合部门内部管理。硬化预算约束，严格按照部门三年支出规划控制项目规模，合理排布年度支出结构，依据政策优先次序安排项目。提前预算执行准备工作，加快预算执行进度，加强项目执行监管。

（二）细化规范项目内容，筑实精准管理基础

各部门要立足于自身职责，认真开展战略、机制、规划研究，以前瞻性思路引领项目编制和管理工作。项目单位要加强项目论证，提出充分的立项依据，充实项目的政策内涵，以政策为导向，科学设计实施方案和绩效目标。项目实施方案设计，要力求选择实现绩效目标的最优路径，降低成本消耗，提高产出绩效。从编制 2017 年预算起，新增二级项目编制要统一按照“项目—活动—子活动—分项支出—标准（价格）—支出计划”的层次加以细化，清晰反映项目内容、具体活动和支出需求。对重大的经常性、专项性项目，要制定统一的项目立项指南、实施方案编写规范和支出计划填报模版，推进立项依据政策化、实施方案合理化、绩效目标科学化、项目活动清单化、支出内容选项化、经费开支定额化，建立健全项目编制的规范体系。

（三）推动信息系统联通，实现共建共管共享

充分发挥信息管理系统在项目管理中的技术支撑作用，优化系统结构，完善系统功能，推动财务、业务、绩效等信息管理系统之间纵横联通，实现项目管理信息的共建共管共享。纵向上，要在财政部、中央部门、预算单位之间建立起便捷、通畅、高效的信息上传下达渠道，逐步实现项目编制、审核、下达、执行、调整等管理工作全部通过信息系统完成，形成与管理流程相适应的垂直管理通道。横向上，要通过统一标准、设置接口、规范分工、整合流程，推动财政部与有关项目主管部门、财务部门与业务部门之间的系统联通、信息交互，建立起统筹业务管理与预算管理的技术支撑平台，形成业务部门与财务部门之间配合协作、相互衔接、共同管理的局面，切实提高信息利用率和项目管理效率。

（四）理顺预算管理链条，加强业务与预算衔接

项目管理要向前端延伸，以职能业务为先导，以项目管理为主线，以信息平台为纽带，理顺业务部门与财务部门之间关系，有机衔接业务管理

与预算管理，分工把口、紧密配合，形成合力。业务部门要发挥专业优势，统筹规划业务，提前工作部署，明确业务规范，制定技术标准，提供专业支撑，指导项目设立和实施方案制定，加强对项目立项必要性、实施方案合理性和可行性的审核、论证，做好项目绩效目标的执行落实。业务部门原则上不直接分配资金，确需参与分配资金的，要与财务部门共同制定管理办法，明确分配方法、严格分配程序、规范分配行为、健全监督机制。财务部门要统筹部门资源，综合平衡预算安排，牵头组织开展项目管理的全面工作，着重指导和规范项目支出计划的编制，以及项目的审核、评审、执行、绩效评价等工作。

（五）实行差别化管理，推进项目的标准化

从编制2017年预算起，按照管理模式将项目划分为标准化管理项目和非标准化管理项目。标准化管理项目是指项目活动有明确范围，活动的内容、数量、频率有明确的定性、定量规范，分项支出有明确的定量、定价标准，按照相关规范和标准可直接测算支出需求的项目。标准化管理项目的相关规范和标准，由部门制定后送财政部评审，评审通过后，除相关规范和标准发生变化外，此类项目立项不再纳入部门评审范围。如标准化管理项目的规范和标准发生变化，须重新履行评审程序。非标准化管理项目，且属于评审范围的，立项时应按照相关规定由部门组织评审。具备条件的专项业务费项目要逐步全面实现标准化管理，具备条件但未标准化管理的，实施周期不得滚动顺延。

（六）强化项目绩效管理，提高资金使用效益

所有项目都应设定绩效目标，明确绩效指标，将绩效目标及指标作为项目入库前置条件。把绩效目标审核作为项目审核和安排预算的有机组成部分，根据审核结果提出项目入库建议，未按要求设定绩效目标或审核不合格的项目，不得进入项目库。加强绩效执行监控，逐步推进在预算执行中按照确定的绩效目标及指标实行定期监控。对偏离绩效目标的项目，要及时采取措施加以纠正。资金使用单位要对照项目绩效目标开展绩效自评并形成自评结果，作为部门或单位预、决算的重要内容和申请以后年度预算资金的必要基础。扩大第三方参与绩效评价的范围，逐步建立健全重点民生政策和重大专项支出绩效评价机制，将评价结果作为预算安排和优化

支出结构的重要依据，使低效、无效资金退出来。

（七）扩大预算评审范围，加大预算评审力度

改进预算评审工作，规范评审程序和行为，努力提高评审的客观公正性。进一步扩大预算评审覆盖范围，用4年时间，分步实现项目预算评审全覆盖。对属于评审范围的项目，包括已纳入预算安排但未经过评审的项目，2016年各部门开展预算评审的项目支出数额占项目库中应评审项目支出总额的比例要达到30%以上，2017年达到50%以上，2018年达到80%，2019年实现百分之百覆盖。2016年申报的新增项目，属于评审范围的，原则上要全部评审。已纳入2016年预算安排但未经预算评审的项目，要对其中的重点项目实施评审，并根据预算评审结果，对项目的当年预算和以后年度支出安排进行调整。从2016年起，中央部门要提前组织项目编审、储备等工作，预算评审工作要相应提前，为下年预算编制尽早做好准备。

（八）探索项目预算公开，增强项目透明度

从编制2017年预算起，选择部分重点部门的重大一级项目列入预算草案报送全国人大审议，全国人大审议通过预算草案后，由部门向社会公开。以后逐年扩大范围和规模，通过几年时间，实现除涉密项目外，部门的一级项目全部报送全国人大审议，并向社会公开。试点初期，报送全国人大审议的一级项目，优先选择标准化管理项目、经过评审的重大项目以及有关主管部门管理的通用项目。对报送全国人大审议并公开的一级项目，部门要从政策依据、项目目标、实施方案、支出内容、预期产出、绩效目标等方面对项目进行全面、详细说明，将相关说明一并公开，并积极做好公开后的相关说明解释工作。

（九）建立管理考核机制，调动部门积极性

强化中央部门的主体责任，建立项目管理考核机制，以实质性内容为主，程序性内容为辅，针对项目管理过程中的关键环节和重要管理内容，制定量化考核指标，对中央部门项目管理过程的规范性、编制审核的质量、项目执行的效果等进行考核。项目管理考核将作为部门预算管理考核评价的重要组成部分。项目管理考核的结果，要予以通报，并作为确定部门项目支出预算规模的重要参考因素。中央部门也要建立内部的项目管理考核体系，对下级单位、业务部门、评审机构或团队在项目管理中的工作

质量和效果进行考核，并采取措施促进项目管理工作质量提升。

三、组织实施

（一）提高认识。要充分认识做实预算项目库对于深化部门预算改革，健全预算管理体系，提升预算管理效能，统筹资源配置，优化支出结构，提高资金绩效，促进部门履职尽责的重要意义。

（二）抓好落实。要发挥中央部门的主体作用，增强责任意识，以改革创新精神，定实策、出实招、求实效，认真落实改革要求。加强组织保障，做好统筹协调，理顺内部关系，形成一致推进改革的合力。

（三）加强指导。要做好对下级单位的指导、示范、督促，指导所属单位做实预算项目库，总结经验、范例加以推广，督促各单位遵守制度规范、落实各项要求，着力提升项目管理的精准度和有效性。

附件：1. 中央部门预算二级项目立项参考程序

2. 中央部门预算二级项目文本

附件 1：

中央部门预算二级项目立项参考程序

根据二级项目立项的不同情况，中央部门可参考以下几种立项程序，对本部门的项目立项程序加以规范：

一、政策类项目

提出政策概念和思路→调查研究→方案论证→行政决策（履行部门、单位集体决策程序，下同）→政策发布→编制预算项目→项目审核、评审→行政决策（履行部门、单位集体决策程序，下同）→向财政部申报。

二、履职类项目

提出部门履职需求（以发展规划、部门职能为依据）→确定总体履职目标及绩效目标→拟订工作计划→部署分解工作任务→编制预算项目→项目审核、评审→行政决策→向财政部申报。

三、运维类项目

提出单位运维需求→业务部门审核需求→编制预算项目→项目审核、评审→行政决策→向财政部申报。

除上述几类项目外，基建、科研等已明确规定立项程序的项目，应按相关规定程序办理。

附件2：

中央部门预算二级项目文本

立项依据	1. 立项依据一般包括：法律法规规定的政府义务、国民经济社会发展五年规划、国务院政策文件、部门（单位）的职责等。 2. 无前述立项依据的项目，应对项目立项的意义和必要性进行全面阐述和论证，并对开展相关任务的决策过程进行描述。 3. 立项依据中应论述的内容： ①项目（及其政策）是否有利于使市场在资源配置中起决定性作用和更好发挥政府作用； ②项目是否属于中央本级事权，与地方政府的职责关系； ③项目对国家安全、政治、经济、外交、文化，以及社会结构等方面的意义和影响； ④项目是否有利于促进社会公平正义，是否有利于降低社会成本、提高效率； ⑤项目对于部门（单位）履行职能，完成工作任务的必要性及推动作用； ⑥项目是否属于本部门（单位）职能范围，其他部门（单位）是否开展类似项目，与本项目之间如何区分或衔接，其他部门（单位）已有类似项目的情况下，本部门（单位）相关项目立项是否必要等。
实施方案	1. 项目的主要目标、总体思路、实施方式、步骤和计划、开展的主要活动； 2. 项目实施与实现项目目标之间的关联性； 3. 项目实施方案的路径选择是否最优的说明（是否有其他替代方案，为何选择本方案）； 4. 与本部门（单位）其他项目的关系（是否与其他项目交叉或互补）。

中央部门预算二级项目支出明细表

×××信息化系统保障项目

项目活动	对项目活动的描述	子活动	对子活动的描述	数量/频率	分项支出	价格/标准	支出计划	备注
网络光线路租赁	总体描述租赁方式、带宽需求、覆盖范围、租赁时间、租赁对象等。							
		光纤租赁	光纤覆盖范围、节点数量、租赁时间、支付方式等。	12个月	租赁费	×××	×××	价格/标准应说明来源，市场询价、政府采购价、合同价、历史价格等。价格如有标准，应按标准测算；如为市场询价应有浮动区间，测算时原则上选取区间中值计算。
		网线租赁	线路覆盖范围、节点数量、租赁时间、支付方式等。	12个月	租赁费	×××	×××	
		线路维护	线路维护的范围、内容、方式。	××人/天	维修（护）费	×××	×××	
		……						
硬件设备购置	总体描述购置方式、购置的需求、使用的范围、购置的对象等。							

续表

项目活动	对项目活动的描述	子活动	对子活动的描述	数量/频率	分项支出	价格/标准	支出计划	备注
		×××服务器购置	更新的数量需求，测算的方法和依据，测算过程等。	×××	信息网络及软件购置更新	×××～×××	×××	
		×××服务器购置	更新的数量需求，测算的方法和依据，测算过程等。	×××	信息网络及软件购置更新	×××～×××	×××	
		×××通信设备购置	更新的数量需求，测算的方法和依据，测算过程等。	×××	信息网络及软件购置更新	×××～×××	×××	
		×××通信设备购置	更新的数量需求，测算的方法和依据，测算过程等。	×××	信息网络及软件购置更新	×××～×××	×××	
		×××配件购置	更新的数量需求，测算的方法和依据，测算过程等。	×××	信息网络及软件购置更新	×××～×××	×××	
		计算机购置	更新的数量需求，测算的方法和依据，测算过程等。	×××	信息网络及软件购置更新	×××～×××	×××	
		……						

续表

项目活动	对项目活动的描述	子活动	对子活动的描述	数量/频率	分项支出	价格/标准	支出计划	备注
软件维护	需要维护的系统范围、维护频率、承接主体。							
		××应用系统维护	维护方式，维护工作的承接主体，数量需求，测算的方法和依据，测算过程等。	××人/天	维修（护）费	×××	×××	
		××应用系统维护	维护方式，维护工作的承接主体，数量需求，测算的方法和依据，测算过程等。	××人/天	维修（护）费	×××	×××	
		××安全系统维护	维护方式，维护工作的承接主体，数量需求，测算的方法和依据，测算过程等。	××人/天	维修（护）费	×××	×××	
		……						
其他	……	……	……	……	……	……	……	

注：1. 编制项目支出计划时，对项目内容相对简单的，可直接填列子活动，不再填列项目活动。

2. 本表中反映的是项目的总体支出情况，如项目为多年项目，则上述支出明细的合计应填列项目的多年支出总额。

附录十二

财政部关于进一步完善中央部门项目支出预算管理的通知

（2017 年 6 月 21 日　财预〔2017〕96 号）

党中央有关部门，国务院各部委、各直属机构，中央军委后勤保障部，武警各部队，全国人大常委会办公厅，政协全国委员会办公厅，高法院，高检院，各民主党派中央，有关人民团体，有关中央管理企业：

为深化预算管理制度改革，提高中央部门预算管理水平，现就进一步完善项目支出预算管理有关工作通知如下：

一、完善专用一级项目

部门应对照“三定”方案，结合业务特点和管理需要，调整完善专用一级项目设置，更加集中、直观反映部门主要职责和工作任务，将一级项目数量控制在合理范围内。部门单项职责涉及支出规模较小的，应将多项职责合并设置一级项目；单项职责涉及支出规模较大的，应对职责适当细化后设置一级项目。

二、增设通用一级项目

从编制 2018 年预算起，增设“资产运行维护”和“信息化运行维护”通用一级项目。部门安排用于房屋、设备设施，以及办公电子设备、信息系统等的运行维护支出原则上通过公用经费解决，对于确需通过项目支出安排的大型专用设备设施、专业信息系统的运行维护支出（教育、科学等归口管理的横向支出除外），应分别纳入“资产运行维护”和“信息化运行维护”项目。原通过公用经费安排的相关运行维护支出，仍通过公用经费解决，不得转列项目支出。部门已设置的专用一级项目与“资产运行维护”和“信息化运行维护”项目内容重叠的，从编制 2019 年预算起取消，2017 年已批复执行的二级项目 2017—2018 年继续按原项目执行。

三、整合归并同类支出

部门要完善项目预算编制，改进项目管理方式，增强预算统筹能力。支出性质相同的预算事项原则上不按照司（局）、处（室）分别编报二级项目，应进行归类整合后合并编制，具体支出事项作为项目的子活动进行管理，避免对同类支出的管理碎片化。

四、规范委托事项管理

除自身不具备实施条件外，机关不得将应由自身承担的工作任务或直接提供的服务委托给所属事业单位或本部门以外的其他单位承担，也不得将相关项目支出直接列入所属事业单位预算。对于确因自身不具备实施条件，需要委托其他单位完成的工作任务，应按照政府采购和政府购买服务有关规定实施，通过合同形式委托受托单位完成相关任务，向其支付合理、必要费用。

五、加强项目评审、评估和绩效评价

（一）扩大项目预算评审范围。2017 年部门开展预算评审的项目支出数额占项目库中应评审项目支出总额的比例要达到 50% 以上。申报的新增项目属于应评审范围的，原则上全部评审。

（二）建立动态评估清理机制。财政部将每年选择部分中长期支出政策或重大项目进行滚动评估，评估结果作为安排预算和调整支出政策的重要依据。部门也应建立类似的评估清理机制，取消政策目标已实现或不再具备实施条件的项目；调整条件形势变化、未达到预期效果或支出标准不可持续的项目；整合投向趋同、交叉或政策碎片化的项目。

（三）健全项目绩效评价管理。提高项目绩效目标编报质量，全面开展项目绩效目标执行监控，健全项目绩效自评体系，确保绩效自评结果客观、准确。建立完善重大项目支出绩效评价机制，加强项目绩效信息公开。

六、完善激励约束机制

（一）绩效评价结果与项目支出预算安排挂钩。财政部开展绩效评价的结果作为调整预算安排或相关支出政策的重要依据。上年绩效自评和重点绩效评价的结果，部门应在预算编制中充分应用。

（二）预算评审情况与部门整体预算安排挂钩。按 10% 设置预算评审容忍度，财政部开展的项目预算评审，凡整体审减率超出容忍度的部门，要压减部门下一年度预算，并扣减三年支出规划数。

七、严肃追责问责

（一）加强内控机制建设。部门入库项目，除必须满足入库的各项必备立项条件外，必须经过项目单位的内部审核和决策程序，项目立项、编报和审核责任要明确到人，落实到位，有效控制项目支出管理风险。

（二）发现问题严肃问责。在项目支出管理过程中，如发现问题，将要求有关部门按规定对项目单位及相关责任人进行追责问责。

附录十三

财政部关于加强中央部门预算评审工作的通知

（2015 年 6 月 2 日　财预〔2015〕90 号）

党中央有关部门，国务院各部委、各直属机构，总后勤部，武警各部队，全国人大常委会办公厅，全国政协办公厅，高法院，高检院，各民主党派中央，有关人民团体，新疆生产建设兵团，有关中央管理企业：

为健全预算审核机制，提高预算管理水平，根据《财政部关于实行中央部门中期财政规划管理的意见》（财预〔2015〕43 号），现就加强中央部门预算评审有关事项通知如下：

一、加强预算评审工作的必要性

预算评审是预算管理的重要组成部分，是提高预算编制质量，优化预算资源配置的重要手段。部门预算改革以来，中央部门预算评审工作有序推进，评审范围不断扩大，评审形式不断丰富，参与评审机构的专业化程度不断提高，预算评审工作步入常态化轨道，预算评审对预算编制的支撑作用日益显著。

应当看到，与预算改革和发展的要求相比，当前预算评审工作还存在一些亟待解决的问题，如制度建设相对滞后，预算评审机制尚未建立，评审覆盖面较窄，评审程序不够规范，评审质量有待提高，评审能力建设有待加强等，制约了预算评审作用的有效发挥。

深化预算管理制度改革，加强预算管理，对预算评审工作提出了新的更高的要求。健全预算评审机制，做好预算评审工作，是更好发挥预算评审职能，完善预算决策机制的迫切需要；是完善预算编制流程，打通预算管理链条的必要手段；是规范预算编制行为，提高预算管理水平的重要保障。

二、总体思路

（一）总体目标

通过完善预算评审制度，理顺评审职责，扩展评审范围，明确评审内容，规范评审程序，加强能力建设，提高评审质量，逐步建立健全预算评审机制，将预算评审工作实质性嵌入部门预算管理流程，更好发挥预算评审对规范预算编报行为，提高预算编制质量，优化预算资源配置，改进预算管理绩效的重要支撑作用。

（二）工作思路

预算评审工作要与加强项目库建设和管理同步规划、同步实施、相互配合。各部门要抓紧启动预算评审的准备工作，着手建立中介机构库和专家库，按照相关要求选择部分重点项目开展预算评审，并逐步扩大评审范围。要根据项目立项和管理的要求，严把项目入库关，切实提高入库项目质量。要不断总结经验，扎实推进预算评审的各项工作，尽快形成较为健全的预算评审机制。要建立激励约束机制，强化评审结果的运用，以评促建、以评促管，全面提高项目支出预算管理水平。

三、重点工作

（一）理顺预算评审职责

中央部门（即直接向财政部报送部门预算的一级预算单位）和财政部按照部门预算管理权限，分别组织开展预算评审工作。财政部负责制定预算评审的管理制度，对各部门评审工作进行指导，对纳入财政部项目库的项目组织评审，运用评审结果。中央部门预算评审工作应由部门内部负责预算管理的内设机构组织，主要职责是制定评审制度，选择中介机构和专家，监督评审过程，运用评审结果，安排评审经费等。接受委托的中介机构和专家独立开展评审工作，对出具的评审报告负责。

（二）划分预算评审范围

预算评审主要针对部门预算中的项目支出预算。拟纳入中央部门项目库的项目原则上都要进行预算评审，考虑到评审工作经济性同时避免重复评审，以下项目可不纳入部门评审范围：已确定立项且按规定的支出标准和要求测算的项目，按规定由项目主管部门（指负责专项资金管理并审核相关部门申报项目的部门）评审的项目，绝密级项目（另有规定的除外），总支出规模在100万元以下的项目，其他按规定不予评审的项目。预算执行中拟申请追加预算的项目，以及项目内容、绩效目标或支出总规模等发生调整的项目，原则上也要履行部门评审程序。部门申报的项目中拟纳入预算安排的重大项目、财政专项安排的基本建设项目、专业性强或技术复杂的项目优先纳入财政部评审范围。预算执行中拟追加预算的项目，财政部也要有选择地进行评审。

（三）明确预算评审内容

预算评审的内容主要包括完整性、必要性、可行性和合理性等方面。完整性主要是项目申报程序是否合规，项目申报内容填写是否全面，项目申报所需资料是否齐全等。必要性主要是项目立项依据是否充分，与部门职责和宏观政策衔接是否紧密，与其他项目是否存在交叉重复等。可行性主要是项目立项实施方案设计是否可行，是否具备执行条件等。合理性主要是项目支出内容是否真实、合规，预算需求和绩效目标设置是否科学合理等。

（四）把握预算评审环节

各部门要按照“先评审后入库”的原则，对部门本级及所属单位申报的项目进行预算评审，评审通过的项目作为预算备选项目进入部门项目库。预算执行中拟申请追加预算的项目，原则上也要经过评审，纳入部门项目库后才能申报。财政部项目库中的项目遵循“先预算评审后安排预算”的原则，预算编制阶段，在部门已经开展评审的基础上，由财政部根据需要对拟纳入预算安排的项目进行评审，根据评审结果确定是否安排及具体额度。预算执行阶段，由财政部对部门申请追加预算的项目中拟安排预算的项目进行评审。

（五）规范预算评审方式

根据预算管理级次的不同，各部门可实行集中评审或分级评审，具体形式由部门自行确定。根据不同类型项目的特点，可采取由部门所属评审机构、委托有相应资质的社会中介机构或组织专家组评审等方式开展预算评审。对技术性、专业性较强的项目，原则上应委托专业评审机构评审。委托社会中介机构评审的，要根据政府购买服务的要求，按照政府采购法规定的方式确定承接主体，签订委托合同。组织专家组评审的，原则上应设立专家库并从中随机抽取符合相关专业要求的专家。财政部的评审工作主要由预算评审中心和财政部专员办承担。根据部门的需要，财政部预算评审中心可提供业务指导和技术支持。

（六）强化评审结果运用

预算评审的生命力在于结果的有效运用。各部门要在提高评审质量的基础上，强化预算评审结果的运用，将评审结果作为项目入库、申报和调整的重要依据。要把预算评审的总体情况作为确定所属单位预算规模的参考因素之一，引导各单位如实申报项目和预算。财政部将评审结果作为预算安排的重要依据，同时建立激励约束机制，对申报不实、预算审减率较高的部门，根据审减的额度直接扣减部门项目支出预算，并以此作为确定以后年度部门预算规模的参考依据。

（七）提高预算评审能力

各部门要加强中介机构库和专家库建设，完善中介机构及专家遴选、回避、信用和问责制度，提高预算评审的专业性和权威性。要加强评审信息系统建设，规范评审流程，改进评审方法，健全评审工作规范，加强对评审工作的监督和质量控制，提高评审工作质量和效率。财政部将重点加强预算评审中心和专员办的能力建设，提升工作人员的专业技能和政策水平，并发挥好示范辐射作用，为各部门预算评审工作提供业务指导和技术支持。

（八）保障预算评审经费

预算评审遵循“谁委托谁付费”的原则，委托开展评审工作所需经费由委托单位承担，评审机构和专家不得向被评审单位收取任何费用。对评审报告质量达不到要求、出现严重差错、超过约定评审时间且无正当理由的，相应扣减费用，情节严重的，不予支付委托费用。各部门委托开展预算评审工作已有专项经费的，通过原渠道安排；未安排专项经费的，应从日常公用经费或部门机动经费中安排。财政部开展预算评审工作所需经费由财政部承担。

四、实施保障

加强预算评审工作是深化预算管理制度改革，提高项目支出预算管理水平的重要举措。各部门要充分认识加强预算评审工作的重要意义，进一步统一思想，加强组织领导，落实好预算评审各项工作。各部门要结合实际，制定本部门加强预算评审工作实施方案，切实保障开展预算评审所需条件，为评审工作创造良好外部环境，确保预算评审工作在正确的轨道上规范有序地开展。

附录十四

财政部关于印发《中央部门结转和结余资金管理办法》的通知

（2016 年 2 月 17 日　财预〔2016〕18 号）

为了深化部门预算改革，加强和规范中央部门一般公共预算和政府性基金预算结转结余资金管理，优化资源配置，盘活存量资金，提高财政资金使用效益，我部对《中央部门财政拨款结转和结余资金管理办法》（财预〔2010〕7 号）进行了修订，制定了《中央部门结转和结余资金管理办法》。现印发给你们，请遵照执行。

附件：中央部门结转和结余资金管理办法

附件：

中央部门结转和结余资金管理办法

第一章　总　　则

第一条　为加强中央部门结转和结余资金（以下简称结转结余资金）管理，优化财政资源配置，提高资金使用效益，根据《中华人民共和国预算法》《中华人民共和国预算法实施条例》以及部门预算管理有关规定，制定本办法。

第二条　本办法所称结转结余资金，是指与中央财政有缴拨款关系的中央级行政单位、事业单位（含企业化管理的事业单位）、社会团体及企业，按照财政部批复的预算，在年度预算执行结束时，未列支出的一般公共预算和政府性基金预算资金。

第三条　结转资金是指预算未全部执行或未执行，下年需按原用途继续使用的预算资金。结余资金是指项目实施周期已结束、项目目标完成或项目提前终止，尚未列支的项目支出预算资金；因项目实施计划调整，不需要继续支出的预算资金；预算批复后连续两年未用完的预算资金。

第四条　按照国库集中收付管理制度，结转结余资金包括国库集中支付结余资金和非国库集中支付结余资金。

第五条　中央部门核算和统计结转结余资金，应与会计账表相关数字保持一致。

第六条　按照本办法管理的结转结余资金应扣除以下两项内容：一是已支付的预付账款；二是已用于购买存货，因存货未领用等原因尚未列支的账面资金。预付账款在以后年度收回资金，或者在以后年度因出售存货收回资金的，收回的资金应按照本办法相关规定管理。

第二章　基本支出结转资金管理

第七条　年度预算执行结束时，尚未列支的基本支出全部作为结转资金管理，结转下年继续用于基本支出。

第八条　基本支出结转资金包括人员经费结转资金和公用经费结转资金。

第九条　编制年度预算时，中央部门应充分预计和反映基本支出结转资金，并结合结转资金情况统筹安排以后年度基本支出预算。财政部批复年初预算时一并批复部门上年底基本支出结转资金情况。

第十条　部门决算批复后，决算中基本支出结转资金数与年初批复数不一致的，应以决算数据作为结转资金执行依据。

第十一条　中央部门在预算执行中因增人增编需增加基本支出的，应首先通过基本支出结转资金安排。

第三章　项目支出结转资金管理

第十二条　项目实施周期内，年度预算执行结束时，除连续两年未用完的预算资金外，已批复的预算资金尚未列支的部分，作为结转资金管理，结转下年按原用途继续使用。

第十三条　基本建设项目竣工之前，均视为在项目实施周期内，年度预算执行结束时，已批复的预算资金尚未列支的部分，作为结转资金管理，结转下年按原用途继续使用。

第十四条 编制年度预算时，中央部门应充分预计和反映项目支出结转资金，并结合结转资金情况统筹安排以后年度项目支出预算。财政部批复年初预算时一并批复部门上年底项目支出结转资金情况。

第十五条 部门决算批复后，决算中项目支出结转资金数与年初批复数不一致的，应以决算数据作为结转资金执行依据。

第四章 项目支出结余资金管理

第十六条 项目支出结余资金包括：项目目标完成或项目提前终止，尚未列支的预算资金；实施周期内，因实施计划调整，不需要继续支出的预算资金；实施周期内，连续两年未用完的预算资金；实施周期结束，尚未列支的预算资金；部门机动经费在预算批复当年未动用的部分。项目支出结余资金原则上由财政部收回。

第十七条 按照基本建设财务管理的有关规定，基本建设项目竣工后，项目建设单位应抓紧办理工程价款结算和清理项目结余资金，并编报竣工财务决算。财政部和相关主管部门应及时批复竣工财务决算。基本建设项目的结余资金，由财政部收回。

第十八条 按照《关于改进加强中央财政科研项目和资金管理的若干意见》（国发〔2014〕11 号）精神，中央财政科研项目结余资金中符合相关条件的，报财政部确认后，可在一定期限内由项目单位统筹安排用于科研活动的直接支出。具体管理办法另行制定。

第十九条 年度预算执行结束后，中央部门应在 45 日内完成对结余资金的清理，将清理情况区分国库集中支付结余资金和非国库集中支付结余资金报财政部。财政部收到中央部门报送的结余清理情况后，应在 30 日内发文收回结余资金。

第二十条 部门决算批复后，决算中项目支出结余资金数超出财政部已收回结余资金数的，财政部应根据批复的决算，及时发文将超出部分的结余资金收回；决算中项目支出结余资金数低于财政部已收回结余资金数的，收回的资金不再退回中央部门。

第二十一条　年度预算执行中，因项目目标完成、项目提前终止或实施计划调整，不需要继续支出的预算资金，中央部门应及时清理为结余资金并报财政部，由财政部发文收回。

第五章　控制结转资金规模

第二十二条　中央部门应努力提高预算编制的科学性、准确性，合理安排分年支出计划，根据实际支出需求编制年度预算。

第二十三条　预算执行中，中央部门应及时跟踪预算资金使用情况，定期进行统计，分析预算执行中存在的问题及原因，采取措施合理加快执行进度。

第二十四条　对当年批复的预算，预计年底将形成结转资金的部分，除基本建设项目外，中央部门按照规定程序报经批准后，可调减当年预算或调剂用于其他急需资金的支出。

第二十五条　对结转资金中预计当年难以支出的部分，除基本建设项目外，中央部门按照规定程序报经批准后，可调剂用于其他急需资金的支出。连续两年未用完的结转资金，由财政部收回。

第二十六条　中央部门拟调减预算或对结转资金用途进行调剂，应按照规定程序在8月31日前提出申请。财政部收到中央部门申请后，原则上应在9月30日前办理完成。

第二十七条　中央部门调减预算或对结转资金用途进行调剂后，相关支出如在以后年度出现经费缺口，应在部门三年支出规划确定的支出总规模内通过调整结构解决。

第二十八条　中央部门结转资金规模较大、占年度支出比重较高的，财政部可收回部分结转资金。

第二十九条　财政部对中央部门控制结转资金情况应加以考核，并对考核情况予以通报。

第三十条　中央部门应对所属单位结转资金规模控制情况进行考核，并建立激励约束机制。

第六章　结转结余资金收回

第三十一条　中央部门应按照财政部收回结转结余资金的文件，及时将资金上交国库，并区分国库集中支付结余资金和非国库集中支付结余资金，按照相关规定办理。

第三十二条　上交国库集中支付结余资金，中央部门应及时调整用款计划，财政部相应调整国库集中支付结余指标。

第三十三条　上交非国库集中支付结余资金，中央部门应在财政部发文规定的时限内将资金上交国库，并将缴款单据印送财政部备查。

第三十四条　对收回的结转结余资金，财政部应按照《财政总预算会计制度》（财库〔2015〕192号）有关规定进行会计处理。

第三十五条　基本建设项目结余资金的收回，按照基本建设项目结余财政资金管理的有关规定执行。

第七章　国库集中支付结余资金管理

第三十六条　年度预算执行结束后，中央部门与财政部就预算指标、资金支出情况进行核对。根据核对情况，财政部于1月31日前将国库集中支付结余数据发给中央部门。

第三十七条　中央部门收到国库集中支付结余数据后，应在15日内将国库集中支付结余资金申报核批表报财政部。财政部收到核批表后，应及时发文批复。申报和批复国库集中支付结余资金时，不得调整支出功能分类科目。

第八章　附　　则

第三十八条　中央部门在结转结余资金管理中违反本办法规定的，财政部应责成其进行纠正。对未及时纠正的，财政部可将有关资金收回。

第三十九条　中央部门可以依据本办法规定，结合部门实际情况，制定本部门结转结余资金管理的具体办法。中国人民解放军、武装警察部队参照本办法的原则，另行制定管理规定。

第四十条　本办法由财政部负责解释。

第四十一条　本办法自发布之日起施行，财政部2010年1月18日发布的《中央部门财政拨款结转和结余资金管理办法》（财预〔2010〕7号）同时废止。

附录十五

财政部关于印发《中央本级基本支出预算管理办法》的通知

（2007年4月13日 财预〔2007〕37号）

党中央有关部门，国务院各部委、直属机构，总参谋部，总政治部，总后勤部，总装备部，武警各部队，全国人大常委会办公厅，全国政协办公厅，高法院，高检院，有关人民团体，新疆生产建设兵团，有关中央管理企业：

为进一步深化预算改革，规范和加强中央部门基本支出预算管理，保障中央部门正常运转的资金需要，我们制订了《中央本级基本支出预算管理办法》，现印发给你们。请遵照执行。

附件：中央本级基本支出预算管理办法

附件：

中央本级基本支出预算管理办法

第一章 总 则

第一条 为加强中央部门基本支出预算管理，规范基本支出预算分配行为，保障中央部门正常运转的资金需要，根据《中华人民共和国预算法》，制定本办法。

第二条 中央本级基本支出预算由中央各部门基本支出预算组成。本办法所称“中央部门”，是指与财政部直接发生预算缴款、拨款关系的国家机关、军队、政党组织和社会团体以及企业和事业单位。

第三条　中央部门的行政单位（包括参照《公务员法》管理的事业单位）的行政运行经费和事业单位的事业运行（或机构运行等）经费等基本支出的预算管理，适用本办法。

第四条　基本支出预算是部门预算的组成部分，是中央部门为保障其机构正常运转、完成日常工作任务而编制的年度基本支出计划，按其性质分为人员经费和日常公用经费。

第五条　中央部门在基本支出之外为完成其特定行政任务和事业发展目标所发生的支出作为项目支出预算管理。

第六条　编制基本支出预算的原则

（一）综合预算的原则。在编制基本支出预算时，对当年财政拨款和以前年度结余资金，预算内和预算外资金，要统筹考虑、合理安排。

（二）优先保障的原则。财力安排首先应当保障单位基本支出的合理需要，以保证中央部门的日常工作正常运转。

（三）定额管理的原则。基本支出预算实行以定员定额为主的管理方式，同时结合部门资产占有状况，通过建立实物费用定额标准，实现资产管理与定额管理相结合。对于基本支出没有财政拨款的事业单位，其基本支出预算可以按照国家财务规章制度规定和部门预算编制的有关要求，结合单位的收支情况，采取其他方式合理安排基本支出预算。

第二章　制定定额标准的原则和方法

第七条　定员、资产和定额是测算和编制中央部门基本支出预算的重要依据。

定员，是指国家机构编制主管部门根据中央部门的性质、职能、业务范围和工作任务所下达的人员配置标准。

资产，是指中央部门占有、使用的，依法确认为国家所有的公共财产。包括国家调拨的资产、用国家财政性资金形成的资产、按照国家规定组织收入形成的资产、以单位名义接受捐赠形成和其他依法确认为国家所有的资产等，其表现形式为办公用房、车辆、专用设备等固定资产。

定额，是指财政部根据中央部门机构正常运转和日常工作任务的合理需要，结合财力的可能，对基本支出的各项内容所规定的指标额度。

第八条　制定定额标准的原则

（一）制定定额标准要以公平为前提，兼顾单位的实际支出水平。

（二）制定定额标准要量力而行，以财力可能为基础，切合实际，具有可行性。

（三）制定定额标准要规范化，制定方法要具有科学性。

第九条　制定定额标准的方法

（一）依据国家有关的方针、政策，财力状况，社会物价水平及单位的业务性质、工作量、人员、资产等数据资料制定定额标准。

（二）根据基本支出的特点，对政府收支分类中的支出经济分类款级科目进行合理调整、归并，形成若干基本支出定额项目。

（三）基本支出定额项目包括人员经费和日常公用经费两部分。人员经费包括政府收支分类的支出经济分类科目中的"工资福利支出"和"对个人和家庭的补助"。具体定额项目包括：基本工资、津补贴及奖金、社会保障缴费、离退休费、医疗费、助学金、住房补贴和其他人员经费等。日常公用经费包括政府收支分类的支出经济分类科目中的"商品和服务支出"和"其他资本性支出"中属于基本支出内容的支出。具体定额项目包括：办公及印刷费、水电费、邮电费、取暖费、物业管理费、交通费、差旅费、日常维修费、会议费、专用材料费、一般购置费（包括一般办公设备购置费、一般专用设备购置费、一般交通工具购置费、一般装备购置费等）、福利费和其他公用经费等。

（四）为规范定额分配行为，根据中央部门承担的职能、行业及业务特点，将中央部门分为若干类型。在核准同类单位工作量、占用的资源和相关历史数据资料的基础上，以人或实物作为测算对象，确定各类单位各定额项目的单项基准定额。基本支出日常公用经费定额项目中，水电费、取暖费、物业管理费、交通费等可采取人员定额和实物费用定额相结合的方式确定。

（五）在确定同类单位单项基准定额的基础上，确定同类单位的分档定额标准，最后确定各单位所应执行的各个单项定额标准。

（六）各个单项定额标准的总和构成单位基本支出的综合定额。

第十条　定额标准的调整

定额标准的执行期限与预算年度一致；定额标准的调整在预算年度开始前进行；定额标准一经下达，在年度预算执行中不做调整，影响预算执行的有关因素，在确定下一年度定额标准时，由财政部统一考虑。

第三章 基本支出预算的编制与审批

第十一条 中央部门根据财政部编制年度部门预算的要求，在规定时间内，组织编制本部门申报基本支出预算的基础数据和相关资料，按照规定格式报送财政部。

第十二条 财政部对中央部门报送的基础数据和相关资料进行审核，按照定额标准及有关依据，结合中央部门基本支出结余情况，测算并下达基本支出预算控制数（包括人员经费和日常公用经费，下同）及财政拨款补助数。

第十三条 中央部门在财政部下达的基本支出预算控制数额及财政拨款补助数额内，根据本部门的实际情况和国家有关政策、制度规定的开支范围及开支标准，在人员经费和日常公用经费各自的支出经济分类款级科目之间，自主调整编制本部门的基本支出预算，在规定的时间内报送财政部。

第十四条 财政部依法将审核汇总后的中央部门预算上报国务院审定。经全国人民代表大会批准后，在规定时间内向中央部门批复。

第四章 基本支出预算的管理与监督

第十五条 基本支出预算按人员经费和日常公用经费分别核算管理。人员经费严格按照国家相关政策安排；日常公用经费应与部门占有的资产情况相衔接，未按相关规定报批或超过配置标准购置的实物资产，一律不安排日常维护经费。

第十六条 基本支出预算中按照规定属于政府采购的支出，应当同时编入政府采购预算，并按照国家有关政府采购的规定执行。

第十七条 中央部门要严格执行批准的基本支出预算。执行中发生的非财政补助收入超收部分，原则上不再安排当年的基本支出，可报经财政部批准后，安排项目支出或结转下年使用；发生的短收，中央部门应当报经财政部批准后调减当年预算，当年的财政补助数不予调整。如遇国家出台有关政策，对预算执行影响较大，确需调整基本支出预算的，由中央部门报经财政部批准后进行调整。

第十八条　基本支出结余应按照财政部有关结余资金管理规定使用，中央部门应加强对基本支出结余资金的管理，将年度预算安排与基本支出结余资金统筹考虑。

第十九条　财政部对中央部门基本支出预算执行情况进行检查监督，对违反国家有关法律、法规和财务规章制度的，依法进行处理。

第五章　附　　则

第二十条　本办法由财政部负责解释。

第二十一条　中国人民解放军、中国人民武装警察部队可以参照本办法规定的原则，另行制定管理办法。

第二十二条　本办法自发布之日起施行。《财政部关于印发〈中央部门基本支出预算管理试行办法〉的通知》（财预〔2002〕355号）同时废止。

附录十六

财政部关于进一步做好中央本级支出标准体系建设工作的通知

（2019年6月13日　财预〔2019〕112号）

各中央预算单位：

为贯彻落实党的十九大精神，深化部门预算改革，现就进一步做好中央本级支出标准体系建设工作通知如下：

一、充分认识支出标准体系建设工作的重要意义

支出标准体系建设是深化中央部门预算改革的重要举措。通过多年工作，初步形成了目标明确、职责清晰、程序规范、运行有序的运行机制和较为完整的支出标准体系，支出有标准、用标准的观念普遍增强，在规范预算管理、提高财政资金使用效益等方面发挥了积极作用。

应当看到，与深化预算改革、加强预算管理的要求相比，支出标准体系建设工作还有待提升：基本支出标准方面，标准体系框架有待进一步健全，相关支出财政保障政策尚需完善；项目支出标准方面，项目文本还需进一步规范，标准数量和质量难以满足预算编制和评审工作需要等。

党的十九大明确提出“建立全面规范透明、标准科学、约束有力的预算制度”，为支出标准体系建设工作指明了方向，提供了根本遵循。要全面总结经验，坚持问题导向，着力改革创新，更好地推进中央本级支出标准体系建设工作。

二、总体思路和基本原则

（一）总体思路

全面贯彻落实党的十九大精神，遵循财政预算编制的基本规律，着力转变观念、拓宽思路、突出重点、理顺关系，逐步完善基本支出标准体系，切实推进项目支出标准体系建设，力争到 2023 年建成规范、科学、合理的基本支出标准体系和涵盖财政重点支出领域、部门主要共性项目和重大延续性项目的数量适度、结构合理、科学规范的项目支出标准体系，更好发挥标准在预算管理中的基础性作用。

（二）基本原则

统筹谋划，改革创新。立足中央部门预算管理全局，合理把握工作的力度和节奏。以改革创新精神引领标准体系建设，强化顶层设计和规划引导，进一步丰富标准的内容和形式，实现各类标准的有效衔接。

突出重点，完善机制。坚持有所为有所不为，聚焦重点支出领域、共性项目、重大延续性项目开展标准制定工作，提高标准体系建设效率。进一步明确各方职责，着力完善标准体系建设管理体制和运行机制，加快形

成工作合力，充分调动各方积极性。

科学合理，讲求实效。紧密结合预算管理实际，增强标准的科学性、规范性和可靠性，合理保障机构正常运转、基本履职和重点工作需要。健全标准应用机制，推进标准管理与预算管理、资产管理有机融合，实现标准应用的常态化、制度化。

三、重点工作

（一）基本支出标准体系方面

1. 健全基本支出标准体系框架。基本支出包括人员经费和公用经费，人员经费标准包括工资津补贴、住房改革支出、社会保险缴费等具体支出标准；公用经费标准按照人员费用定额为主、实物费用定额为辅的方式确定，科学设置定额项目，合理保障机构正常运转和基本履职需要。按照“横向到边、纵向到底”的原则，逐步将全部基本支出事项纳入标准体系建设范畴，充分发挥标准在规范预算分配中的基础性作用。

2. 分类明确财政保障政策。行政单位和参公单位的基本支出全部由财政保障。事业单位根据职能定位、具体特点，分类完善财政补助政策：在明确界定公益职能、合理确定机构编制的基础上，公益一类事业单位基本支出由财政保障为主；公益二类事业单位结合现有财政补助水平，逐步推动实行与编制脱钩的补助机制，通过政府购买服务等方式予以支持。

3. 完善支出标准和保障政策调整机制。基本支出标准调整原则上与年度预算编制同步进行，人员经费标准，根据国家工资津补贴政策变化等情况予以调整；公用经费标准，根据机构职责、经济社会发展和物价水平、财力可能等情况予以调整。根据事业单位分类改革进展等情况，研究完善财政保障政策。

（二）项目支出标准建设方面

1. 从项目文本和支出标准两方面推进标准化工作。新制定的标准一般包含两部分：一是规范的项目文本，同类型项目的项目文本在框架结构、支出内容、文本格式等方面要统一，文本中要明确项目立项依据、实施方案、项目支出明细等内容，并按规范的文本编报和审核预算，实现同类项目预算可比较可分析；二是具体的支出标准，对项目各项支出内容中适合制定标准的部分，制定符合实际的支出标准，并根据经济社会发展和财力状况适时调整。

2. 丰富标准形式。适当扩充标准外延，将财政资金分配规范及方法等纳入支出标准范畴。支出标准包含以下形式：一是安排财政支出重点领域预算规模及其结构的基本规范；二是分配某项资金或项目支出预算的规范方法；三是确定项目整体或某项支出内容预算额度的测算标准，合理运用绝对标准（如支出定额）和相对标准（如计提比例）、综合标准和分项标准等多种形式。

3. 把握建设重点。重点针对涉及面广、资金量大、实施期限长、适合标准化管理的项目，加快标准体系建设进程：一是中央本级支出的重点领域，遵循财政预算编制的基本规律，根据经济社会发展目标、国家宏观调控要求和行业发展需要等因素，研究支出预算安排的基本规范；二是各部门普遍存在的共性项目，分期分批制定通用的项目文本和支出标准，并作为预算编制和评审的依据。对暂时无法制定支出标准的，首先从项目文本上加以规范，为支出标准制定打下基础；三是部门内部的延续性重大项目以及与部门履职关系紧密的专项业务项目，制定项目文本和支出标准，作为部门内部预算编报和审核的依据，并报财政部备案。对部门一次性重大项目，主要通过预算评审确定支出范围和预算额度。

4. 与预算评审相结合。推进预算评审与标准建设的深度结合，形成二者相互补充、相互促进的良性互动关系。一是强化标准在预算评审工作中的应用，提高评审工作的规范性，同时，根据评审情况提出对现有标准进行调整的意见建议，适时完善相关标准。二是强化预算评审在标准制定工作中的作用，充分利用评审结果，对各类项目的特点和规律进行深入分析和梳理，加快形成评审一类项目、出台一个标准、规范一个领域的工作机制，助力标准建设。

（三）理顺工作关系

基本支出标准体系建设由财政部组织实施，用于基本支出预算的测算和分配。项目支出标准体系建设采取“财政部牵头组织，中央部门具体落实”的管理模式。按照标准发布主体，项目支出标准分为财政部标准和部门内部标准。财政部标准又分为通用标准和专用标准，通用标准适用于中央本级的共性项目，主要由财政部负责编制、印发执行；专用标准适用于特定部门、专项资金或专项业务项目，由部门负责编制、财政部审核后研究印发执行。部门内部标准由部门负责编制、印发执行。

四、工作要求

（一）加快标准建设进程

各部门要把思想认识统一到党的十九大精神上来，进一步抓精抓好标准建设工作。一方面，做好现有标准的收集整理，各部门将目前已制定的内部标准目录于2019年7月底前报财政部备案，财政部研究将相对成熟的部门标准按程序上升为财政部标准。另一方面，按照先易后难、逐步完善的原则，2019年各部门至少新启动一项标准制定工作，相关工作计划一并于2019年7月底前报财政部备案。

（二）规范标准编制机制

标准制定工作可由部门自行承担，也可按规定委托第三方机构承担并加强指导。制定的标准应符合实际、切实可行，项目文本要做到内容完整、格式规范、结构合理，标准制定要反映现阶段的合理需求和财力状况，防止以标准制定倒逼财政增支。标准制定过程中，要充分利用预算评审、决算、绩效管理等各方面的信息资料，不断改进标准制定方法，提高标准建设的科学性、合理性。

（三）完善标准应用机制

牢固树立“有标准就要用”的理念，从编制2020年预算起，部门“一上”要对本部门项目支出标准建设情况进行说明，项目文本中详细说明测算所使用的标准，各项支出原则上不得突破已有标准。要结合社会经济发展、物价水平、财力状况等，对标准进行适时修订。

（四）强化标准建设保障

各部门要进一步加强对标准建设工作的领导，明确负责机构，落实精干人员，所需经费原则上通过本部门公用经费解决，任务较重的部门可通过项目支出安排，确保标准建设工作需要。

本通知自印发之日起施行，此前发布的有关文件与本通知不一致的，按照本通知执行。

附录十七

财政部关于印发《中央部门预算绩效目标管理办法》的通知

（2015 年 5 月 21 日　财预〔2015〕88 号）

党中央有关部门，国务院各部委、各直属机构，总后勤部，武警各部队，全国人大常委会办公厅，全国政协办公厅，高法院，高检院，各民主党派中央，有关人民团体，新疆生产建设兵团，有关中央管理企业：

为了全面推进预算绩效管理工作，进一步规范中央部门预算绩效目标管理，提高财政资金使用效益，根据《中华人民共和国预算法》《国务院关于深化预算管理制度改革的决定》（国发〔2014〕45 号）等有关规定，我们制定了《中央部门预算绩效目标管理办法》。现予印发，请遵照执行。

附件：中央部门预算绩效目标管理办法

附件：

中央部门预算绩效目标管理办法

第一章　总　　则

第一条　为了进一步加强预算绩效管理，提高中央部门预算绩效目标管理的科学性、规范性和有效性，根据《中华人民共和国预算法》《国务院关于深化预算管理制度改革的决定》（国发〔2014〕45 号）等有关规定，制定本办法。

第二条　绩效目标是指财政预算资金计划在一定期限内达到的产出和效果。

绩效目标是建设项目库、编制部门预算、实施绩效监控、开展绩效评价等的重要基础和依据。

第三条　本办法所称绩效目标：

（一）按照预算支出的范围和内容划分，包括基本支出绩效目标、项目支出绩效目标和部门（单位）整体支出绩效目标。

基本支出绩效目标，是指中央部门预算中安排的基本支出在一定期限内对本部门（单位）正常运转的预期保障程度。一般不单独设定，而是纳入部门（单位）整体支出绩效目标统筹考虑。

项目支出绩效目标是指中央部门依据部门职责和事业发展要求，设立并通过预算安排的项目支出在一定期限内预期达到的产出和效果。

部门（单位）整体支出绩效目标是指中央部门及其所属单位按照确定的职责，利用全部部门预算资金在一定期限内预期达到的总体产出和效果。

（二）按照时效性划分，包括中长期绩效目标和年度绩效目标。

中长期绩效目标是指中央部门预算资金在跨度多年的计划期内预期达到的产出和效果。年度绩效目标是指中央部门预算资金在一个预算年度内预期达到的产出和效果。

第四条　绩效目标管理是指财政部和中央部门及其所属单位以绩效目标为对象，以绩效目标的设定、审核、批复等为主要内容所开展的预算管理活动。

第五条　财政部和中央部门及其所属单位是绩效目标管理的主体。

第六条　绩效目标管理的对象是纳入中央部门预算管理的全部资金。

第二章　绩效目标的设定

第七条　绩效目标设定是指中央部门或其所属单位按照部门预算管理和绩效目标管理的要求，编制绩效目标并向财政部或中央部门报送绩效目标的过程。

绩效目标是部门预算安排的重要依据。未按要求设定绩效目标的项目支出，不得纳入项目库管理，也不得申请部门预算资金。

第八条 按照“谁申请资金，谁设定目标”的原则，绩效目标由中央部门及其所属单位设定。

项目支出绩效目标，在该项目纳入中央部门项目库之前编制，并按要求随同中央部门项目库提交财政部；部门（单位）整体支出绩效目标，在申报部门预算时编制，并按要求提交财政部。

第九条 绩效目标要能清晰反映预算资金的预期产出和效果，并以相应的绩效指标予以细化、量化描述。主要包括：

（一）预期产出，是指预算资金在一定期限内预期提供的公共产品和服务情况；

（二）预期效果，是指上述产出可能对经济、社会、环境等带来的影响情况，以及服务对象或项目受益人对该项产出和影响的满意程度等。

第十条 绩效指标是绩效目标的细化和量化描述，主要包括产出指标、效益指标和满意度指标等。

（一）产出指标是对预期产出的描述，包括数量指标、质量指标、时效指标、成本指标等。

（二）效益指标是对预期效果的描述，包括经济效益指标、社会效益指标、生态效益指标、可持续影响指标等。

（三）满意度指标是反映服务对象或项目受益人的认可程度的指标。

第十一条 绩效标准是设定绩效指标时所依据或参考的标准。一般包括：

（一）历史标准，是指同类指标的历史数据等；

（二）行业标准，是指国家公布的行业指标数据等；

（三）计划标准，是指预先制定的目标、计划、预算、定额等数据；

（四）财政部认可的其他标准。

第十二条 绩效目标设定的依据包括：

（一）国家相关法律、法规和规章制度，国民经济和社会发展规划；

（二）部门职能、中长期发展规划、年度工作计划或项目规划；

（三）中央部门中期财政规划；

（四）财政部中期和年度预算管理要求；

（五）相关历史数据、行业标准、计划标准等；

（六）符合财政部要求的其他依据。

第十三条 设定的绩效目标应当符合以下要求：

（一）指向明确。绩效目标要符合国民经济和社会发展规划、部门职能及事业发展规划等要求，并与相应的预算支出内容、范围、方向、效果等紧密相关。

（二）细化量化。绩效目标应当从数量、质量、成本、时效以及经济效益、社会效益、生态效益、可持续影响、满意度等方面进行细化，尽量进行定量表述。不能以量化形式表述的，可采用定性表述，但应具有可衡量性。

（三）合理可行。设定绩效目标时要经过调查研究和科学论证，符合客观实际，能够在一定期限内如期实现。

（四）相应匹配。绩效目标要与计划期内的任务数或计划数相对应，与预算确定的投资额或资金量相匹配。

第十四条 绩效目标申报表是所设定绩效目标的表现形式。其中，项目支出绩效目标涉及内容的相关信息，纳入项目文本中，通过提取信息的方式以确定格式（详见附1）生成；部门（单位）整体支出绩效目标，按照确定格式和内容（详见附2）填报，纳入部门预算编报说明中。

第十五条 绩效目标设定的方法包括：

（一）项目支出绩效目标的设定。

1. 对项目的功能进行梳理，包括资金性质、预期投入、支出范围、实施内容、工作任务、受益对象等，明确项目的功能特性。

2. 依据项目的功能特性，预计项目实施在一定时期内所要达到的总体产出和效果，确定项目所要实现的总体目标，并以定量和定性相结合的方式进行表述。

3. 对项目支出总体目标进行细化分解，从中概括、提炼出最能反映总体目标预期实现程度的关键性指标，并将其确定为相应的绩效指标。

4. 通过收集相关基准数据，确定绩效标准，并结合项目预期进展、预计投入等情况，确定绩效指标的具体数值。

（二）部门（单位）整体支出绩效目标的设定。

1. 对部门（单位）的职能进行梳理，确定部门（单位）的各项具体工作职责。

2. 结合部门（单位）中长期规划和年度工作计划，明确年度主要工作任务，预计部门（单位）在本年度内履职所要达到的总体产出和效果，将其确定为部门（单位）总体目标，并以定量和定性相结合的方式进行表述。

3. 依据部门（单位）总体目标，结合部门（单位）的各项具体工作职责和工作任务，确定每项工作任务预计要达到的产出和效果，从中概括、提炼出最能反映工作任务预期实现程度的关键性指标，并将其确定为相应的绩效指标。

4. 通过收集相关基准数据，确定绩效标准，并结合年度预算安排等情况，确定绩效指标的具体数值。

第十六条 绩效目标设定程序为：

（一）基层单位设定绩效目标。申请预算资金的基层单位按照要求设定绩效目标，随同本单位预算提交上级单位；根据上级单位审核意见，对绩效目标进行修改完善，按程序逐级上报。

（二）中央部门设定绩效目标。中央部门按要求设定本级支出绩效目标，审核、汇总所属单位绩效目标，提交财政部；根据财政部审核意见对绩效目标进行修改完善，按程序提交财政部。

第三章 绩效目标的审核

第十七条 绩效目标审核是指财政部或中央部门对相关部门或单位报送的绩效目标进行审查核实，并将审核意见反馈相关单位，指导其修改完善绩效目标的过程。

第十八条 按照“谁分配资金，谁审核目标”的原则，绩效目标由财政部或中央部门按照预算管理级次进行审核。根据工作需要，绩效目标可委托第三方予以审核。

第十九条 绩效目标审核是部门预算审核的有机组成部分。绩效目标不符合要求的，财政部或中央部门应要求报送单位及时修改、完善。审核符合要求后，方可进入项目库，并进入下一步预算编审流程。

第二十条　中央部门对所属单位报送的项目支出绩效目标和单位整体支出绩效目标进行审核。

有预算分配权的部门应对预算部门提交的有关项目支出绩效目标进行审核，并据此提出资金分配建议。经审核的项目支出绩效目标，报财政部备案。

第二十一条　财政部根据部门预算审核的范围和内容，对中央部门报送的项目支出绩效目标和部门（单位）整体支出绩效目标进行审核。对经有预算分配权的部门审核后的横向分配项目的绩效目标，财政部可根据需要进行再审核。

第二十二条　绩效目标审核的主要内容：

（一）完整性审核。绩效目标的内容是否完整，绩效目标是否明确、清晰。

（二）相关性审核。绩效目标的设定与部门职能、事业发展规划是否相关，是否对申报的绩效目标设定了相关联的绩效指标，绩效指标是否细化、量化。

（三）适当性审核。资金规模与绩效目标之间是否匹配，在既定资金规模下，绩效目标是否过高或过低；或者要完成既定绩效目标，资金规模是否过大或过小。

（四）可行性审核。绩效目标是否经过充分论证和合理测算；所采取的措施是否切实可行，并能确保绩效目标如期实现。综合考虑成本效益，是否有必要安排财政资金。

第二十三条　对一般性项目，由财政部或中央部门结合部门预算管理流程进行审核，提出审核意见。

对社会关注程度高、对经济社会发展具有重要影响、关系重大民生领域或专业技术复杂的重点项目，财政部或中央部门可根据需要将其委托给第三方，组织相关部门、专家学者、科研院所、中介机构、社会公众代表等共同参与审核，提出审核意见。

第二十四条　对项目支出绩效目标的审核，采用“项目支出绩效目标审核表”（详见附3）。其中，对一般性项目，采取定性审核的方式；对重点项目，采取定性审核和定量审核相结合的方式。

部门（单位）整体支出绩效目标的审核，可参考项目支出绩效目标的审核工具，提出审核意见。

第二十五条　项目支出绩效目标审核结果分为“优”“良”“中”“差”四个等级，作为项目预算安排的重要参考因素。

审核结果为“优”的，直接进入下一步预算安排流程；审核结果为“良”的，可与相关部门或单位进行协商，直接对其绩效目标进行完善后，进入下一步预算安排流程；审核结果为“中”的，由相关部门或单位对其绩效目标进行修改完善，按程序重新报送审核；审核结果为“差”的，不得进入下一步预算安排流程。

第二十六条　绩效目标审核程序如下：

（一）中央部门及其所属单位审核。中央部门及其所属单位对下级单位报送的绩效目标进行审核，提出审核意见并反馈给下级单位。下级单位根据审核意见对相关绩效目标进行修改完善，重新提交上级单位审核，审核通过后按程序报送财政部。

（二）财政部审核。财政部对中央部门报送的绩效目标进行审核，提出审核意见并反馈给中央部门。中央部门根据财政部审核意见对相关绩效目标进行修改完善，重新报送财政部审核。财政部根据绩效目标审核情况提出预算安排意见，随预算资金一并下达中央部门。

第四章　绩效目标的批复、调整与应用

第二十七条　按照“谁批复预算，谁批复目标”的原则，财政部和中央部门在批复年初部门预算或调整预算时，一并批复绩效目标。原则上，中央部门整体支出绩效目标、纳入绩效评价范围的项目支出绩效目标和一级项目绩效目标，由财政部批复；中央部门所属单位整体支出绩效目标和二级项目绩效目标，由中央部门或所属单位按预算管理级次批复。

第二十八条　绩效目标确定后，一般不予调整。预算执行中因特殊原因确需调整的，应按照绩效目标管理要求和预算调整流程报批。

第二十九条　中央部门及所属单位应按照批复的绩效目标组织预算执行，并根据设定的绩效目标开展绩效监控、绩效自评和绩效评价。

（一）绩效监控。预算执行中，中央部门及所属单位应对资金运行状况和绩效目标预期实现程度开展绩效监控，及时发现并纠正绩效运行中存在的问题，力保绩效目标如期实现。

（二）绩效自评。预算执行结束后，资金使用单位应对照确定的绩效目标开展绩效自评，分别填写“项目支出绩效自评表”（详见附4）和“部门（单位）整体支出绩效自评表”（详见附5），形成相应的自评结果，作为部门（单位）预、决算的组成内容和以后年度预算申请、安排的重要基础。

（三）绩效评价。财政部或中央部门要有针对地选择部分重点项目或部门（单位），在资金使用单位绩效自评的基础上，开展项目支出或部门（单位）整体支出绩效评价，并对部分重大专项资金或财政政策开展中期绩效评价试点，形成相应的评价结果。

第三十条　中央部门应按照有关法律、法规要求，逐步将有关绩效目标随同部门预算予以公开。

第五章　附　　则

第三十一条　各部门可根据本办法，结合实际制定本部门具体绩效目标管理办法和实施细则，报财政部备案。

第三十二条　此前关于中央部门预算绩效目标管理的规定与本办法不一致的，适用本办法。

第三十三条　本办法由财政部负责解释。

第三十四条　本办法自印发之日起施行。

附1－1：项目支出绩效目标申报表（生成表）

附1－2：项目支出绩效目标申报表内容说明

附2－1：部门（单位）整体支出绩效目标申报表

附2－2：部门（单位）整体支出绩效目标申报表填报说明

附3－1：项目支出绩效目标审核表（一般性项目）

附3－2：项目支出绩效目标审核表（重点项目）

附3－3：项目支出绩效目标审核表填报说明

附4：项目支出绩效自评表

附 5：部门（单位）整体支出绩效自评表

附 6：中央部门预算绩效目标管理流程图

附 1－1：

项目支出绩效目标申报表（生成表）

（　　年度）

<table>
<tr><td colspan="2">项目名称</td><td colspan="4"></td></tr>
<tr><td colspan="2">主管部门及代码</td><td colspan="2"></td><td>实施单位</td><td></td></tr>
<tr><td colspan="2">项目属性</td><td colspan="2"></td><td>项目期</td><td></td></tr>
<tr><td colspan="2" rowspan="3">项目资金
（万元）</td><td>中期资金总额：</td><td></td><td>年度资金总额：</td><td></td></tr>
<tr><td>其中：财政拨款</td><td></td><td>其中：财政拨款</td><td></td></tr>
<tr><td>其他资金</td><td></td><td>其他资金</td><td></td></tr>
<tr><td rowspan="2">总
体
目
标</td><td colspan="3">中期目标（20××年—20××+n 年）</td><td colspan="2">年度目标</td></tr>
<tr><td colspan="3">目标 1：
目标 2：
目标 3：
……</td><td colspan="2">目标 1：
目标 2：
目标 3：
……</td></tr>
</table>

续表

	一级指标	二级指标	三级指标	指标值	二级指标	三级指标	指标值
绩效指标	产出指标	数量指标	指标 1：		数量指标	指标 1：	
			指标 2：			指标 2：	
			……			……	
		质量指标	指标 1：		质量指标	指标 1：	
			指标 2：			指标 2：	
			……			……	
		时效指标	指标 1：		时效指标	指标 1：	
			指标 2：			指标 2：	
			……			……	
		成本指标	指标 1：		成本指标	指标 1：	
			指标 2：			指标 2：	
			……			……	
		……			……		
	效益指标	经济效益指标	指标 1：		经济效益指标	指标 1：	
			指标 2：			指标 2：	
			……			……	
		社会效益指标	指标 1：		社会效益指标	指标 1：	
			指标 2：			指标 2：	
			……			……	
		生态效益指标	指标 1：		生态效益指标	指标 1：	
			指标 2：			指标 2：	
			……			……	
		可持续影响指标	指标 1：		可持续影响指标	指标 1：	
			指标 2：			指标 2：	
			……			……	
		……			……		
	满意度指标	服务对象满意度指标	指标 1：		服务对象满意度指标	指标 1：	
			指标 2：			指标 2：	
			……			……	
		……			……		

附 1－2：

项目支出绩效目标申报表内容说明

一、适用范围

（一）本表根据中央部门及其所属单位所填报的项目文本中的相关信息，由预算管理系统自动生成，作为项目绩效目标审核和批复、预算资金确定、绩效监控、绩效评价的主要依据。

（二）项目支出是指中央部门为完成其特定的行政工作任务或事业发展目标、纳入部门预算编制范围的年度项目支出计划。

（三）中央部门的所有预算项目都应设定绩效目标，并形成本表。

（四）本表中的相关内容由项目资金申报单位在项目申报文本中填写。

二、内容说明

（一）年度：指编制部门预算所属年份。如：编报 20××年部门预算时，填写“20××年”；20××年预算执行中申请调整预算时，填写“20××年”。

（二）项目基本情况

1. 项目名称：指项目的具体名称，与部门预算中的项目名称一致。

2. 主管部门及代码：指中央部门的代码及全称。如：［101］国务院办公厅。

3. 实施单位：指项目具体实施单位，与项目文本中的有关内容一致。

4. 项目属性：指新增项目或延续项目。

5. 项目期：指项目的具体实施期限，其中，一次性项目，填 1 年；有确定项目实施期的项目，填确定的年限，如 3 年等；属于部门经常性业务项目，填“长期”。

6. 项目资金：指中期或年度项目资金总额，按资金来源分为财政拨款、其他资金。本项内容以万元为单位，保留小数点后两位。

（三）总体目标

项目支出总体目标描述利用该项目全部预算资金在一定期限内预期达

到的总体产出和效果。

1. 中期目标：概括描述延续项目在一定时期内（一般为三年）预期达到的产出和效果。其中，所填写的期限，按一定时期滚动填写，如2015年编制2016年预算，填写2016—2018年；2016年编制2017年预算，填写2017—2019年等。

一次性项目和处于项目期最后一年的项目，不需填写此项，只填写年度目标。

2. 年度目标：概括描述项目在本年度内预期达到的产出和效果。

（四）绩效指标

绩效指标按中期指标和年度指标分别填列，其中，中期指标是对中期目标的细化和量化，年度指标是对年度目标的细化和量化。一次性项目和处于项目期最后一年的项目，只填写年度指标。

绩效指标一般包括产出指标、效益指标、满意度指标三类一级指标，每一类一级指标细分为若干二级指标、三级指标，分别设定具体的指标值。指标值应尽量细化、量化，可量化的用数值描述，不可量化的以定性描述。

1. 产出指标：反映根据既定目标，相关预算资金预期提供的公共产品和服务情况。可进一步细分为：

（1）数量指标，反映预期提供的公共产品和服务数量，如“举办培训的班次”“培训学员的人次”“新增设备数量”等；

（2）质量指标，反映预期提供的公共产品和服务达到的标准、水平和效果，如“培训合格率”“研究成果验收通过率”等；

（3）时效指标，反映预期提供公共产品和服务的及时程度和效率情况，如“培训完成时间”“研究成果发布时间”等；

（4）成本指标，反映预期提供公共产品和服务所需成本的控制情况，如“人均培训成本”“设备购置成本”“和社会平均成本的比较”等。

2. 效益指标：反映与既定绩效目标相关的、前述相关产出所带来的预期效果的实现程度。可进一步细分为：

（1）经济效益指标，反映相关产出对经济发展带来的影响和效果，如“促进农民增收率或增收额”“采用先进技术带来的实际收入增长率”等；

（2）社会效益指标，反映相关产出对社会发展带来的影响和效果，如

“带动就业增长率”“安全生产事故下降率”等；

（3）生态效益指标，反映相关产出对自然环境带来的影响和效果，如“水电能源节约率”“空气质量优良率”等；

（4）可持续影响指标，反映相关产出带来影响的可持续期限，如“项目持续发挥作用的期限”“对本行业未来可持续发展的影响”等。

3. 满意度指标：属于预期效果的内容，反映服务对象或项目受益人对相关产出及其影响的认可程度，根据实际细化为具体指标，如“受训学员满意度”“群众对××工作的满意度”“社会公众投诉率/投诉次数”等。

4. 实际操作中其他绩效指标的具体内容，可由部门（单位）根据需要，在上述指标中或在上述指标之外另行补充。

附 2－1：

部门（单位）整体支出绩效目标申报表

（　　年度）

<table>
<tr><td colspan="2">部门（单位）名称</td><td colspan="4"></td></tr>
<tr><td rowspan="8">年度
主要
任务</td><td rowspan="2">任务名称</td><td rowspan="2">主要内容</td><td colspan="3">预算金额（万元）</td></tr>
<tr><td>总额</td><td>财政拨款</td><td>其他资金</td></tr>
<tr><td>任务 1</td><td></td><td></td><td></td><td></td></tr>
<tr><td>任务 2</td><td></td><td></td><td></td><td></td></tr>
<tr><td>任务 3</td><td></td><td></td><td></td><td></td></tr>
<tr><td>……</td><td></td><td></td><td></td><td></td></tr>
<tr><td></td><td></td><td></td><td></td><td></td></tr>
<tr><td colspan="2">金额合计</td><td></td><td></td><td></td></tr>
<tr><td>年度
总体
目标</td><td colspan="5">目标 1：
目标 2：
目标 3：
……</td></tr>
</table>

续表

	一级指标	二级指标	三级指标	指标值
年度绩效指标	产出指标	数量指标	指标1：	
			指标2：	
			……	
		质量指标	指标1：	
			指标2：	
			……	
		时效指标	指标1：	
			指标2：	
			……	
		成本指标	指标1：	
			指标2：	
			……	
		……		
	效益指标	经济效益指标	指标1：	
			指标2：	
			……	
		社会效益指标	指标1：	
			指标2：	
			……	
		生态效益指标	指标1：	
			指标2：	
			……	
		可持续影响指标	指标1：	
			指标2：	
			……	
		……		
	满意度指标	服务对象满意度指标	指标1：	
			指标2：	
			……	
		……		

附2-2：

部门（单位）整体支出绩效目标申报表填报说明

一、适用范围

（一）本表适用于中央部门及其所属单位在申报部门（单位）整体支出绩效目标时填报，作为部门（单位）整体支出预算审核及绩效评价的主要依据。

（二）部门（单位）整体支出是指纳入中央部门预算管理的全部资金，包括当年财政拨款和通过以前年度财政拨款结转和结余资金、事业收入、事业单位经营收入等其他收入安排的支出；包括基本支出和项目支出。

（三）中央部门及其所属单位应按要求设定整体支出绩效目标，填报本表。

（四）本表由中央部门或所属单位财务主管机构负责填写，必要时可以由本部门或本单位业务部门协助填写。

二、填报说明

（一）年度：填写编制部门预算所属年份。如：编报20××年部门预算，填写“20××年”。

（二）部门（单位）名称：填写填报本表的预算部门或单位全称。

（三）年度主要任务：填写根据部门（单位）主要职责和工作计划确定的本年度主要工作任务以及开展这项任务所对应的预算支出金额（一般为一级项目及金额）。预算支出金额包括当年财政拨款和其他资金，以万元为单位，保留到小数点后两位。

（四）年度总体目标：描述本部门（单位）利用全部部门预算资金在本年度内预期达到的总体产出和效果。

（五）年度绩效指标：一般包括产出指标、效益指标、满意度指标三类一级指标，每一类一级指标细分为若干二级指标、三级指标，分别对应具体的指标值。指标值应尽量细化、量化，可量化的用数值描述，不可量化的以定性描述。具体填报要求可参照“项目支出绩效目标申报表内容说明”。

附 3－1：

项目支出绩效目标审核表（一般性项目）

审核内容	审核要点	审核意见
一、完整性审核		
规范完整性	绩效目标填报格式是否规范，内容是否完整、准确、翔实，是否无缺项、错项	优□　良□　中□　差□
明确清晰性	绩效目标是否明确、清晰，是否能够反映项目主要情况，是否对项目预期产出和效果进行了充分、恰当的描述	优□　良□　中□　差□
二、相关性审核		
目标相关性	总体目标是否符合国家法律法规、国民经济和社会发展规划要求，与本部门（单位）职能、发展规划和工作计划是否密切相关	优□　良□　中□　差□
指标科学性	绩效指标是否全面、充分、细化、量化，难以量化的，定性描述是否充分、具体；是否选取了最能体现总体目标实现程度的关键指标并明确了具体指标值	优□　良□　中□　差□
三、适当性审核		
绩效合理性	预期绩效是否显著，是否能够体现实际产出和效果的明显改善；是否符合行业正常水平或事业发展规律；与其他同类项目相比，预期绩效是否合理	优□　良□　中□　差□

续表

审核内容	审核要点	审核意见
资金匹配性	绩效目标与项目资金量、使用方向等是否匹配，在既定资金规模下，绩效目标是否过高或过低；或要完成既定绩效目标，资金规模是否过大或过小	优□　良□　中□　差□
四、可行性审核		
实现可能性	绩效目标是否经过充分调查研究、论证和合理测算，实现的可能性是否充分	优□　良□　中□　差□
条件充分性	项目实施方案是否合理，项目实施单位的组织实施能力和条件是否充分，内部控制是否规范，管理制度是否健全	优□　良□　中□　差□
综合评定等级	优□　良□　中□　差□	
总体意见		

附3-2：

项目支出绩效目标审核表（重点项目）

审核内容		审核要点		审核意见	得分
具体内容	分值	具体内容	分值		
一、完整性审核（20分）					
规范完整性	10分	绩效目标填报格式是否规范、符合规定要求	5分	优□　良□　中□　差□	
		绩效目标填报内容是否完整、准确、详实，是否无缺项、错项	5分	优□　良□　中□　差□	
		得分小计			

续表

审核内容		审核要点		审核意见	得分
具体内容	分值	具体内容	分值		
明确清晰性	10分	绩效目标是否明确，内容是否具体，层次是否分明，表述是否准确	5分	优□　良□　中□　差□	
		绩效目标是否清晰，是否能够反映项目的主要内容，是否对项目预期产出和效果进行了充分、恰当的描述	5分	优□　良□　中□　差□	
		得分小计			
二、相关性审核（30分）					
目标相关性	15分	总体目标是否符合国家法律法规、国民经济和社会发展规划要求	7分	优□　良□　中□　差□	
		总体目标与本部门（单位）职能、发展规划和工作计划是否密切相关	8分	优□　良□　中□　差□	
		得分小计			
指标科学性	15分	绩效指标是否全面、充分，是否选取了最能体现总体目标实现程度的关键指标并明确了具体指标值	8分	优□　良□　中□　差□	
		绩效指标是否细化、量化，便于监控和评价；难以量化的，定性描述是否充分、具体	7分	优□　良□　中□　差□	
		得分小计			
三、适当性审核（30分）					
绩效合理性	15分	预期绩效是否显著，是否能够体现实际产出和效果的明显改善	8分	优□　良□　中□　差□	
		预期绩效是否符合行业正常水平或事业发展规律；与其他同类项目相比，预期绩效是否合理	7分	优□　良□　中□　差□	
		得分小计			

续表

审核内容		审核要点		审核意见	得分
具体内容	分值	具体内容	分值		
资金匹配性	15 分	绩效目标与项目资金量是否匹配，在既定资金规模下，绩效目标是否过高或过低；或要完成既定绩效目标，资金规模是否过大或过小	8 分	优□ 良□ 中□ 差□	
		绩效目标与相应的支出内容、范围、方向、效果等是否匹配	7 分	优□ 良□ 中□ 差□	
		得分小计			
四、可行性审核（20 分）					
实现可能性	10 分	绩效目标是否经过充分调查研究、论证和合理测算	5 分	优□ 良□ 中□ 差□	
		绩效目标实现的可能性是否充分，是否考虑了现实条件和可操作性	5 分	优□ 良□ 中□ 差□	
		得分小计			
条件充分性	10 分	项目实施方案是否合理，项目实施单位的组织实施能力和条件是否充分	5 分	优□ 良□ 中□ 差□	
		内部控制是否规范，预算和财务管理制度是否健全并得到有效执行	5 分	优□ 良□ 中□ 差□	
		得分小计			
总　分					
综合评定等级	优□ 良□ 中□ 差□				
总体意见					

附 3－3：

项目支出绩效目标审核表填报说明

一、适用范围

（一）本表适用于财政部或中央部门及其所属单位在审核项目支出绩效目标时填报，是绩效目标审核的主要工具。

（二）本表全面反映审核主体对绩效目标的审核意见。

（三）本表由财政部或中央部门及其所属单位财务主管机构负责填写；委托第三方审核的，可以由第三方机构协助填写。

二、填报说明

（一）审核内容

绩效目标审核包括完整性审核、相关性审核、适当性审核和可行性审核等四个方面。绩效目标审核应充分参考部门（单位）职能、项目立项依据、项目实施的必要性和可行性、项目实施方案以及以前年度绩效信息等内容，还应充分考虑财政资金支持的方向、范围和方式等。

（二）审核方式

审核采取定性审核与定量审核相结合的方式。定性审核分为“优”“良”“中”“差”四个等级，其中，填报内容完全符合要求的，定级为“优”；绝大部分内容符合要求、仅需对个别内容进行修改的，定级为“良”；部分内容不符合要求、但通过修改完善后能够符合要求的，定级为“中”；内容为空或大部分内容不符合要求的，定级为“差”。定量审核按对应等级进行打分，保留一位小数。具体审核方式如下：

1. 对一般性项目，采取定性审核的方式。审核主体对每一项审核内容逐一提出定性审核意见，并根据各项审核情况，汇总确定“综合评定等级”。确定综合评定等级时，8 个审核要点中，有 6 项及以上为“优”、且其他项无“中”“差”级的，方可定级为“优”；有 6 项及以上为“良”及以上、且其他项无“差”级的，方可定级为“良”；有 6 项及以上为

“中”及以上的，方可定级为“中”。同时，在本表“总体意见”栏中对该项目绩效目标的修改完善、预算安排等提出意见。

2. 对重点项目，采取定性审核和定量审核相结合的方式。审核主体对每一项审核内容提出定性审核意见，并进行打分。定性审核为“优”的，得该项分值的 90%—100%；定性审核为“良”的，得该项分值的 80%—89%；定性审核为“中”的，得该项分值的 60%—79%；定性审核为“差”的，得该项分值的 59% 以下。

各项审核内容完成后，根据项目审核总分，确定“综合评定等级”。总得分在 90 分以上的为“优”；在 80 分至 90 分（不含，下同）之间的为“良”；在 60 分至 80 分之间的为“中”；低于 60 分的为“差”。同时，在本表“总体意见”栏中对该项目绩效目标的修改完善、预算安排等提出意见。

附 4：

项目支出绩效自评表

（　　年度）

<table>
<tr><td>项目名称</td><td colspan="4"></td></tr>
<tr><td>主管部门及代码</td><td colspan="2"></td><td>实施单位</td><td></td></tr>
<tr><td rowspan="3">项目预算执行情况（万元）</td><td>预算数：</td><td></td><td>执行数：</td><td></td></tr>
<tr><td>其中：财政拨款</td><td></td><td>其中：财政拨款</td><td></td></tr>
<tr><td>其他资金</td><td></td><td>其他资金</td><td></td></tr>
<tr><td rowspan="2">年度总体目标完成情况</td><td colspan="2">预期目标</td><td colspan="2">目标实际完成情况</td></tr>
<tr><td colspan="2">目标 1：
目标 2：
目标 3：
……</td><td colspan="2">目标 1 完成情况：
目标 2 完成情况：
目标 3 完成情况：
……</td></tr>
</table>

续表

	一级指标	二级指标	三级指标	预期指标值	实际完成指标值
年度绩效指标完成情况	产出指标	数量指标	指标 1：		
			指标 2：		
			……		
		质量指标	指标 1：		
			指标 2：		
			……		
		时效指标	指标 1：		
			指标 2：		
			……		
		成本指标	指标 1：		
			指标 2：		
			……		
		……			
	效益指标	经济效益指标	指标 1：		
			指标 2：		
			……		
		社会效益指标	指标 1：		
			指标 2：		
			……		
		生态效益指标	指标 1：		
			指标 2：		
			……		
		可持续影响指标	指标 1：		
			指标 2：		
			……		
		……			
	满意度指标	服务对象满意度指标	指标 1：		
			指标 2：		
			……		
		……			

附 5：

部门（单位）整体支出绩效自评表

（　　年度）

<table>
<tr><td colspan="2">部门（单位）名称</td><td colspan="5"></td></tr>
<tr><td rowspan="8">年度主要任务完成情况</td><td>任务名称</td><td>完成情况</td><td>预算数（万元）</td><td>其中：财政拨款</td><td>执行数（万元）</td><td>其中：财政拨款</td></tr>
<tr><td>任务 1</td><td></td><td></td><td></td><td></td><td></td></tr>
<tr><td>任务 2</td><td></td><td></td><td></td><td></td><td></td></tr>
<tr><td>任务 3</td><td></td><td></td><td></td><td></td><td></td></tr>
<tr><td>……</td><td></td><td></td><td></td><td></td><td></td></tr>
<tr><td></td><td></td><td></td><td></td><td></td><td></td></tr>
<tr><td colspan="2">金额合计</td><td></td><td></td><td></td><td></td></tr>
<tr><td colspan="6"></td></tr>
<tr><td rowspan="2">年度总体目标完成情况</td><td colspan="2">预期目标</td><td colspan="4">目标实际完成情况</td></tr>
<tr><td colspan="2">目标 1：
目标 2：
目标 3：
……</td><td colspan="4">目标 1 完成情况：
目标 2 完成情况：
目标 3 完成情况：
……</td></tr>
</table>

续表

	一级指标	二级指标	指标内容	预期指标值	实际完成指标值
年度绩效指标完成情况	产出指标	数量指标	指标1：		
			指标2：		
			……		
		质量指标	指标1：		
			指标2：		
			……		
		时效指标	指标1：		
			指标2：		
			……		
		成本指标	指标1：		
			指标2：		
			……		
		……			
	效益指标	经济效益指标	指标1：		
			指标2：		
			……		
		社会效益指标	指标1：		
			指标2：		
			……		
		生态效益指标	指标1：		
			指标2：		
			……		
		可持续影响指标	指标1：		
			指标2：		
			……		
		……			
	满意度指标	服务对象满意度指标	指标1：		
			指标2：		
			……		
		……			

附 6：

中央部门预算绩效目标管理流程图

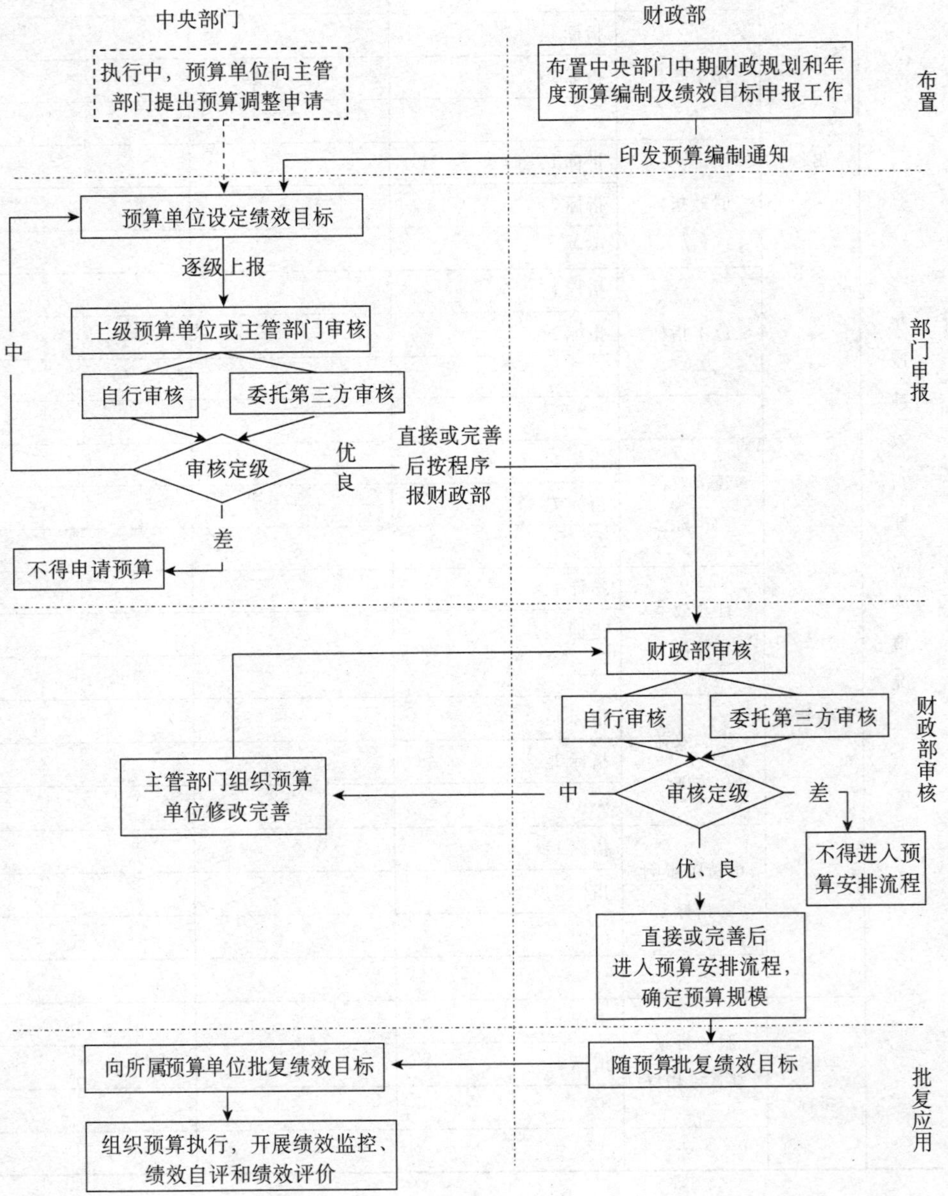

附录十八

中共中央　国务院关于全面实施预算绩效管理的意见

全面实施预算绩效管理是推进国家治理体系和治理能力现代化的内在要求，是深化财税体制改革、建立现代财政制度的重要内容，是优化财政资源配置、提升公共服务质量的关键举措。为解决当前预算绩效管理存在的突出问题，加快建成全方位、全过程、全覆盖的预算绩效管理体系，现提出如下意见。

一、全面实施预算绩效管理的必要性

党的十八大以来，在以习近平同志为核心的党中央坚强领导下，各地区各部门认真贯彻落实党中央、国务院决策部署，财税体制改革加快推进，预算管理制度持续完善，财政资金使用绩效不断提升，对我国经济社会发展发挥了重要支持作用。但也要看到，现行预算绩效管理仍然存在一些突出问题，主要是：绩效理念尚未牢固树立，一些地方和部门存在重投入轻管理、重支出轻绩效的意识；绩效管理的广度和深度不足，尚未覆盖所有财政资金，一些领域财政资金低效无效、闲置沉淀、损失浪费的问题较为突出，克扣挪用、截留私分、虚报冒领的问题时有发生；绩效激励约束作用不强，绩效评价结果与预算安排和政策调整的挂钩机制尚未建立。

当前，我国经济已由高速增长阶段转向高质量发展阶段，正处在转变发展方式、优化经济结构、转换增长动力的攻关期，建设现代化经济体系是跨越关口的迫切要求和我国发展的战略目标。发挥好财政职能作用，必须按照全面深化改革的要求，加快建立现代财政制度，建立全面规范透明、标准科学、约束有力的预算制度，以全面实施预算绩效管理为关键点和突破口，解决好绩效管理中存在的突出问题，推动财政资金聚力增效，提高公共服务供给质量，增强政府公信力和执行力。

二、总体要求

（一）指导思想

以习近平新时代中国特色社会主义思想为指导，全面贯彻党的十九大和十九届二中、三中全会精神，坚持和加强党的全面领导，坚持稳中求进工作总基调，坚持新发展理念，紧扣我国社会主要矛盾变化，按照高质量发展的要求，紧紧围绕统筹推进“五位一体”总体布局和协调推进“四个全面”战略布局，坚持以供给侧结构性改革为主线，创新预算管理方式，更加注重结果导向、强调成本效益、硬化责任约束，力争用3—5年时间基本建成全方位、全过程、全覆盖的预算绩效管理体系，实现预算和绩效管理一体化，着力提高财政资源配置效率和使用效益，改变预算资金分配的固化格局，提高预算管理水平和政策实施效果，为经济社会发展提供有力保障。

（二）基本原则

——坚持总体设计、统筹兼顾。按照深化财税体制改革和建立现代财政制度的总体要求，统筹谋划全面实施预算绩效管理的路径和制度体系。既聚焦解决当前最紧迫问题，又着眼健全长效机制；既关注预算资金的直接产出和效果，又关注宏观政策目标的实现程度；既关注新出台政策、项目的科学性和精准度，又兼顾延续政策、项目的必要性和有效性。

——坚持全面推进、突出重点。预算绩效管理既要全面推进，将绩效理念和方法深度融入预算编制、执行、监督全过程，构建事前事中事后绩效管理闭环系统，又要突出重点，坚持问题导向，聚焦提升覆盖面广、社会关注度高、持续时间长的重大政策、项目的实施效果。

——坚持科学规范、公开透明。抓紧健全科学规范的管理制度，完善绩效目标、绩效监控、绩效评价、结果应用等管理流程，健全共性的绩效指标框架和分行业领域的绩效指标体系，推动预算绩效管理标准科学、程序规范、方法合理、结果可信。大力推进绩效信息公开透明，主动向同级人大报告、向社会公开，自觉接受人大和社会各界监督。

——坚持权责对等、约束有力。建立责任约束制度，明确各方预算绩效管理职责，清晰界定权责边界。健全激励约束机制，实现绩效评价结果与预算安排和政策调整挂钩。增强预算统筹能力，优化预算管理流程，调动地方和部门的积极性、主动性。

三、构建全方位预算绩效管理格局

（三）实施政府预算绩效管理

将各级政府收支预算全面纳入绩效管理。各级政府预算收入要实事求是、积极稳妥、讲求质量，必须与经济社会发展水平相适应，严格落实各项减税降费政策，严禁脱离实际制定增长目标，严禁虚收空转、收取过头税费，严禁超出限额举借政府债务。各级政府预算支出要统筹兼顾、突出重点、量力而行，着力支持国家重大发展战略和重点领域改革，提高保障和改善民生水平，同时不得设定过高民生标准和擅自扩大保障范围，确保财政资源高效配置，增强财政可持续性。

（四）实施部门和单位预算绩效管理

将部门和单位预算收支全面纳入绩效管理，赋予部门和资金使用单位更多的管理自主权，围绕部门和单位职责、行业发展规划，以预算资金管理为主线，统筹考虑资产和业务活动，从运行成本、管理效率、履职效能、社会效应、可持续发展能力和服务对象满意度等方面，衡量部门和单位整体及核心业务实施效果，推动提高部门和单位整体绩效水平。

（五）实施政策和项目预算绩效管理

将政策和项目全面纳入绩效管理，从数量、质量、时效、成本、效益等方面，综合衡量政策和项目预算资金使用效果。对实施期超过一年的重大政策和项目实行全周期跟踪问效，建立动态评价调整机制，政策到期、绩效低下的政策和项目要及时清理退出。

四、建立全过程预算绩效管理链条

（六）建立绩效评估机制

各部门各单位要结合预算评审、项目审批等，对新出台重大政策、项目开展事前绩效评估，重点论证立项必要性、投入经济性、绩效目标合理性、实施方案可行性、筹资合规性等，投资主管部门要加强基建投资绩效评估，评估结果作为申请预算的必备要件。各级财政部门要加强新增重大政策和项目预算审核，必要时可以组织第三方机构独立开展绩效评估，审核和评估结果作为预算安排的重要参考依据。

（七）强化绩效目标管理

各地区各部门编制预算时要贯彻落实党中央、国务院各项决策部署，分解细化各项工作要求，结合本地区本部门实际情况，全面设置部门和单位整体绩效目标、政策及项目绩效目标。绩效目标不仅要包括产出、成本，还要包括经济效益、社会效益、生态效益、可持续影响和服务对象满意度等绩效指标。各级财政部门要将绩效目标设置作为预算安排的前置条件，加强绩效目标审核，将绩效目标与预算同步批复下达。

（八）做好绩效运行监控

各级政府和各部门各单位对绩效目标实现程度和预算执行进度实行“双监控”，发现问题要及时纠正，确保绩效目标如期保质保量实现。各级财政部门建立重大政策、项目绩效跟踪机制，对存在严重问题的政策、项目要暂缓或停止预算拨款，督促及时整改落实。各级财政部门要按照预算绩效管理要求，加强国库现金管理，降低资金运行成本。

（九）开展绩效评价和结果应用

通过自评和外部评价相结合的方式，对预算执行情况开展绩效评价。各部门各单位对预算执行情况以及政策、项目实施效果开展绩效自评，评价结果报送本级财政部门。各级财政部门建立重大政策、项目预算绩效评价机制，逐步开展部门整体绩效评价，对下级政府财政运行情况实施综合绩效评价，必要时可以引入第三方机构参与绩效评价。健全绩效评价结果反馈制度和绩效问题整改责任制，加强绩效评价结果应用。

五、完善全覆盖预算绩效管理体系

（十）建立一般公共预算绩效管理体系

各级政府要加强一般公共预算绩效管理。收入方面，要重点关注收入结构、征收效率和优惠政策实施效果。支出方面，要重点关注预算资金配置效率、使用效益，特别是重大政策和项目实施效果，其中转移支付预算绩效管理要符合财政事权和支出责任划分规定，重点关注促进地区间财力协调和区域均衡发展。同时，积极开展涉及一般公共预算等财政资金的政府投资基金、主权财富基金、政府和社会资本合作（PPP）、政府采购、政府购买服务、政府债务项目绩效管理。

（十一）建立其他政府预算绩效管理体系

除一般公共预算外，各级政府还要将政府性基金预算、国有资本经营预算、社会保险基金预算全部纳入绩效管理，加强四本预算之间的衔接。政府性基金预算绩效管理，要重点关注基金政策设立延续依据、征收标准、使用效果等情况，地方政府还要关注其对专项债务的支撑能力。国有资本经营预算绩效管理，要重点关注贯彻国家战略、收益上缴、支出结构、使用效果等情况。社会保险基金预算绩效管理，要重点关注各类社会保险基金收支政策效果、基金管理、精算平衡、地区结构、运行风险等情况。

六、健全预算绩效管理制度

（十二）完善预算绩效管理流程

围绕预算管理的主要内容和环节，完善涵盖绩效目标管理、绩效运行监控、绩效评价管理、评价结果应用等各环节的管理流程，制定预算绩效管理制度和实施细则。建立专家咨询机制，引导和规范第三方机构参与预算绩效管理，严格执业质量监督管理。加快预算绩效管理信息化建设，打破“信息孤岛”和“数据烟囱”，促进各级政府和各部门各单位的业务、财务、资产等信息互联互通。

（十三）健全预算绩效标准体系

各级财政部门要建立健全定量和定性相结合的共性绩效指标框架。各行业主管部门要加快构建分行业、分领域、分层次的核心绩效指标和标准体系，实现科学合理、细化量化、可比可测、动态调整、共建共享。绩效指标和标准体系要与基本公共服务标准、部门预算项目支出标准等衔接匹配，突出结果导向，重点考核实绩。创新评估评价方法，立足多维视角和多元数据，依托大数据分析技术，运用成本效益分析法、比较法、因素分析法、公众评判法、标杆管理法等，提高绩效评估评价结果的客观性和准确性。

七、硬化预算绩效管理约束

（十四）明确绩效管理责任约束

按照党中央、国务院统一部署，财政部要完善绩效管理的责任约束机制，地方各级政府和各部门各单位是预算绩效管理的责任主体。地方各级党委和政府主要负责同志对本地区预算绩效负责，部门和单位主要负责同志对本部门本单位预算绩效负责，项目责任人对项目预算绩效负责，对重大项目的责任人实行绩效终身责任追究制，切实做到花钱必问效、无效必问责。

（十五）强化绩效管理激励约束

各级财政部门要抓紧建立绩效评价结果与预算安排和政策调整挂钩机制，将本级部门整体绩效与部门预算安排挂钩，将下级政府财政运行综合绩效与转移支付分配挂钩。对绩效好的政策和项目原则上优先保障，对绩效一般的政策和项目要督促改进，对交叉重复、碎片化的政策和项目予以调整，对低效无效资金一律削减或取消，对长期沉淀的资金一律收回并按照有关规定统筹用于亟需支持的领域。

八、保障措施

（十六）加强绩效管理组织领导

坚持党对全面实施预算绩效管理工作的领导，充分发挥党组织的领导作用，增强把方向、谋大局、定政策、促改革的能力和定力。财政部要加强对全面实施预算绩效管理工作的组织协调。各地区各部门要加强对本地区本部门预算绩效管理的组织领导，切实转变思想观念，牢固树立绩效意识，结合实际制定实施办法，加强预算绩效管理力量，充实预算绩效管理人员，督促指导有关政策措施落实，确保预算绩效管理延伸至基层单位和资金使用终端。

（十七）加强绩效管理监督问责

审计机关要依法对预算绩效管理情况开展审计监督，财政、审计等部门发现违纪违法问题线索，应当及时移送纪检监察机关。各级财政部门要推进绩效信息公开，重要绩效目标、绩效评价结果要与预决算草案同步报送同级人大、同步向社会主动公开，搭建社会公众参与绩效管理的途径和平台，自觉接受人大和社会各界监督。

（十八）加强绩效管理工作考核

各级政府要将预算绩效结果纳入政府绩效和干部政绩考核体系，作为领导干部选拔任用、公务员考核的重要参考，充分调动各地区各部门履职尽责和干事创业的积极性。各级财政部门负责对本级部门和预算单位、下级财政部门预算绩效管理工作情况进行考核。建立考核结果通报制度，对工作成效明显的地区和部门给予表彰，对工作推进不力的进行约谈并责令限期整改。

全面实施预算绩效管理是党中央、国务院作出的重大战略部署，是政府治理和预算管理的深刻变革。各地区各部门要更加紧密地团结在以习近平同志为核心的党中央周围，把思想认识和行动统一到党中央、国务院决策部署上来，增强“四个意识”，坚定“四个自信”，提高政治站位，把全面实施预算绩效管理各项措施落到实处，为决胜全面建成小康社会、夺取新时代中国特色社会主义伟大胜利、实现中华民族伟大复兴的中国梦奠定坚实基础。

附录十九

财政部关于专员办加强财政预算监管工作的通知

（2014 年 10 月 28 日　财预〔2014〕352 号）

为贯彻党的十八大和十八届三中全会精神，落实党中央、国务院关于深化财税体制改革和预算管理制度改革的决定，根据《中华人民共和国预算法》《财政部门监督办法》（财政部令第 69 号）、《关于印发财政部驻各省财政监察专员办事处职能配置、机构设置和人员编制规定的通知》（中编办发〔1998〕7 号）等有关法律和文件规定，现就财政部驻各地财政监察专员办事处（以下简称专员办）加强财政预算监管工作通知如下：

一、专员办加强财政预算监管工作的重要性和紧迫性

专员办成立以来，紧紧围绕财政工作大局，不断完善监管职能，优化监管思路，强化各项监管工作，监管能力和水平显著提升。但随着财税改革的不断深入，专员办现有业务存在的与财政主体业务衔接不够、部分业务与有关部门职能交叉重叠等问题日益凸显，专员办就地就近管理的优势未能有效发挥。同时，党中央、国务院重大财税政策的落实、转移支付资金的管理、中央基层预算单位的财政管理等工作又亟需加强。这种状况与推进国家治理体系和治理能力现代化、建立现代财政制度的要求明显不相适应。为进一步加强财政预算管理，深入推进各项改革，有效执行财税政策，维护财经秩序，专员办迫切需要加强财政预算监管工作。

二、专员办加强财政预算监管工作的目标和基本原则

从加强财政预算管理的客观需求出发，按照中编办批复专员办“加强对中央财政收支情况的事前、事中监控和事后检查稽核的日常监督”的要求，专员办加强财政预算监管工作的目标是：将专员办业务嵌入预算编制、预算执行、决算管理等财政主体业务，实现从以检查业务为主向财政预算管理为主转变、以事后检查为主向事前事中监管为主转变，进一步提高中央财政预算管理的科学性和有效性。

专员办加强财政预算监管工作的基本原则是：

（一）立足财政预算。结合深化财税体制改革和预算管理制度改革的实际需要，调整工作重点，强化财政预算管理。

（二）规范工作程序。依据规章制度和财政部授权开展财政预算监管工作，业务上接受部内相关司局指导，并嵌入财政主体业务流程和内控体系。

（三）就近有效监管。充分利用贴近基层、就地就近的有利条件，配合部内司局有效开展相关工作，提高监管工作成效。

（四）配套保障到位。在明确专员办加强监管工作目标任务的基础上，调整内部机构设置，制定相关工作计划，切实保障监管工作顺利开展。

三、专员办加强财政预算监管工作的主要内容

根据《关于印发财政部驻各省财政监察专员办事处职能配置、机构设置和人员编制规定的通知》（中编办发〔1998〕7号）和《中共财政部党组关于调整内设机构和职责的决定》（财党〔2014〕19号）的相关规定，对专员办加强财政预算监管工作进行具体细化，主要内容如下：

（一）开展属地省区中央预算单位预算管理。审核属地中央预算单位预算编制，对属地中央二级及二级以下预算单位，及个别一级预算单位（以下简称属地中央预算单位）的预算编制进行审核。监控属地中央预算单位预算执行，审核中央财政直接支付资金，监控授权支付资金，监控预算执行进度和政府采购预算执行，审批管理银行账户。审核属地中央预算单位决算编制。

（二）审核中央对地方转移支付资金预算相关基础资料，监督中央对地方转移支付资金预算执行。

（三）监督中央重大项目预算执行和财务管理。根据相关项目资金管理办法，对中央重大项目预算执行和财务管理进行监督。

（四）监督国家重大财税政策执行情况。主要对中央重大财税政策的贯彻落实情况，以及财政资金的管理使用情况开展调研和检查。

（五）监督中央预算收入执行和国库业务。监督中央税收收入征缴，征收和监缴部分中央非税收入，监督属地中央执收单位执收中央非税收入情况。按规定审批退付中央预算收入，监督国库办理预算收入的收纳、划分、留解、退付和预算支出拨付。

（六）承担中央财政预算支出绩效管理工作。

（七）监督地方政府债务。按照财政部对地方政府债务管理的统一要求，对地方政府债务实施监督。

（八）监督会计信息质量。开展会计信息质量检查和注册会计师行业执业质量监督检查。

（九）配合参加内部审计。按照财政部统一安排，配合参加监督检查

局组织的对部内单位有关审计工作。

（十）承办财政部交办的其他事项。

四、专员办加强财政预算监管工作的配套措施

（一）强化部内司局业务指导。专员办的总体业务工作由预算司负责归口管理，主要是对专员办进行业务协调、工作联络、业务考评等，具体业务工作归口相关司局指导；专员办的预算资产财务工作由办公厅负责归口管理；专员办的人事工作由人事教育司负责归口管理；专项检查、会计信息质量监督、对专员办内控建设的指导与监督由监督检查局负责归口管理；专员办的纪检监察工作由驻部监察局归口管理；专员办信息化建设工作由信息网络中心负责归口管理。

（二）调整内设机构设置。根据加强财政预算监管工作需要、与部内司局的工作对接以及本地本办实际情况，专员办的内设机构原则上设置为：

办公室，主要对口预算司（综合协调工作）、办公厅、人事教育司、驻部监察局、巡视办、信息网络中心以及无经常性业务联系的司局。

业务一处，主要对口预算司（业务工作）、国库司（收入业务部分）、税政司、综合司、关税司等，并牵头综合业务事项。

业务二处，主要对口国库司、行政政法司、教科文司、社会保障司、文资办等，并牵头协调国库业务和属地中央预算单位管理。

业务三处，主要对口经济建设司、农业司（综改办）、农发办等，并牵头协调转移支付业务。

业务四处，主要对口金融司、资产管理司、国防司、国际财金合作司等。

监督检查处，主要对口监督检查局。

各专员办之间人员配备及办内各处室的人员配备，根据财政预算监管工作需要进行相应调整。

（三）完善相关制度。预算司负责研究制定专员办财政预算监管工作程序；相关业务司局负责就专员办业务涉及的具体内容，制定完善相关管理制度；专员办根据具体工作要求制定各项实施细则和操作规程。

（四）加快信息化建设。将专员办信息化建设纳入财政部信息化建设进行统筹规划和设计，按照一体化建设思路与原则，实现专员办与相关业务司局信息管理系统的对接。推动专员办与地方财政部门及属地中央预算单位的信息联网。

五、加强组织领导，切实做好财政预算监管工作

专员办加强财政预算监管工作是适应当前形势需要，完善财政管理制度的迫切要求。各专员办应站在建立现代财政制度和服务财政改革发展大局的高度，提高认识，转变观念，加强组织领导。合理调整机构，人员尽快到位。健全工作机制，完善业务流程，强化内部控制。加强学习和培训，提升业务素质。做好工作衔接，突出重点任务，切实履行好各项财政预算监管职能。

附件：专员办财政预算监管工作程序

附件：

专员办财政预算监管工作程序

一、关于审核属地中央预算单位预算编制

（一）审核范围

属地中央预算单位的支出预算和人员编制、资产等基础信息以及其他事项。

（二）审核工作程序

属地中央预算单位将其人员编制、资产等基础信息及变动情况及时报专员办备查。

预算司在布置年度预算编制工作时，明确专员办预算编制审核的范围和权限，并提出审核工作重点和具体要求。如部门司对专员办审核工作有特殊要求的，由预算司在布置年度预算编制工作时一并布置。已经授权专

员办的业务不再另行布置。

属地中央预算单位在报送“一上”预算（含政府采购预算，下同）时，将“一上”预算抄报专员办备查。预算司收到部门上报的“一上”预算后，将属地中央预算单位预算分解抄送专员办。专员办收到预算司转来的“一上”预算后，结合属地中央预算单位报送的“一上”预算资料进行审核，提出具体审核意见，并在规定时间内报部门司和预算司，其中新增资产配置报资产管理司汇总复核后报预算司。以上非涉密信息通过内网报送，涉密信息通过文件交换报送。

部门司结合专员办的审核意见，对部门预算进行审核。对意见不一致的事项，部门司要作出说明，并附专员办意见报预算司。

在部门“一上”和“二上”预算审核过程中，如有需要专员办进行审核的其他工作，由部门司提出需求转预算司，预算司委托相关专员办进行审核，专员办应及时将审核意见反馈部门司。

部门预算批复后，由预算司将属地中央预算单位“二下”预算分解抄送专员办。

二、关于监控属地中央预算单位预算执行

（一）监控属地中央预算单位资金拨付

国库司将属地中央预算单位用款计划、政府采购计划、采购方式变更审批及进口产品采购审核结果抄送专员办。

对中央财政直接支付资金，专员办按要求审核并签署意见。

对属地中央预算单位中央财政授权支付资金，专员办可根据国库外围平台的支付数据进行监控，发现的违规问题要及时予以纠正，监控处理情况报国库司和部门司。

（二）监控属地中央预算单位预算执行进度以及政府采购项目执行有关法律制度和采购政策情况

（三）审批管理属地中央预算单位银行账户

按照相关规定办理属地中央预算单位银行账户审批、备案、年检等工作，对属地中央预算单位银行账户管理使用情况进行监管。

三、关于审核属地中央预算单位决算编制

国库司在布置年度决算时，对专员办审核决算工作提出具体要求。

属地中央预算单位将决算草案上报主管部门的同时，抄送专员办。

专员办按规定审核，并将审核意见在规定时间内报部门司和国库司。

部门司结合专员办提出的审核意见对部门决算进行审核。

四、关于审核中央对地方转移支付资金预算编制

（一）审核范围

重点审核中央对地方转移支付资金预算相关基础资料。

（二）审核工作程序

预算司会同部门司提出审核工作总体要求；部门司根据总体要求和各项转移支付资金特点，在相关制度文件中明确审核要求，并将转移支付相关制度文件提供给专员办。

省级财政部门在向财政部上报预算申请资料的同时抄报专员办。

专员办按规定开展审核，并将审核结果和相关建议报部门司和预算司。

部门司会签预算司提前下达或下达预算指标时，将专员办审核意见和采纳情况一并报预算司。

部门司在下达中央对地方转移支付资金时，将文件抄送专员办。

预算司直接分配一般性转移支付时，其职责视同部门司。

五、关于监控中央对地方转移支付资金（含基建项目）预算执行

省级财政部门根据财政部要求，将资金分配情况，包括分配依据、分地区分部门分配结果等报财政部的同时，抄送专员办备查。

预算执行中需要专员办重点监管的中央转移支付资金项目，预算司和部门司要予以明确，并提出管理要求。对重点监管的项目，省级财政部门应按要求将资金管理使用情况汇总报送专员办。

专员办根据相关制度要求，对资金安排是否符合政策方向、有无按规定时间下达预算、因素选择是否合理、共同支出责任中地方承担部分是否

落实等进行审核，对支出进度是否符合要求、有无挤占挪用、有无结转结余资金、资金使用是否有效等进行监控，发现问题及时向相关司报告。

六、关于监督中央预算收入执行和国库业务

开展中央预算收入对账工作，监督中央和地方收入划分，检查违反法律法规规定，多征或者减征、免征、缓征应征的预算收入，违规审批、退付中央预算收入等问题；按规定监缴部分中央非税收入；按规定审批退付中央预算收入。

对需要由专员办征收的中央非税收入，专员办根据财政部文件规定，及时核定缴款人应缴额，开具《非税收入一般缴款书》，督促缴款人缴款。通过《非税收入一般缴款书》年审（备案）、核销，以及实地检查等，对属地中央预算单位执收中央非税收入情况进行监督检查。

监督国库办理预算收入的收纳、划分、留解、退付和预算支出拨付。

定期将中央预算收入执行和国库业务监督等情况报国库司。

七、关于承担中央财政预算支出绩效管理工作

（一）对属地中央预算单位预算

预算编制阶段，专员办对属地中央预算单位预算编制过程中，参考以前年度有关绩效评价结果情况和绩效目标设定情况等进行审核，在属地中央预算单位预算审核报告中予以反映，并报送部门司和预算司。中央部门在批复下级单位部门预算时，要将细化批复的属地中央预算单位预算绩效目标一并抄送专员办。

预算执行中，专员办按照财政部的要求开展绩效监控，发现预算执行可能偏离年初确定的绩效目标时，要及时提出处理意见和建议报部门司和预算司；相关司要及时形成相应的处理意见并转专员办；专员办据此督促属地中央预算单位的整改落实。

预算执行结束后，专员办可根据财政部的要求，对属地中央预算单位的绩效自评情况进行抽查。同时，接受财政部的委托，对相关预算支出开展绩效评价，形成相应的绩效评价报告，并提出评价结果的应用建议报部门司和预算司。在正式的绩效评价结果形成后，相关司要及时抄送专员

办；专员办要督促绩效评价结果的应用，并对相应后续政策的完善和有关问题的整改落实进行跟踪。

（二）对中央对地方转移支付资金

预算编制阶段，省级财政部门在将预算申请材料抄送专员办后，专员办要及时对其预算绩效目标设定情况、参考有关支出绩效评价情况等进行审核，形成相应的审核意见报部门司和预算司。在转移支付资金正式下达后，相关司要将批复的预算绩效目标抄送专员办。

预算执行中，专员办按照财政部的要求开展绩效监控，发现预算执行可能偏离年初确定的绩效目标时，要及时提出处理意见和建议报送省级财政部门，并将有关情况报部门司和预算司备案。

预算执行结束后，专员办接受财政部的委托开展转移支付资金绩效评价，形成相应的绩效评价报告，并提出评价结果的应用建议报部门司和预算司。在正式的绩效评价结果形成后，相关司要及时抄送专员办；专员办要督促绩效评价结果的应用，并对相应后续政策的完善和有关问题的整改落实进行跟踪。

八、关于监督地方政府债务

省级财政部门根据财政部要求，将地方政府债务数据等报财政部预算司的同时，抄送专员办备案。

预算司在下达各地地方政府债务规模、债务风险评估结果、债务管理要求等文件时，抄送专员办备案。

专员办根据预算司统一要求，对地方政府举债和担保承诺行为是否合法合规、债务资金安排和使用是否符合政策方向、债务偿还是否有偿债计划和稳定的偿还资金来源、债务风险是否按要求积极防范和化解、债务上报数据是否真实准确等进行监控。督促地方政府加强债务管理，发现问题及时向预算司报告，并对地方政府相应后续政策的完善和有关问题的整改落实进行跟踪。

九、关于财政监督检查工作

专员办开展的专项检查和会计信息质量检查由监督检查局统一组织部

署，年度检查计划由监督检查局商预算司按程序报部领导批准后实施。有关司需要临时增加检查任务的，应事先商监督检查局，由监督检查局按程序报部领导批准。

十、其他事项

财政部交办的其他事项按相关要求办理。

附录二十

财政部关于专员办进一步加强财政预算监管工作的意见

（2016 年 3 月 28 日　财预〔2016〕38 号）

财政部驻各省、自治区、直辖市、计划单列市财政监察专员办事处：

在财政部党组的正确决策和坚强领导下，近年来，财政部驻各地财政监察专员办事处（以下简称专员办）认真贯彻落实《财政部关于专员办加强财政预算监管工作的通知》（财预〔2014〕352 号）精神，积极转变思想观念，明确角色定位，完善规章制度，创新工作机制，稳步推进工作转型，嵌入财政主体业务并有序实施财政预算监管，取得了阶段性明显成果，在组织建设、业务能力建设等方面发生了历史性变化，对深化财政预算管理改革和贯彻落实重大财政政策起到了重要保障作用。同时，专员办转型工作尚处于“爬坡”过程中，还面临一些困难和问题。为了推动专员办转型到位并充分发挥其作用，按照部党组关于专员办进一步加强财政预算监管工作的决定精神，现提出以下意见：

一、深入推进专员办工作转型

按照财政部党组对专员办工作转型的决策部署，秉持“财政部干什么，专员办就在前方干什么”的理念，突出“财政预算管理的问题在哪里，专员办的工作重心就在哪里”的思路，在已有转型工作基础上，抓住“一个核心”，即预算这个核心，把专员办业务嵌入预算管理，进一步做深做实，见实效并机制化；逐步实现“两个拓展”，即在预算监管的基础上，逐步实现向财政业务监管全覆盖拓展，监管方式和职能向加强政策研究拓展，全面反映驻在地财政运行情况并提出政策建议；建立和完善“两个联动”机制，即财政部各司局同专员办的联动机制、财政部同地方财政部门的预算监管联动机制，不断提升专员办财政预算监管工作成效，树立监管权威，把专员办的潜力更大程度释放出来。

二、进一步将专员办业务嵌入预算管理工作做深做实

继续做好属地中央预算单位预算编制监管，建立完善基础数据库，全面审核基础数据，督促建立完善项目库，加强对入库项目立项依据、实施方案、预算需求、绩效目标等的审核，提高入库项目质量，提升预算编制的科学性。

以国库动态监控系统为依托，对属地中央预算单位预算执行进度、资金使用方向、项目实施效果等全面监控，发现问题及时纠正，督促属地中央预算单位加快预算执行、盘活资金存量、控制结转结余，提升预算执行的时效性、规范性、安全性。

在试点基础上，逐步扩大部门决算审核范围，对其项目绩效自评情况进行抽查，全面、真实反映财政资金使用情况和执行效果，提升预算执行的有效性。

努力实现专员办对预算编制和执行全链条嵌入，根据授权对属地中央预算单位预算管理的重要环节和节点审核把关，强化专员办监管成果应用，推动改进预算编制和执行并形成制度化机制。

三、逐步实现专员办财政业务监管全覆盖

推进中央对地方转移支付监管，做好省级财政部门提交中央补助资金

申请的审核，对地方财政部门分配、下达、落实和使用中央转移支付情况进行全面监控，及时反映监管中发现的问题。

强化地方政府债务监督，配合做好中央对地方政府债务的限额管理、预算管理、风险管理以及数据统计报告等工作，加强地方政府债券发行、使用和偿还等监管，并对地方政府债务风险变化和违法违规举债担保等进行动态监控。

加强中央重大项目执行监督，对社会公众关注及对经济社会发展有较大影响的重大民生政策和重大专项支出，专员办要予以优先和重点监管。

全面推进预算绩效管理，加强绩效目标审核，实施绩效监控，开展绩效评价，督促相关单位积极应用评价结果，密切跟踪相关后续政策完善和有关问题的整改落实情况。

按照“精减、精准”“有针对性、关注重大问题”的原则精选检查项目，做精、做优专项检查工作，提升检查成效；建立健全《预算法》执行情况检查和严肃财经纪律长效机制，加大检查力度，发挥惩戒作用，增强财政监督检查的威慑力和社会影响力。

加强法规制度执行情况的调查研究，提出改进意见和建议；做好国有资产、非税收入、国际金融组织贷款、会计信息质量等其他财政工作的监管，实现所授权的财政业务监管全面覆盖。

四、充分发挥专员办就地管理和政策研究作用

发挥专员办就地就近优势，指导地方财政加强预算编制管理，督促地方将提前下达的转移支付及时分解下达并全额编入预算，并依据党中央、国务院确定的重大财政政策，研究评估地方预算编制的准确性和科学性。

借助地方预算综合管理等系统，辅以核查、调查等方式，全面掌握地方收入状况、支出结构等信息，及时发现和反映地方财政运行中苗头性、趋势性问题，特别是对全国有重大影响的共性问题。

参与中央重大财税体制改革，协助做好政策出台前的调研，加强对地方财政落实中央重大财政政策的监督和管理，对政策实施效果进行评估。围绕地方财政运行和重大问题，组织开展有重点、系统性的调查研究，提出针对性、建设性的政策建议。

五、完善财政部部内司局同专员办的联动机制

进一步厘清财政部部内司局的业务范围和职责，充分发挥其扁平化管理作用，围绕财政部各司局的工作重点，及时、细化、精准指导专员办的监管工作，进行政策解答，研究解决专员办反映的问题。

落实财政部预算司的牵头管理职责，对需财政部部内司局共同解决的综合性、基础性、交叉性问题，预算司要统筹协调、积极推动，会同部内司局及时研究解决，并加强与专员办常态化的沟通联系，实现常规工作靠机制、特殊事项靠授权，使专员办始终处于“自主运行、精准指导”的状态中，确保专员办工作和财政部部内司局有效联动、形成合力。

建立财政部指导专员办工作司局协调机制，充分发挥财政预算监管工作协调小组作用，强化财政部部内司局的联络和沟通，开展定期的交流协商，研究部署工作，通报工作进展，总结经验做法，协调解决问题，确保财政部部内司局在组织指导专员办工作上协调一致、运转高效。

进一步均衡财政部部内司局安排专员办承担的业务工作量，协调各项工作的时间安排，做好年度财政预算监管工作计划的统筹，严格控制执行中新增监管事项。年度监管计划应保持一定“弹性”，为专员办自主开展工作留出空间。

六、建立健全财政部同地方财政部门的预算监管联动机制

将财政部对地方财政的管理同专员办工作转型结合起来，引导专员办围绕中央重大财税政策落实、地方财政运行、财政风险防控、预决算公开等实施有效监管，及时发现和反映地方财政管理中出现的问题，配合财政部相关司局研究解决并督促落实。未能及时发现地方财政管理中的问题，或发现问题但未及时反映、报告，要对相关专员办进行问责。

财政部部内司局要及时将相关财税政策、工作要求等告知专员办，提示专员办关注地方财政管理中可能出现的问题，指导专员办开展有针对性的监管，及时协调解决专员办监管工作中涉及地方财政部门的有关问题。财政部部内司局未认真履行对专员办工作的指导责任，要对相关司局进行问责。

对专员办监管中发现的地方财政管理中的违规违纪等重大问题，财政部有关司局要依据《预算法》等法规提出处理意见，约谈相关省级财政部门主要负责人，将有关情况在财政系统内进行通报，并抄送所在省（自治区、直辖市、计划单列市）人民政府，提出相关问责建议。

七、重视和加强专员办财政预算监管成果的应用

完善专员办财政预算监管成果应用机制，对专员办形成的财政预算监管成果，原则上财政部部内司局都要将其作为预算编制、执行、决算及其他财政工作的重要依据，并及时向专员办反馈监管成果采纳情况。

对专员办形成的调研成果，财政部部内司局要及时进行归纳、分析，将其作为衡量财政政策执行效果的尺子、完善政策和制定法规制度的重要依据。对重要调研成果要以适当方式上报国务院，通报所在省（自治区、直辖市、计划单列市）人民政府。

要把专员办监管成果应用作为必经环节嵌入预算编制、执行、决算管理流程，作为完善财政预算管理的必要内容。对无故不采纳、不应用专员办合理意见建议而带来的问题、造成的后果，相关单位和人员要承担相应的责任。

八、加强专员办工作的组织制度保障

加强专员办党建工作。进一步落实专员办党建工作责任制，强化“一岗双责”，落实“两个责任”，狠抓廉洁自律准则、纪律处分条例和巡视工作条例的贯彻落实，聚焦全面从严治党加大对专员办的巡视力度，进一步抓好整改落实，始终把纪律挺在前面。

加强内控建设。财政部部内司局要把对专员办的业务指导、监管成果应用等纳入本司局的业务流程设计，对各个环节和重要节点提出具体审核把关要求，并嵌入内控系统，监督执纪问责。各专员办要严格执行财政部内控制度办法、专员办内控基本制度和操作规程等，完善内控机制，确保内控措施全覆盖，有效防范业务、法律和廉政等风险。

加强专员办干部队伍建设和财务管理。继续深化干部人事制度改革，进一步充实专员办领导班子力量，优化干部队伍结构，适时调整内设处室

职责，优化内设处室人员配备。不断规范专员办预算管理、资产处置、会计核算等，保障专员办开展工作所需经费。

提高专员办内部管理水平。进一步完善顶层制度设计，对专员办转型后的业务工作以相应的制度予以固化，对与专员办转型要求不相符、不衔接的规章制度进行清理修订。建立专员办业务工作考核机制，将考核结果以适当方式通报，并作为干部选拔、调整和年度考核的重要参考。加大财政部对专员办的业务对口培训，促进专员办之间的横向业务交流。积极推进政府购买服务，聘请社会第三方力量参与财政预算监管工作。加快专员办信息系统建设，尽快实现与财政部内主要业务系统、地方财政等部门相关信息系统的互联互通，保证专员办及时获取监管信息。

强化外部协调配合。财政部各司局要加强同中央各部门和地方财政部门的沟通，协调中央各部门和地方财政部门及时开放信息系统，全面提供基础信息，如实反映存在问题，提供必要保障条件，并加强同专员办之间的沟通协调，积极配合专员办做好财政预算监管工作，不断提升财政预算管理水平，提高财政资金使用效益。

附录二十一

2020 年中央部门基础信息数据库填报说明

为夯实部门预算管理基础，科学准确编制基本支出预算，部门在编制“一上”预算时需一并填报“中央部门基础信息数据库”（以下简称基础数据库）。

一、基础数据库填报要求

（一）基础数据库填报工作在中央部门预算管理系统中的“基础资

料”模块进行，包括“基础数据录入”和“规范津贴补贴经费申报”两个子模块。各部门应认真组织本部门基础信息数据的填报、审核、汇总工作。

（二）各部门应在规定时间将中央部门基础信息数据盘和有关文字材料报送财政部，“二上”阶段不需再报送基础数据库。数据盘报财政部信息网络中心统一接收；人员编制批复等证明文件，基础数据和规范津贴补贴经费测算说明，事业单位编制内增人依据、理由、经费需求、分类改革等情况，报送财政部对口部门预算管理司。纳入财政部各地监管局监管范围的预算单位，要将上述材料一并提供当地监管局。

（三）基础数据库建设是加强中央部门人员和资产等基础信息管理、规范津贴补贴经费审核、提高预算管理水平的重要手段。基础数据库中人员编制、实有人数、资产信息、规范津贴补贴经费需求等数据的准确性直接影响到各部门基本支出预算安排和广大干部职工的切身利益，各部门务必准确填报、认真审核，并按时报送相关证明材料。因材料不齐难以核定人员编制、车辆、事业单位编制内进人等实际变化情况的，基本支出相关增支将不予核定。

二、“基础数据录入”子模块填报说明

（一）主要内容

“基础数据录入”子模块对中央行政事业单位的编制、人员和资产等信息进行管理。子模块共包括 6 张录入表，分别反映单位基本情况、人员信息、资产信息。具体包括：

1. 反映基础信息部分：录入 01 表（单位基础信息表）。

2. 反映人员情况部分：录入 02 表（行政单位人员情况表）、录入 03 表（参公单位人员情况表）、录入 04 表（事业单位人员情况表）三张表。

3. 反映中央部门机关本级资产情况部分：录入 05 表（部门本级行政单位办公用房基本情况表）和录入 06 表（部门本级行政单位公务用车基本情况表）两张表。

（二）填报口径

1. 单位范围。凡中央编办批准设立的中央部门所属行政机关、参公单

位、事业单位，中央编办核定事业编制的社团、协会等均需填报相关数据。需要说明的是：

（1）所有中央编办批准设立的财政补助事业单位和通过一般公共预算拨款安排支出的经费自理事业单位，包括符合上述条件的企业所属财政补助和经费自理事业单位，均需填报人员数据。无一般公共预算拨款的经费自理事业单位可不填报相关数据。

（2）中央编办核定事业编制的各类学校（含按照生均综合定额标准核定基本支出的高校）、通过一般公共预算拨款安排基本支出或项目支出的企业化管理事业单位需填报人员数据。企业和无一般公共预算拨款的企业化管理事业单位不需填报相关数据。

（3）纳入基本支出定员定额管理范围的中央部门行政机关本级需要填报资产数据（录入05、06表），其他单位可不填报。

（4）解放军、驻港联络办、驻澳联络办等部门可不填报基础数据库。

2. 人员范围。包括所有人事关系在上述单位的在职人员、离休人员、退休人员。人事关系不在填报单位的编制外长期或临时聘用人员、遗属人员等不在填报范围之内。如确有需要，长期聘用人员等可在编报预算时以文字说明等方式单独反映。

3. 时间节点。行政和参公单位人员编制数、实有数和资产情况的统计时间节点均为2019年7月底。事业单位（不含中央高校、公立医院）须统计两个时间节点的人员信息，一是2019年7月底人员编制、实有情况；二是预计2020年7月底编制内实有人员情况。中央高校、公立医院仅需填报截至2019年7月底人员编制、实有情况，不需填报预计2020年7月底情况。

4. 事业单位编制内增人情况填报要求。

为规范事业单位基本支出预算管理，部门所属事业单位除填报截至2020年7月底预计编制内实有人员情况外，还需对2019年7月底至2020年7月底编制内增人依据、理由、经费需求以及分类情况等进行详细说明。主要内容包括：一是事业单位分类和职能情况（需附相关证明文件），单位职能是否属于政府应承担的职能、是否有利于发挥市场在资源配置中的决定性作用，相关工作任务是否可以通过政府购买服务方式解决；二是单位现有人员和工作量情况，需要增加的人员数量及测算依据；三是部门内部以及其他部门有类似职能的机构情况等；四是需要财政增加安排基本支出财政拨款预算的，需详细说明经费需求和测算依据。

（三）上下年度数据衔接要求

基础信息数据库中“上年情况（2018 年 7 月底情况）”为 2018 年部门预算编制时各部门报送、并经财政部审核确认的人员编制、实有情况和资产信息（截至 2018 年 7 月底数据）。部门填报截至 2019 年 7 月底数情况时，应对年度间人员、资产增减变化情况、原因等进行单独说明，对人员编制变动等需提供相关部门的批文（中央各部门公务用车制度改革实施方案的批复文件不需提供，实施方案批复后车辆编制有调整的，需提供批文）。

（四）录入表填报说明

“基础数据录入”子模块共 6 张录入表，各表填报说明如下：

1. 录入 01 表——“单位基础信息表”。本表填列各部门（单位）基础信息，一个单位一条记录，相关信息项直接从“系统管理”中填报的信息提取，需要调整的，可在“系统管理”中修改。具体填列方法如下：

（1）单位代码：从系统参数提取。

（2）单位名称：从系统参数提取。

（3）主管单位：填列本单位的上一级主管单位。

（4）单位（人员）类型：本表根据单位人员情况可填列“行政单位”“参公单位”“事业单位”三类（不可填列“企业”和“其他单位”）。对于单位类型是“企业”或“其他”、需填报人员情况的单位，可根据实际情况选择填列上述三种具体类型。中央编办核定事业编制的社团、协会等，视同事业单位，相应填列“事业单位”类。

（5）经费性质：填列经中央编办正式批复确认的经费性质，单位（人员）类型为“行政单位”时，在下拉列表框中选择“财政拨款”；单位（人员）类型为“参公单位”“事业单位”时，经费性质可选择“财政补助”“经费自理”和“企业化管理”三类。

（6）单位所在地区：填列单位本级所在地区，需具体到单位所在的区（县级市、县），如北京市西城区、江苏省南京市鼓楼区、云南省迪庆州香格里拉县等。

（7）机构规格：填列经中央编办正式批复确认的单位级别。如中央编办未明确批复单位级别，按实际级别或主管部门认定的单位级别填列，并在备注中予以说明；如单位级别不包含在下拉列表框中，按照“其他”填列，并在备注中予以说明。

（8）其他属性：填列事业单位是否为中央高校、公立医院等情况。

（9）备注：填列其他需要说明的问题。

2. 录入 02 表——“行政单位人员情况表”。本表填列行政单位人员编制和实有情况。一个单位一条记录。具体填列方法如下：

（1）单位代码、单位名称：系统自动生成，与录入 01 表一致。

（2）编制数：填列截至 2019 年 7 月底“三定”规定或中央编办正式批复确认的本单位人员编制情况，分为“行政编制”“事业编制”“工勤人员编制”和“离退休管理机构工作人员编制”四大类。其中，“行政编制”大类下又细分为机关行政编制、两委人员编制、派驻纪检监察编制、派出地方编制、驻外编制、驻外储备编制、援派机动编制、其他编制八项。填报时，应按照中央编办批文等，对编制类别进行准确区分，填列在相应栏目中，存在“其他编制”的，需另附文字材料，说明编制名称、批复文件等具体内容。需要特别说明的事项：

①注意区分驻外编制和驻外储备编制。驻外编制人员因工资结构、开支科目不同，不纳入基本支出定员定额测算范围，而驻外储备编制人员纳入定员定额测算范围，应注意区分。

②派出地方编制不要重复填列，即：如果中央部门下属的各派出地方机构为独立预算单位，并相应填列了派出地方编制，则本级不应再重复填列派出地方编制。

③中央编办新批准的军转编制填列在行政编制中，不要填列在其他编制中。

④两委人员编制、援派机动编制、离退休干部工作人员编制均单独填列，其中：两委人员编制、援派机动编制填列在行政编制数中，离退休干部工作人员编制填列在离退休管理机构工作人员编制中。

领导同志单列编制、有编办正式批文的为领导同志服务人员行政编制、参事等应填列在其他编制中，并需在备注中说明其他编制的编制名称，否则测算时不计入人员编制总数中。

（3）实有数：填列截至 2019 年 7 月底的实有人数。如有超编人员，请另附文字材料，说明具体原因。

（4）备注：填列其他需要说明的问题。

3. 录入 03 表——“参公单位人员情况表”。本表填列参公单位人员编制和实有情况，一个单位一条记录。由于预算管理需要，参公单位作为非独立预算单位管理，或多个参公单位合并为一个独立预算单位管理的，需在备注和说明材料中对各参公单位的编制和实有人数逐个说明。具体填列方法如下：

（1）单位代码、单位名称：系统自动生成，与录入 01 表一致。

（2）编制数：填列截至 2019 年 7 月底“三定”规定或中央编办正式批复确认的本单位人员编制，包括“参公编制”“事业编制”和“离退休管理机构工作人员编制”三大类。

（3）实有数：填列各类编制截至 2019 年 7 月底的实有人数。如有超编，请另附文字材料，说明具体原因。需要说明的是，离退休人员应区分参公人员和非参公人员分别填列。按照中组部、人力资源和社会保障部要求，区分的原则是，单位批准参公前的离退休人员为非参公人员，单位批准参公后新退休的人员为参公人员。

（4）备注：填列其他需要说明的问题。

4. 录入 04 表——“事业单位人员情况表”。本表填列事业单位人员编制和实有情况。一个单位一条记录。根据预算管理需要，中编办正式批复的多个事业单位合并为一个独立预算单位管理的，部门需在备注和说明材料中对各事业单位的编制和实有人数逐个说明。具体填列方法如下：

（1）单位代码、单位名称：系统自动生成，与录入 01 表一致。

（2）编制数：填列截至 2019 年 7 月底“三定”规定或中央编办正式批复确认的、按经费形式（财政补助或经费自理）划分的本单位人员编制情况。需要说明的是，对于已经完成事业单位分类改革但未批复明确人员编制性质的，按改革前人员编制性质情况填列；批复明确的，按批复情况填列。

（3）实有数：除中央高校、公立医院以外的财政补助事业单位填列各类编制截至2019年7月底和预计2020年7月底的实有人数。需要说明的是，在职人员和离退休人员应区分财政补助和经费自理分别填列，经费自理编制内在职人员及相关离退休人员填列在经费自理列下。中央高校、公立医院（与录入01表“单位基础信息表”中其他属性情况保持衔接）仅需填列截至2019年7月底实有人员情况，不需填列预计2020年7月底的实有人员情况。如有超编，请另附文字材料，说明具体原因。

（4）备注：填列其他需要说明的问题。

5. 录入05表——“部门本级行政单位办公用房基本情况表”。本表填列截至2019年7月底中央部门本级行政单位（包括人大办公厅、政协办公厅、民主党派、高法院、高检院、人民团体等，下同）使用的办公用房情况，不包括离退休管理机构用房。列入本表填报范围的部门本级行政单位需与纳入基本支出定员定额管理的中央部门机关本级范围一致。部门本级租用办公用房的，仅反映部门预算中未单独安排项目支出预算用于房租、水电、取暖、物业管理等费用开支的办公用房。部门本级和事业单位合署办公的，仅反映本级使用的办公用房情况。部门本级办公用房出租、出借给外单位使用的，不在本表反映。具体填列方法如下：

（1）请区分办公用房和特殊业务用房分别填列。

办公用房包括办公室用房、公共服务用房、设备用房和附属用房。其中：办公室用房包括领导人员办公室和一般工作人员办公室；公共服务用房包括会议室、传达室、信访室、档案室、文印室、资料室、收发室、计算机房、储藏室、卫生间、工勤人员用房、警卫用房等；设备用房包括变配电室、水泵房、水箱间、锅炉房、电梯机房、制冷机房、通信机房等；附属用房包括礼堂、食堂、车库、人防设施、消防设施等。

特殊业务用房指上述四类用房之外的其他用房。对特殊业务用房，请在备注中说明具体用途，并附有关部门审批文件。

（2）建筑面积：区分单位自有办公用房和从市场租用的办公用房分别填列。其中，单位自有办公用房包括单位自建、借用下属单位或其他单位等不需缴纳租金、但需自行支付水电、取暖、物业管理等运行维护费用的办公用房。从市场租用的办公用房指单位租用的需缴纳租金及水电、取暖、物业管理等运行维护费用，且部门预算中未单独安排租房项目支出预算的办公用房。

（3）供暖面积：填写通过集中供暖方式或其他供暖方式进行供暖的房屋面积。

（4）物业管理面积：填写通过单位后勤部门自管或委托第三方管理的房屋面积。

（5）电梯数量：区分单位自有用房和市场租用用房，分别填列办公用房和特殊业务用房的电梯数量。

6. 录入06表——“部门本级行政单位公务用车基本情况表”。本表填列截至2019年7月底中央部门本级行政单位公务用车编制和实有情况。列入本表填报范围的部门本级行政单位需与纳入基本支出定员定额管理的部门机关本级范围一致。部门预算中已单独安排项目支出预算用于公务用车运行维护费用支出的，请在备注中说明项目名称、预算金额、资金来源（财政拨款或其他资金）。具体填列方法如下：

（1）按照中央公务用车制度改革领导小组批复的本部门公务用车制度改革实施方案，将公务用车区分为领导干部用车、一般公务用车、执法执勤用车、非执法执勤特种专业技术用车和其他用车分别填列。列入公务用车制度改革范围的车辆编制情况需与中央公务用车制度改革领导小组批复的车改后保留车辆编制保持一致。如中央公务用车制度改革领导小组批复部门公务用车制度改革实施方案后，车辆编制情况有调整的，需提供相关批复文件。

（2）领导干部用车：按照党政机关公务用车问题专项治理时国家机关事务管理局、中共中央直属机关事务管理局等部门重新核定编制的车辆范围，区分在职领导干部用车（包括部级正职干部专车和部级副职干部专车）和离退休领导干部用车（包括离退休部级正职干部专车和明确保留的离休副部长专车）分别填列。

（3）一般公务用车：区分机关本级一般公务用车、离退休干部服务用车和机关服务中心用车，分别填列。其中，机关本级一般公务用车（包括保留的中管干部用车、机要通信用车、应急用车）和离退休干部服务用车应按照中央公务用车制度改革领导小组批复的车改后保留车辆编制填列。

（4）执法执勤用车：按照中央公务用车制度改革领导小组批复的车改后保留车辆编制填列。

（5）非执法执勤特种专业技术用车：按照中央公务用车制度改革领导小组批复的车改后保留车辆编制填列。

（6）其他车辆：填列经中央公务用车制度改革领导小组批复的、除上述车辆以外的其他保留车辆情况，并在备注栏中对车辆用途、车辆运行维护费用的现有经费渠道（财政拨款基本支出、项目支出或其他资金）等进行说明。

三、“规范津贴补贴经费申报”子模块填报说明

（一）主要内容

“规范津贴补贴经费申报”子模块共包括5张录入表和2张生成表。录入表反映行政和参公单位年度规范津贴补贴经费需求、经费渠道情况。具体包括：

1. 反映规范津贴补贴经费申报单位基础信息：录入01表（“规范津贴补贴经费申报单位基础信息表”）。

2. 反映规范津贴补贴经费需求情况：包括录入02表（“行政单位规范津贴补贴经费需求表”）、录入03表（“参公单位规范津贴补贴经费需求表”）。

3. 反映规范津贴补贴经费渠道情况：包括录入04表（“行政单位规范津贴补贴经费渠道情况表”）、录入05表（“参公单位规范津贴补贴经费渠道情况表”）。

（二）填报口径

1. 行政单位和参公单位。填报范围为所有执行规范津贴补贴政策的京外单位在职人员、离退休人员和在京中央单位离休人员和离退休管理机构在职人员，在京单位在职人员和退休人员不需填报。

2. 事业单位。不需填报规范津贴补贴经费测算相关数据。

需要说明的问题：

一是申报规范津贴补贴经费的机构、编制情况应当与中央编办批复情况同口径保持一致，人员编制数和在职、离休、退休的实有人数，应与基

础数据库中截至2019年7月底相关人员数据同口径（不含行政单位驻外编制人员、机关工勤人员、参公单位非参公管理的事业编制在职人员等未执行规范津贴补贴政策的人员）保持一致。如因特殊原因有差异的，需提供相关文字说明。

二是中央编办正式批复的行政和参公单位应作为独立预算单位管理，确有特殊原因作为非独立预算单位管理且属于填报范围的，应首先在“规范津贴补贴经费申报单位基础信息表”（录入01表）中增加非独立预算单位的基本信息，并按照各明细单位（即具体到各个非独立预算单位）填报规范津贴补贴经费需求。

三是银保监会、证监会等尚未规范津贴补贴的单位，暂不填报“规范津贴补贴经费申报”子模块。

（三）录入表填报说明

“规范津贴补贴经费申报”子模块录入表填报说明如下：

1. 录入01表——“规范津贴补贴经费申报单位基础信息表”。本表填列申报规范津贴补贴经费的中央部门行政、参公单位测算规范津贴补贴经费需求所必需的基础信息，如单位（人员）类型、经费性质、单位所在地区等。

需要说明的问题：一是对于预算单位，单位（人员）类型、经费性质、单位所在地区等信息由系统从“基础数据录入”子模块等模块中自动提取，单位需对上述信息进行核对和必要修改。二是对于非独立预算单位，在填报规范津贴补贴经费需求表（录入02、03表）前，需首先在本表列出的预算单位下增加非独立预算单位名称、单位代码（由系统自动生成），并填列单位（人员）类型、经费性质、单位所在地区等基础信息，然后按照各个明细单位（即具体到各个非独立预算单位）填报规范津贴补贴经费需求。三是单位（人员）类型、所在地区等是测算规范津贴补贴经费的重要信息，各单位务必准确核对和填报。

有关信息填列方法如下：

（1）单位代码：从系统参数提取。

（2）单位名称：从系统参数提取。

（3）非独立预算单位代码：部门预算单位下存在一个或多个非独立预

算单位的，需填报非独立预算单位名称，并由系统自动生成单位代码。

（4）非独立预算单位名称：部门预算单位下存在一个或多个非独立预算单位的，需按照中央编办正式批复成立的行政、参公单位名称，填报非独立预算单位名称。

（5）单位（人员）类型：本表可填报“行政单位”和“参公单位”两类。

（6）单位所在地区：具体到单位所在的区（县级市、县），如北京市西城区、江苏省南京市鼓楼区、云南省迪庆藏族自治州香格里拉县等。预算单位的单位所在地由系统自动提取，非独立预算单位的单位所在地区需从下拉列表框中选择录入。

（7）备注：填列其他需要说明的问题。

2. 录入02表——“行政单位规范津贴补贴经费需求表”。本表填列各部门行政单位的年度规范津贴补贴经费需求。需要说明的是，规范津贴补贴经费需求应为本年度当年的经费需求，不包括按照政策规定的执行时间需补发以前年度的经费需求。具体填列口径如下：

（1）单位代码：从系统参数提取。

（2）单位名称：从系统参数提取。

（3）非独立预算单位代码：如申报规范津贴补贴经费的单位为非独立预算单位，填列录入01表中部门预算单位下相关非独立预算单位的代码。

（4）非独立预算单位名称：如申报规范津贴补贴经费的单位为非独立预算单位，填列录入01表中部门预算单位下相关非独立预算单位的名称。

（5）在职人员——人数：填列截至2019年7月底执行规范津贴补贴政策的在职人员编制、编制内实有分职务/职级人数情况，原则上应与“基础数据录入”子模块中“行政单位人员情况表”（录入02表）的人员编制和实有人数同口径（不含驻外编制人员、机关工勤人员等未执行规范津贴补贴政策的人员）保持一致。因特殊原因不一致的，需提供文字说明。需要说明的是，按照公务员职务与职级并行有关规定，为确保衔接，在保留现有序列的同时增加了职级序列，对于已经按程序完成套转的单位，按套转情况填列；未完成套转的，按现有序列填列。

（6）在职人员——规范津贴补贴标准：填列按照六部委规范津贴补贴

政策规定，行政单位在职人员目前应执行的标准，不含国家统一规定的津贴补贴、改革性补贴等。

（7）在职人员——经费需求：等于“人数”乘以“规范津贴补贴标准”乘以12再除以10000。“小计”栏为各职级“经费需求”之和。单位为万元，保留2位小数。本栏由系统自动计算，不需手工录入。

（8）离退休管理机构人员：离退休管理机构工作人员需单独填列。人数、规范津贴补贴标准等填报口径与在职人员相同。

（9）离（退）休人员——人数：填列截至2019年7月底执行规范津贴补贴政策的分职级离（退）休人员情况，原则上应与“基础数据录入”子模块中“行政单位人员情况表”（录入02表）的离退休人数同口径保持一致。因特殊原因不一致的，需提供文字说明。需要说明的是，个别特殊人员职级未在表中列出的，可填列在“职级——其他”中，并在备注中具体说明职级情况、文件依据等。

（10）离（退）休人员——离（退）休人员补贴标准：填列按照六部委关于离（退）休人员补贴的政策规定，应执行的分职级补贴标准。

（11）离（退）休人员——经费需求：等于“人数”乘以“规范津贴补贴标准”乘以12再除以10000。“小计”栏为各职级“经费需求”之和。单位为万元，保留2位小数。本栏由系统自动计算，不需手工录入。

（12）备注：填列其他需要说明的问题。

3. 录入03表——“参公单位规范津贴补贴经费需求表”。本表填列各部门参公单位的年度规范津贴补贴经费需求。需要说明的问题：一是规范津贴补贴经费需求应为本年度当年的经费需求，不包括按照相关政策需补发以前年度的经费需求；二是离退休人员应区分参公人员和非参公人员分别填列。区分的原则是，单位批准参公前的离退休人员为非参公人员，单位批准参公后新退休的人员为参公人员。具体填列口径如下：

（1）单位代码：从系统参数提取。

（2）单位名称：从系统参数提取。

（3）非独立预算单位代码：如申报规范津贴补贴经费的单位为非独立预算单位，填列录入01表中部门预算单位下相关非独立预算单位的代码。

（4）非独立预算单位名称：如申报规范津贴补贴经费的单位为非独立

预算单位，填列录入 01 表中部门预算单位下相关非独立预算单位的名称。

（5）在职人员——人数：填列截至 2019 年 7 月底执行规范津贴补贴政策的参公在职人员编制、编制内实有分职级人数情况，原则上应与“基础数据录入”子模块中“参照公务员法管理事业单位人员情况表”（录入 03 表）的参公人员编制和实有人数同口径（不含非参公管理的事业编制人员等未执行规范津贴补贴政策的人员）保持一致。因特殊原因不一致的，需提供文字说明。需要说明的是，按照公务员职务与职级并行有关规定，为确保衔接，在保留现有序列的同时增加了职级序列，对于已经按程序完成套转的单位，按套转情况填列；未完成套转的，按现有序列填列。个别特殊人员职级未在表中列出的，可填列在“职级——其他”中，并在备注中具体说明职级情况、文件依据等。

（6）在职人员——规范津贴补贴标准：填列按照六部委规范津贴补贴政策规定，参公单位在职人员目前应执行的分职级标准，不含国家统一规定的津贴补贴、改革性补贴。

（7）在职人员——经费需求：等于“人数”乘以“规范津贴补贴标准”乘以 12 再除以 10000。“小计”栏为各职务/职级“经费需求”之和。单位为万元，保留 2 位小数。本栏由系统自动计算。

（8）离退休管理机构人员：离退休管理机构在职人员需单独填列。人数、规范津贴补贴标准等填报口径同在职人员。

（9）参公离（退）休人员——人数：填列截至 2019 年 7 月底执行规范津贴补贴政策的分职级参公离（退）休人员情况，原则上应与“基础数据录入”子模块中“参照公务员法管理事业单位人员情况表”（录入 03 表）中参公离（退）休人员同口径保持一致。需要说明的是，个别特殊人员职级未在表中列出的，可填列在“职级——其他”中，并在备注中具体说明职级情况、文件依据等。

（10）参公离（退）休人员补贴标准：填列按照六部委关于离（退）休人员补贴的政策规定，参公离（退）休人员应执行的分职级补贴标准（按照行政单位离退休人员补贴标准执行）。

（11）参公离（退）休人员——经费需求：等于“人数”乘以“规范津贴补贴标准”乘以 12 再除以 10000。“小计”栏为各职级“经费需求”

之和。单位为万元，保留 2 位小数。本栏由系统自动计算。

（12）非参公离（退）休人员——人数：填列截至 2019 年 7 月底执行规范津贴补贴政策的分职级非参公离（退）休人员情况，原则上应与“基础数据录入”子模块中“参照公务员法管理事业单位人员情况表”（录入 03 表）的非参公离（退）休人数保持一致。

（13）非参公离（退）休人员补贴标准：填列按照六部委关于离（退）休人员补贴的政策规定，非参公离（退）休人员应执行的分职级补贴标准（按照事业单位离退休人员补贴标准执行）。

（14）非参公离（退）休人员——经费需求：等于“人数”乘以“规范津贴补贴标准”乘以 12 再除以 10000。“小计”栏为各职级“经费需求”之和。单位为万元，保留 2 位小数。本栏由系统自动计算。

（15）备注：填列其他需要说明的问题。

4. 录入 04 表——“行政单位规范津贴补贴经费渠道情况表”。本表用于填报测算中央部门行政单位 2020 年规范津贴补贴新增经费需求情况（包括 2020 年当年以及按照相关政策需补发以前年度的新增经费需求）。

（1）单位代码、单位名称、人员类型：系统自动生成，与录入 02 表一致。

（2）非独立预算单位代码、非独立预算单位名称：如申报规范津贴补贴经费的单位为非独立预算单位，系统自动生成单位代码和单位名称，与录入 02 表一致。

（3）科目编码：填列政府收支分类科目中支出功能分类科目“类”“款”“项”的编码。

（4）科目名称：填列政府收支分类科目中支出功能分类科目的科目名称。

（5）2020 年当年需求数：区分在职人员、离退休管理机构人员、离休人员和退休人员，分别填列 2020 年当年规范津贴补贴经费需求（不含补发以前年度经费需求），与录入 02 表规范津贴补贴经费“年需求”数同口径一致，由系统从录入 02 表中提取。

（6）2019 年财政补助数（仅 2019 年当年数）：区分在职人员、离退休管理机构人员、离休人员和退休人员，分别填列中央财政安排的 2019

年当年的规范津贴补贴经费补助数（不含补发以前年度的支出）。

（7）2020年新增经费需求数：由系统自动计算（“2020年当年需求数”减去“2019年财政补助数”），不需手工录入。

（8）补发以前年度新增经费需求：填列根据规范津贴补贴标准有关执行时间的规定，新增经费需求需补发的数额。

（9）补发月份数：填列补发规范津贴补贴经费的月份数，如“补发18个月”。

（10）测算说明：简要说明补发规范津贴补贴经费的人数、测算过程等。年度间新增经费需求变化较大的，需说明原因和测算过程（可另附文字说明）。

（11）备注：填列其他需要说明的问题。

5. 录入05表——“参公单位规范津贴补贴经费渠道情况表”。本表用于填报测算中央部门参公单位2020年规范津贴补贴经费新增经费需求情况（包括2020年当年以及按照相关政策需补发以前年度的新增经费需求）。

（1）单位代码、单位名称、人员类型：系统自动生成，与录入03表一致。

（2）非独立预算单位代码、非独立预算单位名称：如申报规范津贴补贴经费的单位为非独立预算单位，系统自动生成单位代码和单位名称，与录入03表一致。

（3）科目编码：填列政府收支分类科目中支出功能分类科目“类”“款”“项”的编码。

（4）科目名称：填列政府收支分类科目中支出功能分类科目的科目名称。

（5）2020年当年需求数：区分在职人员、离退休管理机构人员、离休人员（区分参公和非参公离休人员）和退休人员（区分参公和非参公退休人员），分别填列2020年当年规范津贴补贴经费需求（不含补发以前年度经费需求），与录入03表规范津贴补贴经费“年需求”数一致，由系统从录入03表中提取。

（6）2019年财政补助数（仅2019年当年数）：区分在职人员、离退休管理机构人员、离休人员（区分参公和非参公离休人员）和退休人员（区分参公和非参公退休人员），分别填列中央财政安排的 2019 年当年的规范津贴补贴经费补助数（不含补发以前年度的支出）。

（7）2020 年新增经费需求：由系统自动计算（“2020 年当年需求数”减去“2019 年财政补助数”），不需手工录入。

（8）补发以前年度新增经费需求：填列根据规范津贴补贴标准有关执行时间的规定，新增经费需求需补发的数额。

（9）补发月份数：填列补发规范津贴补贴经费的月份数，如“补发 3 个月”。

（10）测算说明：简要说明补发规范津贴补贴经费的人数、测算过程等。年度间新增经费需求变化较大的，需说明原因和测算过程（可另附文字说明）。

（11）备注：填列其他需要说明的问题。